加强文物保护利用
推动行业高质量发展

全国重点文物保护单位（部分）
第三十一届学术研讨会暨
颐和园研究院
第二届学术研讨会论文集

北京市颐和园管理处
北京颐和园学会 ———— 编

文物出版社

图书在版编目（CIP）数据

加强文物保护利用　推动行业高质量发展：全国重点文物保护单位（部分）第三十一届学术研讨会暨颐和园研究院第二届学术研讨会论文集/北京市颐和园管理处，北京颐和园学会编 . --北京：文物出版社，2021.10

ISBN 978 - 7 - 5010 - 7315 - 3

Ⅰ.①加…　Ⅱ.①北…②北…　Ⅲ.①文物保护 - 文物工作 - 中国 - 学术会议 - 文集　Ⅳ.①K87 - 53

中国版本图书馆 CIP 数据核字（2021）第 266888 号

加强文物保护利用　推动行业高质量发展

全国重点文物保护单位（部分）第三十一届学术研讨会暨
颐和园研究院第二届学术研讨会论文集

编　　者：北京市颐和园管理处
　　　　　北 京 颐 和 园 学 会

责任编辑：陈　峰　冯冬梅
装帧设计：刘　远
责任印制：苏　林

出版发行：文物出版社
社　　址：北京市东城区东直门内北小街 2 号楼
邮　　编：100007
网　　址：http：//www.wenwu.com
经　　销：新华书店
印　　刷：宝蕾元仁浩（天津）印刷有限公司
开　　本：889mm×1194mm　1/16
印　　张：25.5
版　　次：2021 年 10 月第 1 版
印　　次：2021 年 10 月第 1 次印刷
书　　号：ISBN 978 - 7 - 5010 - 7315 - 3
定　　价：228.00 元

编辑委员会

主　　任：杨　华

委　　员：秦　雷　王　馨　吕高强

主　　编：秦　雷

副 主 编：赵晓燕

参编人员：刘　精　秦　雷　赵晓燕　杨　华（女）　张鹏飞　郗　峰
　　　　　曹　慧　陈　忱　闫小雨　郭　鑫　张　巍　董雅萍

序 言

今年是中国共产党建党 100 周年，是十四五规划开局之年，恰逢第一批全国重点文物保护单位公布六十周年，颐和园、避暑山庄、拙政园、留园四大名园等即为首批入选者。为加强全国重点文物保护单位的宣传和推广，提高社会认知度和重视度，展现六十年来全国重点文物保护单位保护和利用工作取得的辉煌成就，颐和园今年召开了以"加强文物保护利用　推动行业高质量发展"为主题的全国重点文物保护单位（部分）第三十一届学术研讨会暨颐和园研究院第二届学术研讨会，邀请 40 余家全国重点文物保护单位、各大专业院校、企事业单位的专业人士，共同就文物保护工作开展广泛交流与深入研讨，为文物保护工作建言献策，并出版此论文集。

本集共收录了为研讨会投稿的优秀文章 54 篇，按内容分为六个主题：1. 文化研究，2. 文物保护，3. 藏品管理，4. 展览陈列，5. 革命文物，6. 文创研学。在文章的选取上以研究文物在新时代条件下"科学保护"和"合理利用"中的平衡关系，研究如何在科学保护的基础上实现文物合理利用，研究运用科学手段让文物活起来等方向为主，为文物保护及相关领域的研究者提供可参考的资料和信息，为中华优秀传统文化的传承和发展发挥积极作用。

文物之所以珍贵，一是它具有历史、艺术和科学价值，是其他事物所无法代替的；二是文物不可再生，一旦毁掉，便永远不可复得。从这个意义上说，保护文物的实质就是保存文物的历史、艺术和科学价值。保护文物功在当代、利在千秋。

近年来，我国文物保护事业取得很大发展，文物保护、管理和利用水平不断提高。国家高度重视文物保护工作，习近平总书记就文化遗产保护利用做出一系列重要论述，多次对文物保护工作作出重要指示批示，指出"让收藏在禁宫里的文物、陈列在广阔大地上的遗产、书写在古籍里的文字都活起来"。《中共中央关于制定国民经济和社会发展第十四个五年规划和二〇三五年远景目标的建议》中明确指出"传承弘扬中华优秀传统文化，加强文物古籍保护、研究、利用，强化重要文化和自然遗产、非物质文化遗产系统性保护"。

颐和园对园藏文物的保护工作也是极度重视，保护力度持续加大。2000年，颐和园建成开放文昌院，作为集文物现代化保管与展示为一体的博物馆，此后园藏文物管理机制日渐成熟。近年，在北京市公园管理中心的领导下，颐和园园藏文物的社会知名度不断提升，文物研究、文物修复和保管专业队伍也日益得到锻炼和提升，管理和学术成果不断涌现，已经成为颐和园文化遗产保护利用和可持续发展的核心资源。2021年9月28日，颐和园博物馆正式挂牌，将会进一步挖掘颐和园的历史文化宝库，弘扬颐和园文化遗产价值，进一步整合资源，融入行业发展，提升可移动文物保护与利用的水平，深刻展示世界文化遗产的价值和内涵。

"文物承载灿烂文明，传承历史文化，维系民族精神，是老祖宗留给我们的宝贵遗产，是加强社会主义精神文明建设的深厚滋养"。颐和园作为全国重点文物保护单位之一，又是目前中国保存最完整的皇家园林，必将始终致力于文物保护的研究，推进学术文化交流，惠泽学林与公众。希望此书的出版能为文保工作者带来更多文物保护的新理念、新思想、新方法，探索适合文物保护单位的保护利用新路径。

限于时间仓促和研究水平，错漏之处在所难免，也请方家不吝指正！

秦　雷

目 录

▍文物保护 ▍

文｜化｜研｜究

西山香界寺藏经楼彩画形制与断代研究

曹振伟（故宫博物院）

香界寺位于平坡山，是八大处面积最大的一座寺庙，始建于唐乾元年间（758~760年）。寺分左、中、右三路，共五进院落。中路分别为山门殿、天王殿、圆雄宝殿、大雄宝殿、藏经楼。左路为一别院，仅精舍三间。右路为"行宫院"，为乾隆帝避暑的行宫。

一 相关修缮档案

明清关于香界寺彩画修缮的档案相对较少，且内容不详尽。

乾隆四十三年七月初三日……今乾隆四十二年分较比四十一年多用银五百五十余两……查此内所有粘修如……宝珠洞、香界寺等处粘修……等项所有多用银五百五十一两二钱二分七厘，俱应不准开销，如数追缴还项，仍照上年准销银一千三百二十九两七钱六分八厘[1]。

乾隆四十三年修缮八大处多处建筑仅用银一千三百余两，资金数量不足以大规模整体修缮多处寺庙，其工程性质应为保养性零修工程。乾隆朝之后未见修缮记录，仅见如嘉庆皇帝诣香打赏等内容。

嘉庆十八年三月二十三日，奏查上次皇上诣香界寺拈香系动用广储司银二十两赏给该寺僧众。此次皇上诣香界寺拈香应否赏给，请旨遵行。谨奏嘉庆十八年三月二十三日具奏奉旨照例赏银二十两，钦此[2]。

---

[1] 中国第一历史档案馆藏《奏为静宜园等处岁修工程多用银两应查议有关人员事折》，奏销档349–287。
[2] 中国第一历史档案馆藏《奏为此次临幸界寺拈香应否照上次例赏银僧众请旨事折》，奏销档458–039。

乾隆朝的《圆明园内工油作现行则例》是关于香界寺彩画最重要的档案资料，详细记述了各座建筑的建筑名称、彩画等级、用料等。

> 香界寺前大殿彩画土黄地雅伍墨花锦方心箍头苏画伍墨云退嵌押老色每丈用水胶贰两，白矾贰钱，青粉叁两，定粉叁两，广花壹两伍钱，彩黄贰两，大绿贰两，石大绿壹两，锅巴绿壹两，梅花青壹两四钱，天大青贰两，赭石叁分，胭脂贰片，银朱肆钱，黄丹陆钱，烟子壹钱，香墨叁分，画匠叁工。山门、后大殿、后楼彩黄（画？）土黄地雅伍墨花锦方心找头箍头次等苏画伍墨云退嵌押老色每丈用水胶贰两，白矾贰钱，青粉叁两，定粉叁两，广花壹两伍钱，彩黄贰两，大绿贰两，石大绿伍钱，锅巴绿壹两，梅花青壹两肆钱，天大青壹两伍钱，赭石叁分，胭脂壹片半，银朱贰钱，黄丹肆钱，烟子壹钱，画匠贰工柒分伍厘。肆配殿、转角楼贰座彩画土黄地雅伍墨花锦方心箍头彩画肆伏云伍墨云退嵌押老色每丈用水胶贰两，白矾贰钱，青粉叁两，定粉叁两，广花壹两伍钱，彩黄贰两，大绿贰两，石大绿壹两，锅巴绿壹两，梅花青壹两贰钱，天大青壹两肆钱，赭石叁分，胭脂壹片半，银朱贰钱，黄丹肆钱，烟子壹钱，画匠贰工半。钟鼓楼、僧房彩画土黄地雅伍墨空方心不哨青箍头肆伏云彩画退嵌押老色每丈用水胶贰两，白矾贰钱，青粉叁两，定粉叁两，广花壹两，彩黄叁两，大绿贰两，贰绿壹两，藤黄伍钱，锅巴绿壹两，烟子壹钱，画匠壹工半。如哨青加天大青壹两肆钱，梅花青壹两贰钱[1]。

区域内所有建筑皆施绘土黄地色的彩画，除了钟鼓楼、僧房等级最低以外，其余建筑彩画的方心皆使用雅伍墨花锦题材，仅在箍头部位变化纹饰，以区分等级。中轴线上前大殿的等级最高，箍头绘苏画伍墨云退嵌押老色。山门、后大殿、后楼其次，找头箍头绘制次等苏画伍墨云退嵌押老色。四座配殿、转角楼箍头绘四伏云伍墨云退嵌押老色。钟鼓楼、僧房箍头为不哨青箍头四伏云彩画退嵌押老色。

目前理论界缺少对土黄地色一类彩画的研究，认为其即为雄黄玉旋子彩画。从彩画画面特征上看，雄黄玉彩画地色通刷土黄，符合土黄地色一类彩画描述的特征。但从

---

[1] 《圆明园内工油作现行则例》卷七，"彩画"。

《圆明园内工油作现行则例》档案中对香界寺彩画颜料成分的描述上看，并未有当今使用的颜料雄黄，而是使用彩黄、赭石、黄丹等。彩画颜料成分还需进一步深入研究。同时，彩黄等颜料已失传，其化学成分还有待研究。苏画伍墨云、四伏云伍墨云并未在现存彩画箍头的实物中发现有实例。不哨青的工艺做法也没有相关研究。

建筑名称	彩画底色	方　心	箍　头
前大殿	土黄地	雅伍墨花锦方心	苏画伍墨云退嵌押老色
山门、后大殿、后楼	土黄地	雅伍墨花锦方心	找头箍头次等苏画伍墨云退嵌押老色
配殿、转角楼	土黄地	雅伍墨花锦方心	箍头彩画四伏云伍墨云退嵌押老色
钟鼓楼、僧房	土黄地	雅伍墨空方心	不哨青箍头四伏云彩画退嵌押老色

二　彩画的时代判析

藏经楼的彩画在颜料、造型、工艺、纹饰等方面具有清中期偏晚时期的风格。

（一）颜料

明清建筑彩画常用的颜料种类丰富，时代特点鲜明。青、绿色颜料常见有石青、青金石、smalt、群青、靛蓝、石绿、氯铜矿、巴黎绿等。清代早期之前，颜料以国产矿物质及合成颜料为主，进口颜料为辅。清代中期进口颜料比重逐渐加大，如蓝色颜料常用smalt。smalt为玻璃蓝，又称钴蓝、苏麻离青，为非矿物质颜料，是含有钾、硅、铁、砷等元素的玻璃质蓝色人工制造颜料，欧洲称为smalt，在16~17世纪大量使用。对故宫及避暑山庄等处的清中期彩画检测中，发现有大量实例。氯铜矿又称碱式氯化铜，与斜氯铜矿为共生矿物，是明代、清代中早期常见的绿色颜料，晚清被醋酸亚砷酸铜（巴黎绿）替代。藏经楼的彩画颜色色彩沉稳，与晚清的群青、巴黎绿有较大区别，呈现为清代中期典型的色相。绿色颜料疑似为氯铜矿，青色颜料疑似为smalt（图1）。

图 1 藏经楼彩画

（二）造型

1. 方心头

方心的轮廓线称为方心线。方心线是清代建筑彩画的五大线之一。方心线的端头称为方心头，其造型具有鲜明的时代特征：明代早期方心头为一波三折（或一波两折形状）。明中期至清康熙朝方心头造型为宝剑头状。清早期至清乾隆早期，方心头为花瓣状，端头出尖头。清乾隆早期至道光朝，方心头演变为简化的花瓣状，端头不再出尖头。道光朝之后，方心头进一步简化为海棠盒状（图 2）。藏经楼彩画的方心头造型为后期的花瓣状，具有清乾隆早期至道光朝的风格。

2. 旋眼

找头旋花的中心为旋眼。旋眼按照纹饰的造型主要分为写实花卉旋眼（含石榴花）、如意头状旋眼、花瓣状旋眼、

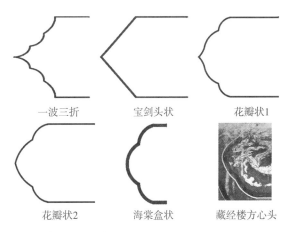

一波三折 宝剑头状 花瓣状1

花瓣状2 海棠盒状 藏经楼方心头

图 2 明清方心头造型演变

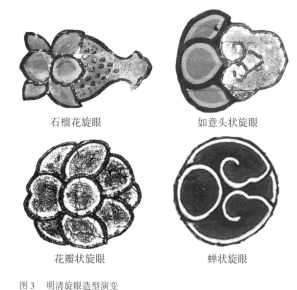

石榴花旋眼　　　　　如意头状旋眼

花瓣状旋眼　　　　　蝉状旋眼

图 3　明清旋眼造型演变

凤翅瓣状旋眼、蝉状旋眼等，是判断彩画时代的要点之一。石榴花状旋眼盛行于明代早期。如意头状旋眼盛行于明代早期至中期。花瓣状旋眼为明代中期（约弘治朝）至清代乾隆朝的主流造型。至清代中期，蝉状旋眼取代其他旋眼形式，成为旋眼的标配造型。蝉状旋眼顾名思义，造型似金蝉。常见的底端做法为圆形或椭圆形底座。自底座起，正向对称出两个凤翅，犹如蝉翼。藏经楼彩画的旋眼造型为蝉状，其时代上限为清代中期（图 3）。

3. 旋瓣黑老

找头外圈旋涡状纹饰之内绘制花瓣状的二路瓣、三路瓣。二路瓣、三路瓣的工艺做法是判断彩画时代的要点之一，从明至清呈现出不断简化的演变过程。以绿色二路瓣为例，明代早期至明代中期，二路瓣由外至内依次为黑色轮廓线、米色线、浅绿色、深绿色。明代晚期至清代乾隆朝中期的标配做法是将最后一道深绿色改为黑色弧线，称为黑老。到清代乾隆朝中后期，省去黑老的做法。藏经楼彩画的二路瓣内为纯素色，不再绘制黑老，时代特点为清代中期之后（图 4）。

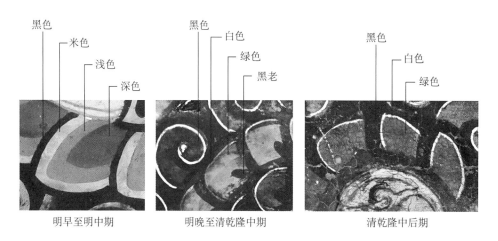

明早至明中期　　　　明晚至清乾隆中期　　　　清乾隆中后期

图 4　明清二路瓣黑老演变图

4. 盒子

旋子彩画找头外侧、双箍头之内绘制盒子。盒子分为活盒子与死盒子两种。内部仅画几何线条的为死盒子，内部绘制纹饰画题的为活盒子。活盒子的造型具有一定的时代特征，清代中期及之前，盒子呈菱形。清代晚期逐渐变成圆形的海棠盒状（图5）。藏经楼彩画的盒子为龙、异兽盒子，菱形造型，具有清代中期的特征。异兽盒子内绘制各种虚幻的怪兽，非真实存在，取"益寿"的谐音，含有延年益寿的寓意。

晚清海棠盒状花卉盒子　　　　　　　藏经楼菱形异兽盒子

图5　清代晚期与中期盒子造型对比

5. 花卉

写实花卉是清代建筑彩画中常见的题材，除了用在苏式彩画、旋子彩画、海墁彩画之外，在早期和玺彩画中也可见到其身影。常见的画题如石榴、牡丹、菊花、佛手、莲花、香橼、鸡冠花、松红梅。石榴代表多子，牡丹寓意富贵，菊花寓意高雅清净，佛手寓意智慧和力量，莲花寓意清廉，香橼寓意圆满团圆，鸡冠花寓意真爱永远，松红梅寓意坚定和高洁。清代乾隆朝中期之前旋子彩画的花卉与清晚期的区别在于叶片的颜色，前者为绿色叶片，后者为黑色叶片。藏经楼的花卉绘于池子内，叶片为墨绿色，为过渡阶段的产物。

6. 龙纹

清代龙纹分为真龙与夔龙两种。真龙具有明显的龙头、角、鳞、爪等写实部位。夔龙又称草龙，其各部位由抽象线条构成，等级偏低。藏经楼真龙纹的造型为奔跑俯冲式，呈前低后高状。龙身及龙腿粗壮有力。清代晚期龙纹呆板、龙身前后齐平似板凳，故称"板凳龙"。清代中期夔龙纹的主要特征为：①龙身粗细变化多，身上绘制翻瓣。清晚期龙纹粗细一致，几乎不绘制翻瓣。②腹部多有肚弦，晚期极少（图6）。

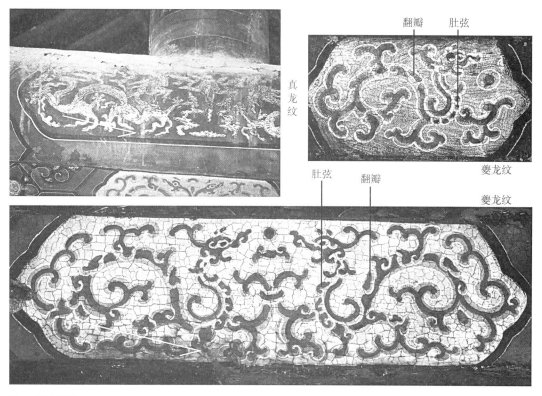

图 6　藏经楼龙纹

（三）工艺

1. 地仗工艺

清代由于多数的建筑木材存在天然的缺陷，表面不够光滑平整，为遮挡缺陷，常在构件外面做地仗。地仗是油饰、彩画的基底层，由砖灰、血料、白面、麻、布、生桐油、石灰等多种原材料组成。其中血料是动物血（多为猪血）经过加工处理的产物。地仗的做法有很多种，如单皮灰、一麻五灰、两麻六灰等，其中一麻五灰是比较常见的做法。为了将麻粘接在灰层上，常常先刷一层麻浆。麻浆由"满"（由灰油、石灰水、白面调制）和血料调制而成，起到黏结剂的作用。清代中期之前使用"净满"地仗。所谓"净满"就是粘麻的麻浆只有"满"（由灰油、石灰水、白面调制）一种材料，不加血料。因为没有血料，地仗呈现出白净的色泽。地仗中加入血料的做法，时代大约在清代乾隆朝中期。藏经楼彩画地仗表象为深色，呈现出血料地仗的做法特点，因此其时代上限不会早于清代乾隆朝中期（图 7）。

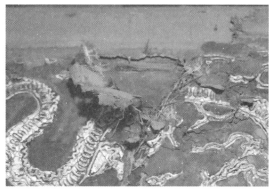

净满地仗　　　　　　　　　　　　　　　藏经楼地仗

图7　净满地仗与藏经楼地仗

2. 金箔工艺

两色金工艺盛行于清代中期之前，晚期被单色金所取代。所谓的两色金，即使用含金量98%的库金与含金量74%的赤金。因含金量不同，金箔呈现出光泽上的差异，从而增加彩画的层次感。藏经楼彩画贴金为典型的两色金做法。凡绿色为底色时，龙纹使用库金，宝珠使用赤金。凡青色为底色时，龙纹使用赤金，宝珠使用库金（图8）。

图8　龙纹两色金箔

三　彩画的价值

藏经楼的彩画现状与乾隆朝修缮档案记载的做法不一致，应为后期绘制的产物，是

图 9　藏经楼红蝠流云纹

补充香界寺修缮历史的实物依据。彩画具有诸多清代中期末的特征，是该时期彩画杰出的代表，是中期向晚期过渡阶段的实物体现。使用传统的国产颜料与进口颜料相结合的做法，既体现了中西方的物质交流，又体现了清代颜料不断廉价化的发展趋势。藏经楼彩画的地仗中已经使用血料，为清代中后期的特征。龙纹柔婉灵活，身态呈前低后高俯冲的样式，比晚清的板凳龙纹更加活泼灵动。同时使用两色金工艺，增加了彩画的立体层次感，是清代中期两色贴金工艺与审美的延续。

明清建筑根据不同的功能属性绘制各类彩画。旋子彩画是等级规制的代表，用在庄严、肃静的氛围，如政务区、宗教场所等。供选择的纹饰也相对较少，多采用能够反映等级的纹饰。苏式彩画因其内容生活气息浓厚，常使用含有吉祥寓意的画题，给人轻松愉悦的感觉，多用在园林、花园、方丈院等休闲居住区。旋子彩画与苏式彩画在功能定位上区别较大。

藏经楼大木上整体绘制旋子彩画，方心满绘龙纹，体现了皇家寺庙的威严，是权力的象征。但在三架梁与五架梁之间绘制了红色蝙蝠与流云纹（图 9）。蝙蝠的"蝠"字与"福"字谐音，被视为大吉。蓝色底色寓意蓝天，上面绘制五彩祥云，为天上仙境。红色蝙蝠加五彩祥云寓意着洪福齐天。在清代皇家寺庙中将旋子彩画与苏式彩画结合在同一座建筑中的实物凤毛麟角。此处的苏画看似与周围庄严肃立的旋子彩画在功能上格格不入，但从其色彩搭配上又浑然一体，毫不突兀，体现了香界寺彩画融合两种截然不同意境的独到之处。

参考文献

[1] 边精一《中国古建筑油漆彩画》，中国建材工业出版社，2007 年。

[2] 蒋广全《中国清代官式建筑彩画技术》，中国建筑工业出版社，2005 年。

[3] 曹振伟《明清皇家旋子彩画形制分期研究》，《故宫博物院院刊》2017 年第 4 期。

避暑山庄及周围寺庙文化遗产保护在城市发展中的作用

避暑山庄管理中心

作为第一批全国重点文物保护单位，避暑山庄的文物保护之路走过了六十春秋。这一甲子，对于个体而言，是从青葱少年到垂垂老者的生命蜕变；可对于有着三百多年沧桑历史的避暑山庄来说，是前所未有的新生和发展。习近平总书记曾在全国文物工作会议上指出"文物承载灿烂文明，传承历史文化，维系民族精神，是老祖宗留给我们的宝贵遗产，是加强社会主义精神文明建设的深厚滋养。保护文物功在当代，利在千秋。"同时强调，树立保护文物也是政绩的科学理念，统筹好文物保护与经济社会发展，全面贯彻"保护为主、抢救第一、合理利用、加强管理"的工作方针，切实加大文物保护力度，推进文物合理适度利用，使文物保护成果更多惠及人民群众。各级文物部门要不辱使命，守土尽责，提高素质能力和依法管理水平，广泛动员社会力量参与，努力走出一条符合国情的文物保护利用之路，为实现"两个一百年"奋斗目标、实现中华民族伟大复兴的中国梦做出更大贡献。正是在这种文物保护理念的指导下，避暑山庄及周围寺庙的文物保护工作在承德城市发展中彰显了越来越突出的作用。

承德这座园林城市在其发展进程中，与其他城市相比，有着自身的独特性。它是一座因避暑山庄而生的城市。历史上，先有避暑山庄，后有承德城市。避暑山庄是"山林城市帝王居"，随着它的兴建，使地处中原农耕文化和草原游牧文化交汇地带的承德，从一个默默无闻的塞外小山村——热河上营，一跃成为清朝第二个政治中心，在清中前期统一多民族国家巩固和发展过程中，避暑山庄及周围寺庙发挥了重要作用，促进了民族交往交流交融。避暑山庄和周围寺庙相互因借，在明确的政治内涵的深刻影响下，其建筑布局和艺术造型形成了完整的建筑组群，以恢宏而细腻的手笔完成了对城市巨大空间的分割与重置，整体构思丰富而合理，显示了极高的规划能力和艺术水准。避暑山庄及其周围寺庙群中多座特点鲜明的单体建筑物，显然构成了承德这座城市的骨架，反映出的是城市政治、历史、文化、民族、宗教等多方面的人文价值。

对于承德来说，避暑山庄及周围寺庙的保护深刻影响着城市的发展。避暑山庄及周围寺庙所彰显的皇家文化、宗教文化，是承德的文脉。这缕文脉溶进城市发展的血液里，形成了城市独特的气质和品格。新中国成立后，党和国家十分重视避暑山庄及周围寺庙的保护工作，1961 年避暑山庄被列为第一批全国重点文物保护单位。做好避暑山庄及周围寺庙文化遗产的保护工作，传承好这一文脉成为城市发展的新契机。在这一理念的推动下，在六十年风雨兼程文物保护之路上，文博人筚路蓝缕，终不辱使命。从 1976~2006 年所实施的"三个十年整修"到 2010 年 8 月启动的避暑山庄及周围寺庙文化遗产保护工程，文物保护之路漫漫修远，文博人不断求索。特别是随着时代的发展，文物保护理念和技术手段的更新尤其是面对蓬勃发展的文旅市场，避暑山庄及周围寺庙文化遗产保护进入新阶段。承德避暑山庄及周围寺庙遗产等级高、面积大、文物数量多，加之历史欠账多，当前的保护措施和保护水平只处在维护、维持阶段，承德遗产地的文物保护形势非常严峻，维修及抢险任务依然非常繁重，存在着大量急待解决的问题和安全隐患。

在党和国家各级领导的关心支持下，2010 年 8 月启动了避暑山庄及周围寺庙文化遗产保护工程，根据避暑山庄及周围寺庙文化遗产保护工作状况，从抢救性、补救性项目入手，用 5 年左右时间，中央财政投入资金 6 亿元，其中 5.2 亿元用于文物本体保护，8000 万元用于避暑山庄水环境综合治理。承德避暑山庄及周围寺庙文化遗产保护工程由古建筑本体保护、安消防能力提升、古建筑遗址保护、文物科技保护、避暑山庄水环境综合治理和文物保护基础工作等 6 大类共计 105 个项目组成，涉及避暑山庄、普陀宗乘之庙、须弥福寿之庙、溥仁寺、安远庙、普乐寺、殊像寺、普宁寺、普佑寺、广缘寺 10 个文物保护单位。避暑山庄及周围寺庙文化遗产保护工程是新中国成立以来国家投入资金最大的单项文物保护项目，工程投资大、类别多、工期长、覆盖广、标准高。通过这次系统保护，避暑山庄及周围寺庙文物本体险情得到全面排除；安全防范与消防达到国家一级风险单位标准；避暑山庄古典园林意境基本得到恢复；避暑山庄及周围寺庙古建基址得到有效保护；科技保护手段得到健全，监测预警能力得到提升。避暑山庄及周围寺庙得到有效保护和永久延续，充分发挥其在城市发展中促进民族团结事业的历史作用。

伴随着避暑山庄及周围寺庙三个十年整修规划和"六个亿"工程的完成，避暑山庄及周围寺庙整体面貌焕然一新，承德城市的建设和发展也迎来了新的飞跃和机遇，一座拥有丰厚历史文化底蕴，充满人文关怀的现代化国际旅游城市正在崛起。

避暑山庄及周围寺庙的保护是一个动态的、不断持续推进的过程，绝不是一朝一夕，一蹴而就的事业。保护的目的是为了更好地传承，同时传承又可以促进保护，为更好地保护提供智力支持，这是一对辩证关系，只有保护和传承处在一个良性互动过程中，我们的文物事业才能够健康发展。所以避暑山庄文化传承弦歌不辍，我们文博人致知力行。

习近平总书记关于文物保护的系列讲话精神为我们保护文化遗产提供了行动指南，保护的目的是为了更好地传承它。承德避暑山庄作为世界文化遗产，是中国古典园林之集大成者，是一座丰富的宝库。近年来，我们着重从多方面深入挖掘研究，从而达到讲述历史、传承文化的目的。正是对避暑山庄园林和建筑的内涵有了充分的认识和研究，我们在对山庄古建筑修缮过程中，修缮项目严格设计标准和要求，谨慎谨慎再谨慎，坚持采用原工艺、原材料、原做法的文物保护原则实施，在施工过程中，我们聘请了技艺高超的老工匠驻施工一线，指导施工，在严格控制施工质量的同时给年轻人传授手艺，传统古建筑技艺在保护过程中得到继承和发展。

承德是因避暑山庄的兴建而兴起的城市，园林古建深刻地影响了城市的品格和风貌，在当前城市建设跃进式的发展中，我们积极向各级规划和城建部门进言进策，让历史与现实不露痕迹地融合在一起，保护与传承相得益彰，各显风采。2019年，承德市第一座现代化博物馆—承德博物馆落成开馆，在承德博物馆设计阶段，设计方采纳了我们的建议：博物馆的建筑设计充分尊重历史，尊重城市文化，建筑风格延续康熙营造避暑山庄时"宁拙舍巧"的设计宗旨，与周边的众多著名文物古建、世界文化遗产形成一种"看与被看"的对位关系，使用中国古典园林造园手法，巧妙地将周边的景观植入博物馆建筑中，让二者交相呼应，在提取承德古建元素的同时，在图形和构造上运用现代手法和形式，为其注入时代气息，尊重历史而又保持张力。这是避暑山庄及周围寺庙园林古建对城市发展建设的另一种传承形式。

另一方面，避暑山庄蕴含丰富的传统文化，包括儒家文化、道家文化、佛教文化。儒家文化主要体现在"体仁、求仁"的治国思想；"孝亲"的人伦思想；"戒之在得"的修身思想等方面。道家文化表现在康乾二帝在勤政之暇，养性怡神，以忘尘世之怀。在审美观上主张人与自然的和谐统一，在精神、物质上与大自然相伴相生。只有自然美才能使人怡情悦性。皇帝在山庄内修建了很多寺庙，虽然有"神道设教"的意味，但同时也体现了帝王亲近宗教的一种态度。在文旅经济蓬勃发展的今天，我们在对山庄文化充分研究的基础上，通过展览展示的方式，为游客奉上了诸如《凝固的乐章——避暑山庄古建艺术展》、如意洲复原陈设展等内涵丰富的展览，这同样也是对避暑山庄文化传承和发展的一种有效方式。

2021 年 8 月 24 日，习近平总书记在考察承德避暑山庄时说："承德避暑山庄底蕴深厚。在民族交往交流交融、宗教与社会相适应、传统文化保护与传承、人与自然和谐共存等方面具有深刻历史价值和现实意义。"总书记的讲话高瞻远瞩，既揭示了避暑山庄及周围寺庙的保护工作任重而道远，同时又肯定了其在城市发展中所发挥的重要作用。今天，我们处在一个前所未有的文化昌明的时代。习近平总书记强调："历史文化是城市的灵魂，要像爱惜自己的生命一样保护好城市历史文化遗产。要本着对历史负责、对人民负责的精神，传承历史文脉，处理好城市改造开发和历史文化遗产保护利用的关系，切实做到在保护中发展、在发展中保护。"这是对避暑山庄及周围寺庙和城市发展的关系最好的诠释。我们所要做的就是在保护中建设，在传承中发展，不断增强城市文化底蕴，守护好城市的生命！

新媒体与文化遗产传播力

燕海鸣（中国文化遗产研究院中国文化遗产中心）

一 文化遗产的传播力

党的十八大以来，中华文化影响力大幅提升，文化自信不断彰显。其中，文化遗产领域的价值传播是国家软实力的重要标志之一。正如习近平总书记所说，"要推进国际传播能力建设，讲好中国故事、传播好中国声音，向世界展现真实、立体、全面的中国，提高国家文化软实力和中华文化影响力"[1]。文化遗产是历史的实物见证，文物中蕴含着揭示中华优秀传统文化和价值追求的许多故事。然而文物自身不会说话，让文物讲故事，需要重视并做好文物价值的研究、阐释、展示、传播等工作，这样才能发挥好文物资源在文化传承、教育民众中的重要作用。

随着网络、自媒体等新媒体的迅速发展，公众在获得了更多信息渠道的同时，也有了自己的发声媒介（如网页、贴吧、微信公众号以及微博、短视频平台等）。信息的获取与发布已不仅仅局限于电视、广播、报纸、杂志等传统媒体。这些新媒体有更加灵活多样、信息及时的特点。同时，这些新媒体的传播也不再拘泥于传统的媒体工作者，而是人人皆可发出自己的新闻、声音和想法。

近些年，文化遗产从业者越发认识到构建更强有力文化遗产传播力的重要性，理解到公众对于文化遗产信息的需求。文化遗产领域也诞生了一系列如《我在故宫修文物》[2]、河南电视台所创作的"系列文物活起来"实景演出等优秀的传播案例，并借助新媒体传播"破圈"。但总体而言，文化遗产传播力仍缺乏系统性的、针对新媒体特征

---

[1] 习近平总书记在 2018 年 8 月全国宣传思想工作会议上发表的重要讲话。

[2] 关于《我在故宫修文物》传播力方面的分析，参见刘蒙之《从宏大叙事到微末叙事：纪录片〈我在故宫修文物〉的创作理念创新》，《现代传播》2016 年第 9 期；莫峥《我在故宫修文物》走红的传播学分析》，《影视传播》2017 年第 7 期。

以及如何与文化遗产相结合的理论思考。如何更系统地建构动态的传播模式，搭建起行业与公众交流的平台，是摆在文博工作者面前的亟待解决的问题。

二　新媒体的特征

新媒体的概念最早由美国哥伦比亚广播电视网技术研究所所长戈尔德提出，指一切区别于传统媒体而言的具有多种传播形式与内容形态，不断更新、不断涌现的新型媒体。它借助于全球的信息技术的各种终端，以互联网、数字媒体为驱动的一种平台[1]。美国学者 Vin Crosbie 则用最简单的方式形容新媒体最本质的特点为"所有人对所有人的传播"[2]。可见，新媒体是能对大众提供个性化内容的媒体，是传播者和接受者融会成对等的交流者，进而使无数交流者相互间可以同时进行个性化互动的媒介形态。

相较于报刊、广播、电视等传统媒体传统媒体，新媒体最大的特征是从单向转变为双向传播。信息的传递者和受众者都可以成为其内容的发布者，并且可以因为某种共鸣而产生互动。受众在接收信息时，无论从时间上还是空间上都得到了极大的扩展。信息接收更加快捷方便，时间利用率上更加的碎片化。因此，新媒体的传播也就变得更加灵动。它通过文字、声音、图像等信息符号进行传播，打破了传统媒体之间所有的界限，使新信息的表现形式趋于多样化。

新媒体平台提供的信息包罗万象，内容涵盖方方面面，受众可以依照自己的兴趣和意愿，选择所需的内容，彻底改变了"传者与受者"的关系，实现传者与受者有效快捷的沟通，突破了传统媒体新闻信息发布滞后、不全面的缺点，彻底改变了传统媒体由传者到受者的单向的传统媒体传播模式。

另外，新媒体的本质属性是"社会属性"多于"技术属性"，即人们会根据自己的需求，选择属于自己"圈层"的信息去阅读和体验。因此，新媒体所导致的两个方向的趋势，一个是信息传播的扩大化，即更多信息可以通过媒介传播到受众群中；另一个是信息传播的缩小化，即受众细分、圈层化趋势更加明显，我们在获得更多与自己兴趣、价值观相符的信息的同时，对与自己无关的信息的屏蔽力度更大，"全民"传播的可能性越来越低。

---

[1]　石磊《新媒体概论》，中国传媒大学出版社，2009 年，2 页。

[2]　Crosbie，Vin. 2002. *What is New Media?* Online：http：//www. sociology. org. uk/as4mm3a.doc

三　文化遗产领域如何对待和吸纳新媒体

新媒体的最大特征之一是信息的自由传播。让信息最大限度的平等、自由的传播，受众获取信息的渠道通畅无阻，才能真正实现传播者和受众的平等交流。虽然部分官方传统媒体依然能够拥有较强的事实报道能力和公信力，但已经无法对信息源进行垄断。新媒体为更具传播力的媒介的脱颖而出提供了平台。文化遗产领域的官方机构、媒体也应正视自身的能力和视野壁垒，不要刻意强求去与更具活力的民间机构抢占某些传播的舞台，而是扮演好引导的角色，去与民间力量更好结合。

实际上，一些传统媒体文化产品的成功，也是利用了这种平等视角。一些出色的文化遗产纪录片产品，贴合了新时代受众对纪录片的情感诉求，没有晦涩难懂的学术性叙事，而是用通俗易懂的语言与观众平等对话。美国佛罗里达大学新闻与传播学院终身教授丘吉尔·罗伯茨曾经拍摄过一部关于秦始皇陵兵马俑的纪录片《兵马俑的诅咒》。同样是文物题材，相比于同类型题材纪录片一贯使用的刻板的文物解说形式，该片采取独特的观察视角，开片即设置悬念，兵马俑的诅咒到底是什么？而后又对兵马俑被发掘之后衍生出的商业价值链和文物消费主义给予呈现和批判，这一创新性视角给予了该纪录片内容和形式的新颖和独特。同时，平视的视角拉近了受众与该文化产品的心理距离，在一定程度上满足了受众的核心欲望。让受众居于主导地位，改变了传播媒介单向传授，而受众被动接受的传播格局。探究目标受众的收视心理和审美习惯并顺应其在互联网时代的发展需求，必然会成就受众对品牌的反馈与支撑。

"平视"是一种态度维度的策略，而不仅仅是技术层面的。部分文化遗产价值的传播过程中，会刻意追求语言上的"萌化"的效果，这种方式有待商榷。实际上，年轻人不会因为你"萌"而喜爱，而是因你的内容本身有质量、有吸引力且生动有趣而关注。因此，让每一个严肃的声音，温暖的声音，反思的声音，宏大的叙事，萌化的细节，都能有自由发挥、自由传播的渠道，这才是新时代文物传播的应有之道。

另外，文化遗产领域应以包容的心态，客观理性对待来自公众的批评声音。公众真正愿意花时间和精力去关注的文物舆情事件，大都是关乎社会热点的议题。应当认识到，赋予公众批评的权利，允许负面情绪的发表，是获得正能量的重要途径之一。实际上，对于文物行业内各种事件的批评，能够体现两个方面的问题。第一是批评声音越多，说明大家越关注文物保护事业，允许批评，也是能让人真正看到关注和关心文物保护民众的数量和观点。第二是通过听取批评的声音，也能够观测到公众对于文物行业的认识，可能一些批评的观点并不准确，甚至是对行业和当事人的误解，此时反而能让我们理解大家普遍的认识水平，有助于厘清真像，传播真正的讯息。

四　思考与建议

新媒体时代，依靠行政手段去"堵"信息已不可行。信息传播是"信息市场"的竞争，"客户"是每一个受众，因此，需要有传播的市场意识，要传播立场鲜明、内容准确的信息。同时应该认识到，受众的关注力是有限的，文化遗产相关信息，不可能博得全社会的关注，以此为目标的传播并不现实。而是要基于现实考量，有重点的呼应特定群体的关注力需求。

应该认识到，新媒体时代，需要具备的是互联网思维，而不仅是互联网技术。传统媒体面对新媒体时，最容易出现的一个问题是将互联网等同于互联网技术，认为用一个平台把大家联系在一起，就能够实现传播。但仅仅是技术层面实现了"新"，还难以达到预期的效果。比如目前国内的通过新媒体手段打造文化遗产传播的大部分官方平台，实际上还是聚集着文物圈层内的读者，传播圈层内的内容。反倒是如"长城小站"等民间平台，在长期打造网站为主的平台基础上，以微博、微信、线下活动为结合方式，形成了以某个主题为切入，全媒体覆盖的传播交流体系，相对突破了圈层，云集了大量文博行业之外的爱好者的关注和参与。

另外，面对文化遗产的舆情事件，当前文化遗产相关事件的传播信息的传播方和接受方都更侧重"立场"本身的重要性。即对于事件具体的内容和逻辑的关注度较低，而是关注事件所传递出的立场，并以此"站队"。因此，在传播信息时，应该有所取舍。在舆情事件中，公众的意见实际上是个"市场"，而信息传递方是在争夺这个市场。因此，在事件发生第一时间的舆情公关，应最大程度呈现事实，以最快的速度争取公众的"立场"，而不应该陷入道德说教或是简单的否认。需要摒弃既往的"通过传播知识去教育"的思路，而应该立足受众的实际需求，以更多的呼应，而不是灌输，去创造更有效的内容模式。

余论：关于"讲好中国故事"的再思考

讲好中国故事，传播好中国声音，不仅是面向世界的，更是面向普通大众的。"讲好中国故事"这一说法似乎背后存在一个预设，即中国故事本身已经很清楚很精彩，所需要的是以国际化的方式讲给国外的听众。这个预设将中国故事的目标人群分为两类，一类是中国人，一类是外国人，后者属于"外宣"领域。从传播学而言，针对不同人群的知识与情感，采用不同的方式讲述同一个故事是有效途径之一，因此，"外宣"是必要也是有效的。但回顾多年来国际文化领域的话语权争夺，没有任何一个文化强国，是仅仅通过非母语的"外宣"而说服外国人，从而获得国际文化话语权。尤其是在互联网时代，很难想象外国人还会把对方的"内宣"屏蔽而专等着看其"外宣"。因此，真正的逻辑应该是：用母语讲好本国的故事，尊重本国公众的文化记忆模式，并推动认识、理解、认可这些叙事，最终由其他国家的人主动聆听和接受这些叙事。中国的文化遗产集中承载了众多优秀的传统文化，是人类精神世界宝库中的珍品，是有益于各国人民的、拥有丰富的价值内涵和故事体系，并不需要刻意用另外一种方式讲给外国人。中国的历史与文化，首先应该讲给中国人，让中国人愿意倾听，并且为之心悦诚服，愿意继续传承光大其精神，外国人才会主动接受和欣赏。

参考文献

[1] 刘蒙之《从宏大叙事到微末叙事：纪录片〈我在故宫修文物〉的创作理念创新》，《现代传播》2016 年第 9 期。

[2] 栾轶玫《新媒体概论》，人民出版社，2012 年。

[3] 莫峥《〈我在故宫修文物〉走红的传播学分析》，《影视传播》2017 年第 7 期。

[4] 庞博《文物新闻宣传的初浅体会和舆情应对》，《中国文物报》2018 年 4 月 6 日。

[5] 石磊《新媒体概论》，中国传媒大学出版社，2009 年。

[6] Crosbie, Vin. 2002. *What is New Media?* Online: http://www. sociology. org. uk/as4mm3a.doc

浅析苏州园林文化在江南文化品牌塑造传播中的作用

陈宇轩（苏州市拙政园管理处）

江南在中国历史长河中，既是一个地理区域的名称，又是一个文化的代名词。随着历史的变迁，人口的迁徙，经济、文化与中原的不断融合，其区域范围发生不断地延伸变化，逐渐呈现交通发达、经济繁荣、文化发展的特征，成为代表着中华民族发展趋势的文明集聚地。江南文化发轫于商周前，成型于春秋战国，过渡于秦汉时期，转型发展于魏晋南朝隋唐，成熟于宋代之后。江南文化不管如何变迁，吴越文明为其文化的渊源和核心这一点是毋庸置疑的，而吴文化诞生成长于以苏州及其周边为中心的广大地区，苏州长久以来一直是吴地的行政和文化中心。

在江南文化的众多分支中，江南园林作为江南文脉中一个独特的文化符号，是地域

图1　苏州园林夜景（一）

文化的精华性浓缩。"吾国凡有富宦大贾文人之地，殆皆私家园林之所荟萃，而其多半精华，实聚于江南一隅……江南园林，论质论量，今日无出苏州之右者"。"江南园林甲天下，苏州园林甲江南"，苏州园林作为吴文化的一个分支，作为中国传统文化的重要组成部分、吴地人民数千年的智慧结晶，也受到了世界人民的关注。无论是"振衣千仞岗，濯足万里流"的沧浪亭，"进思尽忠，退思补过"的退思园，"渔隐"的网师园，"耦耕"的耦园，还是"长留天地间"的留园，"守拙致远"的拙政园，苏州园林可以说是江南园林文化活的传承、活的展示（图 1~3）。

文化散布过程取决于文化的实用价值、难易程度、文明声望、时代适应性和抗逆性等多种因素。在江南文化的传播过程中，实用价值高、文明声望高、时代适应性强的苏州园林文化推动了江南文化的广泛传播。根据文化人类学家 R. 林顿界定的文化传播阶段，无论是在接触与显现阶段、选择阶段还是采纳融合阶段，苏州园林文化都体现出了自己的独特优势。人的迁移和流动，通商、旅游以及其他人员的流动是传播文化的重要媒介。在当代，由于交通通信技术手段的发达，文化传播的媒介也日益增多。苏州是著名的历史文化名城和国家重点风景旅游城市，物华天宝，人杰地灵，自古以来被人们誉为"园林之城"，其盛名享誉海内外。从文化的纵向传播上看来，苏

图 2　苏州园林夜景（二）

图 3　苏州园林夜景（三）

州古典园林历史绵延 2000 余年，是中华文化的艺术瑰宝；从文化的横向传播看来，苏州古典园林在世界造园史上有其独特的历史地位和价值，吸引着世界各地的游客。据苏州市文化广电和旅游局统计，即使是在新冠疫情暴发，我国进入常态化疫情防控阶段，2020 年的"国庆中秋两节"8 天假期，苏州市也接待了国内游客 721.4 万人次。而在新冠疫情暴发之前，苏州园林接待的国内外游客更是数以亿计。这种强力的文化传播使得苏州园林文化和江南文化在世界范围内都闻名遐迩。叠山理水、堂轩亭廊、漏窗铺地等园林和造园手法大量融入城市绿地景观及居民住宅。自 1980 年以网师园殿春簃为原型的"明轩"落户美国大都会博物馆，苏州古典园林文化开始走向世界。多年来，这样的园林已经遍布五大洲，成为中华文化传播的载体。

陈从周先生称苏州园林为"文人园"，它是饶有书卷气的园林艺术，这些园林原是文人兴之所至，诗文兴情以造园，园中必然有读书的书斋，有吟诗品文之吟馆，有挥毫涂墨之画轩，传承了儒家文化经世致用的传统，体现出江南文化精致的审美追求。苏州园林文化和江南文化是耦合关系。苏州园林文化越进步越发达，江南文化也越进步越发达。在这种耦合关系之中，它们是两个可以互动并互相促进的主体。其关系符合法国学者雅克·拉康提出的主体间性理论，是互为主体的互动关系，而不是主与客、主与从的关系。苏州园林源起春秋，吸纳历朝历代文化，时至今日，苏州园林仍旧不断地吸收、融合其他区域文化，凝聚成一种创新的精神。正是这种兼收并蓄的特质使得苏州园林文化在江南文化品牌塑造传播中脱颖而出，将江南文化推向全国，推向世界。

被联合国教科文组织列入世界文化遗产的苏州园林，源源不绝地释放着强大的生命力。无论是可见的苏州园林本体，还是不可见的苏州园林精神与文化，形成了一种可触碰到的价值观体系。正是这种精益求精、追求卓越的苏州园林文化精神推动着苏州经济社会可持续发展，推动着江南文化的对外传播。

参考文献

[1] 曹林娣《略论苏州园林的文化美学价值》，《人文园林》2018 年。

[2] 陈从周《说园》，同济大学出版社，2007 年，15 页。

[3] 陶文东《传承苏州园林文化，引领学生艺术成长》，《画刊》（学校艺术教育）2014 年第 8 期。

[4] 汪长根《苏州城市可持续发展与园林文化》，《苏州日报》2020 年 B02 期。

[5] 乐融《鲁迅与江南文化精神》，《上海鲁迅研究》2020 年第 4 期。

[6] 雅克·拉康著、褚孝泉译《拉康选集》，上海三联书店，2001 年，109 页。

[7] 童寯《江南园林志》，中国建筑工业出版社，1984 年，1 页。

基于清宫档案的颐和园传统造园文化初探

周娉倩　刘庭风（天津大学建筑学院）

一　引言

颐和园，是全国首批重点文物保护单位，也是世界文化遗产。按照《保护世界文化和自然遗产公约》规定，文化遗产主要指从历史、艺术或科学角度看具有突出的普遍价值的文物、建筑群和遗址。颐和园管理处提出以文化遗产的角度审视颐和园保护，其中一项保护内容为有历史、文化和美学价值的造园工程，如在天然山水基础之上进行园林化人工意匠改造的万寿山与昆明湖。

颐和园昆明湖和万寿山的历史描述，多被记载于相关地方志、诗文及样式雷图档中，是基础文献资料。以此展开的一系列研究，如颐和园历史、山水环境、园林文化等方面，多基于御制诗或样式雷图档等文献资料，但尚未解答颐和园山水成形的内在原因及其反映的传统造园中相度文化问题。营建奏折作为清代宫廷档案之一，更加直接地体现造园思想。因此，本文凭借中国第一历史档案馆所查得的光绪年间颐和园相度奏折，对颐和园山水营造做有史可证的文化诠释。力求丰富对颐和园历史文化价值的认知，或为文物保护中传统文化的深入研究提供启示。

二　基础文献资料

中国第一历史档案馆藏档号为 04-01-15-0093-011《呈看得颐和园万寿山风水清单》：

颐和园万寿风水清单谨看得：颐和园，万寿山峦头耸拔，岭岸清奇，其气自乾亥，分擘由坎入首，系子位午向兼壬丙三分。以牌楼为头层，延年金星生，宫门二层文曲水星生，二宫门三层贪狼木星生，排云殿四层廉贞火星生，德晖殿五层巨门土星，佛香阁为延年高大吉星主向。湖水由乾方绕抱出丙方，绣漪桥借库而消丙方。廊如亭在三吉六秀方，东北转轮藏，西北宝云阁，为辅弼二星拱照，德晖殿主殿内外两局均属全吉，兼之水净砂明，尽收两大钟灵之秀，山环气绕可助万年福寿之绵，五星相生众美毕具，洵可谓极佳之境也。

史料描述了光绪时期颐和园万寿山、昆明湖、中央建筑群等景象，可以为探究颐和园传统造园文化提供理论依据。其中万寿山和昆明湖构成了颐和园的主体框架，且颐和园管理处曾提出以文化遗产的角度审视颐和园保护，保护重点之一为有历史、文化和美学价值的造园工程，如在天然山水基础之上进行园林化人工意匠改造的万寿山和昆明湖。因此，本文以文献中提到的万寿山山形与昆明湖水势为重点做解读，分析文物保护中传统的空间文化内涵。

三　山水空间

（一）万寿山坐朝

"颐和园，万寿山峦头耸拔，岭岸清奇，其气自乾亥，分擘由坎入首，系子位午向兼壬丙三分"。其中，"万寿山峦头耸拔，岭岸清奇"是对万寿山山形端正秀丽的评价；"其气自乾亥，分擘由坎入首"是对万寿山来龙[1]方向进行解读；"系子位午向兼壬丙三分"是对万寿山坐朝方位的描述。这句话表达了颐和园的来龙与坐朝方向：万寿山背倚西山山脉，来龙结作于万寿山，来龙方为乾亥方。又面朝西湖，山势前后呈现南北向，即子午向。乾、亥位于子午偏西北方位，即西北山脉结于万寿山，现有的园林图景与文献资料描述相符。这句话所蕴含的是传统相度理论中的"气论"，"气"指的就是气流、气运、气势，万物皆有气。通过"气"的运行，良好的山水形势能形成藏风聚气的格局。"万山一贯，起自昆仑"，三大干龙起源于昆仑山脉，一路向东。其中北干龙环阴山、贺兰山，经幽燕入辽海。北干龙的分支有恒山、太行山、燕山、到北京为止（刘庭风，2017）。以传统的来龙关系看，颐和园的万寿山处于中国北干龙上的太行山—燕山—

---

[1]　堪舆学中把绵延的山脉比作龙。

西山一脉相承的龙脉上的折点和咽喉，且处于紫禁城西北方，恰好是"乾"卦的位置。

（二）昆明湖水势

"湖水由乾方绕抱出丙方，绣漪桥借库而消丙方"，即颐和园以水口来定局，推测是三合水法[1]的四大局[2]。前文已确定了来龙方向，只需要以水口的位置来确定是"水火金木"中的哪一个局。颐和园水势，由西北流入，东南流出，即水口在西北。水口落在辛戌、乾亥、壬子[3]这几个方位上就为四大局中的火局。根据三合水法，子山午向为四大局中火局的正旺向，而丙向双山属丙午，却是四大局水局的墓库，因此颐和园的三合水法不属于正库，属于旺向借库，绣漪桥位于颐和园出水口丙午方位，符合原文所说"绣漪桥借库而消丙方"。

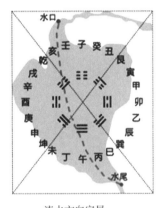

流水方向定局

乙丙交而趋乾

三合水法-火局

辛壬会而聚辰

三合水法-水局

图 1　昆明湖水势空间图解（自绘）

可见，颐和园选址西北郊风景区，除了借资西北郊优越的地貌条件、综合水利工程和农业生产之外，还有对传统文化的考量。

（三）传统造园文化解读

万寿山山脉"来龙""气论"，昆明湖"三合水法"等都是传统造园文化中的堪舆学

---

[1] 运用双山五行和三合四大水口及十二长生宫来立向论断吉凶的地理水法。
[2] 即火局、木局、金局、水局。
[3] 罗盘方位。

说法，以《易经》理论为基础衍生的阴阳、五行、八卦、九星等具有象征意义的图腾文化都属于这个范畴。《易经》是中国传统文化思维的典型代表，其以太极和阴阳为起源进而派生出四维、五行、八卦、九宫等具有比附意义的图形符号，结合"象""数"构成时空一体的模型。传统造园文化，在此基础上，融合了中国哲学中的天道思想、天文学中的星宿分野以及数学中平面布局的数理秩序，是古代宫苑设计的理论依据之一。

传统造园思想，包括儒、释、道及其衍生出的天人合一思想、隐逸思想、神仙思想、堪舆学说等。但在儒释道之前，古人对空间的认知离不开原始农耕生产方式的影响，即通过对天象、气象、物象等的观测来把握时节（观象授时），正是因为早期对自然认识的局限，先民在探索过程中将天象与祸福相联系。因此，观象授时不仅满足生产的客观需求，也被注入信仰的主观暗示。观象授时工作之一源自对日影的测量，通过一根垂直于地面的杆子（又叫"表"或"髀"）的太阳投影来确定空间方位。通过一年中表影长度的变化，来确定节气。基于此派生出了诸如两绳、四维、五位、八方、九宫等符号被合于一个罗盘上，罗盘为"天圆地方"的宇宙观念提供了参照。"天圆地方"的宇宙观念中，山水是比附天地的空间枢纽，通过勘山测水来寻找吉利的时间和空间。

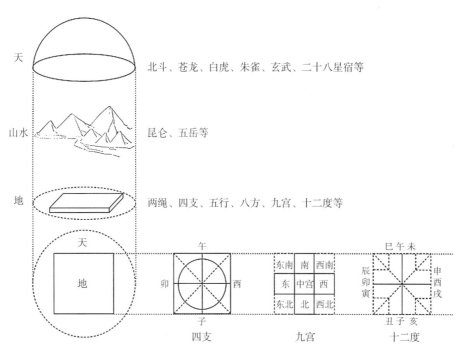

图 2　原始宇宙观念图解

这种原始的宇宙观念，派生出的影响颐和园山水布局的二十四山方位、三合水法等，均是基于易经理论的时空一体的象数模型，是传统造园思想中相度文化的重要组成部分。工程指导造园以"用"为目的，美学影响造园以"美"为追求，相度文化引导造园达到"吉"的境界，这些都属于传统造园范畴，对宫苑营建有着直接的指导意义。无论是对实用功能、美学追求还是吉利空间的向往，皇家园林作为比附天地的"空间枢纽"，反映的均是统治者希望与天同构，进而达到天人合一、趋吉避凶的美好愿景。

四　结语

颐和园作为世界文化遗产，所体现的中国传统造园对理想人居模式的追求，是艺术造型与传统文化的结合。传统文化是古人试图通过图形、数理来总结自然规律，以便更好认识自然、适应自然的原始观念，在此基础上发展来的八卦、五行、九星，都是传统观念中对待自然朴素经验主义的体现，随着多学科的发展，传统文化被加入玄幻虚无的理论。在这样的情况下，借助原始文献资料，基于古人追求吉利时空的心理，去还原传统造园思想中涉及的相度文化，力求丰富对颐和园历史文化价值的认知，或为文物保护中传统文化的深入研究提供启示。

参考文献

[1] 谷媛《遗产保护　规划先行——颐和园遗产保护之实践》，《博物馆藏品保管学术论文集——北京博物馆学会保管专业第四—八届学术研讨会论文选编》，北京博物馆学会，2009 年 9 月。

[2] 郭维、孟祥彬《漪园后山园中园空间布局中的模数思维与手法研究》，《中国园林》2021 年第 1 期。

[3] 刘庭风《风水龙脉》，《园林》2017 年第 4 期。

[4] 刘庭风、周娉倩《庭院吉气自何方——一份紫禁城庭院门位相度奏折的图解》，《紫禁城》2020 年第 3 期。

[5] 孟兆硕《颐和园理水艺术浅析》，《颐和园建园 250 周年纪念文集》，五洲传播出版社，2000 年，268 页。

[6] 秦雷《以颐和园为视角的园林文物保护与管理》,《中国公园协会 2006 年论文集》, 中国公园协会, 2006 年。

[7] 邵志伟《易学象数下的中国建筑与园林营构》, 山东大学, 2012 年。

[8] 于洪《〈周易〉智慧与颐和园文化景观研究》,《学术探索》2013 年第 1 期。

[9] 杨欣《山地人居环境传统空间哲学认知》, 重庆大学, 2016 年。

[10] 周维权《中国古典园林史》, 清华大学出版社, 1990 年。

[11] 张冬冬《清漪园建园前的原初环境考》,《中国园林》2015 年第 2 期。

[12] 张冬冬《清漪园布局及选景析要》, 北京林业大学, 2016 年。

恭王府建筑装饰艺术研究

许琛（文化和旅游部恭王府博物馆）

恭王府作为目前保存最为完整且唯一向社会全面开放的清代王府古建筑群，已成为公众了解清代王府的"孤本"。恭王府坐北朝南，分为府邸和花园两部分，由东、中、西三路五进院落构成，建筑庄重肃穆，古朴典雅，总占地面积超过6万平方米，拥有各式建筑群落30多处，是清代官式建筑中最具代表性的一座王府，极具历史、文化、艺术等重要价值。

一　影壁

影壁，也称"照壁"，是中国传统建筑中设置在门前或门内的墙壁，与门的位置相呼应，具有挡风化煞、趋利辟邪的屏障作用。影壁多为装饰性的，内容一般表现主人对美好生活的向往与寄托，增加威严、肃静的氛围。恭王府府邸内影壁位于东路阿斯门入口处的正对面，由上至下分别为壁顶、壁身、壁座（图1）。壁顶为硬山式墙顶，灰色

图1　恭王府影壁"五福捧寿"图案

筒瓦铺盖。壁座采用须弥座式。壁身用倾斜的灰色方砖拼砌而成，在中央雕刻寓意吉祥的"五福拱寿"装饰图案，中间雕刻寿字纹，寿字纹四周环绕五只蝙蝠，外围以雕刻精美的卷草云纹包围，体现"福文化"内涵（图1）。

二　瓦当滴水

瓦当和滴水是传统建筑檐口的重要装饰。瓦当是覆盖建筑檐头筒瓦前端的遮挡，具有排水、防水、美化建筑屋面轮廓和保护木制飞檐的作用。瓦当起初为素面，后来逐渐出现花纹、飞禽、走兽等图样。滴水多呈三角形或如意形，瓦面弧形朝上，方便引导雨水流下，保护墙壁的洁净。清代宫廷王室的瓦当、滴水多采用龙纹作为装饰，瓦当与滴水在建筑造型上，展现了和谐统一之美，也是封建礼制在建筑装饰上的呈现。

明清时期的瓦件从材质上大致可分为琉璃瓦件和灰陶瓦件。瓦件的纹饰、色彩、材质等都体现封建等级制度。在恭王府的府邸建筑中，中路建筑屋面瓦件为绿色琉璃瓦，瓦当和滴水装饰龙纹图案，东路和西路建筑瓦件采用普通灰陶瓦件，以莲花纹图案为主。

三　正脊脊饰

正脊是屋顶前后两坡相交的顶端，是屋顶最高处的水平屋脊。

恭王府府邸建筑中正脊脊饰的图案主要为葵花、莲花、凤。银安殿东、西配殿与嘉乐堂东、西配殿的正脊脊饰相同，均为凤、莲花砖雕图案。其中，银安殿东、西配殿的正脊上装饰三组脊饰（图2）。中间一组为七件脊饰，雕刻精美的凤、葵花的砖雕图案，

图2　银安殿配殿正脊脊饰

其他两组样式相同，每组五件脊饰，雕刻莲花图案，寓意吉祥。

后罩楼东、西配楼及佛楼、瞻霁楼、宝约楼的正脊上装饰砖雕脊饰。后罩楼正脊东西向共有七组砖雕脊饰，南坡四组，北坡三组。后罩楼佛楼脊件为十一件，中间图案为凤，左右两组各为五件雕刻葵花纹饰，瞻霁楼、宝约楼脊饰各为七件，雕刻莲花图案，其余每组均五件，主要装饰以莲花图案。

四 脊兽

脊兽是在中国传统建筑屋顶的屋脊上所安放的兽件，丰富了屋顶的轮廓。清代官式建筑中，不同等级的建筑，脊兽在数量和形式上都有严格的规定，每一个瑞兽都有其特定的含义和寓意。按照清朝的规制要求，脊兽的最高等级是十个，寓意"十全十美"，象征皇权的至高无上，通过瑞兽数量来体现建筑等级。从前到后分别是龙、凤、狮子、天马、海马、狻猊、押鱼、獬豸、斗牛、行什。其他官式建筑屋顶脊兽排列顺序固定，且均为奇数件，至多可以用九个。

恭王府府邸建筑上的走兽数量为七件或五件。按照清代的建筑规制，恭王府府邸中路建筑均为琉璃脊件，走兽前安置有仙人脊件。如府邸中路建筑银安殿和嘉乐堂走兽为七脊件，走兽前安置有仙人脊件，由前至后分别为龙、凤、狮子、天马、海马、狻猊、押鱼。恭王府的一宫门、二宫门走兽为五个，顺序为龙、凤、狮子、天马、海马。府邸西路、东路锡晋斋、葆光室、乐道堂、多福轩等建筑的走兽均为五件，狮子在最前端，后四件为海马，走兽前不安置仙人脊饰。

五 门窗

（一）门

恭王府府邸建筑的门主要是板门和隔扇门两种形式。王府的正门形制体现了严格地按照封建礼制，正门的门钉数量、铺首装饰都显示出府主的等级地位。

1. 板门

恭王府的一宫门采用实榻大门的形式，它是一种安于中柱之间的板门，常用于宫殿、王府等等级较高的建筑群入口处，是形制最高、尺寸最大的大门。一宫门为朱漆宫门，横七竖九的整齐镶嵌 63 颗鎏金门钉，是亲王级别的规制，体现了中国古代封建等级制度。铺首是含有驱邪意义的中国传统建筑门饰，大多装饰为兽面衔环式样。恭王府大门铺首为铜鎏金兽面衔环式样，表面錾刻着"双凤祥云"的图案，见证着固伦和孝公主府的历史。

2. 隔扇门

恭王府府邸隔扇门主要由隔心、绦环板、裙板三部分组成。槅心的样式主要有"步步锦"和"三交六椀菱花"两类。步步锦样式为平棂式，由直棂和横棂按照一定的规律纵横组合而成的图案，四周配以简单的雕饰。象征了府主对前程似锦，步步高升的美好期望，也是中华民族的传统福文化观念的体现，这是府邸建筑构件中使用最多的样式，但是在细节上步步锦样式略有不同。

府邸建筑构件中内只有银安殿及东西配殿、嘉乐堂及东西配殿的隔扇门槅心上装饰三交六椀菱花样式。三交六椀菱花样式是由两根或三根木棂条相交，每组三角形内有六瓣菱花，使三角形相交之处成为放射状的六瓣菱花几何图锦，视觉上给人一种规整、对称、平衡、节奏、韵律的秩序美。二棂相交者称"双交四椀菱花"；三棂相交者称"三交六椀菱花"。

裙板在隔扇的下部。恭王府隔扇裙板的木雕纹饰精美，主要采用云盘线如意头和夔龙纹两种形式，每一种纹饰图案在细节上略有不同。

（二）窗

恭王府府邸建筑的窗主要为槛窗、横陂窗、支摘窗、什锦窗四种形式。

1. 槛窗

隔扇槛窗一般安置在建筑的次间、梢间，主要由槅心和绦环板组成，与隔扇门的造型和装饰协调一致，体现了中国传统建筑的对称统一性。府邸内槛窗的槅心主要采用双交四椀菱花样式、三交六椀菱花样式、斜方格样式三种样式。如银安殿及东、西配殿槛窗槅心为"三交六椀菱花"样式。一宫门和二宫门的次间隔扇槅心为"双交四椀菱花"样式。东阿斯门和西阿斯门槛窗槅心为斜方格样式（图 3）。

图3　恭王府槛窗三交六椀菱花、双交四椀菱花、斜方格槅心样式、支摘窗步步锦槅心样式

2. 横陂窗

横陂窗安置于隔扇门或隔扇窗的上部，恭王府府邸建筑的横陂窗均为单数。槅心的造型与隔扇门和隔扇窗的槅心形式一致。

3. 什锦窗

什锦窗是漏窗的一种，装饰造型精美、样式丰富，所以得名"什锦"。什锦窗是恭王府最具装饰特色的窗，在锡晋斋院落的游廊和后罩楼后墙均有什锦窗。

锡晋斋院落游廊东、西各有5扇装饰精致的什锦窗，装饰以冰裂纹图案。东、西两侧什锦窗相互对称，窗户形状各不相同，极具江南园林花窗的造型特色。

后罩楼后檐墙上层为46扇形状各异的什锦窗，其中北墙有44扇，东墙有2扇。什锦窗造型各异，有圆形、石榴形、桃形、扇形、卷轴形、银锭形、如意形等形式，蕴含吉祥美好的寓意。窗檐装饰以精美的砖雕图案，图案造型各不相同，有回形纹、万字纹、卷草纹、花鸟纹、蝙蝠纹、石榴纹等。其中，最具特色的是一扇倒挂蝙蝠造型的窗户，寓意"福到"；窗户上部为一只倒挂的蝙蝠，中间是乐器磬，谐音"庆"，下部是两条鲇鱼，取意"年年有余""福庆有余"，极其鲜明地表达了府主对吉祥福寿的期盼（图4）。

图4　后罩楼什锦窗

六　墀头

墀头是山墙伸出至檐柱之外的部分，作为中国传统建筑墙体立面装饰的重点部位之一。恭王府府邸建筑中墀头雕刻图案大致为植物类和动物类两类图案。

植物类：多采用梅兰竹菊"四君子"的题材，表达出对高洁坚贞、清雅淡泊的高尚品格的向往，可以单独成纹也可组合成纹。四周雕刻卷草纹，莲花，牡丹等纹饰。

动物类：主要为狮子、麒麟、梅花鹿、松鼠、禽鸟图案。麒麟和狮子象征祥瑞与权利；梅花鹿寓意福禄。锡晋斋墀头雕刻"松鼠葡萄纹"图案，果实成串成簇，硕果累累，寓意多子多福、富贵长寿，传达了府主对"子孙万代"的吉祥期盼（图5）。如恭王府东南口阿斯门墀头雕刻麒麟图案。在西路宫门和西二府门的墀头砖雕图案为狮子。葆光室墀头图案有狮子、松、梅花、松鼠葡萄等图案，均寓意富贵、长寿、福禄。

图 5　墀头松鼠、鹿、禽鸟图案

七　彩画

建筑彩画的线条、色块的比例、尺度、疏密程度是与总体建筑装饰相协调一致的，各种装饰是相互影响、借鉴的。清代官式彩画以和玺彩画、旋子彩画、苏式彩画、海墁彩画四种形式为主，在恭王府建筑装饰中都有体现。彩画按照建筑位置可分为外檐彩画和内檐彩画。《大清会典》中"亲王府制……绘金云龙，凡正门殿寝……门柱丹垩，饰以五彩金云龙纹"。

恭王府府邸建筑中，中路主体建筑外檐彩画主要采用龙锦枋心墨线大点金旋子彩画的形式。如恭王府中路银安殿正殿和东、西配殿、一宫门外以及嘉乐堂正殿外檐、后罩楼外檐及廊内彩画檐梁枋、东路多福轩外檐绘制的彩画均为是龙锦枋心墨线大点金旋子彩画[1]。

西路葆光室外檐彩画为海墁彩画，东、西厢房外檐为苏式箍头彩画。锡晋斋外檐为金线素箍头宋锦包袱式彩画（图 6），东西厢房外檐彩画为包袱式苏式彩画，连廊的彩画为海墁式苏式彩画。

图 6　锡晋斋外檐金线素箍头宋锦包袱式彩画

东路的乐道堂及东、西厢房外檐绘制的彩画为墨线青绿地宋锦烟琢墨卡子、福寿团、寿山福海团、夔龙团包袱式苏式彩画，东西耳房绘制海墁式苏式彩画。葆光室的室内天花绘制西番莲缠枝纹井口天花彩画，图案雅致，寓意吉祥。恭王府的蝙蝠纹饰在建筑装饰中使用极为普遍，如葆光室后檐绘制"红蝠流云碎花皮球包袱式"苏式彩画（图7），也是王府"福文化"内涵的体现。

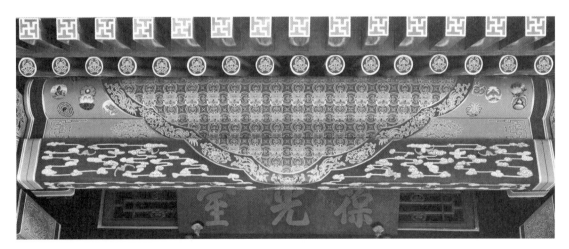

图 7　葆光室红蝠流云碎花皮球包袱式苏式彩画

---

[1] 李奕慧《恭王府府邸建筑装饰艺术研究》，北京建筑大学硕士论文，2018 年。

东路多福轩的顶棚彩画绘有玉兰、海棠、芙蓉、桂花四种花卉图案，取名"玉堂富贵"，寓意吉祥如意、富裕显贵。屋梁上残留的局部凤尾图案为乾隆时期的凤和玺彩画。

和玺彩画是清代官式建筑彩画中等级最高的一种，画面中象征皇权的龙凤纹样占据主导地位，构图严谨，图案复杂，大面积使用沥粉贴金，花纹绚丽。恭王府建筑上的和玺彩画经过各个时期的多次绘制，目前仅在东路的多福轩和乐道堂保留有遗迹，类型是凤和玺彩画。此处彩画具有诸多清中期的特征，凤纹的寓意及等级彰显了固伦和孝公主的尊贵身份。

结　语

恭王府的建筑装饰题材多样，造型丰富，是形式美、意蕴美、意境美的表现，其美感来自于对色彩、材质、形式的和谐运用以及对立统一美学规律的体现。通过对恭王府建筑装饰进行较为系统的归纳和总结，本文深入探析了恭王府建筑装饰的艺术风格和文化内涵，使恭王府官式建筑营造技艺得以传承和发展，以期对清王府官式建筑营造技艺的保护与传承提供一些思路。

参考文献

[1] 梁思成《清式营造则例》，清华大学出版社，2006 年。

[2] 王其钧《中国建筑史》，中国电力出版社，2012 年。

[3] 谷长江、沈弘《老照片中的大清王府》，文化艺术出版社，2006 年。

[4] 高阳《中国传统建筑装饰》，百花文艺出版社，2009 年。

[5] 恭王府管理中心《清代王府及王府文化国际学术研讨会论文集》，文化艺术出版社，2006 年。

[6] 楼庆西《中国传统建筑装饰》，中国建筑工业出版社，1999 年。

[7] 张壮《恭王府建筑文化沿革考》，中国建材工业出版社，2014 年。

南京总统府园林中西交集的别样风景

刘刚（南京中国近代史遗址博物馆）

从晚清进入民国，西风东渐、思潮泛起。南京总统府园林受到外来文化的影响，单一传统模式开始改变，主要呈现为秩序和关系的重组，工艺和审美的交错，材质和风格的探索。

一 标榜鼎新的"西式招牌"

国民政府门楼替代传统的两江总督署大门，既是对清朝规制和秩序的废弃，也是因为新式建材具有更多可能性。门楼采用了水泥混凝土材料，跨度加大，面阔 30 米；进深 6 米，三层空间；二层高至 9 米；顶上升旗室，三层高至 13 米；除了正面八根爱尔尼奥柱式，紧连门楼两侧的墙面向外呈八字形，墙面各分成 4 个屏面，饰有与门楼风格呼应的线条和图案；与对面大照壁形成一个广场空间；广场沿墙种植草木，虽然面积不大，但却是国民政府的"脸面"和对西式花坛的"官宣"。

二 审美和工艺的"错位对接"

进入门楼，东、西朝房和大堂之间，形成一个约 2000 平方米的宽敞空间，此处设计为中间主轴广场通道（图 1），两边对称长方形花坛。花坛沿边种植矮株冬青绿篱，并用水泥条石驳边；在与大堂相接部分，长方形花坛向两边稍做收缩，使得中间主轴道路形成扩张的喇叭形，这样的花坛类似西方古典主义中的法式园林：突出轴线，中间宽大，强调对称，注重比例，讲究细节和主从关系。即使现在来看，中轴线的西式花坛和中式建筑的相处相伴似乎也并不违和。其实这是个特例，中西不同的理念，在巧合的环境中找到一个"共圆点"，即西方园林的"修饰性"与官府中轴建筑"对称性"的重叠；

图1　东西朝房之间的主轴广场

而并非西式园林与中式园林、西式建筑与中式建筑之间的对接。

在主计处的办公楼上，传统古建中的门头、梁柱等木作件，在这里都由水泥预制件代替，整个主计处上下两层走廊校圈，都采用了外形、纹饰与木作相仿，但却是水泥混凝土做成的挂方，与中间花坛一起形成新中式风格，我们可以将此看作是中式审美和西式工艺的"错位对接"（图2）。

图2　主计处办公楼的"错位对接"

　　国民政府在中轴线上从原督署大堂到二堂之间，建有玻璃廊道，长约 19 米（图 3）。玻璃廊道在园林语汇中是一道亮丽的风景，营造出变化的光影、功能的空间和独特的感受。但是同一表象背后，中西方却有不同的支撑和系统。玻璃廊道在西方园林中是让行走其间的人更好地欣赏两边的风景，而国民政府玻璃廊道却是要遮住两边的景物。据国民政府庶务科荐任科员汤义新、丁绍兰撰文（《江苏文史资料》：我所知道的国民政府），1930 年修建礼堂时，"还将中间穿堂和西边通礼堂的走廊两边都装上了固定的毛玻璃长窗（此窗不能开），这样就挡住了窗外的视线，把走廊和穿堂两边的破旧瓦房统统遮盖住了，据说这个巧妙的设计出于名建筑师卢某之手"。中式传统建筑大多冬暖夏凉，我曾夜晚卸车文物布展，站在冬夜的玻璃走廊里，寒风劲吹，感觉如同置身风箱，冻的全身发抖；而夏天玻璃走廊里却是一丝丝风也没有，像是在高温的蒸笼里，热得人头脑发昏；在传统古建中增加西式玻璃幕廊，如同在"中式马褂"里加了一件"西式衬衣"，破坏了原有的系统、格局和环境；由此也说明西式花园和中轴建筑的对接，一般接受在肤浅和表面层次。

图 3　中轴线上的玻璃廊道

三　泛滥的"人文主义"手法

西方园林经历了文艺复兴和人文主义的洗礼，擅长利用台地、植物、水体、雕塑和建筑等要素，形成一个协调的整体。中国民族资产阶级在向西方前辈学习时，也试图取之为己用。1935 年国民政府在中轴线最后位置，建造文书局大楼。抗战胜利后，为纪念国民政府主席林森（字子超），将文书局大楼更名为子超楼。子超楼正面 5 层，中间高两边低，形似汉字的"森"字（图 4）。楼前左右两边花坛里，各有一棵林森生前手植的雪松，两棵雪松合为双木而成"林"字。

位于国民政府东北的行政院，于 1928 年建造了砖混结构的北楼，上下两层，一层中间开门，可以穿楼而过，不久增加了两边翼楼，之后又建造了青砖勾缝的南楼。北楼、翼楼和南楼围合在一起，形成一个方形的"口"字，在"口"字正中，建有一个圆形的花坛（图 5）。花坛中间培土略高，外沿设 4 个排水铸铁窨口；花坛周围建有环形水泥道路，从北楼中间开门进来的汽车，可以绕花坛一圈再开出去；环形道路又设外围花坛，在外围花

图 4　子超楼正面"森"字形，楼前两棵雪松为"林"字

图 5　行政院两北楼中间的圆形花坛，周围 12 棵树

坛上，等距种植有 8 棵梧桐树，在"口"字楼的 4 个内角，各植有一棵广玉兰，合在一起为 12 棵，寓意"四维八德"，并表现为国民政府旗徽标饰。

位于国民政府西南的主计处楼，与行政院楼对角相望，在布局上两者如同《易经》上的"双鱼"。主计处楼上下两层，砖混水泥结构，钢骨门窗。先建北楼，再建两翼，后建南楼，形成长方形的围合"口"字。合围中间空地形成花坛，种植树木花草。南楼顶上沿主脊一字排开 9 根壁炉烟囱，正中的一根烟囱比两边的高大，其余 8 根相同，是为象形的"天平枰"，这是主计处表达职责公正的"人文主义"做法。

四　砖瓦木石中的"精神分裂症"

总统府的民国建筑和园林，单体来看为西式风格，但要想做到与传统决裂并不容易，有意无意间，又回到了传统中。紧邻子超楼东边建有一喷水池，中间伞形喷水柱，四周椭圆围栏，混凝土结构，饰有西式风格线条和花纹。从西式花园和中轴建筑保持的对称性来看，紧邻子超楼西边应该也有一个喷水池（图 6）。但在西边对应的位置，却只是一棵雪松。在 1935 年国民政府航拍照片中，可以清晰地看见东边的喷水池和西边的圆形花坛和中间的雪松。这东边喷水池既不是专为主席办公室临窗而设，也不是国民政府缺乏资金而减少西边一项，更不是在后来的岁月中遭到损毁，而是一开始的规划便是如此：这便是传统的"左青龙""右白虎"风水理念。类似这样的情况，在总统府里还有不少，如大门楼偏向东南，以迎杨吴城壕东南来水，以致左右八字墙的夹角并不完全相同；政务局楼上下两层，每层走廊 9 个拱券门，中轴线通道从中间穿楼而过，楼前两边厢房走廊各有 5 个拱券门，意合"九五至尊"；两边厢房的南北山墙上各开有一窗，东边的是窗台朝里，西边的是窗台留外，此"一阴一阳谓之道"；明明是红瓦杏墙的西式建筑，却又在两边歇山式顶上

图 6　子超楼东边的喷水池

挂起悬鱼。

所以，稍加注意，是可以分辨出中西园艺各自的属性的。总统府中轴园艺中的十字廊是基于官府建筑规整的进深而成，以及根深的"广种福田"社会历史观念。十字廊与四周的建筑合成一个"田"字，从前面广场、穿堂、八字厅、政务局到最后的子超楼，无一例外，都辟有"十"字廊（道路），其中最典型的是政务局"十"字廊（图7），前有麒麟门，后有朝天窗，将"现龙在田，一飞冲天"的理念做了完整表达。而在"十"字廊的"田"字格花坛中，被修剪成圆球形的绿植，和铸铁排水口的下水道，便是西方园艺的作品了，这在前广场花坛中球形伞状的龙爪槐等树木上得到追溯。

近代以来，中西理念交集，一时风头劲猛，出现了不少新生事物，尤其是在建筑园林中，别出一裁。但中国民族资产阶级的局限性和不同文化的复杂性，在园林营造上形成了既不能与传统决绝，也无法完全接受西式理念的境况，使得园林语汇失之于幼稚肤浅，症结难解。

图7　政务局楼前的"十"字廊

天龙山关帝庙壁画小考

吴鹏程（天龙山石窟博物馆）

天龙山关帝庙位于太原市西南36公里处的天龙山上，天龙寺以东100米处即为其址所在地。其创建年代不详，清代重修，后世亦有多次修缮。现仅存正殿一间，面宽三间，进深两间，悬山式建筑。前檐设廊，明间为隔扇门，两次间为隔扇窗，殿内设神坛神帐，神帐中塑有以关公为主坐姿像一尊，两旁塑有两尊站立的侍者像。神坛下原有两尊造像，现仅存一尊，虽臂已残，色彩剥落，但英武之气仍存。殿内北、东、西三墙绘制有和关羽相关故事的壁画，栩栩如生。庙前檐下正中悬挂"日午中天"匾额一方，是信徒弟子张兰英乾隆五十九年（1794年，农历甲寅年）所献。

一　关羽生平

关羽（160~219年），字云长（本字长生），河东解县（今山西运城）人。东汉末年名将。刘备起兵时，关羽跟随刘备，忠心不二，深受刘备信任。刘备、诸葛亮等入蜀，关羽镇守荆州，刘备夺取汉中后，关羽乘势北伐曹魏，曾围襄樊、擒于禁、斩庞德、威震华夏，东吴偷袭荆州，关羽兵败被害。关羽去世后，逐渐被神化，被民间尊为"关公"。据说隋初高僧智者大师（《三国演义》书中描述为普净，普净的原型应该就是智者大师）在玉泉山见关公显圣，遂在当阳玉泉寺建祠纪念，关公成为佛教的护法神。之后唐玄宗建中二年（781年）也建庙供奉关羽，以后历代均有儒释道三界相关封号和建庙供祀。

关羽威震佛道儒三界，从古至今，早已成为以及朝堂、民间都尊崇的重要神灵，后来关羽还被人们尊为财神，淹至近代，关公信仰达到了极盛。根据全国第三次文物普查资料统计，仅山西境内从宋朝开始，辽、金、元、明、清以致民国所修建的关帝庙就多达2500多座，其中太原市93处，晋源区14处，但未见天龙山关帝庙位列其中，无疑成为漏网之鱼。在道光年间《太原县志》天龙圣境图中有"关圣庙"（见图1）。

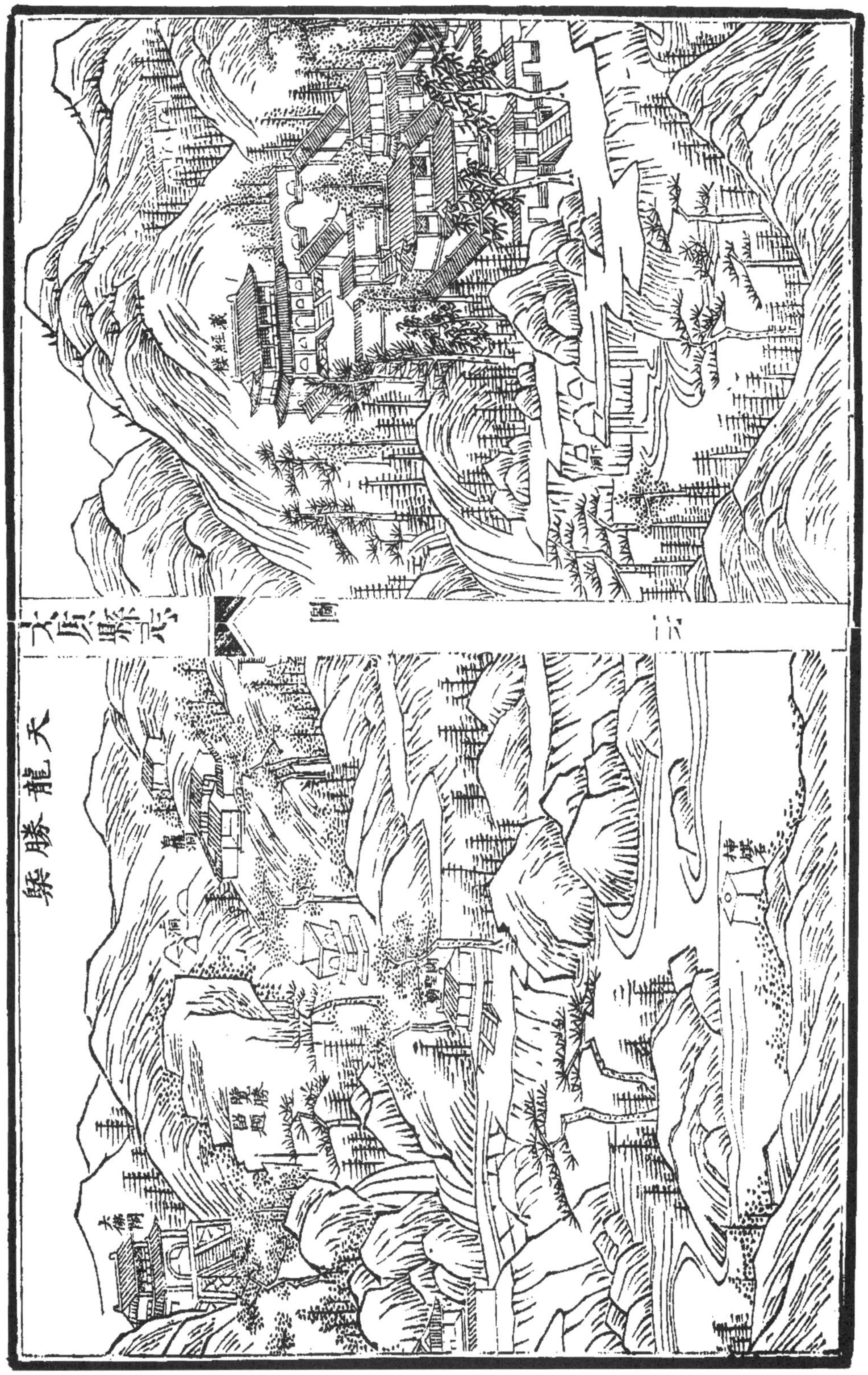

图 1　道光《太原县志》天龙胜境图

二 关帝庙壁画内容

关帝庙殿内主像有文人气质，当为儒家形象，叫关帝似有不妥，帝乃宜道家所命名也，因此，关帝庙似应称为"关圣庙"。庙内东、北、西三墙绘制的壁画经过初步统计共有 66 幅，其中东墙 26 幅，北墙东壁 7 幅，北墙西壁 7 幅，西墙 26 幅。整个壁画用水墨绘成，其分布没有一定的规律，人物精细生动，线条运用得非常成功，榜题皆为本地捐奉者题名，对于研究当地村落的变迁颇有价值。

东墙 26 幅，内容依次为"酒店相会　牛家口　信女　王门岳氏""桃园结义　阳□□　信士　牛之香""苏张敬马　牛家口　信女　王门王氏　杜门□氏""三圣授军　牛家口　信女　王门张氏　王门□氏""大破黄巾　古城营　信士　胡发成""箭射张保　固驿村　信女　康门魏氏""安喜副任　枣园头募　木家庄　信士桓茂才""鞭打督邮　枣园头　信士　魏大贤""遇公孙瓒　枣园头　信女　王门杨氏　刘门康氏""温酒斩雄　枣园头　信女　王门王氏""三战吕布　枣园头　信女　王门杜氏""白门斩布　西寨村　信女　李门崔氏""月下斩蝉　西寨村　信女　孙门王氏""大战曹兵　枣园头　王门李氏""文远义说　枣园头　信女　魏门平氏""请入许昌　枣园头　信女　魏门朱氏""曹公大宴　太原县　信女　任门阎氏""大战吴兵　太原县　信士　温善人""下马提银　金胜村　信士　王善人""上马提金　南宫村　信女　吴门□氏""秉烛达旦　南宫村　信女　吴门石氏""曹献美女　南宫村　信士　杨化龙""封寿亭侯　枣园头　信士　魏贤""飞斩颜良　古城营　信女　田门武氏""怒诛文丑　南宫村　信女　武门潘氏""留信思汉　南宫村　信女　吴大宝"。

北墙东壁 7 幅，内容依次为"封金挂印　西里□　信士　任克长""友出许昌""廖化献功""洛阳斩福""荥阳斩值"，其中第三幅和第七幅内容不详。

北墙西壁 7 幅，内容依次为"迁送文远　晋祠　郭群周""独行千里　同□村　信士　赵廷威""卧牛收仓　圪塔营　信士　陈世泽""庄收关平　信士　许大恭""路遇子龙　信士　武青堂""进入古城""古城聚义"。

西墙 26 幅，内容依次为"生擒王忠　太原府　李兴祚""活拿刘岱　珠□□　王□□""走马荐贤　店头村　李贵榛""□□孔□""三请诸葛""大战曹仁　木家庄

信女　洛门魏氏""河莲赴会""大战庞德　晋祠镇　连德""水淹七军　东关村　信女　张门张氏""怒斩庞德　东关村　信女　李门张氏""炮打咸阳　东关村　信士　胡世立""威震华夏　东关村　信士　李护""华容释曹　店头村　信士　郭文山""义释汉升　店头村　信士　郭善元""大战黄忠　店头村""魏延献功　东关村　信士""关公训子　东关村　信士""猿猴磨刀　东关村""单刀赴会　东关村　信士""玉泉显圣　东关村　信士　李文全""神诛吕蒙　东关村　信士　李二善人""怒斩潘璋　开化村　信士　曹荣""大破他尤""明封大帝""宋赐安王"，其中第六幅内容不详。

根据以上壁画内容来分析，其故事很显然大多是受到在民间流传的《三国演义》的影响，晋祠附近各个村庄善男信女捐资出力，聘请画匠用心绘画而来的。而东墙第12幅"白门斩布"、第13幅"月下斩蝉"却是取自于元杂剧，原故事为《白门斩吕布》和《关大王月夜斩貂蝉》，元杂剧《关大王单刀会》《关云长千里独行》等故事已被吸收到后来的《三国演义》一书中。西墙第8幅"河莲赴会"、第18幅"关公训子"、第19幅"猿猴磨刀"似乎出处不明，还需进一步深入研究。

三　壁画年代探考

全国第三次文物普查统计的关帝庙中，无天龙山关帝庙记载，当然也更无壁画的相关信息。但我们可以根据所绘壁画内容题记记载，推论其具体绘制时间。

东墙第12幅"白门斩布"和第13幅"月下斩蝉"取自于元杂剧，清初（1664~1666）毛宗岗的《三国演义》评点本《第一才子书三国志演义》里并没有相关内容，但在顺治年间曾印出的金圣叹评本里却有"月下斩蝉"相关记载。金圣叹出生于1608年，卒于1661年，原名采，字若采，明亡以后改名人瑞，字圣叹，改名人瑞后应科试，考第一，不进仕途，专以读书著述为乐。金圣叹《三国演义》评本应该是其改名后所为，毛、金二者评点《三国演义》时间相仿。单据此来推论，关帝庙壁画应为元代之后，清代之前。

那么关帝庙壁画究竟绘制于何时？细检整个壁画，并无以清代帝王封号为内容所绘制，关于清代重修一事，乾隆五十九年"日午中天"匾额，即当为重修所献。西墙第25幅"明封大帝"，最后一幅为"宋赐安王"，西墙下方亦有落款"辛未岁孟夏之吉牛棠敬书"的字样，这些都是可为壁画绘制提供准确年代的依据。

中国古代社会是干支纪年，乾隆五十九年为农历甲寅年，往上推乾隆十六年（1751年）为农历辛未年，如果壁画是乾隆十六年所画，这就有两个疑问。一是乾隆年间所绘的话，更应该把清朝封关羽为帝绘上去；二是重修关帝庙的时间即使和挂匾额的时间相同，四十几年又进行重修也有些牵强。因此，此时绘制可能不大。如果往上推60年，那时是1691年，此时正值康熙三十年，似乎也应把清封关帝的内容绘画出来，但壁画上并没有清朝的内容，此时绘制可能也不大。如果在1691年基础上再往上推60年，最迟应在1631年，也就是明朝崇祯四年壁画绘出之说。万历二十二年（1594年）关羽始封帝，万历四十二年正式封关羽为帝，而万历四十二年为1614年，明封帝的壁画内容应该在皇帝正式册封关羽之后。依据以上资料合起来看，"辛未岁孟夏之吉牛棠敬书"，则就更清晰明了：关帝庙壁画是1631年（明朝崇祯四年），孟夏之日，牛棠承蒙诸多善男信女捐资赞助，绘制成了一幅幅栩栩如生的关公故事的水墨画。壁画绘制时间清晰，那么也可以推断，关帝庙的创建时间最晚也应该在1631年之前了。如果我们将天龙山古建筑系列文物的历史联系起来看，那么可以说关帝庙的修建以及绘制的壁画是晋源地区明代正德年间大规模修缮天龙寺后，崇祯年间天龙山寺庙文化的又一盛举。

结　语

天龙山关帝庙壁画给我们展示的是关羽三兄弟尤其是关羽生前身后的豪情壮志、英雄业绩在与其相关的故事中所截取的片段，认真观察分析，它似乎可以带我们的思绪回到三国那个风云激荡、英雄辈出的时代，传递一些正能量的人情与世情。如今关帝庙中的壁画虽经过岁月的洗礼显得而有些模糊，但仍能从画中看到栩栩如生的关羽等人形象。本文通过分析确定其创建年代，能为天龙山关帝庙壁画研究保护迈出一小步，也是十分荣幸的事。为了更好研究保护利用这些艺术珍品，我们今后还需要不断提高我们文物保护的责任感和使命感，唤起公众的文物保护意识，竭尽全力去保护这一珍贵的历史文化遗产。

颐和园古树名木文化及对现代植物设计的启示

赵晓燕（北京市颐和园管理处）

　　古树是古典园林中一种不可或缺的构成要素，是历经千百年风雨洗礼的幸存者。人们对古树有着尊敬与崇拜之情，并将其与历史故事、传说、绘画、诗赋等联系在一起，成为中国历史文化的一部分而源远流长。明代造园名家计成在《园冶》中记载："新筑易乎开基，只可栽杨移竹；旧园妙于翻造，自然古木繁花。"又云："雕栋飞楹构易，荫槐挺玉成难。"李渔在《闲情偶寄》则这样形容："如一座园亭，所有者皆时花弱卉，无十数本老成树木主宰期间，是终日与儿女子习处，无从师会友时矣。"都在阐述古树对于园林的重要价值。

　　古树作为活的文物，将自然景观和人文景观巧妙地融为一体，以顽强的生命传递着古老的信息（见图1）。作为历史的见证，它们经历了沧桑巨变。从清漪园建园时起，

图1　仁寿殿院内古油松

象征"长寿永固"的油松、白皮松、桧柏、侧柏等常绿树种就得到了广泛应用。"比德"是儒家的自然审美观，主张从伦理道德的角度来体验自然美，将植物的生态习性赋以人类的高尚品德。作为世界文化遗产的颐和园，皇家园林的一草一木皆有讲究。

一 颐和园古树名木基本情况

颐和园的古树资源丰富，种类较多，现有油松、白皮松、桧柏、侧柏、楸树、玉兰、桑树、国槐、木香等9个品种，共计1607株，其中一级古树97株、二级古树1510株，集中分布在万寿山的前后山及长廊沿线，后湖两岸及南湖岛也有古树群落分布。

万寿山区以松、柏为基调树种，且多在建筑周围种植，与建筑相互映衬（见图2）。一级油松多集中于后溪河南岸和后山御路两侧，从万寿山西麓贝阙城关绵延至东麓谐趣园均有分布。荡舟后溪河，两岸松姿奇秀，颇具古雅之美，与前山磅礴建筑、松

图2 万寿山苍松翠柏

涛林海景观形成对比（见图3）。一级侧柏多见于前山建筑周围，例如云松巢、佛香阁；名贵树种如白皮松则分布于佛香阁建筑组群、花承阁等园林、佛寺混合建筑群，烘托建筑的宗教气氛。

图3　后溪河岸边的古油松群

二　深厚的颐和园古树名木文化

颐和园内的古树包括油松、白皮松、桧柏、侧柏、楸树、玉兰、桑树、国槐、木香等9种古树，各自蕴含不同的园林植物文化。

1. 王者之树——松

松苍劲刚健，不畏霜雪风寒。孔子说："岁寒，然后知松柏之后凋也。"《荀子》中又有："松柏经隆冬而不凋，蒙霜雪而不弯，可谓得其贞也"，"岁不寒无以知松柏，事不难无以知君子"，把松柏耐寒的精神特征，比德于君子的坚强性格。

《长物志》记载："松柏古虽并称，然最高贵者，必以松为首。取栝子松（即白皮松）

植堂前广庭，或广台之上，不妨对偶。斋中宜植一株，下用文石为台，或太湖石为栏俱可。水仙、兰蕙、萱草之属，杂莳其下。山松宜植土岗之上……"

松的姿态苍劲古朴，观之令人肃然起敬。《林泉高致》记载："长松亭亭为众木之表。"画家将人生感悟与松的自然形态结合，赋予松以人的品格和风骨。颐和园最常见的古松为油松，枝干平展，姿态最是入画。

除油松外，还有树干洁白的白皮松（见图4）。智慧海东侧的白皮松树姿高俊，青翠枝叶掩映智慧海金碧辉煌的琉璃建筑及红墙灰瓦，色彩浓丽，烘托皇家园林宗教建筑特有的庄严氛围。

图 4　排云殿月台下的古白皮松，有记载称之为"五彩松"

2. 诸侯树以柏

柏在古代是柏树类的统称。北京的古柏，树龄在五百年以上的约有 5000 棵以上，占北京一级古树的绝大多数。《周礼》注疏中引《春秋纬》曰："天子树松，诸侯柏，庶人树以杨柳。"在皇家坛庙、宫殿、园林、陵寝均广植长寿常青、木质芳香、经久不朽的柏树，以示"江山永固，万代千秋"之意。在民间认为柏树可以辟邪，是吉祥昌瑞的象征。颐和园中的古柏包括侧柏和桧柏，如介寿堂院内的"介字柏"（见图 5）。

图 5　介寿堂"介字柏"

3.三公之树——槐

《周礼·秋官》记载：周代宫廷外种有三棵槐树，三公朝见天子时，站在槐树下面。三公是指太师、太傅、太保，是周代三种最高官职的合称。后人因此用三槐比喻三公，成为三公宰辅官位的象征。如《陈书·周迪传》记载："位等三槐，任均四岳。"清钱谦益《祖九诏》："蔚矣三槐之事业，再世有闻。"槐树因此成为我国著名的文化树种。古代文献里记载的槐，即国槐，作为北京市的市树，现在已经遍及全市的大街小巷。颐和园共有古国槐13株，大多分布于长廊沿线及各院落（见图6）。

4.材貌绝伦——楸

《朱子语类》云"国朝殿庭，唯植槐楸"寺院、古园常植，具有"见证历史、材貌绝伦、象征吉祥"等文史内涵。楸树是珍贵的用材树种之一，其材质好、用途广、经济价值高。《史记·货殖列传》记载"淮北、常山已南，河济之间千树楸。此其人皆与千户侯等"。宋代梅尧臣《和王仲仪楸花十二韵》："图出帝宫树，耸向白玉墀。高绝不近俗，直许天人窥"。楸树树姿挺拔，每年五月开花时，满树繁花，蔚为壮观（见图7）。乾隆二十九年御制诗《借秋楼》："窗挹波光庭种楸，一天飒景在高楼。履霜早是羲经着，底事循名更借秋。"把楸树当作感受秋意的树种。

5.玉树琼花——玉兰

《离骚》："朝饮木兰之坠露兮，夕餐菊

图6　夕佳楼假山旁的古槐

图7　仁寿南殿东侧的古楸

图8　邀月门古玉兰

之落英。"《长物志》："玉兰，宜植厅事前。对列数株，花时如玉圃琼林，最称绝胜。"自乾隆时期，乐寿堂便有数十株玉兰栽植，花开时，芬芳扑鼻，有"玉香海"之称。至今邀月门东南仍有一株清代留存的古玉兰，这株玉兰花期略晚，盛开时节，花色洁白，花繁而大，花型圆润，清香远溢，恰似一片馨香的雪海（见图8）。

6. 东方神木——桑

《广群芳谱》："桑，东方自然神木之名，其字象形，蚕所食也。"孟子曰："五亩之宅，树之以桑，五十者可衣帛矣。"汉景帝曾下《令二千石修职诏》："朕亲耕，后亲桑，以奉宗庙粢盛祭服，为天下先。"清代为了表明帝王重视"农桑"，在很多皇家园林里都专门栽种桑树。在颐和园西北，乾隆时期建有耕织图景区，并将内务府织染局和圆明园内的13家蚕户迁到此处。当时这里呈现水田棋布、桑林葳蕤酷似江南的景象。《日下旧闻考》记载："治镜阁北湖岸为延赏斋，西为蚕神庙，北为织染局……环植以桑。又西隔玉河皆稻田……"又载"蚕神庙每年九月间织染局专司祭祀，又清明于水村居设祀"，可见当时农桑之事尤其为繁重。

7. 木香

《闲情偶寄》："木香花密而香浓，此其稍胜蔷薇者也。""蔷薇宜架，木香宜棚者，以蔷薇条干之所及，不及木香远。木香做屋，蔷薇作垣，二者各尽其长，主人亦均收其利矣"。每年四月底五月初，颐和园南湖岛月波楼前对植的两株木香，白色繁花点点，香气四散，满院飘香（见图9）。这两株木香均为重瓣白木香，相传为亲王送给慈禧太后的寿礼，后植于此处。

图9　南湖岛月波楼重瓣白木香

三　颐和园古树配置对现代植物设计的启示

中国古典园林以中国画论为理论基础，园林植物景观以古朴淡雅、追求画意为目标，植物配置同样讲究"虽由人作，宛自天开"这一宗旨。在对颐和园的古树进行实地调研时，发现一些值得思考的现象，笔者尝试对其进行深入分析，试图验证古典园林造园艺术的一些传统手法，或许对现代园林植物设计有所启示。

1. 适地适树

山地栽松柏，湖畔植桑柳，背风向阳的庭院栽植玉兰、木香，而喜光的国槐、楸树则大多栽植在较为空旷的位置，可以有足够的空间接受阳光，长成参天大树。这与我们现代园林植物设计的原则是一致的。笔者在参加北京市各区县园林绿化养护检查时发现，有的绿地栽植树木不考虑植物的习性，如在低洼处栽植玉兰、油松，对后期养护带来很大困难，导致树势越来越弱直至死亡，这便是不遵循适地适树原则而造成的后果，希望现代园林设计者引以为戒。

2. 花木比德

颐和园中多选用具有象征意义的名贵品种。如依上章所述，万寿山遍植寓意着"长寿永固"的松柏；乐寿堂栽植玉兰、海棠、牡丹等花卉，寓意"玉堂富贵"。仁寿殿栽植象征帝王的油松，两侧对植象征三公九卿的国槐和楸树，充分体现出皇家园林的威仪雍容。中国传统文化对花木赋予了一定的文化内涵，直接关系到园林主人的审美情趣，因此在什么地方栽植什么树，也应和园林绿地希望营造的氛围息息相关。如在小区园林绿化改造中，应听取社区和业委会的意见；在厂矿、医院绿化中，也应考虑企业文化在园区中的体现。

3. 姿态入画

中国古典园林以文人山水画作为范本，处处讲究画理。从颐和园内古树的树形进行分析，园内所栽植的古树大多姿态古雅，尤其是古油松的选择，极近画意，与周围的环境搭配协调，宛若中国古代文人绘画（见图10）。因此在颐和园当今的园林植物调整或者是园林植物养护中，都应考虑这个原则，树木贵精不贵多，追求画意，以姿态取胜。

图10　谐趣园外的古油松

4. 精在体宜

园林是一门空间艺术，最讲究的就是比例关系。"精在体宜"出自明代计成所著《园冶》，意思是园林的精美就在于形体适度，大小得宜。园林植物的配置也应遵循这一原则，从颐和园现存古树的配置可以看出，建园时所选的树种大多与周围的殿堂、城关、楼阁、亭桥等建筑，从体量上搭配得体，如高大的宿云檐城关搭配一株树冠开阔、树形亦高大的古油松。景福阁北侧的白皮松则与其前身昙花阁更为匹配。因此，在现代园林设计中，也应借鉴此做法，考虑与周边其他园林要素的关系，该障景之处选择树高冠密的树种，该借景之处，选择低矮生长缓慢的树种，从树种的选择到树木的冠幅、株高进行控制，务使其与周边环境符合空间比例关系。

5. 色彩对比

颐和园的古树以常绿树为主，这些枝叶浓密、色泽深绿的松柏，烘托皇家园林建筑更加金碧辉煌、瑰丽壮美。在一些重要景观节点位置，往往会配置一株姿态优美、色彩得宜的古树，来烘托园林环境氛围。例如谐趣园的古油松与寻诗径碑亭搭配，葱翠的枝叶与碑亭红柱形成鲜明的对比，彰显皇园气象。对于植物色彩和季相变化的重视，一直是现代园林植物设计中非常关注的内容，不妨从颐和园等历史名园中去获取灵感。

6. 距离合宜

古人在栽植树木时，会考虑与建筑保持一定的距离，给树木充分的生长空间，确保后期树木长大后不与建筑产生接触。经调查测量发现，颐和园内重要的单体古建与高大古树的距离一般不低于 6 米。如仁寿殿南侧的古槐与建筑距离超过 7 米；紫气东来城关与附近的古松相隔一条御路，但仍旧可以掩映城关建筑；景福阁东侧的油松栽植直接在低矮的坎墙以外（见图 11）。

而在一些工作考察中发现，近代以来有些新栽植的乔木离周围建筑过近，初建时苗木尚小，短时间不会造成影响，随着时间的增长，树木越长越大，与建筑的屋檐接触，遇到风、雨、雪等自然灾害天气时，非常容易与建筑构件剐蹭，造成安全隐患。

图 11　景福阁东侧的古油松

7. 配置得体

通过植物配置来营造氛围，是古典园林中常采用的方法，在颐和园中可见过处这样的匠心设计。在万寿山区采用自然山林的配置方式，让人仿佛走进自然山水之中。而作为理政区域的入口，东宫门内成行成列栽植整齐的古柏，如同一队队仪仗，营造庄严肃穆的气氛，这是通往帝后处理朝政的仁寿殿的御路。而转过仁寿殿，走到昆明湖边，玉澜堂门前的柏树林，则完全按照自然式栽植，疏密有致，不着一丝人工痕迹。而且在重要的借景赏景位置，一定不会配置高大乔木，以免遮挡视线，达到"嘉则收之"的效果。

8. 假山植真树

清代园林中，假山是不可或缺的园林要素。如圆明园、避暑山庄，包括颐和园在内，都有杰出的叠石巧匠的作品。清代十分重视假山的园林植物配置，设计假山时会在恰当的区域设计专门的栽植穴，回填种植土，以供栽植园林植物。乾隆皇帝认为"山以树为仪"，只有"假山有真树"，假山才更加真实。乾隆御制诗中有这样的描述："丛樾蔚真山，高低喜并育。植林于假山，高畅低委曲。"这样的现象在颐和园古树调查中屡屡可见。如佛香阁西侧假山石上的古柏和霁清轩假山山腰旁逸斜出的古松。

9. 补足气韵

高大的古树往往作为构图的关键要素，起到补足和加强山水气韵的作用。例如霁清轩清琴峡，为营造高山峡谷的气势，在真山石之上堆叠假山石，假山之上再栽植高大的油松，伟岸的树姿掩映于建筑之上，使得深山峡谷的气势得以进一步强化（见图12）。后溪河两岸林立的古松也增添了后溪河峡谷耸峙的气势。

10. 古树保护，古来有之

不仅是现代提倡保护古树，古代对于古树大树的保护也是非常重视。园林里的建筑和树

图12　霁清轩假山上的古松

木的关系，在《园冶》中有精彩论述："多年树木，碍筑檐垣；让一步可以立根，砍数桠不妨封顶。斯谓雕栋飞楹构易，荫槐挺玉难成。"在造园时，对于原有的大树、古树，建筑退让一步，不会影响立基；而对树木修剪一下枝桠，也不会妨碍房屋封顶。尽量保护园林中的古树、大树，这种理念在清代颐和园园林的管理当中也在遵循着。在清代样式雷图研究中，我们发现在添修建筑时往往会有多种方案，而最终实施的则是最能保护大树的方案。对于最终方案的确定或许另有其他更为重要的原因，但客观上实现了对大树最大限度的保留，也是造园者希望的结果。

结　语

相信在我们的关心和努力下，颐和园里的这些古树一定能得到妥善保护，生机盎然地留存下去，用它们的经历去反映历史，以它们的风姿去展现古园风貌。而这些古树所承载的文化，也将随着众多颐和园研究者的传播和推广，为现代园林设计师提供更多的借鉴和参考。

喧然名都会　万里桥西宅

——成都杜甫草堂与成都城市文化发展

刘晓凤（成都杜甫草堂博物馆）

随着中央城市工作会议召开，延续城市历史文脉被提到越来越重要的位置。通过对文化遗产的认识，能更加深刻理解中华文明的特征，也就能进一步理解文化多样性的意义以及中华文明在世界文明中的位置。只有保护文化遗产，才能在当前城市建设中，在当下和未来人类栖居地建设中更好传承中华文明的根脉[1]。

1972 年 11 月 16 日，联合国教科文组织在法国巴黎通过了《保护世界文化和自然遗产公约》，与此同时，各国也结合实际国情逐步健全、完善着相关法律法规，我国于1982 年出台了文物保护的核心法律——《中华人民共和国文物保护法》，随后持续补充修改相关法规条例，公布了包括《历史文化名城》在内的多项保护名录。

"城址未变、城名未改"的成都，首先说明在历史上就有保护文化历史的传统，"九天开出一成都，千门万户入画图""喧然名都会"，成都这座锦绣之都拥有灿烂辉煌的历史与深厚的文化底蕴，且与历史非常亲密。金沙遗址、武侯祠、成都杜甫草堂、永陵博物馆等是完整保留当时历史文化的重要遗存。成都是国务院首批公布的 24 座历史文化名城之一。1995 年，成都编制了第一版《历史文化名城保护规划》（现行），对古城格局、文物古迹、古树名木、风景名胜区等历史遗存进行保护控制，形成历史资源保护体系雏形[2]。

作为文博工作者，我们面临前所未有的机遇，同时也将迎接巨大挑战，我们要守护我们的优秀传统文化，将其研究透彻，将其内涵用世界各国观众都能接受的方式展示出来，让他们了解，甚至对他们产生影响。同时，我们要有更加开阔的视野，更开放的心

---

[1]　单霁翔《感受到文化遗产的魅力，才能自觉地保护她——"发现·中国古村镇"系列活动启动仪式上致辞》，中新网 2021 年 2 月 4 日。

[2]　吴欣玥《成都历史文化名城保护规划编制创新探索》（上），《成都规划》2017 年第 3 期。

胸，将我们的事业放在整个世界文明格局中去重新认识了解。

而成都杜甫草堂可以作为成都城市文化发展的一面镜子。

一　成都杜甫草堂——成都城市文化发展历史的见证者

杜甫草堂位于成都西郊，是诗人杜甫流寓成都时的故居。759 年，杜甫为避"安史之乱"来到成都，次年春，在浣花溪畔营建茅屋，命名为"草堂"。杜甫前后在此居住了近四年，作诗 240 多首。这些诗篇在他的一生的诗歌创作中，乃至在中国古代文学史中，都占有极其重要的地位，产生了巨大影响。"从此这座朴素的茅屋便成为中国文学史上的一块圣地，人们提到杜甫时，尽可以忽略了杜甫的生地和死地，却总忘不了成都的草堂"[1]。

唐昭宗光化四年（901）诗人韦庄作西蜀奏记，在浣花溪畔寻得杜甫草堂旧址，"柱砥犹存"，命人芟黄结茅，重建草堂茅屋。北宋仁宗年间进士，吕大防元丰五年到八年（1082~1085）以龙图阁学士知成都府。到成都后，他即在浣花溪畔寻访梵安寺未占之草堂遗址，其"松竹荒凉，略不可记"，于是"复作草堂于旧址，而绘像其上"，这次重建草堂面积扩大，使得草堂具有纪念祠宇性质，为后世的重修奠定基础，以后历代维修扩建达十三次，成都的地方官员会将培修草堂作为重要功业。

新中国成立以来，成都对历史文化遗存的保护发展，相对起步时间早，重视程度高，并与国际交往、国际形势等政治因素密切相关。这得益于成都市领导高屋建瓴的认识。而成都杜甫草堂的发展建设从一开始就与成都城市文化发展的历史密切相关。

1949 年 12 月，成都百废待兴，人民政府的首要任务是确保社会安定，保障人民生活，恢复经济运行，但成都的城市维护和建设工作也在迅速展开，文化建设工作亦同步进行。成都市的领导班子高瞻远瞩，著名作家、翻译家、社会活动家李劼人担任成都市人民政府副市长，负责成都市文化建设工作。

1952 年 6 月，亚洲和太平洋和平会议在北京举行，成都被列为各国代表参观参观的城市之一。成都市人民政府为保护和维修成都的名胜古迹，同时也为迎接各国代表的到来，成立了成都市名胜古迹整修委员会，委员包括政府领导人、有关专家、学者和宗

---

[1]　冯至《杜甫传》，人民文学出版社，1952 年，110 页。

教界等人士，李劼人作为分管此项工作的副市长，兼任委员会主任委员[1]。

1953年1月，四川省人民政府委员会举行第一次全体会议，李劼人在会上作了《关于成都市市政建设工作的发言》，对成都城市建设的基本情况作了总结：在文化方面，“修整了劳动人民文化宫、人民公园、昭觉寺、草堂寺、大慈寺等公园名胜。”这是成都解放后人民政府维修的第一批历史文化古迹建筑。

成都杜甫草堂是成都市文化建设的典型案例。杜甫草堂因年久失修，损毁严重。不久，草堂的修复与重建就开始了，由成都市人民政府副市长李劼人主持。1952年，杜甫草堂得到了初步的维修。夏天，政府调集了1000多工人，清理了草堂庭院，维修房舍，油漆粉刷一新。又购买了一批花木，并从近旁“吟园”移植了楠木苗、万年青、木槿花、松、桤木、竹等一千多株，绿化美化了草堂。由草堂寺管理处进行管理。当时，将草堂及其东侧的草堂寺合称为“草堂寺”[2]。1952年10月，草堂对外开放。

1954年6月筹建杜甫纪念馆，副市长李劼人出任杜甫纪念馆筹备委员会主任，李劼人确定了草堂建筑布局与维修风格，1954年6月，已基本确定了草堂的维修原则：“在尽量保存草堂旧观的前提下，对部分建筑适当的整理，要求大方朴素并无损于原有风格。”“草堂现有房舍，面貌已非，应参照原图（现存草堂明、清两代图），适当恢复旧观，格调式样应力求大方朴素”。李劼人提出“登门拜访”，图书资料搜集工作取得硕果，李劼人情倾宋版杜集搜集工作[3]。

1955年定名为“杜甫草堂”，于5月正式开馆。1961年公布为全国重点文物保护单位，1985成立成都杜甫草堂博物馆（图2）。

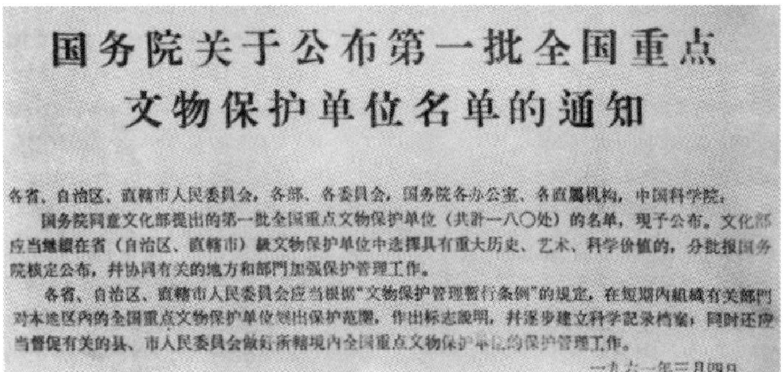
国务院关于公布第一批全国重点
文物保护单位名单的通知

各省、自治区、直辖市人民委员会，各部、各委员会，国务院各办公室、各直属机构，中国科学院：

国务院同意文化部提出的第一批全国重点文物保护单位（共计一八〇处）的名单，现予公布。文化部应当继續在省（自治区、直辖市）级文物保护单位中选擇具有重大历史、艺术、科学价值的，分批报国务院核定公布，并协同有关的地方和部門加强保护管理工作。

各省、自治区、直辖市人民委员会应当根据“文物保护管理暫行条例”的规定，在短期内組織有关部門对本地区内的全国重点文物保护单位划出保护范圍，作出标志說明，并逐步建立科学記录档案，同时还应当督促有关的县、市人民委员会做好所辖境内全国重点文物保护单位的保护管理工作。

一九六一年三月四日

图1　国务院公布第一批全国重点文物保护单位名单的通知

［1］易艾迪《李劼人与杜甫草堂博物馆的筹建》，《杜甫研究学刊》2004年第4期。
［2］易艾迪《李劼人与杜甫草堂博物馆的筹建》，《杜甫研究学刊》2004年第4期。
［3］易艾迪《李劼人与杜甫草堂博物馆的筹建》，《杜甫研究学刊》2004年第4期。

编号	分类号	名　　称	时代	地址	备注
107.	60.	布达拉宫	明至民国	西藏拉萨市	
108.	61.	噶丹寺	明初至清	西藏拉萨市	
109.	62.	扎什伦布寺	明初至清	西藏日喀则县	
110.	63.	智化寺	明	北京市东城区	
111.	64.	塔尔寺	明	青海省湟中县	
112.	65.	沈阳故宫	清	辽宁省沈阳市	
113.	66.	国子监	清	北京市东城区	
114.	67.	雍和宫	清	北京市东城区	
115.	68.	普宁寺	清	河北省承德市	
116.	69.	普乐寺	清	河北省承德市	
117.	70.	普陀宗乘之庙	清	河北省承德市	
118.	71.	须弥福寿之庙	清	河北省承德市	
119.	72.	武侯祠	清	四川省成都市	
120.	73.	杜甫草堂	清	四川省成都市	
121.	74.	拙政园	明、清	江苏省苏州市	
122.	75.	颐和园	清	北京市海淀区	

图 2　国务院公布第一批全国重点文物保护单位名单（部分）

二　成都杜甫草堂——成都城市文化发展的参与者

在党和国家领导人的关怀下，在省市领导重视和支持下，成都杜甫草堂始终坚持以弘扬杜甫精神和优秀传统文化为工作宗旨，持续开展文物收藏保护、古建筑保护维修、园林景观培植、杜甫及其诗歌研究、杜甫文化宣传推广、社会教育、文创产品开发等业务工作，让更多观众走进草堂，感受诗歌魅力和诗圣情怀。（详见《成都杜甫草堂口述史》）

（一）围绕成都杜甫草堂宗旨和博物馆职能开展业务工作

成都杜甫草堂的宗旨明确，为弘扬杜甫精神，普及杜诗，弘扬以杜甫为代表的优秀传统文化。国务院 2015 年公布的《博物馆条例》明确提出：教育是博物馆的首要职能。在完成博物馆基础建设之后，近年来主要开展了以下工作：

1. 成都杜甫草堂社会教育

成都杜甫草堂博物馆的社会教育 2012 年开始探索，定位在"成年人的终身课堂，未成年人的第二课堂"，通过十多年的实践，逐渐形成代表性品牌教育项目"草堂一课"，开发了四十余门课程，并形成了"我是草堂小小讲解员""诗歌训练营""校园诗歌小使者"三大社教品牌项目，被中国博物馆协会评为中国博物馆教育项目示范案例，杜甫草堂博物馆 2014、2015 年连续两年被国家文物局评为完善博物馆青少年教育功能试点单位，2018 年被教育部评为全国中小学生研学实践教育基地。

2. 成都杜甫草堂文创馆

成都杜甫草堂博物馆 2016 年 9 月建成杜甫草堂文创馆（图 3），本着"传承文化、创意生活"的发展理念，积极发展文创产业，以馆藏画、杜甫诗歌、历史建筑、川西园林作为文创产品开发元素，设计开发有馆藏画系列、"柴门·花径·大雅"系列、"草堂建筑"系列、"草堂四季"系列、"草堂时序"系列、"非遗"系列等 62 个系列共计 653

图 3 成都杜甫草堂文创馆

种文创产品，收到良好的经济效益和社会效益[1]。

3. 古籍修复展示馆

书画、古籍修复一直是成杜甫草堂的重要业务工作，从建馆至今培养了几代修复师，修复馆藏古籍、书画及相关纸质文物（图4）。因为成都杜甫草堂有一支修复人才队伍，并且有丰富的书画、古籍修复实践经验，2013年，四川省国家级古籍修复中心分中心在成都杜甫草堂成立。成都杜甫草堂规划修建文保中心，分别修建古籍修复室与书画修复室，引进先进古籍修复设备，规范完善文物修复工作规章制度，并建成了修复材料室、文物拍摄室、纸质文物分析检测室。承担馆内外可移动文物（纸质文物）保护修复方案的设计实施，开展文物保护研究，推广科学技术研究成果交流和教育培训。为向游客展示古籍修复技艺，唤起大家关注古籍、爱护古籍、保护传统文化的意识。经过认真筹备，2016年9月1日，古籍修复展示馆正式对游客开放，不仅展示了古籍修复的有关知识，也让大家体验到了修复的技艺[2]。

图4　古籍修复展示馆

［1］　刘洪主编《草堂文脉　浣花话杜　成都杜甫草堂口述史》，四川辞书出版社，2020年，137~159页。
［2］　刘洪主编《草堂文脉　浣花话杜　成都杜甫草堂口述史》，四川辞书出版社，2020年，137~159页。

图5　草堂书院

4.恢复草堂书院

2008年，成都杜甫草堂博物馆提出重建草堂书院的设想，经过近10年慎重缜密的思考和规划，2017年，成都杜甫草堂博物馆为传承诗圣文化，延续天府文脉，开启了重建草堂书院的计划。历经四年修建，书院终于落成，2021年4月28日开院（图5）。

重建草堂书院，不仅仅是承续历史，恢复旧制，更重要的是借古开今，推介、传播以杜甫文化为代表的中华优秀传统文化，为观众提供一个体验中华优秀传统文化的平台。对弘扬杜甫精神，传承中华优秀传统文化，提升人民群众文化素养，为成都打造"诗歌之城"再添新动力具有重要的意义。

成都杜甫草堂的人日游草堂活动是省级非物质文化遗产、川西民居营技法为省级非物质文化遗产，参与蜀道申遗工作。

（二）积极参与成都市的文化发展建设

成都杜甫草堂在做好博物馆业务工作的同时，积极投入到成都市的文化建设事业。从国际非遗节落户成都，成都杜甫草堂每届非遗节都提供场地和工作人员参与其中，并先后承担重要文化建设项目（图6）。

图 6　草堂内景

2004 年参与成都市的重要文化建设项目诗歌主题公园——浣花溪公园的规划设计。

2015 年承担"杜甫千诗碑"重大文化项目的落地实施，2020 年已全面完成。

成都市委于 2015 年 9 月 9 日召开专题会议，确定建设"杜甫千诗碑"项目，并安排了专项建设资金，成立了以市委书记黄新初同志为组长的项目领导小组，为把"杜甫千诗碑"项目建设好，还将杜甫草堂博物馆旁边的浣花溪公园划归杜甫草堂博物馆管理（图 7）。这个项目充分体现了成都人对文化的热爱，对文化的包容和开放的心态[1]。

图 7　公园区千诗碑

通过参加成都市的文化建设项目，草堂培养了一大批人才。

（三）国际文化交流的重要窗口

成都杜甫草堂每年接待来自世界各地的数以百万的观众来拜谒诗圣，是名副其实的

---

[1]　刘洪主编：《草堂文脉　浣花话杜——成都杜甫草堂口述史》，四川辞书出版社，2020 年，137~159 页。

文化交流窗口。成都杜甫草堂专辟情系草堂展厅展示新中国成立以来，国家领导、国外政要、学者及各界社会名人等参观考察草堂的图文资料。

2019 年 12 月 24 日，中日韩三国领导人齐聚成都杜甫草堂，纪念三国合作二十周年。共同种下象征和平的桂花树。我们见证了文化的力量，也深切感受到杜甫精神的力量。

三　未来展望

2021 年 4 月，《成都历史文化名城保护规划（2019~2035）》征求意见稿公布，规划依据文化资源空间分布特征划定市域、中心城区和历史城区三个空间保护层次，明确不同空间层次的保护内容、保护重点及保护主题，以实现历史文化各类资源的全面保护与重点保护（图 8）。

图 8　成都市政府系统重大课题审核意见书

在千年蜀国古都、市井繁荣都会、文教交流中心的保护主题下；规划确定历史城区的保护结构为"两江环抱、三城相重、两轴一心、多苑环绕"。

"两江环抱"是指由府河、南河环抱而成的城市边界；

"三城相重"是指少城、皇城、大城三城相套的空间肌理；

"两轴一心"中"两轴"是指体现城市礼制的轴线、顺应风水的两套城市轴线；"一心"指城市中心（皇城）；

"多苑环绕"是指环绕在两江环抱区域外的 6 个特色苑，分别为华西坝、青羊宫、浣花、川大、武侯祠、水井坊。

成都杜甫草堂是成都市市域历史文化重要资源和历史城区保护结构中的重要一环。目前积极参与到"浣花里"的规划建设，以及"一个人一座城"文化建设项目；成都杜甫草堂博物馆的"文创系列研究"项目是成都市政府重大课题。

参考文献

[1] 单霁翔《感受到文化遗产的魅力，才能自觉地保护她——"发现·中国古村镇"系列活动启动仪式上致辞》，中新网 2021 年 2 月 4 日；

[2] 周维扬、丁浩《成都杜甫草堂史话》，四川文艺出版社，2015 年。

[3] 刘洪主编《草堂文脉　浣花话杜——成都杜甫草堂口述史》，四川辞书出版社，2020 年。

从现存档案资料看紫竹院行宫的历史演变

刘博然　徐新（北京市紫竹院公园管理处）

紫竹院行宫最初是座古代庙宇，记载最早见于明万历年间，清乾隆年在紫竹院古庙西侧修建了行宫，光绪年重建，辛亥革命后又被逊清皇室赠予了军阀王怀庆。紫竹院行宫历史上也留下了一些珍贵的相关资料，包括修建时期的奏折、《崇庆太后万寿图》、样式雷图档、行宫赠予执照等。通过这些资料，我们可以见到紫竹院行宫几百年间流淌的历史。

一　乾隆年间的紫竹院行宫

（一）从《崇庆太后万寿图》（六旬）看紫竹院行宫

紫竹院行宫初建于乾隆十六年（1751）。皇帝为其生母钮祜禄氏举行六十大寿庆典，修缮清漪园，将瓮山改名为万寿山，长河作为紫禁城至颐和园的水上御道，两岸大兴土木，建造各处点景房屋、行宫、戏台楼阁，紫竹院行宫属于庆典工程之一。

庆典的盛大场景被记录在《崇庆太后万寿庆典图》中，文武群臣齐聚北京，从西华门到颐和园万寿山一路张灯结彩，戏曲、杂技艺术表演等热闹非凡，第二卷《川至迎长》是长河御道西直门至广源闸的庆典场景，对白石桥到广源闸这一段紫竹院地区的风景建筑有着翔实的描绘。长卷的末尾是广源闸，广源闸向东，长河南岸有一段虎皮围墙圈起来的院落，位置与今天紫竹院行宫差不多，虎皮墙分两段，左侧较低的一段上有朱栏，内有空地，空地以西是一个独立小院，空地的左侧有一棵松树两间房子，再左侧是上雪白粉墙下虎皮墙圈起的一个大院，云雾笼罩间隐约可以看到第一进的院子。

图 1　长河沿岸竹深荷静地区［依据万寿图绘制的紫竹院历史风貌图（1751）］

从紫竹院行宫向东，有一处小湖泊，可以看到一处桥梁两座亭子，《崇庆太后万寿图》原图中右侧红色亭中有两位表演的艺人，画面的中间靠左还有一处稍大的亭子，上面有三位艺人，亭子前后各有一座平桥以供驻足观赏。这个湖泊的位置和现在紫竹院公园筠石苑"竹深荷静"的位置相吻合（图1）。

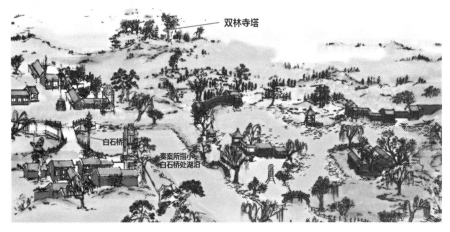

图 2　小白石桥、双林寺塔及小白石桥处湖泊［依据万寿图绘制的紫竹院历史风貌图（1751）］

“竹深荷静”斜对岸是一处湖泊，面积非常大。上下两处与长河相接，有两座桥梁，亭子，两条临水的游廊，因为长卷描绘的季节是冬天，所以在湖面上并未见到船只。湖泊东侧院墙不远处就是双林寺塔，该塔的位置处于现在在紫竹院公园南门空地处，遗存的塔基已被发掘并保护了起来。双林寺塔的不远处就是小白石桥（图 2）。

据《水部备考》记载，距广源闸下游二里白石闸，至元二十九年（1292）建。今天长河自紫竹院公园穿园而过，园内距离大约是 1.2 公里左右，与《水部备考》中记载的距离接近，《崇庆太后万寿图》中白石桥到广源闸的这一段，基本上就是紫竹院行宫在清朝乾隆十六年的整体风貌。

（二）从内务府奏案看紫竹院行宫

紫竹院一带所修建的行宫在内务府的奏案中也有体现，规模和格局有详细的记录：“小白石桥开挖湖泡一处，新建抱厦正殿一座共计四间，房三座计七间，方亭一座，六角亭一座，游廊六间，平桥一座，码头一座，龙王庙南岸开挖湖泊一处，新建正殿一座计三间，房二座计四间，六角亭一座，游廊十二间，船坞一座十八间，平桥一座。”（图 3）

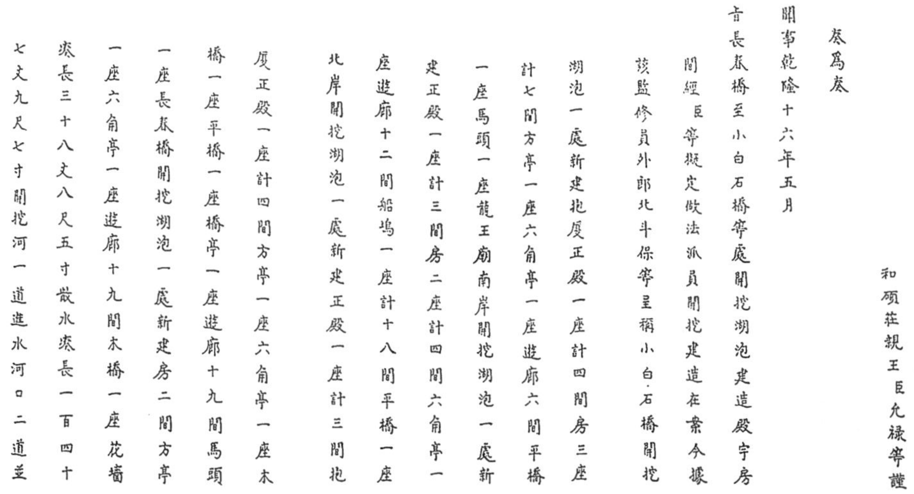
奏
和碩莊親王臣允祿等謹
奏為奏
聞事乾隆十六年五月
旨長春橋至小白石橋等處開挖湖泡建造殿宇房
間經臣等擬定做法派員開挖建造在案今據
該監修員外郎北斗保等呈稱小白石橋開挖
湖泡一處新建抱厦正殿一座計四間房三座
計七間方亭一座六角亭一座遊廊六間平橋
一座馬頭一座龍王廟南岸開挖湖泡一處新
建正殿一座計三間房二座計四間六角亭一
座遊廊十二間船塢一座計十八間平橋一座
北岸開挖湖泡一處新建正殿一座計三間抱
厦正殿一座計四間方亭一座六角亭一座木
橋一座平橋一座橋亭一座遊廊十九間馬頭
一座長春橋開挖湖泡一處新建房二間方亭
一座六角亭一座遊廊十九間木橋一座花墻
[illegible]長三十八丈八尺五寸嵌水[illegible]長一百四十
七丈九尺七寸開挖河一道進水河口二道並

图 3　紫竹院行宫初次建设奏案（复制品）

从上面奏折的内容来看，乾隆年间的紫竹院房屋较少，格局较为分散，有众多游廊、桥亭以及三处湖泊，而且格局通透松散，是一座秀美的皇家园林。乾隆十九年（1754）对长河沿岸进行了一次大规模的修整，详细地记录在内务府档案"自高梁桥至长春桥长河两岸建造点景楼台听座大小房间共三百四十九间，及油彩饰画并修砌花墙四百二十六丈七尺二寸……"这样的修整大约每十年一次，贯穿了整个乾隆朝，其中乾隆四十三年（1778），内务府慎刑司还记录了，负责乾隆四十年（1775）长河两岸点景楼听戏台等工程的总监督员外郎锡麟玉成，因竣工后未能及时报销工程款而被罚奉一年。在乾隆朝期间，由于皇帝和太后频繁游幸西郊，朝廷非常重视长河两岸的行宫庙宇。

（三）《崇庆太后万寿图》（六旬）与内务府奏案相互印证了乾隆朝的紫竹院行宫

《崇庆太后万寿图》中白石桥后面不远的这处湖泊应该就是奏案中所提到的"小白石桥开挖湖泡一处，新建抱厦正殿一座共计四间……"但奏案中只有两个亭子，这幅图中出现了两座六角亭一座大方亭共三处，并且有两处台阶延伸到湖面，有方形平台的是一座码头，清朝时帝后西行至此上岸换船，从白石桥到广源闸只有这里一处大型湖泊，帝后上岸后龙船应该是停在这座湖泊里的（图 4）。

《崇庆太后万寿图》（六旬）中白石桥湖泊附近的房屋、平桥、亭的数量都多于奏案记载，《崇庆太后万寿图》（六旬）绘制于太后六旬大寿之后的十年，古代没有照相机，

图 4　小白石桥处湖泊码头［依据万寿图绘制的紫竹院历史风貌图（1751）］

画师应该在这十年间取景，而长河两岸行宫庙宇陆陆续续地在维护和修缮，所以最终呈现的景观要丰富于行宫初建时的奏案。

二 光绪时期的紫竹院行宫

（一）从样式雷图档看紫竹院行宫

紫竹院行宫的样式雷图目前储存于国家图书馆，分别是《紫竹院地盘全图》两张，《紫竹院添修门罩码头图》和《紫竹院东院添修房间（立样）》，其中《紫竹院地盘全图》与《紫竹院添修门罩码头图》均为平面图，《紫竹院东院添修房间》为立样图。

紫竹院在光绪年间经历过一次比较大的重建。建筑格局较乾隆年间初建时发生了根本上的变化，样式雷的这四幅图样为福荫紫竹院在这段时期的变化以及修建背景提供了深入了解的依据。

样式雷是一个简称，指的是在清朝年间担任皇室建筑设计的雷氏家族。在 17 世纪末一个南方匠人雷发达来北京参加营造宫殿的工作。因为技术高超，很快就被提升样式房掌案。从他起一共七代直到清朝末年，主要负责皇室建筑如宫殿、皇陵、圆明园、颐和园等等。这个世袭的建筑师家族被称为"样式雷"，也有口语化"样子雷"的叫法。

福荫紫竹院重建于光绪十一年，这期间执掌样式房的是雷家第七代雷廷昌，在任期间曾承担同治皇帝惠陵，慈禧、慈安的定东陵、光绪帝的崇陵以及颐和园、西苑、慈禧太后六旬万寿盛典工程的设计。福荫紫竹院位于长河沿岸，属于慈禧太后万寿庆典工程之一。

清朝自道光年后，国力衰弱，于是宣布撤三山陈设，皇帝不再走御河游幸西郊，清漪园逐渐被荒废，作为御河途中的紫竹院行宫及周边园林也被皇家遗忘，不再出资维护，逐渐颓败，直到光绪年间重修颐和园，紫竹院行宫才获得一次大的重修，在这之后不仅恢复了御河行宫的功能，并脱离了万寿寺成为独立的行宫。

从这幅《紫竹院地盘全图》（图 5）图样上看紫竹院的格局，山门为三楹宫门两旁各七间门房，一进为一座三楹的华祖殿，两旁各三间耳房，东西侧均有配殿。二进为菩萨殿，正殿为三清殿，东西各七间耳房。正殿后是天镜楼，宫墙外一丈五尺就是长河。

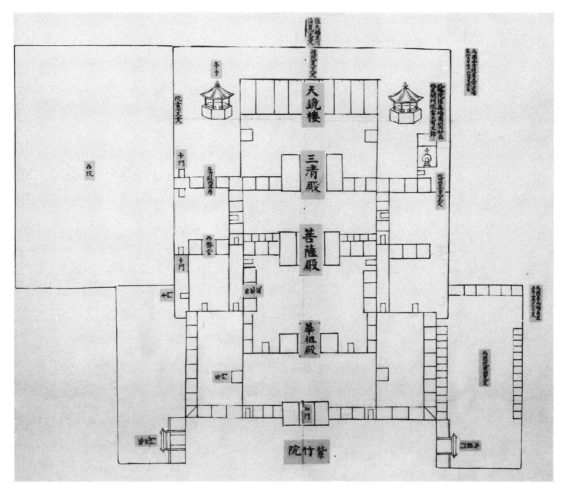

图 5 《紫竹院地盘全图》（引用自国家图书馆）

西侧则有一个十丈的空院。整幅图中标出的房间有一百余间，一座塔，两座六角亭，没有游廊与桥梁。

样式雷图样中的紫竹院房屋虽然众多，但是是个结构紧凑的四重院落，几乎无游廊桥梁，图纸中也无湖泊，更加贴近寺院的结构。

《紫竹院添修门罩码头等图样》（图 6）与《紫竹院（地盘全样）》绘制出了新修的码头与门罩，在行宫西侧长河南岸标出添修码头，并在西院新翻修处上标上添修门罩，可见是在行宫西侧加修了码头，为了从码头进入行宫院，于是在西院两座墙上新开了门罩以便通过。在乾隆年间，帝后换舟所使用的码头在行宫东侧。但是由《紫竹院（地盘全样）》可以看到，光绪年间的紫竹院东侧有一座六角亭，一座塔院，格局

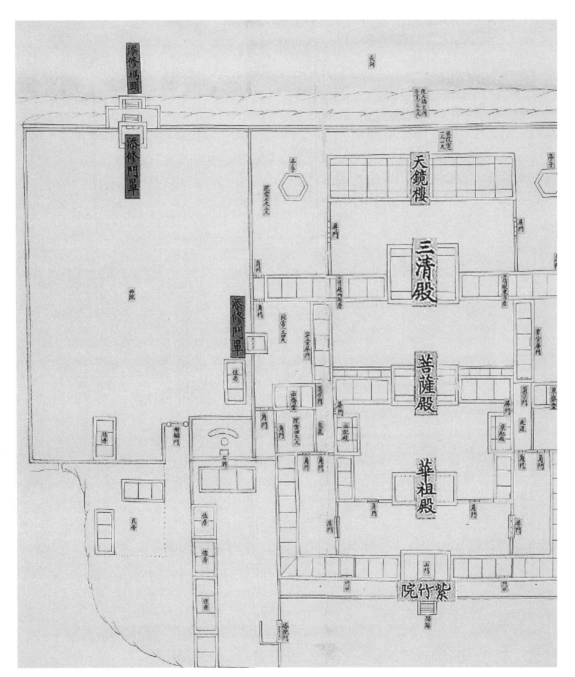

图 6 《紫竹院添修门罩码头等图样》（引用自国家图书馆）

并不宽敞，如果添修门罩，则工程会相对烦琐，空间也较为狭窄，不适合皇室仪仗通过，并且墙边有字标注"马圈正方后檐至河沿大墙东北角十七丈此地内有坟墓"，如果是皇室走水路由此处进入行宫，明显是不合适的，而西院较为空旷，于是从广源闸换舟的码头便从东边挪到了西边。

　　相对于《紫竹院地盘全图》，《紫竹院（地盘全样）》（图7）与《紫竹院添修门罩码头等图样》绘制上更加细致完整，行宫西南侧多出了多间值房与民房，西院也增加了值房，并且多出了一座石碑。西侧码头的修建是为了帝后走水路所用，可见《紫竹院地盘全图》是重修后的格局，其中并未标出码头所在，而在修建西侧码头的时候，为了迎接光绪皇帝及慈禧太后，紫竹院又修整了一番，雷家所呈的图样也比起《紫竹院地盘全图》详细工整了很多。

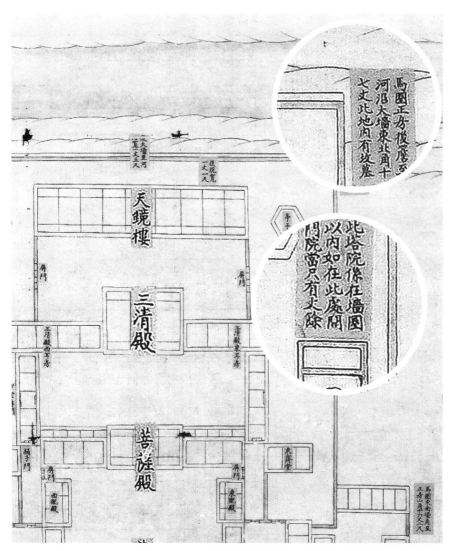

图7　《紫竹院（地盘全样）》（引用自国家图书馆）

第四张图样《紫竹院东院添修房间（立样）》（图8），是个立面图样，虽然同属修建圆明园中的图档，但是其格局和绘制程度与前三张大不相同，首先格局上分别有两个二进院落，马房在西侧，东南方向的院落只简单的写了房二所共六十四间，整个图样上所标出的房屋一共六十二间，并且无其余的院落游廊等等，而图右下方有字注

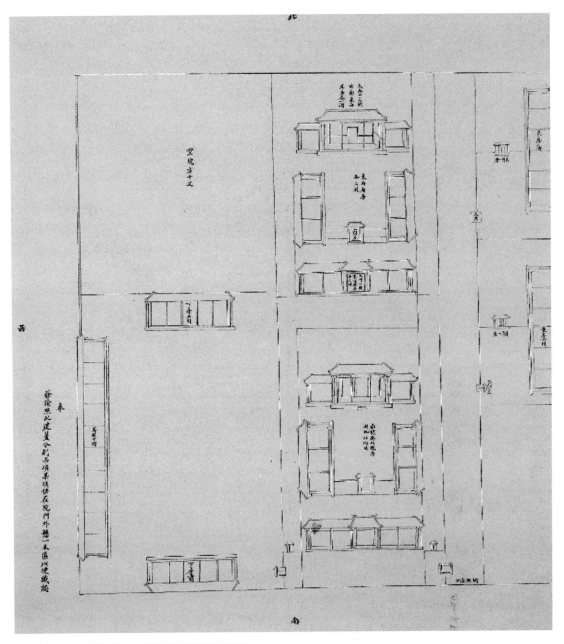

图8 《紫竹院东院添修房间（立样）》（引用自国家图书馆）

明"紫竹院东院添修房间，现在未修"。由此可以看出这是一张规划图，并且当时并未实现修建，可按照图上所示，除了东院未修的房屋外，原有的格局也与《紫竹院地盘全图》等完全不同，图样左侧还有"奉爷谕照此建盖分别某项某项具在院门外悬一木匾以便认识"。按照格局，肯定不是光绪年重修后的紫竹院了，而清漪园被焚毁后，修建颐和园的时期除了光绪，还有同治十三年重修圆明园，在这短暂不到一年的时间中，为了赶上慈禧太后的四十岁寿辰，大部分工程都十分匆忙，而在同治十三年七月，皇帝在十余名重臣联名上奏下被迫停止了修建圆明园。此时只修好了圆明园大宫门，出入贤良门，勤政殿、圆明园殿、同顺堂、安佑宫宫门、明春门等等，其余天地一家春、清夏堂等只修好了台基，还有很大一部分点景桥梁并未动工，慈禧原计划在天地一家春中度过四十寿辰想法并未实现，作为御河途中点景换舟的紫竹院行宫，可能只绘制了简单的规划图，但并未动工。这幅《紫竹院东院添修房间（立样）》，也有可能是同治年间的一副规划草图。

（二）从《重修紫竹院碑记》看紫竹院行宫

《福荫紫竹院碑记》与《重修紫竹院碑记》是紫竹院在光绪年间重修工程后立下的，其中《重修紫竹院碑记》记录了当时紫竹院颓败时的景色、重修的缘由以及修缮的工程。《重修紫竹院碑记》全文如下（图9）：

重建紫竹院碑记

夫都城多庙也，城之西数里长河地方，有古刹紫竹院者，乃万寿寺之下院也。方丈德果因下院众多，势难兼顾，恐惧梵修，即商之于广化寺魁一和尚，拟让与乐善之人，勿论僧道士庶，永肋梵修，以偿此愿。魁一和尚即酌之白云观方丈高云溪监院、姚霭云两羽士，咸忻然曰：兹有余同戒刘素云者，修建庙宇，济危救困，不可枚举。至于舍药施茶，乃其余事，可推谓功德之主也。其人生而聪慧，长而博学，言行忠信，作（做）事仁慈，忠孝耿耿，儒道兼优，乐善好施，可谓手（首）屈一指。因而德果和尚笃慕善缘，愿将此庙奉送与刘素云羽士，永为梵修住持之所也。庙前小山一座，迎照莲塘，数顷平铺，后绕长河，为护左右，双塔相映。更忻广源一桥，树木丛杂，不啻绿天庵中，形式幽静，世人共赏，足称峦嶂翠峨之区，真可谓与名山争胜也。夫紫竹院者，乃观音大士之行宫也，奈年久废弛，殿宇倾塌。素云曰：似此胜境，何凋零至此！因发愿募化，重修大殿三楹，东西耳殿各三楹，东西客堂各三楹，司房三楹，厨房三楹，华祖殿三楹，灵官殿三楹，南客堂六楹，三清殿三楹，东西静室各三楹，报恩楼九楹，供奉长春邱祖圣像，东为斋堂三楹，西为祠堂三楹，东西围房、库房、门户、游廊、亭台等百余楹。山门迤东为马号房户二十余间，大兴土木之工，三载有馀，焕然一新，更名为福荫紫竹道院。素云敬约云溪霭云两羽士，同入紫竹院，以为修息之所。素云，智人也，思深虑远，相约两羽士者，志在得人，恐无继绪，是以共修盛事，锦锦远远，永垂不朽，亦不负素云之一片苦心耳。为此，勒诸贞石。是为记。

大清光绪十一年十一月十五日谷旦立。

赏戴花翎即选知县

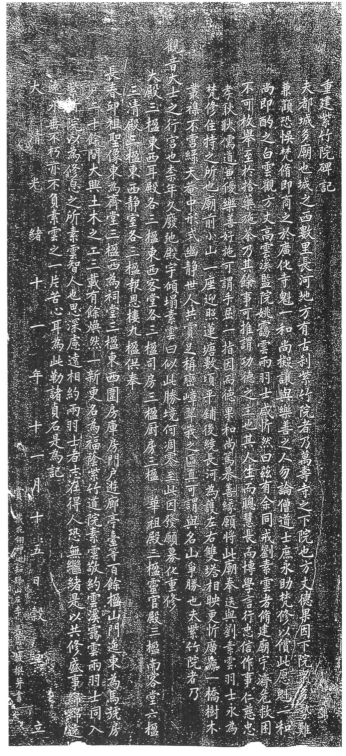

图9　光绪年《重修紫竹院行宫碑记》

山左李其篯敬撰并书。

碑记中提到：紫竹院在当时为万寿寺的下院，但是万寿寺的方丈德果大师觉得"下院众多，势难兼顾，恐悮梵修"，于是与广化寺的魁一大师商量，本着"勿论僧道士庶，永肋梵修"的理念，找到了"白云观方丈高云溪监院、姚霭云两羽士"二人向他推荐了一位素云真人，说刘素云"修建庙宇，济危救困，舍药施茶"，做了无法细数的善事，说他本人"生而聪慧，长而博学，言行忠信，做事仁慈，忠孝耿耿，儒道兼优，乐善好施，可谓首屈一指"。德果大师觉此人可靠，愿结善缘，将紫竹院赠送与刘素云羽士作为梵修之所。刘素云来到紫竹院，见到"庙前小山一座，迎照莲塘，数顷平铺，后绕长河，为护左右，双塔相映。更忻广源一桥，树木丛杂，不啻绿天庵中，形式幽静，世人共赏，足称峦嶂翠峨之区，真可谓与名山争胜也"。从碑文中看得出来，虽然自道光年间因国力衰弱，皇家不再出资维护西郊一带，导致紫竹院一带荒废，但是自然景观还是非常美丽的，当时紫竹院庙前有山，数倾莲塘映照着山的倒影，有两座佛塔，庙宇东侧就是广源桥，树木众多，与山峦河湖交相辉映，景色可与名山一争高低。刘素云见到此景便感叹："似此胜境，何凋零至此！"于是发愿重修紫竹院，资金从民间募化而来。

（三）从光绪起居注及内务府执照看紫竹院行宫

与紫竹院修缮有关的内务府记录在乾隆四十三年就结束了，此后一直没有音讯，直到光绪十六年九月，内务府才出现紫竹院关于《呈赏紫竹院备差官员苑役银两数目清单》这样关于派遣差役以及维护的记录。而根据《光绪起居注》记载：从光绪十八年至光绪二十二年的四年间，皇帝三十一次驾临紫竹院。光绪二十年是慈禧太后的六十大寿，清廷提前两年就成立了庆典处，这段时间慈禧太后常年居住在颐和园，也开始频繁游幸长河。由此可以推测《紫竹院添修门罩码头图》中所添修的西码头及门罩值房等等，至少是在光绪十八年前结束修缮的。两张图样大约绘制于光绪十一年到光绪十八年之间。图中共标出了一百三十五间房屋。

辛亥革命（1911）以后，清朝灭亡，新政权为示优待，给废帝溥仪留下了故宫后部的住处，紫竹院行宫依然是溥仪的私产，1924年逊清皇室吧紫竹院行宫送给王怀庆作为私产，并登报声明，有内务府颁发给王怀庆一份"执照"，其中原文记载"西直门外有皇室所属紫竹院行宫，计房一百四十是三间""赏给王怀庆作为私产"。

（四）样式雷图档、《重修紫竹院碑记》、内务府执照相互印证了清末的紫竹院行宫

从《重修紫竹院碑记》可见，紫竹院重修后格局"重修大殿三楹、东西耳殿各三楹、东西堂客各三楹、司房三楹、厨房三楹、华祖殿三楹、灵官殿三楹、南客堂六楹、三清殿三楹、东西静室各三楹、报恩楼九楹、供奉长春邱祖圣像，东为斋堂三楹、西为祠堂三楹、东西围房库房、门户、游廊、亭台等百余楹、山门迤东为马号房户二十余间……"其中房屋名称和数量与样式雷图档《紫竹院地盘全图》《紫竹院添修门罩码头等图样》等两张图样几乎相同。除了其中除碑文所描绘的灵官殿在样式雷图档中被标为菩萨殿，报恩楼被标为天镜楼，馀几乎相同。《重修紫竹院碑记》还载"大兴土木之工，三载有余""光绪十一年十一月十五日谷旦立"详细记载了紫竹院的重建时间以及过程，应该是光绪九年到光绪十一年这段时间。根据《重修紫竹院碑记》中对紫竹院格局的描写，图样《紫竹院地盘全图》中的格局应该是光绪十一年后紫竹院的样子，但是其中并没有立碑，所以图样绘制的时间可能是光绪十一年立《重修紫竹院碑记》之前。

再说道士刘素云。虽然碑中记载资金为募化，但是道士刘素云本人身份并不单纯，他是慈禧身边的二总管，之所以能与道教发生关系，是因为在同治年间于白云观奉差，据刘志融的《素云刘先师碑记》所载："戊辰因奉差至白云观，适南阳张律师阐教观中，一见相洽，殷勤展拜，执弟子礼甚恭，此师皈依道教之始也。"所以刘素云即是道士，也是慈禧身边的得宠的大太监，据传，刘素云办事机警、粗通文墨，对政事时局颇有见解，但太监不可干预朝政，遇到慈禧太后有疑难，常以聊天的形式跟太后交流。后来。刘素云患上石麻症，复发时一命归西，慈禧非常难过，在他发病期间，亲自送其出门，数度落泪，可见刘素云还是非常得宠的。由于刘素云地位特殊，加之雷家与朝廷关系密切，最初的《紫竹院地盘全图》可能在光绪九年紫竹院重修之始就由雷家人规划完成。

在这一时期，光绪朝第一次重建颐和园，颐和园地区及长河一带很多建筑都被重新命名，清音山馆被更名为湖山真意，自得园更名为自在园，又更名为养花园。从光绪朝柳桥和界湖桥名称被颠倒的情况看，建筑命名具有很强的随意性。建筑提名除了避讳，更多的是建筑主人，也就是帝后本人的想法体会，信手拈来的情况也屡见不鲜。《重修紫竹院碑记》中所提及的主持修缮紫竹院的素云真人为道教子弟，所以紫竹院重修后整

体为道观，三清殿、祖华殿、灵官殿等等都供奉的是道家真人。建好后可能因为慈禧太后信奉观世音菩萨，迎合太后的喜好将灵官殿改成了菩萨殿；但报恩楼又有所不同，图样中报恩楼的位置标注为天镜楼，天镜一词为明月，或形容平静水面的意思，可能跟报恩楼临河的地理位置有关。与紫竹院修缮有关的内务府记录在乾隆四十三年就结束了，此后一直没有音讯，直到光绪十六年九月，内务府才出现紫竹院关于《呈赏紫竹院备差官员苑役银两数目清单》这样关于派遣差役以及维护的记录。而根据《光绪起居注》记载：从光绪十八年至光绪二十二年的四年间，皇帝三十一次驾临紫竹院。光绪二十年是慈禧太后的六十大寿，清廷提前两年就成立了庆典处，这段时间慈禧太后常年居住在颐和园，也开始频繁游幸长河。那么可以推测《紫竹院添修门罩码头图》中所添修的西码头及门罩值房等等，至少是在光绪十八年前结束修缮的。两张图样大约绘制于光绪十一年到光绪十八年之间。图中共标出了一百三十五间房屋。而溥仪赠送行宫时给王怀庆颁发的执照（图10）中也有"西直门外有皇室所属紫竹院行宫，计房一百三十四间"，与样式雷所绘制的图样非常接近，所以《添修门罩码头等图样》应该是紫竹院行宫在清朝时期最终完整格局的样子。这个图样中展现的行宫也贴近紫竹院行宫考古发掘的结果，

图10　总管内务府颁发《执照》

和目前开放的行宫位置是一样的。

乾隆年间的紫竹院行宫范围从小白石桥西侧的双林寺起一直到广源闸，是一座颇具规模的皇家园林，相比起来，光绪年的紫竹院行宫不仅规模变小了，格局也和寺院差不多了。

三　紫竹院行宫的演变历史

在光绪二十三年的时候，内务府还有关于紫竹院的差役维护记录，次年，也就是光绪二十四年的时候因变法失败，光绪皇帝被慈禧软禁于瀛台，十年后驾崩。因为光绪皇帝曾被慈禧软禁于颐和园，隆裕太后下旨永不游幸颐和园，皇家御用水道从此断航，长河沿岸的行宫自此不复往日的景色。

紫竹院地区古时多水泽，曾是古高粱河的源头之一，明代是一座古刹，山清水秀、松柳林立，至清代皇室修建为御河行宫，后又重修成为皇家道观，几百年间风貌景物多有变化，它最初的样子已湮没在历史当中，幸运的是我们还可通过翔实的历史资料追忆到它当初的辉煌。

参考文献

徐新《紫竹印记——古往今来紫竹院》，中国农业出版社，2019 年。

文｜物｜保｜护

浅谈世界遗产保护管理数据系统的顶层设计

——以故宫为例

狄雅静（故宫博物院）

信息化时代，数据库技术已成为管理遗产信息最重要的工具。由于数据系统的建设花费大、耗时长，在建设之初，遗产管理者往往希望它能为遗产工作发挥更大的作用，既要求它功能大而全，也要求其具备炫酷的展示手段，能够为保护人员、观众以及公众提供丰富多彩的遗产数据。而系统建成后，运行情况却总是差强人意，或因为维护费用难以为继导致数据采集困难，或因为与其他系统物理隔绝无法实现数据共享，或因为为保护管理提供的支持有限而逐渐淡出遗产管理视野。造成数据系统的使用期望与实际运行落差大的原因主要在于对数据系统建设与使用的基本规律不了解，且一些关键问题没有定位清楚就急于建设，使得数据系统最终用之不便，弃之可惜。

故宫的遗产监测系列数据系统的建设已走过 10 年，共建成一个世界遗产监测总平台，3 个遗产本体保护与管理数据系统，6 个影响因素实时监测系统（图 1）。作为建设者，我们的体会是，一个相对完善并能够持续运转的数据系统需要在建设之初进行相对清晰的顶层设计。它的作用是跳出数据库建设的细节问题，从遗产地整体信息化体系建设的宏观角度讨论数据系统的定位和需解决的重点问题，明确数据系统建设的思路，最终才可能建设一个有用的遗产保护管理数据平台。顶层设计涉及的主要关键性问题如下：

一 使用人群

我们需要明确的是，单一数据系统是不可能满足包括遗产管理者、遗产保护与研究者、公众、遗产爱好者、相邻社区工作人员等所有人需求的。遗产的保护管理数据系统只是遗产地信息化平台的一部分，它与 OA 系统、可移动文物管理系统、安全防范系统以及官方网站等共同组成了遗产地的信息化体系，每一个系统在体系中担负着不同的使

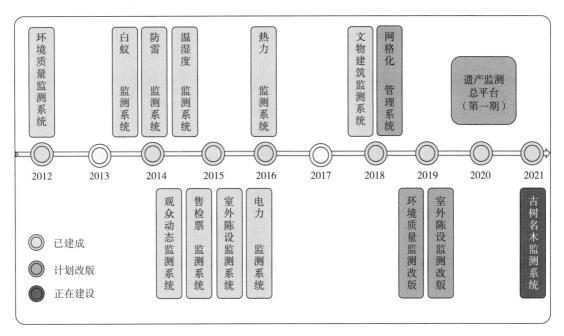

图 1　故宫遗产保护与管理系统信息化进程

命，有不同的目标使用人群。

遗产保护管理数据系统的建设目标是全面汇集遗产的各类信息，为遗产保护规划、管理、研究、监测以及保护措施制定提供基础信息和分析数据。它多以遗产监测系统为主体，是遗产管理、实施、监测事务的数据仓。通常来说，其使用人群是遗产地内部的保护、管理与研究人员。遗产数据若要为公众等外部人员服务，可将数据系统的数据传输到遗产地官网或是其他对外宣传的网站上进行二次可视化加工再根据需要进行部署。

当明确了这样的目标人群后，系统建设的可视化程度、数据范围与逻辑、界面风格等基本问题就有了讨论的基础。比如，遗产管理人员对遗产耳熟能详，对专业术语也了如指掌，因此，在经费不充裕的前提下，故宫放弃了可视化程度更高的三维地图的开发，而以二维地图方式组织数据，同时因以吸引非专业人员点击为目标，选择了简洁理性的系统界面风格。

二　与其他系统的关系

世界遗产保护管理系统是遗产地信息化体系中重要的一环，建设之初就需认真考虑和遗产地其他数据平台的对接问题以及各自的数据管辖范围，以免错漏或重复建设，形成信息建设一体化思维。

故宫从 20 世纪 90 年代开始信息化建设，其三大平台系统（OA、可移动文物保护管理和世界遗产保护管理）分别专注于办公自动化、可移动文物管理和遗产管理，三个平台之间相互支撑，数据流通过接口相联系（图 2）。

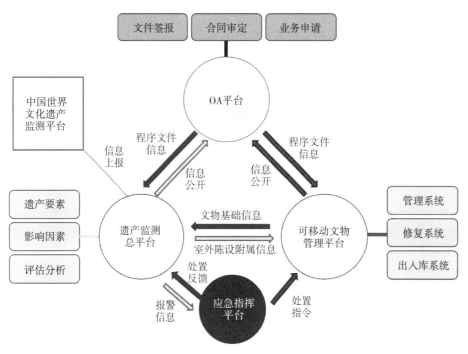

图 2　故宫信息化体系

办公自动化系统（OA）包括各类报批、采购、合同、维修等公文审批流程的自动化管理，其与遗产保护、管理、干预相关项目的内容与附属文件信息列表将通过接口链接至遗产保护管理系统的对应信息中。遗产保护管理系统通过 OA 系统向全院管理者发布监测报告、监测简报和其他保护管理公开信息。

可移动文物保护管理平台致力于可移动文物的底账、出入库、维修、评估等信息的统一管理，其中原状陈列文物、室外陈设文物以及古建筑类文物基本信息的变动与遗产保护管理系统直接对接，保持更新一致。

遗产保护管理系统采集的文物基础影像数据可链接入可移动文物保护管理平台，作为其基础资料。监测获取的极端天气、观众过载、环境报警等数据通过应急指挥平台为可移动文物保护管理平台下发应急任务。

此外，专网专用的故宫应急指挥平台还肩负发布监测报警和预警信息、启动应急预案等功能，并将处置完毕的信息反馈遗产保护管理系统，形成监测、预警、应急数据链。

三　系统架构方式

众所周知，遗产地的管理分为规划、实施、监测三个相继流程，其不同职责的人员对数据的需求也很不相同。

一类是担任保护措施研究和实施工作的科研与技术人员，他们需要系统提供遗产专项而准确的专业图纸、影像、检测与监测数据等，为具体保护措施的制定提供依据。

另一类是担任规划和管理监测工作的遗产管理人员，需要的数据相对宏观并且是趋势性的，包括各类专项数据的统计结果、风险处理的效用分析，用以了解保护措施实施的效果，并为管理政策的调整提供服务。

这两类人的需求，是否能在一个数据系统中得以满足，取决于遗产的数量和类型的丰富程度、遗产地机构设置、人员能力水平等因素。

故宫保护管理系统的架构同样面临着这样的选择，即是将所有人的需求整合到一个数据系统中分层实现，还是为不同工作类型的人员建立多个独立的数据系统，数据系统间实现互联互通。

最初我们认为，在同一张 GIS 地图上叠合多层信息，将所有数据集成进同一系统中，形成一个适合全故宫遗产管理者甚至更多人使用的综合数据系统是理想模式。因为这样的架构不仅便于多数据调用、分析、综合展示，且维护一个系统的成本会比多个系统低很多。

而经过深入的研究后，根据故宫的管理特点，我们最终放弃了集成大系统的思路，选择了"一个平台 + 多个专业系统"的模式去建构遗产保护管理信息体系。这主要是因为在信息化管理过程中，系统都是需要不断升级改造的。若所有数据集合在一个大系统，系统一旦升级、维护或是发生故障时，所有相关子系统、特别是保护系统中实时监测系统的运行都将受影响；而一个系统过于复杂和臃肿的时候，其运行速度降低，运行风险也相应增大，不如多个系统灵活和安全（图3）。

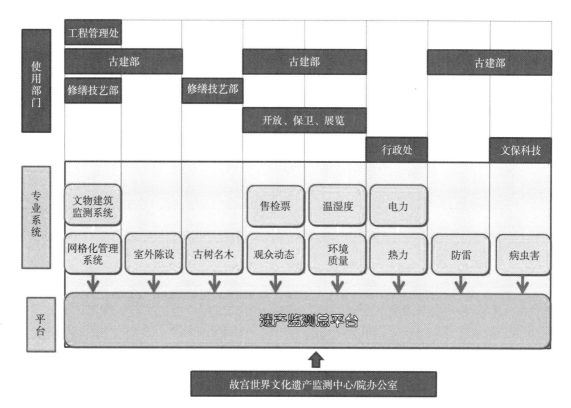

图3　故宫遗产保护与管理系统架构图

　　"一个平台"是指的故宫世界遗产监测总平台，使用者为院长、各遗产相关部门的主任和故宫世界遗产监测部管理人员。其建设的目标是为保护管理规划实施效果评估服务。它宏观掌握和集中展示故宫世界文化遗产的基本状况，筛选故宫保护管理关键问题，科学评估故宫遗产价值延续面临风险，最终形成故宫遗产保护管理工作的评估—改善—监测—评估的完整闭环。

　　而多个专业系统，则包括遗产要素的保护数据系统和遗产价值的影响因素监测系统，直接服务于保护和研究的技术人员，为遗产的维修、保养、价值研究、保护手段遴选提供全面细致的数据。这些数据的定制分析结果部分服务于总平台的风险溯源和评估。

四　系统布设的网络环境

遗产保护管理系统应该放在局域网还是互联网的问题从系统建构伊始就应认真思考，它决定了数据传输的方式和系统运行的成本。

从其使用性质和数据互联要求来看，遗产保护管理平台放在遗产地自行搭建的局域网最为合理。一是因为其使用者皆为遗产地内部的管理人员，二是因为其与其他内网数据系统连接方便，同时安全性也较高，无须另外设置网络防火墙。

而从另一方面来看，遗产保护的相关数据的来源较为复杂，既有来源于局域网的管理数据，有来源于专门网络的售检票数据，也有来源于互联网传输的传感器采集的实时数据。尤其是实时监测的数据，比如室内环境、水质水位、气象环境等数据的传输需要24小时续传，发生异常才能及时报警和处理，考虑到成本和便利性，无疑布置在互联网是最优选择。且如果考虑遗产保护管理与监测数据能够与中国世界文化遗产监测总平台对接的需求，保护管理平台建在互联网也有一定的合理性。

因此，布设在局域网还是互联网是一个需要综合分析与利弊比较的事项。根据数据的性质不同，故宫将遗产保护管理系统的部署网络进行了分类。遗产监测总平台因对实时监测数据要求不高，而与局域网其他系统互联要求高，因而将其放置在了局域网；遗产本体的数据系统大部分数据来自局域网，也部署在局域网；而实时监测获取的室内环境、水质水位、本体劣化等专业数据则通过互联网传输和存储管理，其系统定期开放接口将分析汇总数据传输至总平台和相关的专业系统，部分数据则通过线下拷贝植入。这样一来，报警数据无须存储延时发送，而是可以随时通知到责任人的手机中，不会耽误紧急事件的快速处理。

五　系统数据项设置的依据

遗产保护管理内容复杂，且世界遗产委员会对遗产管理也有明确的要求，遗产保护管理系统的功能设置和数据项遴选需有充分的依据才能满足保护和管理规范化的要求。因此，梳理数据系统建设的依据至关重要。一般而言，依据主要来源于如下资源：

第一，国际宪章和国际文件。遗产管理的数据内容的设置应参照《实施保护世界文化与自然遗产公约的操作指南》《世界遗产灾害风险管理》《世界文化遗产的管理》以及中国世界遗产监测中心发布的系列指导文件。

第二，遗产地相关的保护文件。每个遗产地有自己的特点和问题，其管理数据项还应参考《保护总体规划》《保护条例》等专项保护文件拟定。

第三，行业标准。对于具体的保护专项数据库的数据项设置，还需充分参考《中国文物古迹保护准则》《木结构勘察技术规范》《古建筑保养维护规程》等法规文件。

六　平台系统重点解决的问题

一个系统建设的难点问题解决的如何直接决定了系统建设的成败，在建设之初进行相关问题的系统梳理和技术路线规划非常必要。对于故宫而言，我们需要着重解决的问题包括遗产信息表述不规范、巡查数据录入烦琐、数据孤岛、风险评估尚处空白等问题。为了解决这些问题，我们进行了旷日持久的遗产普查和数据规范文件的梳理，开发了 GIS 的遗产地图，实现了巡查的移动办公和一键录入，致力于系统数据的互联互通，并逐步进行风险评估研究。

结　语

遗产保护管理系统的建设是个大工程，不能一蹴而就，需要统一规划，根据遗产保护管理的各类数据需求明确程度、技术实现难度、技术成熟度、管理复杂程度等制定 10~15 年长期系统建设实施计划。而且需考虑系统的升级、更新、整合与相关管理制度的建立问题以及相关专业人员的培养，才能最终实现遗产保护的信息化目标。

古典园林的"折叠"与"解构"
——浅谈苏州留园的历史保护

尤嘉青（苏州市留园管理处）

中国古典园林是世界三大园林体系之一，苏州古典园林是中国古典园林的代表与精髓。数百年来，不同时代不同身份的主人、匠人、客人，在古典园林内留下了不同形态的印记，而没有被时间的长河所完全淹没，亦没有在现代化的进程中被彻底抹去。因此，古典园林的历史保护，便显得格外重要。它的存在，正是后人对不同时代历史记忆的保留，对世界文化遗产的保护。如何去恰当解构这种历史的折叠性，应是文物遗产保护工作中的一个重要课题。

一 古典园林中的历史折叠

今人常用现实的苏州园林情境，来解说中国古代、古典园林的艺术风貌。然而，今天的苏州园林多由古代的园名、诗文、题款及书画，晚清以后的山、水、花木、建筑，再加上现当代几十年裁剪、改造与修缮组合而成[1]。留园亦不例外。然这种修缮当是建立在尊重园林发展演变的各个相继阶段之上的，故在对其进行修缮与解读之前，应先对园林历史进行了解与剖析。

（一）留园时空的变更与重合

自万历年间徐泰时罢官归乡修建园圃开始，留园迄今已有四百余年历史。留园的历代更迭与沉浮，都发生在这"金阊门外二里许"[2]的三十余亩空间内。虽然如今的留

---

[1] 郭明友《明代苏州园林史》，苏州大学博士学位论文，2011年。
[2] 〔明〕江盈科纂《江盈科集·后乐堂记》，岳麓书社，2008年，250页。

园是 1953 年修复后的成果，且基本是以盛氏留园为基础进行修复的，但是"徐氏后乐堂——刘氏寒碧山庄——盛氏留园——现存留园"的发展脉络仍可窥见一斑。

以中部水池为中心，这一部分基本保留了徐泰时后乐堂时期的主要样貌，中部水池与其西、北两侧的假山，皆与史料中"石屏为周生时臣所堆，高三丈，阔可二十丈"[1]"有池盈二亩，清涟湛人"[2]的记载相吻合。逶迤的假山与宽广的水池，是留园"不出城郭而获山林之趣"的代表性特征之一。

水池往东，今五峰仙馆与石林小院的空间区域，皆为刘恕寒碧山庄的主要空间（图 1[3]），亦是留园造园艺术的经典之作。其余部分，如东部冠云峰区域、北部又一村区域、西部射圃区域等，则基本为盛氏在光绪年间所修建，其中又以拱绕冠云峰为中心的一系列"云"之主题的建筑物构筑物为最——从林泉耆硕之馆的《冠云峰图》，至浣云沼、贮云庵，再至冠云岫云瑞云姐妹三峰及冠云台、冠云亭，最终归于冠云楼之匾"仙苑停云"，不可谓不是点睛之笔（图 2）。另据《园亭纪略》所载，"（后乐）堂侧有土陇甚高，多古木"，因而有学者推测西部土山似为明东园旧规[4]，且原与中部相通，约在刘氏寒碧山庄时筑墙隔断[5]。

1953 年修复时，在尽可能保存原有结构的原则下采取"扶直加固，接补移换"的整修方法。虽囿于当时之实际情况，对半野草堂、花好月圆人寿轩、自在处折廊等建筑结构未能予以修复[6]，但仍最大限度地保留了其原始的艺术风格，形成现存留园之风貌。

《园冶·相地》中提到："旧园妙在翻造，自然古木繁花。"[7]因而各个时代为园林所做的正当贡献必须予以尊重，因为修复之目的并不单一于追求风格的统一。留园正是在四百余年的发展中，逐渐构造出这样一种时空被压缩的环境，却又清晰地留下了其数百年发展之脉络，在历次改动与修复中达到了不可复制的融合与共生。

---

［1］〔明〕袁宗道等著，江问渔校点《三袁随笔·园亭纪略》，四川文艺出版社，1996 年，53 页。

［2］〔明〕江盈科纂《江盈科集·后乐堂记》，岳麓书社，2008 年，250 页。

［3］ 刘晓芳《苏州留园史研究》，苏州大学硕士学位论文，2018 年。图 1 为作者在刘懋功《寒碧山庄图》基础上自绘。

［4］ 陈从周《苏州园林·苏州园林初步分析》（纪念版），同济大学出版社，2018 年，44 页。

［5］《留园志》编纂组《留园志》，文汇出版社，2012 年，220 页。

［6］ 刘晓芳《苏州留园史研究》，苏州大学硕士学位论文，2018 年。

［7］〔明〕计成著，李世葵、刘金鹏编著《园冶》卷一《相地》，中华书局，2011 年，37 页。

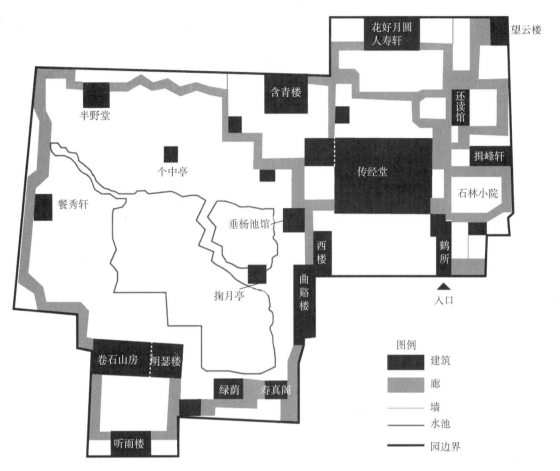

图1 寒碧山庄平面布局图

图2 冠云楼陈设

（二）留园历代园主的精神层叠

园林本质上体现的是古代文人的一种人格追求，是他们对人格精神进行完善的一处场所。作为精神与自然直接关系的表现，园林是一种文化、一种风格、一个时代的见证，而且常常还是具有创造力的艺术家的独创性的见证。毫无疑问，历任园主便是如此之"艺术家"。其中最具独创性的莫过于留园的赏石基调。

《园冶·兴造论》提到："世之兴造，专主鸠匠，独不闻三分匠、七分主人之谚乎？非主人也，能主之人也。"[1] 在留园营建史上，这一基调在第一任园主徐泰时手中、从周时臣构筑石屏开始便已奠定了。清嘉庆年间，"石痴"刘恕踵武前贤，依凭其对太湖石的痴迷，进一步将此主题发扬光大。及至盛康将冠云峰围入园中，以迎人伟石为中心，构筑周边系列亭台楼馆而成"一壶天地"（图3）[2]。诚如俞樾在《冠云峰赞有序》中所言："太湖一勺，灵岩一卷，冠云之峰，永镇林泉。"[3]留园的"石"之主题最终到达了顶峰。

图3　冠云峰

---

［1］〔明〕计成著，李世葵、刘金鹏编著《园冶》卷一《兴造论》，中华书局，2011年，20页。

［2］〔明〕计成著，李世葵、刘金鹏编著《园冶》卷三《门窗》，中华书局，2011年，133页，"伟石迎人，别有一壶天地"。

［3］〔清〕俞樾《冠云峰赞有序》（留园林泉耆硕之馆屏刻），《留园志》，文汇出版社，2012年，221页。

石是山之"骨"，也是园之"骨"，石之精神更当是今人保护之"骨"。刘恕曾言："虽然石能侉我之观，亦能惕我之心……若沾沾以五峰二石自夸而夸人，其智不又出牛李下耶？因作《石林小院说》。"[1]（图 4）作为留园今日之"守门人"，在诸多奇峰怪石的见证下，我们理应继承先辈以石为惕的精神，时刻以谦逊之姿态，严谨之态度，使赋予历史文化积淀的古典园林得到优良传承。

图 4　石林小院

二　历史文物遗产的活态传承

如上文所言，鉴于诸如留园等古典园林在物质与精神层面双重折叠的特殊价值，又考虑其当下所承担的从历史或艺术角度而言赋予民众对建筑与园艺构造之兴趣这一社会责任，留园管理处也一直在实际工作中寻求针对当今环境与需求下的古典园林进行"解

[1]　〔清〕刘恕《石林小院说》，《留园志》，文汇出版社，2012 年，206 页。

构"的特殊方式，逐步探索历史文物遗产在"科学保护"与"合理利用"间的平衡关系，力求达到一种文旅融合、活态传承的最佳目的与状态。

（一）依托档案，传承园林历史文脉

《威尼斯宪章》第十一条强调："当一座建筑物含有不同时期的重叠作品时，揭示底层只有在特殊情况下，在被去掉的东西价值甚微，而被显示的东西具有很高的历史、考古或美学价值，并且保存完好足以说明这么做的理由时才能证明其具有正当理由。"显然留园这类特殊的重叠性与空间的有限性，并不允许其在解构历史时采取普遍的考古发掘或物质层面的拉伸与重建，而需另辟蹊径。习总书记曾言："不忘历史才能开辟未来，善于继承才能善于创新。"因此，管理处一直致力于活化利用方面严谨的学习与论证，在"保护第一，合理利用"的基本原则之上予以适当开发。

管理处充分发挥园林档案馆历史文献与影像资料丰富这一优势，分类汇编5万余字的专业档案制度，并依托于此将盛氏祠堂作为留园文化展示厅，对园林历史进行解构与宣传。祠堂第三进设有"园林寻迹"等主题展览，对留园绵延发展、浴火重生的曲折历史进行图文并茂、穿插实物的生动展示，给予游客恰当的宣传与教育。去年底管理处还召开了展示厅概念性设计方案专家论证会，力求更好地呈现效果（图5）。第四进由支部引领，全员参与，建设为"海棠花红"先锋阵地，赋予历史建筑和党建宣传巧妙的融合，并开设苏州园林中首家"声音邮局"进行立体式、智能化宣传展示。在中国共产党百年华诞的重大时刻，管理处对留园的红色故事予以深度挖掘与考证，将1923年恽代英等人举行少年中国学会第四次年会和抗日战争时期张治中将军于园内设立高级教官室等峥嵘岁月——铺展在民众眼前。

同时，管理处还共同探索并创新尝试"史迹留痕"——代入式讲解，以老照片展示的形式将无声的图像与有声的讲解相结合，让旧影变为诉说园林荣枯变化的历史物证，让讲解服务成为留园历史文化宣传的最美窗口之一。

（二）丰富活动，激发民众游赏兴趣

《佛罗伦萨宪章》第二十五条明确："应通过各种活动激发对历史园林的兴趣。这种活动能够强调历史园林作为遗产一部分的真正价值，并且能够有助于提高对它们的了解和欣赏……利用宣传媒介树立对自然和历史遗产需要给予应有的尊重之意识。"

图 5　留园文化展示厅概念性设计方案专家论证会

故管理处在进行历史文化陈列的基础之上，进一步对园事活动及管理需要予以丰富与完善。

　　盛氏住宅南北楼上下厅根据其原始结构因地制宜，分别被改设为演示厅和会奖经济场所，巧妙将游客与来宾进行分流，闹中取静。借助央视平台，管理处推出"何以中国·留园之约"国际文化交流活动（图6），参与"课本里的中国"直播互动等，不断展现留园历史文化的魅力所在。为丰富未成年人志愿活动形式，管理处还开发设计"园林花窗设计与制作""园林模型搭建""园林拼图"等创新互动体验课程。通过各类宣传措施与途径，对广大游客多层次、多元化的服务需求均予以了尊重与满足，不断提升园林存史育人、宣传文化等作用。

　　为社会公用之目的使用古迹永远有利于古迹的保护。通过各类活化利用与宣传手段，管理处为游客营造出沉浸历史之感，让收藏在档案馆的文物、深埋在古籍里的文字、沉睡在书页中的图片都活起来、走出去。最后，再借留园第二任主人刘恕之言与各位共勉：

图 6 "何以中国·留园之约"活动央视直播现场

"虽然石能侈我之观，亦能惕我之心。"愿我们都能以石为惕"以古人之规矩，开自己之生面"，寻求现代文化事业中历史文物遗产的文旅融合与活态传承。

参考文献

[1] 陈从周《苏州园林》（纪念版），同济大学出版社，2018 年。

[2] 郭明友《明代苏州园林史》，苏州大学博士学位论文，2011 年。

[3] 〔明〕江盈科纂《江盈科集》，岳麓书社，2008 年。

[4] 〔明〕计成著，李世葵、刘金鹏编著《园冶》，中华书局，2011 年。

[5] 《留园志》编纂组《留园志》，文汇出版社，2012 年。

[6] 刘晓芳《苏州留园史研究》，苏州大学硕士学位论文，2018 年。

[7] 〔明〕袁宗道等著，江问渔校点《三袁随笔》，四川文艺出版社，1996 年。

故宫钟粹宫综合测绘总结与分析

王莫（故宫博物院）

一 引言

古建筑的现状数据可为其形制分析和病害判断提供基础信息，并给古建筑的修缮设计方案制定和保护研究等工作提供可靠的原始资料。因此，故宫钟粹宫综合测绘项目的工作目标在于将钟粹宫院落内14座古建筑的现状通过三维激光扫描、数字近景摄影测量、手工测量等多种技术手段进行完整、准确的记录，把成果文件作为其档案永久留存，并要以测量记录的结果为依据绘制古建筑的现状图纸。

二 项目概况

1.钟粹宫简介

钟粹宫是故宫内廷东六宫之一，于明代永乐十八年（1420）建成，初名咸阳宫，明代嘉靖十四年（1535）更名为钟粹宫，"钟粹"意为汇集精粹。清代沿用明朝旧称，于顺治十二年（1655）对其进行重修，后又经多次修葺。特别是清代晚期，于同治八年（1869）在宫门内添建垂花门、游廊等，是对钟粹宫建筑改动最大的一次。

钟粹宫院落平面近方形，分成前、后两进院（图1）。前院正殿即钟粹宫，坐北朝南，是一座面阔5间、前出廊的单檐歇山顶大殿。殿前有东、西配殿各3间，前出廊，单檐硬山顶。正殿左右拐角游廊与配殿前廊相连。院落正门名钟粹门，坐北南南，是一座带斗栱的单檐歇山顶琉璃门。门内有悬山卷棚顶倒座式垂花门，垂莲柱下置四扇屏门，门两侧依南墙有游廊，与垂花门及配殿前廊相通，形成三合院带四周回廊的格局（图2）。后院也是一正两厢的三合院，不过较前院规模略小，屋顶都是较低等级的硬山式。后殿

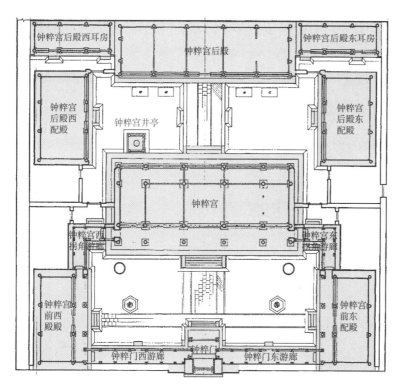

图 1 钟粹宫院落总平面图

图 2 钟粹宫前院

两侧有低矮的东、西耳房，前有卡墙，自成小区[1]。院内西南角有井亭1座。这组建筑是一座典型的宫中宅院。

钟粹宫在明代为妃嫔们所居，隆庆时期曾一度作为皇太子宫，到清代又成为后妃们的生活区。清代咸丰皇帝孝贞显皇后（即后来的慈安太后）入宫时便住在钟粹宫，后经垂帘听政等多般周折又返回这里，直至光绪七年（1881）去世[2]。光绪皇帝大婚后，隆裕皇后也一直在此宫居住。

2. 项目范围

钟粹宫综合测绘项目的范围是包括钟粹门、钟粹门西游廊、钟粹门东游廊、钟粹宫、钟粹宫前西配殿、钟粹宫前东配殿、钟粹宫西拐角游廊、钟粹宫东拐角游廊、钟粹宫后殿、钟粹宫后殿西配殿、钟粹宫后殿西耳房、钟粹宫后殿东配殿、钟粹宫后殿东耳房、钟粹宫井亭在内的14座古建筑。

三 项目实施

1. 整体流程

项目的整体工作流程如下：

（1）现场踏勘→（2）资料收集→（3）方案设计→（4）控制测量→（5）三维激光扫描→（6）数字近景摄影测量→（7）手工测量→（8）数据比对与图纸绘制→（9）精度评估

2. 控制测量

本项目的平面坐标采用北京城市坐标系，高程采用北京城市高程系。踏勘得知，在钟粹宫西侧的东一长街上有3个保存完好的二级导线点D29、D30和D31。经检校，其起算控制点边长相对中误差与高程较差均小于允许值的技术要求，因此可作为本项目的起算数据。

根据现场环境条件以及控制强度的需要，本项目的平面控制测量以D30、D31这两个二级导线控制点为起算边，进行四等导线控制加密测量，测量线路为闭合线路，且在钟粹宫室内布设支导线；水准测量则按照四等水准要求施测，以D30、D31这两个首级控制点为水准测量的启闭点，并联测所有布设的四等导线点、支导线点。

---

[1] 郑连章《紫禁城钟粹宫建造年代考实》，《故宫博物院院刊》1984年第4期。
[2] 刘畅、赵雯雯、蒋张《从长春宫说到钟粹宫》，《紫禁城》2009年第8期。

3. 三维激光扫描

本项目使用美国天宝 Trimble FX 三维激光扫描仪进行现状点云数据的采集。为确保扫描精度，本项目中测量对象到扫描站位的距离均小于 15 米。

采集完成后，我们先将扫描数据导入 Trimble Realworks 软件进行点云拼接，要求相邻测站间的拼接误差小于 1 毫米（图 3）；再采用 3 个以上均匀分布的同名点进行点云数据的坐标系转换，坐标转换残差小于 3 毫米。当点云数据中存在脱离扫描对象的异常点、孤立点时，需视点的数量选用滤波方法或人工手动进行点云的降噪处理。最后将处理好的单体建筑点云数据合并成完整的钟粹宫院落点云。如需制作便于浏览的抽稀点云文件，则应根据具体情况选择合适的方法，即在扫描对象表面曲率变化不大的区域采用均匀抽稀；而在扫描对象表面曲率变化明显的区域采用保持其特征的抽稀方法。

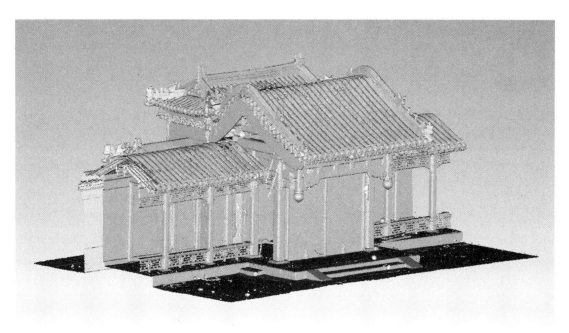

图 3　拼接好的钟粹门点云

4. 数字近景摄影测量

本项目使用索尼全画幅微单数码相机 A7R Ⅱ进行数字近景摄影测量照片的拍摄，校色设备为爱色丽校色仪及色卡。工作期间，根据现场的光线情况，我们采用了固定灯组与随动灯组相结合的方式布设灯光。对于光线变化比较大的区域，则利用闪光灯组进行拍摄，并采取了相应的匀光措施。

数字近景摄影测量工作的后期数据处理流程为：（1）照片色彩还原→（2）像控点设置→（3）摄影测量计算→（4）纹理模型生成→（5）正射影像制作。

本项目由于拍摄周期长、光照环境复杂，导致同一区域各时段照片的色彩差异较大，因此色彩还原工作对于保证最终的成果质量尤为重要。从三维激光扫描仪获得的点云中量取像控点的空间坐标值，并将其添加到数字摄影测量软件中之后，该软件就能对完成色彩还原的照片进行摄影测量的计算处理工作了，经多次运算后即可生成三角网纹理模型。利用建筑整体三维纹理模型投射出的建筑各立面正射影像（图4）具有直观、可量测的特点，能够忠实地反映出古建筑原貌。

0　　1　　2米

图4　钟粹门南立面正射影像

5. 手工测量

本项目中手工测量的工作性质为"全面勘查，典型测绘"。典型测绘要求对古建筑进行整体控制测量，并选取重复构件（部位）中的一个或几个"典型构件（部位）"进行详细测绘。所谓"典型构件"，是指那些最能反映特定的形式、构造、工艺特征及风格的原始构件[1]。一般情况下，建立古建筑的记录档案、实施简单的古建修缮工程，或者是出于研究目的进行的测绘都至少应该达到典型测绘的要求。

测量时，我们遵循以下四项基本原则：（1）从整体到局部，先控制后细部；（2）方正、对称、平整等不随意假定；（3）要确保典型构件（部位）的同一性，切忌随意测量不同位置来"拼凑"尺寸；（4）应充分注意能反映古建筑特征的特定情况。为了减少测量误差的积累，同时提高工作效率，我们对能直接量取的数据尽量采用连续读数的方法获得，而不是分段测量后叠加算出；对不能直接量取的数据才采用间接方法求算获得。

6.二维线划图绘制

本项目的二维线划图按照档案图要求绘制，主要反映古建筑现状的形制特征，不体现古建筑病害与残损信息（建筑结构有严重变形情况的除外）。

我们通过对古建筑重要部位点云数据、摄影测量模型数据、手工测量数据三者的统计与比对，进行了测量数据的精度校验，同时也为二维线划图绘制提供了典型数据（由于摄影测量仅拍摄了古建筑外部，因此室内数据的比对、选取工作不包含摄影测量模型数据）。对古建筑台明、面阔、进深、步长、举高这几处关键性测量数据进行全面统计与比对的结果为：（1）在手工直接测量的古建筑外部，三种方法获得的数据相差不大。（2）在空间狭窄、手工测量难度大的室内，手测尺寸与点云数据的取值则相差较大。这是因为此时的手工测量多为间接测量，即通过公式计算获得相应数值，过程中存在累计误差等问题；而点云数据都是直接量取获得，且回避了构件轻微歪闪等问题，所以其取值更为准确。

利用测量获取的典型数据，我们绘制了钟粹宫院落内各单体建筑的平、立、剖面图和构件详图，并总结得出以下结论：院落内的古建筑整体保存完好，除垂花门、游廊为清代晚期添建建筑外，其余古建筑均存有明代建筑的时代特征，尤其是钟粹宫正殿具有较突出的明代建筑特征。

四　测绘方法的比较与应用建议

本次对钟粹宫的测绘项目是采用多种技术手段对古建筑进行综合测绘的一次尝试，

---

[1]　王其亨、吴葱、白成军《古建筑测绘》，中国建筑工业出版社，2006年。

主要探索了多种测绘技术在古建筑信息记录方面的优缺点及其结合应用的方法。

1. 三种测绘技术的比较

我们从三维激光扫描、数字近景摄影测量、手工测量这三种测绘技术的适用性、数据采集效率、数据精度、数据完整性、主要成果形式和数据价值等几方面对其进行了详细的分析与比较。

三种测绘技术对比表

	三维激光扫描	数字近景摄影测量	手工测量
适用性	既能获取古建筑及其院落的整体空间信息，也能获取局部复杂形体的精细空间信息。	能获取古建筑局部的空间、纹理和色彩信息。	能获取古建筑局部的部分空间信息。
数据采集效率	高	中	低
数据精度	精度高。	可能出现局部变形	直接测量精度高；间接测量精度低。
数据完整性	狭小空间的完整性受限。	非平面部位的完整性受限；平面部位的完整性高。	数据完整性严重受限。
主要成果形式	三维点云、点云切片、点云正投影图	三维纹理模型、正射影像	二维线划图
数据价值	可用于古建筑的设计制图、变形监测、立体展示、信息数配备化留存。	可用于古建筑的原状记录、立体展示、信息数字化留存	可用于古建筑的设计制图、档案信息留存。

根据对三种测绘技术多方面特性的比较分析，可得出如下综合评估结论：（1）三维激光扫描技术的优势在于能高效获取整体性、控制性的空间数据，且数据精度高，因此它适用于古建筑空间信息的全面采集。（2）数字近景摄影测量技术的优势在于能同步获取纹理与色彩信息，因此它适用于古建筑上对图案纹饰数据采集要求高的部位。（3）手工测量的优势在于能通过现场的综合信息来更加准确地判断隐藏部位的局部构造，且操作的灵活性强，因此它适用于古建筑构造细部的数据量取。

2. 测绘方法的应用建议

从比较分析可以看出，三种测绘技术各有优势，在古建筑测绘中无法相互取代，只有结合应用才能做到全面空间信息、色彩纹理信息、构造细部信息的完整采集。

在实际的测绘项目中，我们要依据成果需求选择相应的数据采集手段，即有选择性的使用三维激光扫描、数字近景摄影测量、手工测量等技术来采集古建筑信息，具体可分为以下四种情况：

	项目需求	测绘技术
1	简略的古建筑测绘	手工测量
2	空间结构复杂的古建筑测绘	三维激光扫描、手工测量
3	图案纹饰价值高的古建筑测绘	数字近景摄影测量、手工测量
4	全面的古建筑测绘	三维激光扫描、数字近景摄影测量、手工测量

结　语

综上所述，本项目探索了三维激光扫描、数字近景摄影测量、手工测量这三种技术在古建筑全要素信息采集过程中的应用方法；通过比对进行了数据的精度校验，并绘制了钟粹宫院落内各单体建筑的典型测绘图纸；在分析三种技术多方面特性的优缺点后，提出了根据实际需求选择适当技术的测绘模式。

乐山大佛本体精细化勘察及病害研究

刘于源　杨天宇（乐山大佛风景名胜区管理委员会）

一　引言

乐山大佛位于四川省乐山市东南凌云山，地处岷江、青衣江、大渡河三江汇流处。乐山大佛是唐代摩崖造像中的艺术精品之一，是世界上最大的石刻弥勒佛坐像。始建于唐玄宗开元初年（713），建成于贞元十九年（803），历经1300余年仍巍然屹立在江边。1982年2月被国务院定为全国重点文物保护单位；1996年12月，峨眉山—乐山大佛被联合国教科文组织批准为"世界文化与自然遗产"，列入《世界文化与自然遗产名录》。

二　历史修缮情况

自乐山大佛修建以来，各代都对它进行过修缮。现可考证的修缮活动包括唐代1次，明清时期3次，民国时期3次，新中国成立至今有7次，早期修缮主要针对大佛本体，如对大佛头、肩、双手等进行修缮，近年来才对其依附岩体予以关注。

三　主要病害类型

1. 水害

在我国石窟寺保护领域有"水是万恶之源"的说法，说明水害的普遍性和危害性。据现场勘查，乐山大佛几乎全天候处于饱水状态（图1）。乐山大佛渗水类型如下：

图1　乐山大佛面部渗水

裂隙水（地下水）：一是大佛表层岩体裂隙渗水。二是来自岩体的地下水。

雨水：雨水的侵蚀是最为直接的水害类型。乐山大佛区域年平均降雨日数175天（参考文献[2]），全年有一半时间在下雨。

凝结水：大佛所在区域常年空气湿度超过90%，空气中的水分、雾水在大佛表层形成凝结水。

毛细水：毛细作用下，佛体的雨水、裂隙水和凝结水等，向岩石内部运移。

江水：江水的补给直接影响大佛基座岩体，同时也加剧区域空气湿度。

2. 风化

物理风化：物理风化作用受季节和昼夜温差变化影响较大。温度升高或下降时，岩体表层与内部热胀冷缩的不同步，内部由此产生的拉张力反复作用及岩石质点的热运动加速岩体的碎裂，如片状风化（图2）；岩体与表面修复材料胀缩系数的不同，导致表面修复材料出现开裂、空鼓，甚至剥离岩体本身。

化学风化：化学风化主要表现为水的溶解、碳酸化及硫酸化作用，大佛岩体矿物组

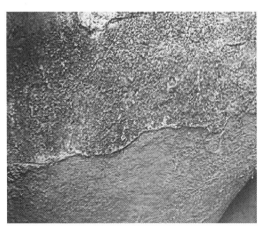

图2　片状和粉末状风化（物理、化学风化）

成中的钙质、铁质胶结物等不耐酸矿物易与岩体中的酸性溶液发生溶蚀作用，扩大原有孔隙。常见的粉末状风化是化学风化的典型。

3. 生物病害

生物病害包括大佛本体及其所在崖壁岩体上植物的生长、微生物污染及其侵蚀破坏、小型动物的侵蚀病害（图 3）。

图 3　植物病害（植被生长）

植物病害：杂草、灌木根系产生的根劈作用等，对岩体稳定性产生影响。

微生物病害：微生物的生长依附在大佛岩体表面，析出的有机酸加速岩石的化学风化。

4. 岩体裂隙发育

大佛因开凿形成的卸荷作用，使崖壁表层岩体处于张拉应力状态，佛体胸部及腿部发育多条卸荷裂隙（参考文献 [1]）；在受到水蚀作用、温差作用和地震等影响下，加剧了大佛表层岩体的开裂和变形。

5. 历史表面修补材料开裂

大佛表层修复工作对其保护起到了积极作用。但修补材料的热膨胀性、干缩湿涨性等性能与大佛岩体性能存在差异性，导致不同性质材料之间出现脱层，修复层呈片状剥离；另外水的侵蚀作用，也加剧了修补体空鼓脱落（图 4）。

图 4　修补材料开裂

四　乐山大佛本体精细化勘察

乐山大佛本体精细化勘察是对乐山大佛的病害问题、保存现状等进行的一次精细化勘察，借助三维激光扫描等手段对大佛进行测绘；通过地层划分等手段开展地质调查；通过现场调查、室内试验等对大佛本体及周边植物进行统计调查；利用高密度电阻率法、人工监测等手段对岩体含水率进行检测；采用薄片鉴定等实验对基岩性能进行评估；通过抗压强度、卡斯滕量瓶法等实验对历史修复材料进行评估。

1.地质调查

"大佛砂岩"为白垩系上统夹关组的下部层位，砖红色，主要矿物为石英和长石，颗粒支撑，分选较差，胶结类型为钙、铁质胶结，少量泥质胶结。依据岩体表面宏观特征、岩性及构造等进行地层划分，共得到 23 层，其中两侧崖壁位于 3~20 层（图 5），以此为基础，对大佛病害进行勘测与分析。

镜下岩石薄片鉴定见表 1，"大佛砂岩"主要为细—中粒长石石英砂岩，地层 1、4、10、12、13、15、16、18、19 为渗水层，表面返潮，严重区域有水滴出露。在地层 16、18、19 渗水层相对高程位置，大佛胸腹部分布有相应渗水点，呈带状分布。

图 5 乐山大佛地层划分示意图

表 1 大佛砂岩矿物百分含量（重点岩层）

名称	石英	长石	火山岩岩屑	变质岩岩屑	沉积岩岩屑	岩屑总含量
地层 16	78	8	2.5	11	0.5	14
地层 18	85	10	1	4	0	5
地层 19	78	7	3	11	1	15

2. 植物病害调查

生物病害受渗水影响，与渗水病害、化学风化作用共生。目前主要生物病害有两大类：一类为附着于渗水区域的苔藓、地衣以及霉菌等；第二类为杂草、小灌木以及蕨本科植物。

实地调查结果表明，大佛岩体及两侧崖壁范围内共有维管植物 32 科 53 属 56 种，其中蕨类植物占物种总数的 12.5%；裸子植物占物种总数的 1.79%；被子植物占物种总数的 85.71%。从物种的生物型来看，维管植物木本植物 16 种，占物种总数的 28.57%，根系发达的构树、黄葛树及成都平原常见树种栾树是佛体及崖壁常见的木本植物；草本植物共 40 种，占物种总数的 71.43%。在草本植物中，多年生草本植物有 29 种，占草本植物总数的 72.5%。

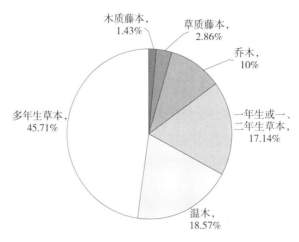

图6 大佛本体维管植物分布特征

3. 渗水病害检测

渗水病害是大佛生物病害、物理化学风化病害的控制性因素，也是引发大佛及崖壁坍塌破坏的诱因，同时也是导致历史修补材料空鼓、开裂等病害的主要因素。

（1）大佛头部：有若干渗水点，包括右眼角、左鼻颊、左眼球、左侧脸部面状浸润。渗水造成局部空鼓和剥落，眉眼间有数条渗水裂隙，有明显渗水痕迹和少量钙化。

（2）大佛肩、胸和腹部：胸部和肩部出现带状渗流，地下水沿岩层层间和附加层与基岩接触处呈带状渗流。

图7 渗水盐害

（3）大佛腿部：两腿之间有个别渗水点，主要表现为浸润潮湿，右脚跟外侧见一常年渗水点。

（4）大佛排水设施

头部发髻间上下两道排水沟现已严重损坏，佛身袈裟领兼做排水沟，局部破损。大佛后侧大佛耳后、颈部后和胸部三层排水廊道，三层廊道均常年渗水，在一定程度上截断了大佛头、颈部的水害，但并不彻底，甚至构成了部分区域水害的补给来源。

图 8　乐山大佛胸部排水管道

4.岩体保存状况评估

为系统分析大佛风化的主要因素，从岩石学组构角度，进行岩石薄片鉴定分析，分别从大佛岩体肩部、胸部、腹部处取样，取样点间隔 1 米，研究样品的物理、力学性能，同时研究同一位置不同深度样品的组成成分差异。

经研究数据表明（具体数据请参阅参考文献 [5]），在三个取样位置，不同深度样品的矿物组成均为石英、钠长石、微斜长石、蒙脱石和白云母，钻孔深度的增加，样品中石英的含量逐渐降低，其他几种矿物含量上升；元素组成的变化规律，基本与矿物组成一致，随着钻孔深度增加，样品中 SiO_2 含量下降；颗粒尺寸自上而下表现为递增，其表面均存在大量孔隙和裂缝，表面平整度较低。

研究表明，岩石均为中 – 细粒岩屑石英砂岩，岩石面孔率表层高于里层，但中间层最弱，这表明受风化作用强的表层长石、碳酸盐岩岩屑易被改造组分已经被溶蚀形成孔隙，增加岩石的疏松度；片状结构又增大颗粒与空气、水的接触面，从而致使其更容易与氧气、二氧化碳反应而加速岩石风化。

5. 历史修复材料评估

表面修复材料的使用对大佛岩体的保护起到了积极作用，但存在以下几个问题：一，修复材料的热膨胀性、干缩湿胀性能与基岩的差异性，在风化作用下，差异变形导致不同修复材料与基岩之间出现明显脱层现象，表现出片状剥离；二，材料本身出现老化的问题，降低岩体表面硬度；三，没有完成渗水治理的情况下，修复材料的低透水性致使修补体内积水从而产生水压，导致修复材料的空鼓与脱落（参考文献 [5]、[6]）。

为确定修复材料的老化程度，对胸腹部区域的 21 个取样点进行材料的劣化性检测和点荷载检测；运用卡斯滕量瓶法确定修复材料吸水性能。数据分析看来，大佛胸腹部修复材料硬度值衰减率分布在 0%~30% 之间（参考文献 [6]），表面潮湿或空鼓处硬度值较低；毛细吸水系数均小于 2，该修复材料处于厌水状态。

结　语

依托 "乐山大佛胸腹部开裂残损区域抢救性保护前期研究及勘察设计项目"，对大佛本体进行了精细化勘察。结合前人研究成果及本次勘察数据，表明：

1. "大佛砂岩" 主要为砖红色钙、铁质胶结的中、细粒长石石英砂岩，渗水层主要集中在大佛胸腹部（地层 16、18、19 层），渗水点呈带状分布。岩石表层面孔率高于里层，石英含量随岩石样品钻孔深度的增加而降低，岩石表层的长石、碳酸盐岩岩屑、胶结物等已被溶蚀并形成孔隙，破坏岩体稳定性。

2. 佛体及两侧崖壁范围内共有维管植物 32 科 53 属 56 种，其中被子植物占多数。植物的 "根劈" 作用加剧裂缝生长，根系的生长吸收矿物分解而来的养分，影响岩体稳定性；藻类、地衣等植物的生长分泌的酸性物质与水害关联，加速岩体溶蚀；植物死亡后的炭化作用导致佛体局部表面发黑。

3. 佛体本身见多处渗水点，大佛头部的渗水点为右眼角、左鼻颊、左眼球、左耳根部及左耳；胸部及肩部为带状渗水；两腿表面浸润潮湿，右脚见一常年渗水点。

发髻排水沟已严重损坏；耳后、颈后和胸后的三层排水廊道常年渗水，在一定程度上作为部分区的水害补给来源。

4.修复材料劣化导致其性能降低，在渗水、重力、生物等影响下，修复层出现空鼓、开裂、剥落等病害，除材料本身的热膨胀性等差异性性能外，在渗水情况下，降低修复材料的硬度，且其低透水性造成修补体局部空鼓及脱落。

乐山大佛所处环境导致它几乎包含了所有石窟寺面临的病害问题，渗水病害基本上是所有病害问题的控制性因素，大佛砂岩胶结物类型所致的松散结构是导致石刻损毁的内因。乐山大佛的渗水治理应作为大佛保护的首要工作，是后续修复、防风化、生物病害治理等工作的前提。本次开展的大规模精细化勘察工作对今后乐山大佛的保护治理提供了数据支撑与研究方向，后期对勘察结果的进一步分析以及相应的技术难关仍需我们继续努力。只有积极开展预研究、预保护工作，同时有效利用起监测系统，才是使乐山大佛"健康"的保证。

参考文献

[1] 乐山大佛乌尤文物保护管理局、四川省文物考古研究院《治理乐山大佛的前期研究》，四川科学技术出版社，2002年。

[2] 刘于源、杨天宇《乐山大佛胸部险情及治理方向探析》，《中共乐山市委党校学报》2017年第6期。

[3] 杨天宇、刘于源《乐山大佛九曲栈道危岩研究及治理探析》，《乐山师范学院学报》2017年第4期。

[4] 方云、王金华、赵岗《心系石窟岩土文物保护研究论文选》，中国地质大学出版社，2017年。

[5] 申喜旺、孙博、王逢睿等《乐山大佛胸腹部开裂残损区域病害特征及保护措施建议》，《工程勘察》2020年第1期。

[6] 孙博、申喜旺、杨天宇等《乐山大佛胸腹部修复材料劣化特征研究》，《中华建设》2019年，总第194期。

瘦西湖景区不可移动文物的保护管理及合理利用

顾华皓　李映谦（扬州市瘦西湖风景区管理处）

一　瘦西湖不可移动文物的历史背景

瘦西湖园林是清代江南园林的代表之作，在康熙、乾隆数次南巡后形成基本格局，集北方皇家园林之雄与南方江南园林之秀于一体，刚柔相济。清人既云"园林之盛，甲于天下"。瘦西湖虽因二十四景著称于世，而实际私家园林有三十余座之多，自瘦西湖至平山堂一带，便是"两岸花柳全依水，一路楼台直到山"的盛况，是全国独一无二的湖上园林。其被国务院列为"具有重要历史文化遗产和扬州园林特色的国家重点名胜区"，同时入选世界文化遗产名录。景区内的文化遗产是历史的见证，不可移动文物更是景区历史文化的延续。

五亭桥的概况及影响

"五亭桥"又称"莲花桥"，建造在瘦西湖的中心水域，是一座横跨莲花埂南北两岸风格独特的亭桥，曾被中国著名桥梁专家茅以升誉为"中国最秀美的桥"。莲花桥1956年被列为江苏省文物保护单位，2006年被列为全国重点文物保护单位。桥上五亭，空中俯瞰犹如盛开的莲花，五亭显南方之秀，桥身则显北方之雄，南北两种风格融为一体，这种完美结合，被认为是中国古桥建筑史上的孤例，具有独特的历史意义。

二　保护不可移动文物的重要性

不可移动文物是我们国家悠久历史的见证，是民族精神赖以延续传承的重要载体。要做好新时代文物保护工作，必须正确处理历史与当代、守正与创新的关系；同时要加强不可移动文物价值的研究，让文物说话、让历史说话。

1. 不可移动文物的时代性

不可移动文物可以体现其所处时代的特点，其产生、发展的变化与历史社会发展进程紧密相连。

以瘦西湖为例，从隋炀帝开凿大运河到唐朝末期政治中心的转移，再到经历多次战乱后，直到康乾盛世的鼎盛时期，瘦西湖都担任着不同的角色；园林造景及湖上园林景观有文化历史方面的探究及人文历史背景的导向，兼具时代背景，富有人文情怀。瘦西湖内众多的不可移动文物，本身就体现出不可估量的时代性与文化价值。

2. 不可移动文物的唯一性

不可移动文物的唯一性是文物的时代性与不可再生性逻辑发展的结果。不可移动文物均具有其独特的历史地位和艺术价值，承载着所处时代的文化内涵和历史信息，无法替代。

以五亭桥为例，其唯一性就在于将桥、亭合二为一，形成亭桥；又将五亭聚于一桥，亭与亭之间以短廊相接，共同形成一个完整的屋面。五亭桥被桥梁专家茅以升誉为"中国古代交通桥与观赏桥结合的典范"。它融"南方之秀北方之雄"于一体，既反映了清代的建筑技术和艺术，同时在不断修缮后臻于完美的独特结构和富丽堂皇的优美造型在《中国古桥技术史》中也是孤例，被赞为世界建桥艺术中独一无二的杰作。

三　不可移动文物的保护与管理

不可移动文物是不可再生、不可替代的宝贵资源。管理好、保护好、传承好历史文化遗产是对历史负责、对人民负责。景区对不可移动文物的保护与管理措施，更好的延续了文物的传承。

1. 以法律法规为准则，统筹文物管理机制

为有效做好不可移动文物保护管理工作，景区严格执行相关法律法规要求。每个文物保护单位都明确其保护范围，制定针对性的保护要求和建设控制要求，为完善文物保护设立了重要的前提条件。

景区坚持落实文物"四有"工作要求，并定期对文物进行监测，在文物修复时，以养护为主，尽量使用原有构件，保留建筑的时代特征和历史真实性。

2. 以修缮保护为基础，延续文物历史脉络

不可移动文物受自然侵蚀、寒暑交替影响，会出现局部损坏情况。在文物经评估需要修缮时，我单位按照文物修缮程序上报，取得文物主管部门的批复后，实施修缮保护工作。

以瘦西湖中五亭桥为例，其建于清乾隆二十二年（1757）第二次下江南，两淮盐政高恒为迎驾而建。起初桥上是五个单独的亭子，中央是重檐亭，四角为单檐亭，无廊连接。清咸丰五年（1855），桥上的五亭毁于兵火，后来又复建了五亭，但形式较简朴，又是小瓦屋面。民国二十年（1931）扬州发水灾，桥基与桥亭均遭破坏。1932年至1933年乡绅募资修复。新中国成立后又几经修葺。

为恢复五亭桥的初始面貌，瘦西湖2007年对五亭桥桥亭进行了保养性维护。这次重新修缮以排除屋面险情隐患、恢复建筑原貌为主要目的。通过保养维护和更换屋面破损滑移的琉璃瓦，将水泥寿字脊等换为砖细，同时去除屋面上的现代灯具，对桥亭木结构进行国漆养护出新。

在修复手法上，与古建筑不符的水泥预制构件，如子角梁套兽、庑廊脊兽、混凝土寿字脊、鱼龙吻、吻座等恢复为古建砖细做法，水磨方砖十字错缝套雷公柱用水泥油叠装，中心灌糯米汁；对屋面正脊、戗脊、围脊、宝顶等构件进行拍照、实量尺寸做好记录，复原安装时进行参照；木构件腐朽部分，以与原构件一样的老杉木纠正偏差、原样恢复，盖瓦前木基层做防水卷材SBS；石材接头处局部用假石修补的改为石屑掺胶处理；构架国漆熟漆一遍，底油一遍、底色二遍，面漆三度；将亭上不响的铜制风铃（惊雀铃）按原样尺寸用响铜铸造，以重现风来声响的美韵轻音。

类似对不可移动文物的修缮还有许多，例如景区在2017年对白塔进行修缮，2020年底对小金山山体进行加固等。在修缮时景区遵循不改变文物原状的原则，做到原样修复、修旧如旧。景区内的文物修缮让更多的人能够了解不可移动文物最真实的历史文化内涵，延续了文物的历史脉络。

3. 以宣传推广为抓手，强化文物保护意识

加强宣传，引导群众形成保护文物的共识，是新时代社会文物保护的重要举措。景区对五亭桥、白塔、钓鱼台等主要景点进行积极推广和宣传，包括以网红打卡地等形式吸引诸多游客前来驻足拍照；推出相关文创产品，如"五亭桥冰淇淋"等，一度成为游客们打卡的夏日新品。同时，景区不断挖掘文物的历史文化脉络，邀请专家学者开展专

题讲座，进一步挖掘和学习文物知识，让导游将最真实、最全面的文物历史讲解给广大游客，进一步进行文物的宣传。

在志愿服务宣传工作方面，景区旺季时在五亭桥、白塔等重点区域安排志愿者服务，及时制止游客的不文明行为并加以劝说教育，进一步提高大家的文物保护意识。

四 不可移动文物保护的建议及对策

1.完善机制体系建设

在不可移动文物保护中，建立健全相关文物保护制度是首要任务。不仅政府应健全相关文物保护法规，我单位也需不断完善不可移动文物保护的体制建设，以《中华人民共和国文物保护法》为准绳，根据五亭桥、白塔、钓鱼台等不同文物的保护需求，完善相应文物保护管理制度和工作机制，加强保护力度，明确岗位职责，对文物进行定期监测、依法修缮、有效管理，使不可移动文物保护更加制度化、专业化、科学化。

2.加强专业梯队锻造

（1）专业人才的培养和补充

文物保护与管理是一项专业性较强的工作，因此人才的数量和质量对文物保护效果起着关键作用。在当前社会背景下，政府应适当采取对文物相关专业的鼓励措施，合理配置人才。在文物管理单位层面，需要积极联系专家学者及专业机构，参考合理意见；同时营造良好的用人环境，招聘专业人才；并对现有文物管理在岗工作人员进行系统培训，要求掌握必要的文物保护知识，纳入相关考核标准，提高文物管理效率。

（2）高新技术的运用和升级

在进行文物保护工作时，在现有保护方法的基础上也需要不断学习提升，采用更有效、更先进的技术和方法来强化保护效果，推动观念创新、技术创新和模式创新，用高新技术手段代替人工对不可移动文物进行数据监测，推动文物信息资源数字化，使保护措施和管理工作更加科学化、专业化。

在高新技术运用方面，景区可利用三维数字化扫描技术等展示与传播优秀传统文化，对不可移动文物进行非接触式的、快速、高精度、全方位、多维度的测量和建模，可以将文物不同时间点的数据模型进行记录对比、永久存档，为文物保护和修缮提供准确可靠的基础数据，有助于文物的科学保护、合理开发以及文化的传承。

景区应不断加强思想创新，开阔文物保护思路，定期组织对新方法、新技术的学习，积极采购相应设备，与自身实际情况相结合，探索文物保护管理的新模式，形成自身的优势与特色。

（3）提升公众文保意识

文物保护工作不应仅仅是政府的孤军奋战，还需要群众共同参与。现阶段群众与文物的互动仍较为有限，对文物的保护意识还不够强。因此除了文物管理单位需加强自身素质外，还要提高人民群众对文物重要性的认知，让群众加深对文物历史文化价值和象征意义的理解，增强文物保护意识，从而形成全面有效的保护机制和保护体系，让群众自发保护文物、主动参与对文物保护的社会监督，政府民众形成合力，共同作为。

当今社会，政府文物保护单位可以充分利用网络媒介，在微博、微信、短视频平台等开设公众号进行科普和宣传，发布文物历史印记推文，举办文物书画摄影展等；同时通过导游对不可移动文物历史文化背景的讲解、对不文明现象的劝导，将日常宣传与集中宣传、正面宣传与反面曝光结合起来，积极开展多种形式的文物保护宣传活动，扩大文物保护思想的影响力，构建全民重视文物保护的社会大环境，逐渐形成以政府为主导，社会共同保护的新局面。

（4）把握经济效益关系

文物管理单位在进行文物保护工作时离不开资金的支持。保护不可移动文物，决不能片面追求经济效益，而应该始终坚持将社会效益放在第一位，并努力实现社会效益和经济效益的统一。政府部门通过不可移动文物发展旅游业的同时，也应投入一部分资金用于支持文物保护工作，并确保文物保护资金能够落地落实；文物管理单位在文物的监测、维护和修缮等方面，除政府专项拨款外，也要主动投入资金和人员力量，加强现场管理，确保文物修缮保护工作到位。经济效益与文物保护工作相辅相成，才能实现持续均衡的发展。

五　不可移动文物的合理利用

为了更好地弘扬传统文化、传承民族精神，在对不可移动文物进行保护的同时，更应当充分发挥其科学艺术价值和历史文化价值，科学保护合理利用，加强历史研究和文化传承，使中华优秀传统文化不断发扬光大。

1. 助力文旅产业融合发展

不可移动文物具有的历史文化底蕴带来的文化艺术价值是一种重要的资源，在此基础上进行旅游产业的开发，能够推动经济发展、产业转型、促进就业等，并以旅游产业带来的经济效益反哺不可移动文物，达到经济发展与文物保护的共赢，促进良性循环。

瘦西湖风景区1988年被国务院列为"具有重要历史文化遗产和扬州园林特色的国家重点名胜区"，2010年被授予国家AAAAA级旅游景区，2014年被列入世界文化遗产名录。景区内不可移动文物带来的旅游资源推动了扬州市旅游及相关产业的持续发展，对景区建设以及城市整体的文化经济发展都具有重要意义。

2. 促进文创产品经济效能

文化创意产品开发是旅游景区经济模式转型的重要解决方案，产品的行销、推广更是提升地区文化旅游知名度、反哺在地相关产业升级的重要途径。将不可移动文物的形象作为文化素材，开发各类文化创意产品，一方面利用文物带来的文化资源，另一方面充分对接市场消费需求，力求开发出兼具历史性、艺术性、知识性、实用性、故事性、趣味性的文化创意产品，创造出文化传播的载体，构建有效的商业模式，完成文化价值向社会价值和经济价值的转化。

瘦西湖已初步形成了融文创销售、演艺、体验为一体的文创产业园，并注册"瘦西湖游礼"专属商标，景区内设置多处瘦西湖游礼精品文创店、文创产品自动售货机，其中精心设计的五亭桥韵茶具组、钥匙扣、小钱包、化妆镜、文物纪念币等产品致力于丰富产品内涵和个性化，帮扬州文化"说故事"。五亭桥韵茶具组以瘦西湖五亭桥为原型，是独家定制的一款精美的瓷器茶具组合，一壶四杯，与友人品茶的同时也可以欣赏到五亭桥的独具韵味，造型别致独特，充分展示了五亭桥的艺术美。把不可移动文物的典雅融入生活用品中，才能更好地实现文创产品的产业化、品牌化、规模化，延伸瘦西湖文化的旅游产业链。

3. 沿袭城市文化品质精髓

一个地域的不可移动文物往往都富有当地独特的历史文化内涵，能反映特定历史时期、特定历史条件下城市的人文历史特征。将不可移动文物打造为城市标志、城市名片，通过历史文化内涵的具象化，可以使城市形象更加生动具体、城市文化宣传更加深入人心，同时也带动旅游相关产业的发展，展示文化积淀，创造经济效益。

作为扬州的城市名片，瘦西湖内众多的不可移动文物，不仅是对外宣传的重要窗口，更是城市文化品质精髓的展现，五亭桥也成为扬州的城徽和城市形象的代表。

结　语

一直以来，一提到扬州，就会想到瘦西湖，瘦西湖也一直是扬州的形象窗口。而以五亭桥为代表的众多瘦西湖不可移动文物才是这座古城的真正的见证者。通过将不可移动文物的形象化、符号化，能更好地吸引游客，打开他们对扬州认知的窗口，更生动地展示扬州的城市形象及城市文化。

参考文献

[1] 王桂芹《谈谈腾冲不可移动文物资源的保护和利用》，《保山师专学报》2003 年第 4 期。

[2] 李娜《浅谈新时期不可移动文物的保护工作》，《文物鉴定与鉴赏》2018 年第 10 期。

[3] 张燕玲《浅谈数字可园的构建及其对古建筑文物的保护性意义》，《文物鉴定与鉴赏》2017 年第 7 期。

[4] 张俊华《文化文物单位的文化创意产品商业模式》，《东岳论丛》2018 年第 5 期。

不可移动文物保养维护工程的开展
——以全国重点文物保护单位保俶塔为例

杭州西湖风景名胜区岳庙管理处（连横纪念馆）

保俶塔古称应天塔，又名保叔塔、宝所塔、宝石塔等，位于西湖宝石山顶，南临西湖，西接葛岭。宝石山初名石姥山，曾称保叔山、古塔山等，在西湖三面云山中，自成一体。宝石山山体由侏罗纪火山凝灰岩构成，因赭红岩石中嵌满了玛瑙状晶体，在阳光照射下熠熠生辉，这既是山名的由来，也是新西湖十景之宝石流霞的出处。宝石山山体的高度虽然不超过百米，但山巅为观赏西湖全景圣地之一，多有历代名胜古迹留存。

保俶塔便位于宝石山巅，隔湖与雷峰塔遥遥相对，清秀挺拔与颓然苍老之造型对比下形成著名的"湖上两浮屠，保俶如美人，雷峰如老衲[1]"的南北对景，佐证了佛教文化的兴盛对西湖景观的直接影响。

一　历史沿革

保俶塔始建于五代吴越国时期（907~978）。塔初为九级，后毁。

北宋咸平年间（998~1003），僧永保重建，减去二级，人称"保叔塔"[2]。此后历经宋、元、明，屡毁屡建，皆至七级而止。

明隆庆年间（1567~1572），保俶塔又渐损圮，于万历七年（1579）重修，为七层重檐楼阁式，可登高远眺，塔周围檐廊挂置明灯，入夜蔚成大观。

清光绪二十一年（1895）冬，英国传教士梅藤更以建医院为名，盗租宝石山土地，将保俶塔圈入围墙内，杭城舆论哗然，群起抗争[3]。经多年交涉，于宣统三年（1911）

---

[1]〔清〕张岱《西湖梦寻·卷四·雷峰塔》，清康熙刻本。

[2]〔宋〕潜说友《咸淳临安志·卷八十二·寺观八》，清文渊阁四库全书本。

[3]〔民国〕钟毓龙《说杭州》，浙江古籍出版社，2016年，176页。

由官方出面赎回。期间因年久失修，保俶塔塔基发生松动，塔身也出现倾斜。

民国二十二年（1933），杭州地方当局重修保俶塔[1]，工程历时4个月，耗资约23000元。重修后的保俶塔为八面七层仿木结构楼阁式砖砌实心塔，由塔基、塔身、塔刹组成，通高45.3米。塔基呈八边形，用条石砌成。塔身清水砖砌，分七层，逐层向上收分，第一层的北面嵌民国《重修宝石塔记》碑。塔顶置铁铸塔刹，高10米，由覆钵、仰钵、相轮、华盖、宝珠、火焰珠等构件组成。

中华人民共和国成立以后，省、市有关部门对保俶塔加强保护管理。1996年12月27日，岳庙管理处组织塔刹搭架勘察、维修，按原样重铸更换了其中锈损严重的17件塔刹铁铸构件，1997年4月22日维修工程竣工。

2019年10月21日，岳庙管理处再次组织实施"保俶塔保养维护工程"，通过搭设塔身施工脚手架，进行塔体砖砌体的保养维护和塔刹顶部倾斜部分的修复归安。工程属于保养维护性施工，以工程技术为手段，坚持"不改变文物原状"和"最小干预"的原则对文物本体排除危险和隐患、可靠补强、局部修复或者复原、环境整治等方面的工作。

图1　保俶塔脚手架

二　脚手架方案

搭设脚手架是实施保养维护工程的前提。建设单位综合1997年塔刹更换以及2014年防雷工程两次脚手架搭设方案的基础上，组织专家进行多轮方案论证，主要解决山顶防风、与塔体无接触、宽高比不平衡下的脚手架稳定问题。最后确定本次工程脚手架搭设形式为"落地式全高敞开式、扣件式双排钢管脚手架（图1）"。外立面不悬挂密目式安全防护网，采用与施工同步移动的大网格防护网，内置螺旋形跑道式脚手架爬梯通道，

---

［1］〔民国〕周云亭《保俶塔之今昔》，《申报》1933年2月8日。

整体搭设高度为 46.7 米。搭设好的脚手架任何构件与保俶塔本体无任何接触，确保了整体工程的安全性。

三 塔体修复

脚手架搭设完成后进入保俶塔塔体砖砌体的保养维护阶段。此次施工选用了德国水硬性石灰材料用于修补塔身和灌浆，没有使用任何水泥及水泥制品。施工中首先按照设计要求先在地面用类似砖砌体进行了修复试验，后在塔身选取样板，再次进行试验，达到要求后再全面展开修复。修复过程严格按照碧林（水硬性石灰）厂家提供的产品操作工艺流程，按设计要求对需要修复的部分分类进行灌浆、勾缝、贴面等处理（图 2、3）。修复后的塔身与原砖颜色极为相似，硬度高，质量佳，实现了修旧如旧的原则。

图 2 保俶塔塔体修复砖块　　　　　　　　　　　　图 3 保俶塔塔体勾缝效果

四 塔刹修复

针对保俶塔塔刹顶部倾斜这一最重要的"临床表现"，中国文化遗产研究院专家第一步进行全面的高科技"体检"。在刹尖卸下后，专家对保俶塔塔刹铜质构件进行了现场勘测，并组织开展 X 射线探伤检测分析、专业仪器三维数字化扫描，依据各方面勘测结果，设计维修保养方案。第二步组织高手"会诊"，优化方案。通过此次体检基本确定塔刹铜质构件腐蚀程度和残损状况，存在裂隙、残缺、变形、磨损、部分销钉断裂和脱落、部分经文被磨损等病害问题（图 4）。它们大多是由于自然老化、风力、自身重

图4　保俶塔塔刹倾斜

图5　修复后的保俶塔塔刹

力、外力拉扯等造成的。针对这些问题，来自中国社科院考古研究所、浙江省博物馆、浙江省古建筑设计研究院、浙江大学、杭州市园林文物局等方面的专家组成专家团队为保俶塔集体会诊，共同优化完善"治疗"方案，以达"疗效"最优。第三步实施精准修复、归安（图5）。

保俶塔作为全国重点文物保护单位，是西湖文化景观中的佛教文化代表史迹之一，具有极高的文物价值。因此，修复的每一步，都需要精准、谨慎。在塔刹"治疗"方案框架梳理完成后，专家进行了细致入微的修复工作，建档、清洗、矫形、加固、拼接、补全支撑、调试、安装、封护、归安，循序渐进但又环环相扣、忙中有序。

五　舆情引导

保俶塔是西湖世界遗产的核心景观，也是杭州的城市标记。维修工作的一举一动都受到关注，许多杭州市民甚至每天来查看工程进展。但保俶塔保养维护工程是高空作业，为确保文物及施工人员安全，采取全封闭式施工，禁止无关人员进入施工场地，禁止无人机近距离飞行。为让百姓更加了解保俶塔保养维护的具体情况，自工程实施起，西湖景区及时将工程实施内容、进度安排等通过新闻媒体全程告知并做好跟踪报道。通过设立"媒体开放日"，设置好时间让新闻媒体近距离拍摄和采访。特意请文保专家答疑解惑，让大众更加了解保俶塔的历史价值、了解文物维修的重要性、从而更好地树立人人都是文物保护者的理念，真正让文物在百姓身边"活起来"。

结　语

保俶塔是见证杭城五代时期佛教文化兴盛状态的建筑遗存，真实地保持了五代始建以来位于西湖北侧宝石山东端山脊的原址。塔八角七层、修长挺秀的外形保持了自五代始建以来历代重修的历史面貌；塔身所使用的砖石反映了民国时期重建的建筑材料；塔身砌筑方法、立面仿木构装饰等体现了民国重建时的建筑技术，是历史的瑰宝。本次保俶塔保养维护工程，不仅修复了破损倾斜的塔刹，对塔体进行了修复清理，还进行了较为全面的三维扫描，保存了保俶塔的实体信息。

遗址建筑构件在文物保护工程中的研究与应用
——以须弥灵境建筑群遗址保护与修复工程为例

陈曲（北京市颐和园管理处）

一　绪论

建筑构件是构成建筑物的各个要素，是建筑的组成部分。一座古建筑是由屋面、墙体、柱、台明等部位的众多建筑构件组成，材质包括木、砖、瓦、石等。设计者通过不同建筑构件组合、变换，表达创作思路，实现设计方案、使用功能，反映建筑级别。同样，对始建于清乾隆年间古建筑群遗址上残存建筑构件的研究，分析建筑构件的表达，是探寻古建筑始建之初特征的方法之一。

颐和园作为"三山五园"之一，始建于清乾隆十五年，主要由万寿山、昆明湖两部分组成。它充分利用山水地形、巧于因借，于万寿山中轴线上营构起宏丽壮观的建筑群，前山为排云殿—佛香阁建筑群，后山为四大部洲—须弥灵境建筑群，整组建筑群布局严整，烘托出气势磅礴的建筑景观。但 1860 年英法联军的大火将颐和园前身清漪园付之一炬，这条中轴线建筑群基本毁于一旦。1886 年修复颐和园时，排云殿—佛香阁建筑群和四大部洲主建筑香岩宗印之阁得以重建，1980 年四大部洲建筑群修复，这条建筑中轴线北端的须弥灵境建筑群一直处于遗址状态。2019 年开始，须弥灵境建筑群遗址保护与修复工程启动，遗址上留存的大量建筑构件，是保护修复工程极为重要的实物依据，研究人员为此开展了遗址构件的分析与研究工作。

二　概况

颐和园须弥灵境建筑群位于颐和园万寿山北麓。建筑群坐南朝北，为汉地佛寺建筑群风格，自北向南由慈福、梵天、旃林三座牌楼、宝华楼、法藏楼两座配楼、须弥灵境大殿六座建筑组成，总占地面积约 8050 平方米，建筑面积约 2538 平方米。其上部为"曼陀罗"式藏传佛教建筑群—四大部洲。四大部洲与须弥灵境共同构成了清漪园时期万寿山后山 200 米长的南北中轴线，是体现清代"兴黄安蒙、以教制心"民族政策的实物载体，也是以大体量宗教建筑统筹皇家园林创作思想的集中体现。为了更好地保护建筑遗址，完善颐和园景观整体性，2019 年启动的须弥灵境遗址保护与修复工程主要是在须弥灵境大殿遗址考古发掘、配殿及牌楼考古调查的基础上，对遗址进行修缮和修复。修缮部分包括修缮慈福牌楼，整修东西围墙，整修各层院落地面，进行环境整治。

图 1　须弥灵境建筑群位置图（图片引自网络）

图 2　须弥灵境建筑群焚毁后的景象（研究室提供）

图 3　遭大火烧毁后慈福牌楼残存照（研究室提供）

修复部分包括修复大殿磉墩，恢复地面，墙体、柱等复原至 1.2 米等高度，东西配楼拆除其上添建建筑，修复二层黄琉璃绿剪边歇山建筑，修复琉璃扶手墙等（图 1~3）。

三 建筑构件勘察及研究

2010 年，对须弥灵境建筑群开展遗址考古发掘和调查工作，使深埋于遗址的很多构件重见天日，种类丰富，包括砖、瓦、石等多种构件。这些遗址构件绝大部分为乾隆时期始建建筑的构件遗存，体现了乾隆时期古建筑特点及其构件纹样特色，蕴含着丰富的历史信息。

1. 石构件

遗址现存石构件主要有腰线石、角柱石、柱顶石、阶条石、陡板石、地袱石、垂带石、象眼石、踏跺石、燕窝石、夹杆石、镶杆石、锁口石、抱鼓石、沟漏石等（图 4~7）。材质绝大部分为青白石。因青白石材质坚固、耐风化，密度较大、不易移动，又因其埋于地下或者被后期添建建筑覆盖，除东西牌楼夹杆石、镶杆石受外界因素影响较大外，其余石构件受外界因素影响均相对较小，而且除大殿外其余建筑石构件基本处于建筑始建时期的原位，保留着乾隆时期石质构件的纹饰特征。尤以柱顶石最具特色，是典型的官式建筑柱顶石花饰做法，是目前在颐和园中发现的唯一一款外方内圆覆莲纹柱

图 4　大殿南月台陡板石、地袱石

图 5　西配楼腰线石、角柱石和柱顶石

顶石，与颐和园内多数无鼓钉、无花纹的柱顶石相比，纹饰要繁复的多，反映了乾隆时期石构件制作加工及纹饰雕刻的特点。同时不同石构件的加工方式、加工痕迹以及较为完整的尺寸、纹饰信息，可以辅助判断建筑形式、柱径柱高、墙体位置及高度、构件尺寸等一系列重要建筑信息，为原位、原样添配石构件提供了重要的佐证与参考，为古建筑修缮和复原设计提供重要的依据。

图 6 大殿柱顶石残件

图 7 东配楼残存柱顶石

2. 砖构件

遗存砖构件主要有大殿磉墩糙砌用砖，东西配楼及东西围墙墙体砌筑用砖，东西配楼室内地面细墁用砖，大殿南侧月台东西马道糙墁城砖，以及少量散水细墁城砖。

大殿五十四个磉墩由于历史原因受到不同程度的破坏，残存部分为乾隆时期砌筑（图 8）。挖掘到不同破坏面，原有砌筑用砖和砌筑方式清晰，根据实地测量，原磉墩用砖有三种，为大城样、二城样、地趴砖，上下层砖垂直交错，采用素白灰砌筑。磉墩坑最深为 4.7 米（图 9）。

东西配楼后檐墙自始建至今进行过整修，但档案中未找到详细的修缮范围和方式。从后檐墙下碱砖现状来看，有明显的砖体过火痕迹，局部大城样墙砖炸裂、分层，变色发红，砖体密实度下降，出现松散的情况，见图 10。推断后檐墙下碱最晚为咸丰十年大火前整修过的墙体，最早应为乾隆始建砌筑遗存。两楼室内原有尺七细墁地面砖由于自焚毁后多年被埋在后期建造建筑下，自乾隆时期始建得以大面积留存至今，除局部地面砖断裂、磨损外，大部分尚能延续利用。

图 8　东西围墙及东西配楼后檐墙民国时期状况（1930~1940）（研究室提供）

图 9　大殿遗址磉墩坑

图 10　东配楼大火后残留墙体、地面

3. 琉璃构件

遗址现存琉璃构件主要包括琉璃砖、兽头、不同颜色的筒瓦、不同纹样的勾头、滴水以及花脊砖等，尤以瓦件种类、数量最多。

（1）瓦件规格

目前在遗址内共发现六种样别的琉璃瓦，为五样、六样、七样、八样，九样、特制样（图 11）。在大殿考古前，关于五样琉璃瓦的信息是通过《清漪园大报恩延寿寺等座牌楼粘修销算银两总册》所载信息得知的，"须弥灵境大殿……上下檐五样黄色琉璃瓦"，并没有实物。但是通过考古挖掘，发现了须弥灵境大殿大量五样瓦件实物，而且在部分瓦件瓦胎上发现了"五样"的款识，证实了须弥灵境大殿瓦件五样的事实。在遗址发现的八样琉璃滴水瓦，是在东西围墙琉璃墙帽上发现的，在颐和园内是首次发现，数量较少，在须弥灵境遗址内仅有二十余块。而称其为"特制样"的琉璃瓦，发现于西侧"梵天"牌楼，因在《中国古建筑瓦石营法》等相关书籍及资料中未查到其对应的样别，故暂定名为"特制样"（图12）。这种勾头宽为 7.5 厘米，较九样琉璃勾头宽度少 1.5 厘米，而且在西牌楼挖掘过程中还发现了与之大小匹配的滴水、当沟、蹿头、淌头等多种琉璃构件，推测三座牌楼屋面所用瓦件规格为特制样。

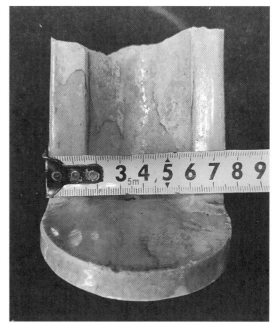

图11 "五样"款识　　　　　　　　　　　图12 特制样琉璃瓦

（2）瓦件颜色

在遗址发现的琉璃瓦件颜色有五种，为黄色、绿色、浅蓝、深蓝、紫色，这五种颜色主要来源于大殿考古发现的筒瓦。考古中还发现了多块由宝项花、卷草、流云纹饰组成的黄绿双色花脊以及少量黄绿白三色龙尾部分花脊，如此众多的筒瓦及花脊应排除从其他处运到大殿再掩埋的可能，应为须弥灵境大殿毁后残件。这款花脊与琉璃阁智慧海的二层围脊纹饰花色相同。智慧海屋面上下檐是黄色琉璃瓦配以五色琉璃聚锦图案，正脊安放三座五色琉璃塔囊，结合《清漪园大报恩延寿寺等座牌楼粘修销算银两总册》中"须弥灵境大殿正脊上拆换五色琉璃塔囊七座，玲珑庆云垂脊十七件……"的记载，可知须弥灵境大殿与智慧海有较多相似之处，即五色琉璃塔囊、五色屋面瓦、黄色琉璃勾滴、颜色纹饰相同的花脊，相似或相同的云纹垂脊，因此进一步推测须弥灵境大殿屋面与智慧海琉璃聚锦屋面形式及用瓦大致相同，但由于建筑体量、面宽、进深尺寸差异较大，在部分琉璃构件使用及数量上存在差异（图 13、14）。

图 13　大殿考古发现的黄绿双色琉璃花脊

图 14　智慧海围脊照片

（3）勾滴纹样

遗址已发现勾头、滴水主要来源于大殿考古、东西牌楼基础挖掘和现存东西围墙，共有勾头 20 种，滴水 15 种。其中大殿考古发现黄色龙纹勾头 2 种，黄色龙纹滴水 2 种。西牌楼基础挖掘发现黄色龙纹勾头 3 种，黄色龙纹滴水 1 种（图 15、16）。

黄琉璃勾头 1　　　黄琉璃勾头 2　　　黄琉璃滴水 1　　　黄琉璃滴水 2

图 15　大殿考古出土勾头、滴水

勾头 1   勾头 2   勾头 3

图 16   西牌楼基础内勾头

　　东西围墙发现不同龙纹的勾头、滴水种类较多，纹样各异。勾头纹样包括龙纹、莲花纹、柿花纹、和平鸽纹，非龙纹饰各 1 种。滴水纹饰包括龙纹，莲花纹和菊花纹，非龙纹饰各 1 种。多种不同纹样的琉璃勾头和滴水，说明东西围墙瓦件是不同历史时期维修时或新烧制或从其他处运来用以修缮的，反映了不同历史时期琉璃勾滴特点及烧制工艺水平，而且瓦件纹样各具特色，各赋吉祥寓意，如柿花纹象征事事如意，本固枝荣纹象征根基稳固、繁荣发展，等等。虽然对于这些瓦件还有很多尚待考证的内容，但是这些不同纹样的琉璃勾滴也反映了不同时期人们的精神追求和喜好。受篇幅所限，仅各列举四种不同纹样的勾头和滴水（图 17、18）。

龙纹   柿花纹   本固枝荣纹   和平鸽纹

图 17   东西围墙勾头纹

 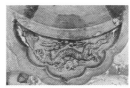  

龙纹 1   龙纹 2   龙纹 3   龙纹 4

图 18   东西围墙滴水纹

加强文物保护利用 推动行业高质量发展
全国重点文物保护单位（部分）第三十一届学术研讨会暨颐和园研究院第二届学术研讨会论文集

为了更为深入地研究不同勾头的龙纹特征，在对所有发现的龙纹进行清洗、分析的基础上，进行勾滴的纹样绘制。绘制后的龙纹纹样更加清晰的呈现了不同历史时期勾头滴水龙纹的特征差异，从侧面也反映了不同时期琉璃瓦件烧制的时代特征，下图仅选取两种勾头绘图进行比较（图 19）。

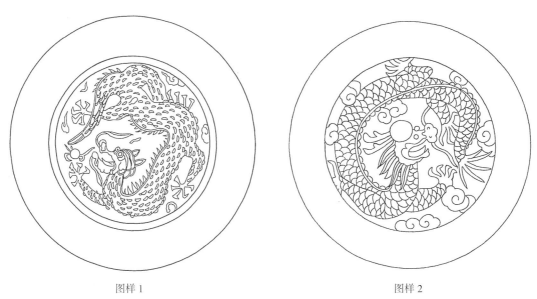

图样 1   图样 2

图 19 两种勾头手绘线描图

通过实物及绘图分析比对，可知不同时期的勾滴龙纹在龙鳞、龙爪、龙头、龙发等方面存在不同。以上述两勾头为例，主要表现在勾头图样 1 龙纹背部刺如针状线性排列、龙鳞细密为芝麻鳞、龙爪张开如风车、毛发成束向前，龙整体形象较凶猛。勾头图样 2 龙纹背部刺呈"∩"形波浪状、龙鳞似鱼鳞、龙爪四趾在前、一趾在后，毛发成束向后，龙整体形象较温和。其他勾头则呈现了与两勾头纹饰或大或小的差异，烧制年代越为接近的勾头，其纹样特点越为相似，反之，烧制年代相距越远，则纹样差异越大。

4. 勾头断代（受篇幅所限，仅就勾头进行分析）

遗址琉璃勾头纹样种类多样，数量上龙纹勾头占 95% 以上，结合颐和园中轴线建筑群以及其他琉璃屋面建筑群勾头为龙纹的情况，可以判定须弥灵境建筑群屋面勾头纹饰为龙纹。数量较少的柿花纹、和平鸽纹、本固枝荣纹等为不同历史时期添配的。

由于大殿考古发现的勾头龙纹有两种，见图 15，而且所有在该遗址发现的或者全

140

园范围内与之纹样相同的勾头的琉璃瓦胎均没有皇帝年号或烧制时间的款识，无法判断哪款为乾隆时期烧制。为此，综合采用三种方法推断勾头年代。

（1）参考乾隆时期烧制的勾头纹样

颐和园多宝塔琉璃塔始建于乾隆十八年[1]，屋面有黄、绿、深蓝、浅蓝、紫色五种琉璃勾头，仅有勾头1和勾头2两种纹样。其中"多宝琉璃塔黄勾头1"为乾隆年间烧制[2]，且不晚于乾隆十八年（图20）。

黄勾头 1　　　　　　　　　　　　　　　　黄勾头 2

图20　多宝琉璃塔勾头纹样

（2）与始建时间接近、外形相似建筑的勾头比较

琉璃阁智慧海始建于乾隆二十九年[3]，推测外形和须弥灵境大殿相似，其上下层屋面以两种纹饰的勾头为主，见图21，另有个别极少量其他纹饰勾头。极少量勾头应为零修保养时添配。这两种主要纹饰的勾头从纹饰、雕刻到龙纹的外在形象，特色对比鲜明，根据多宝琉璃塔勾头1为乾隆时期烧制，依据《颐和园琉璃瓦年代序列链》以及2005年智慧海修缮前的《颐和园建筑科技档案》资料记载智慧海仅于光绪十四年进行过屋面整修，推测"智慧海五样黄琉璃勾头1"烧制时间不晚于乾隆二十九年。

---

[1]　张龙《济运疏名泉，延寿创刹宇——乾隆时期清漪园山水格局分析及建筑布局初探》。

[2]　陈曲《西山文化带中琉璃塔保护性研究初探——以颐和园多宝琉璃塔构件保护性研究为例》。

[3]　同[1]。

五样黄琉璃勾头 1　　　　　　　　　　　　　　　五样黄琉璃勾头 2

图 21　智慧海勾头纹样

（3）四座乾隆始建建筑勾头比较

颐和园内同为乾隆时期始建且幸免于 1860 年英法联军大火的建筑除琉璃阁智慧海、多宝琉璃塔外，还有琉璃牌楼众香界、转轮藏建筑群、云会寺建筑群。通过调查发现，在众香界、转轮藏建筑群、云会寺建筑群均有较多数量的与"大殿考古五样黄琉璃勾头 1"同款纹样的不同样别的勾头，见图 22。

多宝塔	智慧海	众香界
乾隆十八年[1]	乾隆二十九年[2]	乾隆二十九年[3]

须弥灵境	云会寺	转轮藏
乾隆二十三年[4]	乾隆二十四年[5]	乾隆十五年—乾隆二十九年

综合上述分析，与"大殿考古五样黄琉璃勾头 1"纹样相同的勾头较广泛地存在于乾隆始建至今的建筑上，结合多宝塔乾隆勾头及勾头纹饰特点，推断"大殿考古五样黄

[1]　张龙《济运疏名泉，延寿创刹宇——乾隆时期清漪园山水格局分析及建筑布局初探》。
[2]　同[1]。
[3]　同[1]。
[4]　同[1]。
[5]　同[1]。

大殿考古五样黄琉璃勾头 1

云会寺六样琉璃勾头

众香界九样琉璃勾头

转轮藏六样琉璃勾头

图 22　乾隆始建建筑勾头纹样

琉璃勾头 1"为乾隆年间烧制，而且烧制时间不晚于乾隆二十三年。

四　实践应用

1. 石构件

通过现状勘察，结合档案记载以及对颐和园多位已退休老师傅的走访，在确定须弥灵境建筑群遗址石构件为乾隆时期始建遗存的情况下，大殿以考古出土的残存部分石构件为依据，比对东西配楼柱顶石纹饰雕刻，恢复大殿柱顶石，同时参考大殿南侧月台陡板石、踏跺石以及东西配楼各石构件做法，添配大殿各部位石构件。东西配楼遗存石构件在满足承重、传统做法等条件下，主要以修补为主，充分原位使用原有阶条石、角柱石等石构件，修补柱顶石26个，添配22个，角柱石添配4个。同时以柱顶石、阶条石、地栿石等石构件上残留的痕迹为依据，确定垂带等多种构件长宽尺寸，尽最大可能保证所添配石构件复原有据可循（图23、24）。

图23　东配楼修补柱顶石

图24 西配楼添配柱顶石、角柱石

2. 砖构件

对遗址内保存较好的乾隆时期砖基础、砖地面以最小干预为原则，延续利用老砖。东西配楼拆除后檐墙松散、开裂下碱砖，保留最下面满足荷载要求的一至三层墙砖。大

图25　老砖地面与新铺地面

殿磉墩、散水、东西配楼砖地面、墙体等缺失部分按原有大城样、二城样、地趴砖规格，原传统做法、原形制进行添配（图25）。

3. 琉璃瓦件

由于东西围墙墙帽上与"大殿考古五样黄琉璃勾头1"纹样同款的七样黄琉璃勾头占比最大，东西配楼又没有任何勾滴遗存，而且该建筑群未发现其他带有款识能确定烧制年代的勾滴，因此综合同一建筑群始建之初勾滴纹样基本相同的情况，以"大殿考古五样黄琉璃勾头1"的纹样为样本，烧制东西配楼及围墙所用六样、七样勾头。"西牌楼勾头1"与多宝琉璃塔乾隆年间烧制的勾头相同，可确定为乾隆年烧制，也将其作为东西牌楼瓦件烧制的样本。

东西围墙在满足勾滴大小及使用要求的前提下，尽量充分利用旧瓦，同时按照原有墙帽位置、高度进行修复，保持历史信息的延续性。东西配楼由于没有遗存瓦件，全部使用新瓦，对于正吻、垂兽等其他琉璃构件，由于没有完整的可参考的琉璃构件信息，在参考园内同时期琉璃构件纹样的基础上，按传统琉璃烧制工艺及做法进行烧制添配。新烧制的琉璃瓦于瓦胎背面添加"萧氏 公元二零二零年 振兴琉璃瓦厂造"的款识，以记录烧制年代，作为一种档案形式予以留存（图26）。

勾头　　　　　　　　　　　　　　滴水　　　　　　　　　款识

图26　2020年新烧制的琉璃勾滴

结 语

遗址及其建筑构件呈现在人们面前的状态是其最真实的状态，遗址构件是宝贵的历史资源，也是重要的建筑语言，它不仅体现艺术价值，更体现历史价值。对遗址建筑构件分析、研究，了解其历史脉络、发展演变过程，对其断代，发掘其所承载的最真实的历史信息，并在保护实践过程中遵循最小干预的原则，让遗址的历史信息得到最好的保护及传承，并使其成为遗址修复的重要佐证与参考，意义重大。

参考文献

[1] 李全庆、刘建业《中国古建筑琉璃技术》，中国建筑工业出版社，1987 年。

[2] 刘大可《明、清官式琉璃艺术概论》，《古建园林技术》，1995 年。

[3] 周维权《颐和园》，朝华出版社，1995 年。

[4] 北京市地方志编纂委员会《北京志·世界文化遗产卷·颐和园志》，北京出版社，2004 年。

[5] 北京市文物研究所《颐和园须弥灵境遗址考古发掘完工报告》，2010 年。

[6]《名园旧影：颐和园老照片集萃》，文物出版社，2019 年。

[7] 中国第一历史档案馆藏《清漪园大报恩延寿寺等座牌楼粘修销算银两总册》。

[8] 中国第一历史档案藏《清漪园修缮工程奏销黄册》。

[9]《颐和园建筑修缮科技档案》。

[10] 张龙《济运疏名泉，延寿创刹宇——乾隆时期清漪园山水格局分析及建筑布局初探》，2006 年。

浅谈豫园园林布局

王灏波（上海豫园管理处）

一　历史上的豫园布局

上海豫园是始建于明代嘉靖、万历年间（1559）的一座私家园林，距今已有 460 余年历史。园主人潘允端，曾任四川布政史。豫园由明代著名造园家、叠石家张南阳亲自设计并主持建造。肇建之初，豫园占地 70 余亩，在潘允端所撰文的《豫园记》中有记载：堂有乐寿、玉华、会景、爱日；楼有征阳、颐晚、醉月；斋有充四、五可；亭有涵碧、凫佚、挹秀、留影。此外还有鱼乐轩、介阁、玉茵阁、关侯祠、山神祠、大士庵。石有武康石大假山、南山、玉玲珑石。水有"大池"，还有"舟可绕而泛"的流水、状如瀑布的"飞泉"。园中种植的"名花珍木"不计其数。而据《玉华堂兴居记》中的记载，尚有茂豫堂、开豫堂、世春堂、尊训楼、拂拭楼、西楼、清思斋、雪窝等，据统计建筑数量不下于三四十座。在功能性上，厅堂楼宇为面客、议事的场所，祠堂为祭神、祭祖所用。其中部分的建筑有过改名或重建，比如作为豫园主厅的"乐寿堂"在清代乾隆年间重建，并且改名为"三穗堂"。"凫佚亭"先更名为"宛在轩"，后改名为"湖心亭"，现存于豫园围墙外的九曲桥中心位置，其建筑样式也经过了改、扩建，由原来的观景亭逐渐演变成为现今的著名茶楼。明代豫园中原有一条长廊，名为"乐圃廊"，今已不存，后人在原位置处建造了一家点心店，取其谐音，名为"绿波廊"，则沿用至今。至于其他的建筑则很多都没有留存下来，此为甚大之憾事。

二　现存的豫园布局

历史上，豫园几经战火和变迁，遭遇了较为严重的破坏。新中国成立后，从 1956 年起，由陈从周教授指导，豫园的格局有所恢复，并于 1961 年对外开放。1986 年，在陈从周教授的主持下，综合参考并汲取了明清两代造园艺术手法和风格特征，又进行了东部重建工程，使豫园昔时盛景得以逐步恢复。豫园现占地 20 余亩，虽面积减小，但精华尚存。

（一）建筑布局

历经数次修缮后的豫园，在整体布局方面，相较明代建园之初，已有一定的差异。受限于曾经遭受过的严重破坏，部分建筑在清代也有过重建，想要恢复到明代建园初时的样貌几无可能，同时也综合考虑园林修复后，面对公众开放的公用属性。因此作为文物景点面向社会开放后，既保留了江南园林的布局精华，也根据开放实际需要做出了一定的改变。

明代后期的江南地区造园之风盛行，当时的园主人很多都是被贬或者退隐的官吏。在告别了仕途之后，他们便寄情于山水花草，追求清净淡泊、自然惬意的人生哲学和生活情趣，豫园的园主人潘允端也是其中之一。这种隐逸的心态也同样体现在豫园的园林布局之中，呈现出各种曲折、起伏、开合、传承、层叠等空间关系和韵律节奏。

豫园共分成了 6 个景区，每个景区之间用围墙隔开，各有特点，分别是三穗堂景区、万花楼景区、点春堂景区、会景楼景区、玉华堂景区以及内园景区。这些景区除内园以外，多为明代建园之初所建，保留了建园时的布局特点。三穗堂景区布局规整紧凑，万花楼景区幽深静谧，点春堂景区建筑分布错落有致，疏密得当；会景楼景区水景怡人；玉华堂景区主题鲜明，一切建筑围绕"玉玲珑"分布。内园原为城隍庙的庙园，建于清康熙四十八年（1709），占地约 2 亩，后期并入豫园，成了一个"园中园"。清代的造园布局相比于明代，建筑布局更为紧致。部分建筑，例如耸翠亭、船舫建于假山之上，这种向山上借空间的手法使得内园景点虽多却不显得拥挤。在整体的空间上，西南方的静观、古戏台一带较为宽敞，而东北侧别有天一带建筑密度高，通道曲折幽深。

（二）绿化布局

在园林中，花木通常不是孤立的，更多的是种植于堂前、山上、廊旁，作为陪衬与建筑相映成趣，为园林增添生机和美感。豫园的明代黄石大假山上就种植了不少高大的乔木，有女贞、香樟、青枫、银杏等，配合其他低矮灌木，使大假山显得生机盎然，郁郁葱葱，层次分明。复廊南侧种植的芭蕉、石榴等植物，则成为人们在复廊中行走时，视觉动线上的移动观赏物，配合着隔墙上的不同形状窗框，完美地展现了江南造园艺术中的"移步换景"手法。

园林内种植的花木品种也很有讲究。豫园内既种植了季节性较强的植物，例如荷花、梅花、杨柳、杜鹃、海棠，也同样种植了四季常青的植物，比如黄杨、罗汉松；此举既可让人们在园内感受四季的交替，也能够保证在季节转换，花期不继时，园内始终绿意葱葱，有景可赏。

园内遍植的花木不仅具有美感，惹人喜爱，还具有吉祥的寓意或祝福。比如牡丹代表荣华富贵，百合寓意百年好合，石榴寓意多子多福，桂花寓意贵人相助等。另外，报春花、万年青、慈孝竹等也各有讨人喜爱的口彩。

（三）山石布局

在山石的材料选择上，江南园林讲究因地制宜，就近取材，以更好的还原自然界中原本的风貌，达到"虽由人作，宛自天开"的效果。在堆砌的手法上，则根据所处的位置，起到的功能，表现的风格等而区分选择。

豫园中的山石主要有两种，一种是黄石，另一种是太湖石。黄石质地较为坚硬，石面轮廓分明，给人以沉稳、坚毅的感觉。豫园中著名的大假山就是由两千多吨浙江武康黄石堆砌而成，是江南地区现存规模最大的黄石假山。整座山气势宏伟险峻，气势磅礴。

太湖石的石面则线条流畅，石色、石质透空轻巧，有着端庄秀雅之美。豫园中的假山大部分均采用太湖石堆砌而成。万花楼前的假山在高于地坪的狭长用地上，呈横式水平向依壁而立，依墙堆置，与溪流平行，前后排列有序。湖石的形态优美，节奏明快，显得静中有动，呈现出一种灵动舒朗之美。快楼下抱云岩的堆叠取竖势，从水池中挺拔直上。石身洁白，远望似朵朵白云，给人以飘忽轻巧之感，与建于其上的快楼相得益彰。

除了上述的假山群，豫园内还有三峰单立的太湖石，分别名为"玉玲珑""美人腰""积玉峰"，均具"瘦、漏、皱、透"之美，其所在位置各有巧妙，也极具观赏性。

（四）水体布局

传统园林水体有 3 种基本形式，分别是：静水、流水、落水。在豫园中这三种形式都有体现，其中静水是主要的表现形式，如会景楼、玉华堂前的水体，而流水如鱼乐榭，落水如九龙池则相对较少。

豫园各区域内皆有水景，不少建筑都与水有着密切的关系，或面水，或临水，或环水而建。其中较具代表性的是鱼乐榭，从鱼乐榭中观景，溪水狭长，其中段水面上建有隔水花墙，墙上则置有方形花窗和一弯月洞，使溪水前流却看不到尽头，但又能从花窗中若隐若现地发现对面的美景，体现了江南园林造园艺术中的"障景"和"泄景"手法，颇具含蓄之美。

豫园会景楼景区是园内水体面积最大的景区，一池碧水环绕会景楼而建，池水上贴水建了两座石质曲桥，在满足交通所需的同时，以较为含蓄的方式将水体划分成三个面积大小不同的水面，对应不同的建筑体现出静或动两种不同的质感，形成了丰富的视觉层次感。

三　结语

豫园作为上海市内唯一保存至今的江南古典私家园林，每年吸引着无数中外游客和政要名人慕名而来。作为上海市内一处重要的"文化名片"和城市地标，豫园既肩负着保护园内国家文物万无一失的重任，也承担着传承弘扬中国优秀传统文化精髓，为每一位到访"世界会客厅"的中外朋友提供丰富、多元的文化服务的社会功能。希望通过对豫园园林布局的解读，能使大家初步了解、认识豫园，感受江南园林之美，感受中华传统文化之魅。

参考文献

[1] 陈业伟《豫园》，上海文化出版社，2009 年。

[2] 刘玉安、张勇、赵汝芝《中国古典园林中的水景艺术与现代水景设计》，《艺术设计》2012 年第 2 期。

[3] 陈从周《上海的豫园与内园》，《文物参考资料》1957 年第 6 期。

[4] 孙博闻《上海豫园的山水意象和意境浅析》，《美与时代（城市版）》，2015 年。

[5] 吴聪巧《隐逸文化与江南园林》，《魅力中国》2009 年第 3 期。

[6] 王琴《江南园林景观构美布局艺术》，《美术大观》2008 年第 8 期。

[7] 张安奇《明稿本〈玉华堂日记〉中的经济史资料研究》，《明史研究论丛》1991 年第 2 辑。

浅谈文物[1]保管科研工作

张利芳（北京市颐和园管理处文物科）

科学研究是博物馆各项业务工作开展的基础，这已在博物馆学界达成了共识。目前，针对文物保管的科研工作这一内容的探讨较少。部分学者就该问题进行了论述[2]，为我们深入探讨文物保管部门的科研工作奠定了基础，但随着时代的发展及博物馆职能的变化，文物保管科研工作的内容尚需进一步调整。基于此，笔者就当前文物保管的科研工作的现状、研究意义、研究内容、方法等展开讨论，以期引起博物馆等相关部门及从业人员对文物保管的科研工作的重视。

一 文物保管科研工作的现状

宋良璧就 20 世纪 80 年代博物馆文物保管工作的科研现状进行了阐述[3]；刘康指出国内博物馆在文博理论、文物研究方面的不足[4]；白文源注意到当前博物馆学研究中文物研究缺乏的现象，诸多的博物馆学者根本不研究文物，博物馆从业人员常忽略应当进行的研究工作[5]。依据上述学者对不同时期博物馆文物保管科研工作现状的总结，结合目前博物馆该项业务的实际情况，归纳如下：

[1] 本文"文物"指博物馆收集的物品。近年，有学者提出"藏品"不是博物馆学的基本概念，而是收藏史的基本概念的理论（见史吉祥《藏品：一个被误用了的博物馆学概念》，安来顺、潘守永等《"博物馆藏品架起沟通的桥梁"专家笔谈》，《东南文化》2014 年第 3 期），故本文使用"文物"这一概念。
[2] 宋良璧《试论博物馆文物保管的科研工作》，《中国博物馆》1988 年第 1 期；白文源《论藏品研究在博物馆学研究中的重要地位——兼谈中国博物馆学体系的构建问题》，《中国博物馆》2010 年第 1 期；李文琪《对藏品及藏品保管工作的再思考》，《中国博物馆》2013 年第 1 期。
[3] 宋良璧《试论博物馆文物保管的科研工作》，《中国博物馆》1988 年第 1 期。
[4] 刘康《科研——博物馆振兴之本》，《中国博物馆》2002 年第 2 期。
[5] 白文源《论藏品研究在博物馆学研究中的重要地位——兼谈中国博物馆学体系的构建问题》，《中国博物馆》2010 年第 1 期。

1. 文物保管工作人员业务素养参差不齐，相关单位较少开展业务知识的培训，不注重文物保管人员专业技能及科研水平的提升；

2. 文物保管人员多囿于事务性的保管工作，如对文物进行登记、造册、入库保管等，未对其管理的文物资源进行深入、广泛、细致、体系化的研究，科研意识淡薄；

3. 部分文物保管工作人员的科研热情较高，但研究内容较单一，局限于对文物本体表象的认识及保管方法的探讨，尚处于文物基本属性信息[1]的初步研究阶段，"对文物的形成过程及其产生的深层次原因研究不够，对器物的成分、结构、组成以及文物的社会学影响的研究还很薄弱"[2]，对文物所蕴含的社会历史文化内涵的挖掘不够，且研究多是孤立和静止的，脱离了文物产生的历史背景[3]，研究方法也有待改进。

鉴于此，博物馆等相关单位的文物保管部门应重视并加强科学研究工作，这不仅是文物保管部门应承担的主要业务，也是现代博物馆事业发展及博物馆学研究的现实需要。

二　加强文物保管科研工作的意义

文物是博物馆保管部门主要的工作对象。文物研究是博物馆学研究的核心，是博物馆事业、博物馆学发展的重要保证和重要基础[4]。加强文物保管的科研工作，其现实意义主要体现在以下几个方面：

1. 就文物自身而言，加强文物的科学研究，可以让文物真正的"活"起来。实现文物的社会价值与历史使命；

2. 就保管部门而言，加强文物鉴定、分类、编目，管理理念、保护方法与技术、保管环境等方面的研究，可提升从业人员的业务素养与研究水平，改善文物的管理现状，实现文物可持续提供利用的功能；

---

[1]　文物基本属性信息包括总登记号、名称、年代、质地、类别、数量、尺寸、质量、级别、来源、完残状况、保存状态、入馆日期等内容。

[2]　刘康《科研——博物馆振兴之本》，《中国博物馆》2002年第2期。

[3]　文物产生的历史背景，主要指文物出现的地域、来源（旧藏、流传或为考古发掘出土，若是后者，还需考察出土单位的性质，是遗址还是墓葬等内容）、原有功能、与其他文物的组合关系等。

[4]　白文源《论藏品研究在博物馆学研究中的重要地位——兼谈中国博物馆学体系的构建问题》，《中国博物馆》2010年第1期。

3. 就博物馆等相关单位而言，文物研究的成果可转化为高水平的陈列展览和学术专著。一方面，有助于博物馆实现文物信息的科学化、公开化，以人与物直观对话的方式，实现博物馆社会宣传、教育的功能，在不同的维度和领域完成历史与现在、不同文化传统的人群间、不同行业与学科的人们间的沟通[1]；另一方面，有助于培养博物馆现代化建设所需的优秀人才，完善博物馆的建制；

4. 就整个人类社会而言，对文物积淀、蕴藏的文化内涵的研究、挖掘与诠释，可指引我们"从中发现和认识人类社会发展的基本规律和国家或民族历史与文化的特点"[2]，弘扬优秀历史文化，提高民族认同感和凝聚力。

三 文物保管科研工作的内容与方法[3]

宋良璧从六个方面详细论述了文物保管科研工作的内容[4]。李文琪依据博物馆藏品保管部门的工作职能，指出科学研究应包涵对所管理的文物资源的研究和对保管部门工作本身的研究两个层面[5]。综合上述两位学者的研究内容，结合笔者从事文物保管工作过程中的思考，将文物保管科研工作的内容分为三个层面：

1. 文物本体的研究

文物本体的研究，即针对保管文物进行的初步研究和基础研究，主要指对文物基本信息、管理信息的描述及影像信息的采集等。如确定文物名称、年代、质地、类别、尺寸、级别、来源、拍摄文物照片、制作拓片等。更深入一点的，还包括对文物真伪的鉴定、形制、工艺、特点等的研究。

有学者依据入库文物来源、研究内容的不同，提出文物与账、文献（或著录）反复核对证实，现场调查研究、比较研究、比较鉴定、理化检验等方法[6]。此外，随着博物馆收集文物的概念和范围的变化，有学者还提出了文物研究要突破考古学和器物学、主

---

[1] 严建强《博物馆藏品架起沟通的桥梁》，安来顺、潘守永等《"博物馆藏品架起沟通的桥梁"专家笔谈》，《东南文化》2014 年第 3 期。

[2] 郭玉安、孙敬明《博物馆藏品研究的意义、特点和方法》，《中国博物馆》1991 年第 1 期。

[3] 该部分研究内容与研究方法一起介绍，依据研究对象、目的、性质的不同，而采用不同的研究方法。

[4] 宋良璧《试论博物馆文物保管的科研工作》，《中国博物馆》1988 年第 1 期。

[5] 李文琪《对藏品及藏品保管工作的再思考》，《中国博物馆》2013 年第 1 期。

[6] 郭玉安、孙敬明《博物馆藏品研究的意义、特点和方法》，《中国博物馆》1991 年第 1 期。

流和精英意识形态的新视角[1]。

2. 文物社会、历史内涵的研究

该部分内容是针对文物本体所产生历史背景的研究，是对文物的进一步再研究和专题研究，是基础研究之上的升华。这里可借用"背景（CONTEXT）考古学"[2]的研究方法，即考古遗存需在其特定的环境中被解释，意在挖掘每件文物背后的"故事"，实现文物作为社会记忆载体的功能[3]。列举两个例子进行介绍：

以墓葬出土的文物为例，当这一类文物进入博物馆等相关单位，成为博物馆保管、研究的对象时，我们不仅要了解其在博物馆陈列展览环境中的功用，如参与展示某一类文物发展演化的阶段，还要知悉该类文物产生的历史过程，如所出土单位墓葬的年代、所在地域、等级、墓主性别、文物出土位置[4]、伴出文物组合等，对这些内容的研究，可较全面揭示文物本体所隐含的社会历史信息，进一步确定当时社会的埋葬习俗、等级制度、社会分工、出土环境下文物的历史功用、与其他文物的相互联系等。诚然，要想收集更多的关于考古发掘入库文物的信息，除现场考察外，还需考古发掘单位提供较完整的出土资料及相关研究资料，"建立发掘文物定期向博物馆移交的长效机制，促进考古发掘—文物收藏—科学研究—文物展示—服务社会的良性循环"[5]。

以历史建筑内部陈设的文物为例，如家具类的扶手椅、方几、条案等，它们作为某一历史时期人们生产和使用的物品，通过对其年代、材质、纹饰、工艺、种类、存放建筑形制、摆放组合、使用人群等的分析，我们可探究特定历史环境下的社会生活状况和文化面貌，这对于恢复原状陈列意义重大，而原状陈列则是园林类博物馆一项重要的研究内容。

任何一件文物，在制作的过程中，不仅饱含制作者的技能、主观愿望、智慧等，还

---

[1] 蔡琴《博物馆藏品的新视角》，安来顺、潘守永等《"博物馆藏品架起沟通的桥梁"专家笔谈》，《东南文化》2014年第3期。

[2] 李新伟《CONTEXT方法浅谈》，《东南文化》1999年第1期；个别学者称其为"情境考古学"，即"观察考古遗存的出土环境，利用考古遗存间的种种共存关系，发现遗存联系形式的必然性，从而得出遗存性质与功能的认识，并进而重建历史。"见许永杰《中国考古学研究中的情境分析》，《考古与文物》2011年第1期。

[3] 严建强《博物馆藏品架起沟通的桥梁》，安来顺、潘守永等《"博物馆藏品架起沟通的桥梁"专家笔谈》，《东南文化》2014年第3期。

[4] 考古发掘过程中，详细的文物出土位置对文物功能的确定具有指示作用。

[5] 单霁翔《加强博物馆藏品保护的思考》，《文物春秋》2013年第2期。

记录着定做者的要求、情感、当时的社会风俗习惯、人们的思想信仰等。只有深入、透彻地研究文物的产生情境，才能真正做到透物见人、以物论史。

3. 文物保管工作的研究

该部分内容是文物保管日常工作的重要组成部分，是上述两个研究层面的扩展与延伸，包括保管文物的编目、分类、数字化信息管理，保管理念、保存环境与设备、新技术与方法的引进等方面。以下笔者将简要阐述两方面内容：

（1）保管工作标准化的研究[1]

保管工作的标准化，主要针对文物登陆、出入库、展览点交等工作内容。文物保管部门应依据本单位的性质、部门设置等实际情况，参考博物馆文物保管的各项国家、地方、行业标准，研究、制定出一套适合本单位日常工作的管理规范和操作规程，以提升文物保管工作的水平。该项研究，对推进园林类博物馆标准化的确立及向博物馆的转化也具有重要现实指导意义。

（2）新技术与方法的研究

目前，绝大多数博物馆文物保管环境的监测，还主要依靠人工查库时记录的方法。大环境及微环境的预防保护理念和保存环境的实时、动态监测机制尚未建立。因此，文物保管部门还应不断探索、研究文物可持续保存利用的新方法与新技术。秦始皇帝陵博物院引入了先进的科技手段（如物联网技术），实现了对存放密度较大的文物信息的远程、非接触式的获取，实时、便捷地记录各种文物动态的信息及存放环境状况，完善了数字化信息管理系统[2]。这一研究范例值得借鉴。

总　结

上文笔者论述了文物保管科研工作的必要性及研究内容、方法等，鉴于目前文物保管科研工作的现状，未来的工作中还需注意以下两方面内容：

---

[1] 2017 年，笔者参加了国家文物局主办、河南博物院承办的"藏品·陈列·服务"博物馆系列标准培训班。培训内容涉及文物管理方面的规范与标准化要求，如国家文物局颁发的关于藏品管理的规定：《馆藏文物登陆规范》《馆藏文物出入库规范》《馆藏文物展览点交规范》。
[2] 王婷《物联网技术在博物馆藏品管理中的应用分析——以秦始皇帝陵博物院为例》，《文物保护与考古科学》2014 年第 1 期。

1. 博物馆等相关单位应重视文物保管科研人才的培养，不断引进具有不同学科背景的研究人员，建立一支本单位特色的科研团队，致力于文物保管工作的研究，为博物馆各项业务的提升奠定基础。

2. 文物保管工作人员作为文物研究的主体，应主动加强科研意识，利用所分管文物资源的优势，不断寻求新的研究课题，拓展研究领域，深入系统地研究文物本体及其所蕴藏的历史文化信息。同时，积极尝试新的科学技术与研究方法，确保研究内容处于动态的、相互联系的过程中，并通过展览的方式尽快实现科研成果的共享，适应当代博物馆由保管到利用功能的转化。

全国重点文物保护单位文物巡查体系初步构建

——北海公园文物巡查扁平化管理体系建设

祝玮　王嵩　岳明　郭妍（北京市北海公园管理处）

北海公园位于北京城中心地带，作为全国第一批重点文物保护单位，北京市历史名园之一，是现存"世界上建园最早的皇城御苑"。北海现存 239 处文物古建、222 项园内藏品，其中包括白塔、九龙壁、"西天梵境"大慈真如宝殿等珍贵的文物及建筑遗产。面对如此众多的文物遗产，如何对开放空间的古建筑实现有效的巡查，并开展合理的监测是我们文保工作者必须面对的问题。

一　文物巡查体系构建的必要性

近年来，我国文物保护理念的逐步转变，国家政策层面也开始重视文物预防性保护问题，《国家文物事业发展"十三五"规划》要求"由注重抢救性保护向抢救性与预防性保护并重转变"，文物遗产的预防性保护受到重视，因而作为预防性保护最基础、最重要的文物巡查体系的构建工作也逐渐占据重要地位。

北海公园自 2018 年起运行北海公园文物信息管理平台，开始文物古建档案资料信息化的工作，为北海公园文物巡查管理体系的建立奠定了基础。为了更好地保护和合理利用北海公园珍贵的历史文化资源，从 2005 年起经历了琼岛建筑群、阐福寺、静心斋、团城、濠濮间、画舫斋等一系列的文物修缮工程。全园在"十三五"期间的总修缮面积达到了全园建筑总面积的 27%。公园文物保护已经逐渐从抢救性修缮向预防性保护转变。而人工的日常巡查工作正是预防性保护工作的基础。

同时公园也意识到开放空间的合理利用与文物保护之间的平衡问题至关重要，因此注重文物保护事业顶层设计，全面创新文物巡查体系，通过人防、物防、技防的配合，构筑北海公园全方位的科学文物保护体系。

二　北海公园文物巡查体系

（一）文物巡查机构的建立

文物保护工作"功在当代，利在千秋"，北海公园的领导班子充分认识到文物保护工作的重要意义，在2016年专门成立了文物科，负责全园的文物建筑、不可移动文物等的巡查和管理。在文物科成立后就随即开展了对全园文物古建及不可移动文物的登记建账工作，并通过《北海公园文物信息管理平台》将档案资料数字化管理。

全园古建筑主要坐落于团城、琼岛、东岸、北岸等各个院落之中，如果仅靠几个人管理难度很大，所以在2017年文物科坚持片区化管理，按照就近和属地管理的原则，将全园划分成3大片区15个区块37个组（班）进行日常的巡查和管理，强化各部门责任意识（图1）。

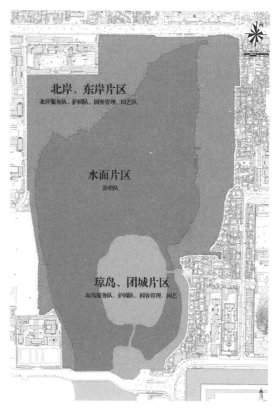

图1　北海公园巡查片区分布示意图

（二）文物巡查制度的建立

依据《中华人民共和国文物保护法》《中华人民共和国文物保护法实施条例》《世界文化遗产保护管理办法》等法律法规，以及《北京市公园管理中心露陈文物管理规定》《北京市公园管理中心文物古建日常管理制度》等规定。北海公园先后下发了《北海公园文物（藏品）巡查管理制度（试行）》《北海公园内涉及文物刻划等不文明行为的巡查管理措施（试行）》。通过制定管理制度进一步明确了文物巡查对象、巡查频次、责任人等，并且将巡查工作纳入年度工作考核内容。通过几年的工作积累，于2020年进一步完善并向各班组下发了《文物巡查记录本》，通过制度手段和表格化管理促进公园文物巡查工作有效推进。

（三）文物巡查体系的构建

北海公园主要通过日常巡查、专项巡查及重点文物监测的三位一体的工作模式对文物古建进行有效的保护和管理。

全国重点文物保护单位的古建文物巡查是一项系统性工作，北海公园的日常巡查以片区化为基础，各相关科队、殿堂及班组按要求进行每日巡查的记录和填写，通过日常巡查解决文物古建的基本问题。同时按季度进行专项巡查，进一步梳理总结季度巡查工作。做到每日有记录，按月交照片，季度做汇总。而重点文物监测则是对重点文物进行"专家会诊"，通过科学化专业化的项目管理模式开展文物监测工作（图2）。

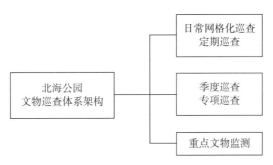

图2　北海公园文物巡查扁平化管理体系架构

1. 日常巡查

全园现有文物巡查员40余人，主要负责日常的文物巡查和情况登记。各文物巡查员可以通过文物巡查工作群，将巡查中发现的问题进行上报，文物科及时通知相关科队进行处置，形成问题的闭环管理。通过手机端文物古建日常巡查管理app、文物信息管理平台，各文物巡查员按月提交文物照片资料，同时可以做到辖区内巡查全覆盖。

通过近几年的经验总结，北海公园于2020年首次提出文物巡查"五率"管理目标，即"文物巡查覆盖率""发现问题上报率""及时处置率""定期维护率""列入修缮计划率"（图3、4）。

其中及时处置是指对于存在风险隐患的问题在短期内直接处置，定期维护是指对于存在雨季建筑长草、柱头掉落等问题以一个月或者一个季度为一个周期进行集中处置，列入修缮计划是指对于适用集中维修的屋面、彩画进行计划后统一处置。将全园文物古建问题按 3 大项，37 小项进行分类统计。我们要求全园的文物巡查工作，做到"文物巡查覆盖率"，"发现问题上报率"均要达到 100%。同时通过不断提高"及时处置率"以及"定期维护率"逐步减少古建的周期性修缮，即通过"小病及时医"避免小修拖成大修，使文物古建保持在相对稳定的状态，以达到对文物古建的预防性保护的目的。

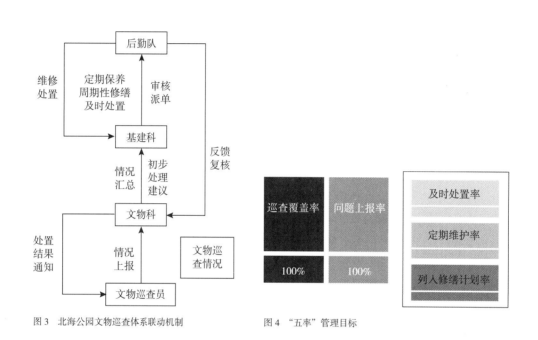

图 3　北海公园文物巡查体系联动机制　　　　图 4　"五率"管理目标

古建文物问题分类统计表

序号	分类	位置	情况
1		所有位置	涂写刻划
2		屋面	落叶、枯枝
3			瓦件松动、瓦垄灰掉落
4		屋檐	勾头、滴水残破，存在掉落伤人风险
5	及时处置	顶棚	天花、望板开裂、脱落，存在安全隐患
6			顶棚漏雨
7			有鸟筑巢或蜂窝，存在安全隐患
8		地面	地面砖、散水砖、条石等缺失，残损，存在磕绊游人风险

续表

序号	分类	位置	情况
9	及时处置		地面、散水等长杂草、杂树
10			排水沟、天沟存有淤泥或杂物堵塞
11		墙体	墙体严重空鼓、歪闪，存在风险隐患
12			墙砖、墙帽等构件残破，存在掉落伤人风险
13		石构件	山石松动或勾缝灰脱落，存在掉落风险
14			阶条、垂带、踏跺等破损、碎裂凹凸不平明显变形，存在磕绊游人风险
15			栏板出现歪闪、断裂，灰缝开裂等，存在掉落风险隐患
16		保护性设施	避雷等设施的铁箍，加固设施位移、脱落、变形
17		油饰彩画	地仗起甲、龟裂、存在脱落风险
18		大木构架	木构或柱根严重歪闪、弯折变形、移位，存在风险隐患
19		木装修	室内外木装修木构件掉落
20	定期处置	屋面	屋面房檐长杂草、杂树
21		屋檐	勾头、滴水脱落、缺失
22		顶棚	吊顶内潮湿、顶棚出现水渍
23		地面	地面砖、散水砖、条石等碎裂、酥碱
24		墙体	墙砖、墙帽等构件缺失
25		石构件	栏板柱头等石构件掉落、缺失
26		油饰彩画	油饰、彩画裂缝、龟裂、空鼓、脱落等
27	修缮备案	屋面	瓦件、脊件等残缺、破损
28		屋檐	椽头、椽望糟朽、残缺、洇水、渗漏
29		地面	大面积破损，地面凹凸不平
30		墙体	墙面抹灰、粉刷出现空鼓、粉化、脱色脱落、霉变等
31		石构件	山石松动或勾缝灰开裂，暂处于稳定状态
32			栏板出现歪闪、断裂，灰缝开裂等，暂处于稳定状态
33			湖岸下沉、湖岸石掉落，暂处于稳定状态
34		保护性设施	防鸟网、保护围栏残缺破损，避雷带变形等
35		油饰彩画	旧有彩画出现裂缝、龟裂、空鼓、脱落等
36		大木构架	木构或柱根糟朽、蛀蚀、水渍，或出现歪闪及变形，暂处于稳定状态
37		木装修	室内外木装修木构件扭闪变形、残缺、破损

2. 季度巡查（专项巡查）

相比较日常巡查、季度巡查和专项巡查更偏向于汇总和定向检查。文物科定期将日常文物情况检查并按季度汇总，编写季度巡查报告。同时也不定期地组织进行"极端天气""涂写刻划"等文物安全专项检查。北海公园古建体量大，对于一些重要景区，实现专项巡查，可以弥补日常巡查的缺陷，对于强风、强雨天气进行应急专项巡查，也可以迅速对文物古建遇到的问题做出反应，将损失降到最低。

3. 重点文物监测

九龙壁、白塔遗产监测项目（2019~2021）是北海公园承担的北京市推进全国文化中心建设重点任务之一，公园坚持"专业人干专业事"的理念，采取强强联手，引入项目制的管理模式，与天津大学建筑学院合作，进行重点监测，加强文物本体预防性保护。每年对监测数据持续跟踪，定期完成年度监测报告。通过大数据的积累和阶段性统计和分析，持续跟踪监测九龙壁倾斜、沉降变化情况。在持续进行跟踪监测的同时，进一步分析九龙壁变形影响因子，进一步丰富内部结构材质探查及釉面蜕变监测评估等监测内容。白塔变形监测主要以水平位移倾斜，各层沉降，山体水土流失情况，塔身裂缝等为主。通过监测数据和资料的收集整理进一步监测白塔目前的安全情况，同时也为今后编制更为科学、详尽的白塔监测预警实施方案，搭建科学的监测预警系统奠定基础。

截至 2021 年 6 月已完成季度监测数据采集 6 次，编写监测报告 6 篇，采集处理数据 40 万条。

（四）文物巡查体系建设的不足与改进

首先，需要建立完备的文物保护单位巡查工作考核机制。目前北海公园虽有初步的工作考核机制，但各项具体指标尚未细化。通过建立文物巡查工作考核机制，设立相应的考核指标，考核内容应当包括巡查记录情况、问题发现情况，以及古建维护修缮的具体完成情况。最终目标是通过机制的建立，掌握全园文物古建的残损情况，为今后的修缮保护打下良好的基础。

其次，需要建立有效的文物巡查信息管理平台。目前公园建立的信息管理平台功能不够简化，一些文物保护系统的专业化功能也不具备，巡查人员日常使用仍然不够简便。下一步可以将文物巡查工作的信息收集、上报信息化，另一方面将古建维护档案信息化，增加古建基本信息精确度，也可以通过信息平台将巡查管理流程、报修审批流程等整合在一起，通过云计算、大数据的应用进一步提高古建维护保养效率。

第三，增加文物巡查人员的培养频次及力度。北海公园现在进行文物巡查的管理人员，大多数没有保护管理文物古建相关的学科背景，只接受过简单的巡查培训。通过文物巡查体系的构建，与专业院校、机构合作，组织论坛、讲座不断提升巡查人员的专业知识，提升他们发现问题、处理问题的水平。另一方面培养专业文物保护人才，使文物保护工作更加科学化、系统化。

结　语

文物巡查是文物保护单位进行文物保护的一项核心工作。本着预防性保护的前瞻性理念，从机构、制度、体系等方面构建文物巡查扁平化管理体系，从而对古建文物达到预防性、研究性、科学性保护，是新时代对文物保护工作者提出的重要要求。北海公园文物巡查体系目前已有较为完善的运转机制，较为完备的管理体系，但仍有需要改进的地方，下一步将针对巡查工作考核机制、信息管理平台、文物保护人才的培养等方面进一步完善，以期实现对全国重点文物保护单位更好的管理和保护。

社稷坛内坛环境优化提升整治研究

盖建中　贾明（北京市中山公园管理处）

一　社稷坛内坛历史沿革

（一）社稷坛时期

明永乐十八年（1420 年）明成祖朱棣按照"左祖右社"的定制，将社稷坛建在午门前方天安门至阙门右门西侧的空地上。这一时期，社稷坛内坛建筑主要为五色土坛、拜殿、戟殿、神厨、神库，主要为祭祀用途。社稷坛内坛墙北设三门，东西南各设一门。中心区域为五色土坛，供奉土神谷神。

清世祖入关以后并未对社稷坛建筑进行大规模的改建。清朝历代皇帝皆以北京社稷坛为供奉、祭祀土神和谷神的场所，形成了清代的社稷制度。《大清会典》记载："社稷之礼崇建社稷坛于端门之右，为坛二成，上敷五色土，如其方色岁。春祈秋报皆以仲月上戊日祭太社太稷之神，以后土句龙氏、后稷氏配。太社位右，太稷位左，均北向。后土句龙氏东位西向，后稷氏西位东向。"社稷坛外坛古柏环绕，内坛无植被遮挡，视野开阔。内坛有皇帝和大臣两条祭祀道路。这一时期的特征是内坛建筑主要为五色土坛、拜殿、戟殿、神厨、神库，主要为祭祀用途。内坛无植被遮挡，视野开阔，氛围庄严肃穆。

（二）民国时期

1914 年，北洋政府内务总长朱启钤将社稷坛开辟为公园，命名中央公园，又称"稷园"。同年 10 月 10 日开放，是北京城内最早开放的公园。当时确定的建设原则为"依坛造景"即在保留原社稷坛及古柏树的总格局下修建公园。1915 年，在内坛新建地球房，增设体育场所。1916 年，戟门改建为图书室；北坛墙处建 7 间办公室；神库改为卫生所。1918 年，坛内北部建设温室 4 排 44 间；坛西北角建温室 25 间。1920 年，东坛门内以北建温室 1 排 8 间。1921 年，在坛内西南角球房处增建球房 8 间。1923 年，载殿西侧建纪念碑 1 座，拜殿门窗改为玻璃扇。1924 年，神库、神厨西侧建北房 4 间。1925 年，坛内建宿舍 3 间，西北角建厕所 4 间，在内坛北侧增建温室 1 排。1926 年，南坛门内东西建瓦房 6 间。1928 年，为纪念孙中山先生，中央公园改称中山公园，拜殿改为中山堂。1931 年坛内东南角建网球场 2 个。以五色土坛为中心，壝墙外东南、南、西各建国花台 26 座；在内坛东北角和西北角开设育花温室区。沿东西、南北两条主要道路两侧列植乔木。在这一阶段，内坛的建设基本远离中心祭坛，沿坛墙建设，内坛保持了其空旷的视野，最大限度地保持了社稷坛以五色土坛、拜殿、载殿为轴线的格局。1937 年，北平被日军占领。公园被接管之后，当局政府无视社稷坛原本的格局，在社稷坛内坛进行了大量的建设活动，破坏了社稷坛原本的格局。包括玻璃温室、中山音乐堂在内的新增建筑打破了内坛原本的格局。内坛轴线对称的格局不复存在，原本开阔的视野被建筑物遮挡。祭祀空间转变为世俗空间，空间氛围由原本的庄严肃穆转变为喧闹嘈杂。

（三）新中国时期

新中国成立后，多次对公园建筑和设施进行整修扩建，并植树栽花，在内坛设置桃园、梅园等景区，公园游览面积大为增加，更利于市民的游赏。

新中国成立初期，对音乐堂和西小院进行改扩建。70 年代，内坛果树大量增加，视觉景观由开阔变为紧密。建设活动以修缮维护为主，沿坛墙和坛角新增的大量管理用房对坛墙形成遮挡，使得坛内格局更为破碎。80 年代，内坛增加大量植被，愉园、蕙芳园也于这段时间建成。这一时期内坛格局发生了较大变化，两座"园中园"的建设将内坛的东北角和西北角分割，内坛历史格局被挤压到轴线两侧，历史氛围和历史格局受到进一步破坏。1991 年至今社稷坛内坛保护进入新的发展时期，逐渐从增量时期进入减量时期。同时加强对内坛土壤改良和肥力补充工作，进行老病植株更替。在中轴线申遗背景下，社稷坛内坛整治工作有序开展，内坛建设实现减量，逐步恢复内坛历史格局和氛围。

二　社稷坛内坛基本现状

（一）建筑

社稷坛呈三层围合布局，社稷坛内坛是内坛墙围合第二层空间。内坛现有建筑类型较多，包括历史保护建筑、游憩建筑、管理建筑、和驻园单位自建建筑。历史保护建筑有拜殿、戟殿、五色土坛、壝墙、棂星门、神厨神库。内坛中由驻园单位使用的建筑有中山音乐堂、北京市第三幼儿园、武警宿舍及食堂、政协西小院等，驻园单位开展的活动与社稷坛氛围不符，影响了社稷坛内坛礼制建筑群肃穆的环境，不利于社稷坛教育和游览活动的开展。东坛门内中山音乐堂体量大，举办活动常有游客和车辆出入，也对内坛环境造成了影响。游憩建筑分布于内坛西北、东北和东部，西北角的蕙芳园建于1988年，是观赏兰花为主的内坛标志性景区，东北角的愉园内有廊、亭、观鱼池等建筑，两处景点东西相对、各具特色。

（二）植物与分布

内坛中乔灌木均有种植，多数长势良好。主要分布于桃园、愉园、蕙芳园、梅园和南坛门内道路两侧。蕙芳园内植有大片竹林，种植和展出兰花，常有花展。

（三）道路交通

内坛道路主要道路保有了明清时期的大致格局，十字交叉，蕙芳园、愉园以及神厨神库处道路曲折交错，在园内形成环线。

（四）其他服务设施

园内有解说与向导两类牌示，介绍景点、引导交通。内坛中已完善无障碍坡道，基本形成闭环式游览通道。

（五）使用者

公园晨间和傍晚游人较多，附近居住和工作的市民晨练晚游，也有幼儿园的幼儿和家长，音乐堂的观众也是主要使用人群之一。

三　社稷坛内坛环境优化提升对策研究

（一）理顺并正确看待内坛历史格局关系的多种解读

在社稷坛内坛的价值识别方面：三个历史时期物质遗存应合理共存，现代的有价值的改变在对三个历史时期物质遗存不产生负面影响的前提下允许存在，但应与历史遗存明确区分。三个历史时期物质遗存之间的价值比较方面：首先应保证明清社稷坛基本格局的清晰，其后历史时期的物质遗存的保留或改造应以保证明清社稷坛基本格局的清晰为前提。

（二）协调多重功能的内坛景观格局多方案比较

1. 申遗背景下最小代价原则

在《三年行动计划》和《腾退整治工作方案》基础上，对各方专家和公园管理方达成一致需要改造的区域进行改动，具体为绿化消隐中山音乐堂、拆除国旗护卫队及武警食堂、改造政协西小院、实施中山公园管理处用房综合整治。此外，根据植物专家建议，将银杏树阵旁的 12 棵雪松以及愉园的 3 棵雪松进行适当调整，该措施不会对对应区域的植物景观效果造成明显影响，也不影响其实际功能。此外不再对各功能要素做改变，只通过完善解说教育系统进行科普展示和场景再现。

2. 历史性与人民性的兼容

通过内坛各功能要素接纳度调查，可以得出各类专家和游客最重视的是社稷坛历史文化功能和游憩功能。该方案将游览功能和社稷坛时期的格局以及空间作为主要优化对象，并使二者尽量协调兼容。具体措施为在方案 1 基础上，全部拆除音乐堂恢复绿化，打通视线廊道；迁移公园管理处并恢复草地，保证东侧坛墙的完整性；东西轴线以南的植物只保留银杏、松柏、地被，绿地整合；蕙芳园竹林移除，开花乔灌木移除；愉园移除水池、假山，简化园路，移除开花乔灌木。

3. 恢复历史格局并叠加时代记忆

将历社稷坛时期的格局作为基底，在此基础上将时代的印记叠加上去。只保留东西轴线上的主园路以及通往神厨神库的园路，后期建筑、构筑物全部移除恢复草地，通过主园路将绿地分成规整的几块，绿地上适当增设汀步供游览。园内植物只保留银杏、松柏、国槐。

在具体操作层面，本着近期应避免采取不可逆的调控方式的原则，将方案 1 最小代价原则，作为近期执行方案。同时，随着未来利益相关方的观点更加明晰之后，再进行决策是否开展实施方案二或者方案三的措施。

（三）完善遗产价值展示和解说教育系统

1. 解说教育系统完善

历史遗迹作为游览对象，不同于日常休闲或观光式旅游，旅客仅通过空间游览、遗迹参观不能够完全领会历史遗迹的文化特征。而通过对游客的调查得知，大量游客对内坛的解说教育体系感到不完善，部分游客不了解社稷坛的文化历史，很多游客只是将其作为一个公园。没有完善的解说系统，普通旅游者对其缺乏真正的了解，难以领略其文化魅力，而作为宝贵的文化遗产，不能对外传达其精神内涵，遗产本身也失去了灵魂，因此完善解说教育体系势在必行。

为使解说教育功能覆盖更全面，采用向导式解说教育和自导式解说教育相结合的方式，并结合数字化景观，使游客能够更好地认识、了解社稷坛内坛，并优化游客的游览体验。考虑到内坛改造时间上的安排以及讲解教育系统完善的迫切性，该项规划在三年行动计划和腾退整治工作方案基础上展开。

2. 标识及景点介绍

五色土坛，五色土坛作为社稷坛最重要的物质载体之一，是古代社稷文化的核心。五色土坛体现了古代君王对社稷的重视，对天地之神的敬畏，以及在农业社会人们对自然条件的依赖。五种不同颜色的土分别对应不同的方位和五行中的不同元素，是中国五行学说和传统宇宙观的折射。今天五色土坛已经不具备古时的功能，而浩大恢宏的祭祀场景更是难易复原，若仅将五色土坛作为物质实体进行参观，文化上的流失是严重的，因此围绕五色土坛展开的解说教育是很有意义和挑战性的。

首先，在文字介绍或语音导览中，不仅要对五色土坛的历史背景和功能进行说明，还要补充五行文化和宇宙观的内容，并解释五种土的来源以及四面不同颜色坛墙的代表意义。其次，可通过数字化手段再现祭祀的场景，表达古代的祭祀路线、流程、仪式、礼乐、不同人物的站位等，用画面代替文字，更具有感召力。最后，应当强化五色土坛的存在感，视觉上无法做出明显改变，可以利用听觉，用音乐、语音解说等方式强化空间氛围，强化五色土坛的核心地位。

中山堂（拜殿），两种功能采用合适的方式并存。中山堂以孙中山先生纪念功能为主，参观中山堂具有一定的教育意义，经常作为学校活动的主题，对此可以配合专业的讲解教育，或培养学生讲解员，既增加趣味性，又达到教育目的。同时，作为明清社稷坛的拜殿，可采用入口牌示系统，多媒体播放以及扫码 VR 体验的方式还原明清拜殿的历史场景。

戟殿（政协办公），两种功能采用合适的方式并存。可适当保留若干特定日期，为政协办公开会提供场所；其余时间为社稷文化展示，采用入口牌示系统，多媒体播放以及扫码 VR 体验的方式还原明清戟殿的历史场景。

在内坛各入口设置导览图，让游客了解内坛景观构成，进而合理规划参观路线。桃园、梅园、愉园增设介绍牌。

3. 社稷坛历史文化教育

运用数字化手段，在五色土坛、南坛门视线廊道区域通过扫码 VR 体验的方式还原历史场景。五色土坛区域适当增设人工讲解或语音讲解，扩大教育覆盖范围，并通过音乐营造气氛。强化宣传社稷展室所提供的展览服务，例如在门票的地图货公园导览图上强调展室的位置。为学生团体、参观团、教育团建等规划经典参观路线。配合文创产品和网络宣传。

参考文献

[1] 郑永华《九坛八庙、左祖右社：北京的坛庙建筑及其文化价值》,《前线》2017 年 第 12 期。

[2] 郗志群《明代北京的皇家坛庙》,《北京观察》2016 年第 5 期。

[3] 杨明进、盖建中、贾明《社稷文化起源与变迁》,《孔庙国子监论丛》2016 年第 00 期。

[4] 吕舟《北京中轴线：世界遗产的价值认知体系》,《北京规划建设》2019 年第 1 期。

[5] 张妙弟《北京中轴线性质的四个定位》,《北京规划建设》2012 年第 2 期。

[6] 吕舟《基于世界遗产价值体系的北京中轴线价值再认识》,《北京规划建设》2012 年第 6 期。

[7] 庄优波、杨锐《北京社稷坛 (中山公园) 价值识别与保护管理研究》,《中国园林》2011 年第 4 期。

[8] 亚白杨《北京社稷坛建筑研究》, 天津大学，2005 年。

[9] 邹怡情、刘娜奇、剧楚凝《北京社稷坛 (中山公园) 整体保护策略研究》,《北京规划建设》2019 年第 1 期。

[10] 成天娥、曹明明、王珺、张欣、白海霞《文化遗产景区解说服务质量对游客的情感和行
为影响研究》,《宁夏社会科学》2018 年第 3 期。

[11] 杨文华《基于原真性视角的文化遗产景区旅游解说系统构建》,《云南民族大学学报 (哲
学社会科学版)》2016 年第 3 期。

[12] 刘莹《文化遗产的数字化阐释与展示——以日本姬路城为例》,《新媒体研究》2020 年
第 9 期。

大数据背景下的博物馆保护与发展

王涛（晋商博物馆）

在大数据背景下，博物馆要一转传统方式，充分运用数据分析挖掘技术，通过建立健全文物资源管控监测系统和馆藏资源大数据系统等措施，做好传统博物馆资源与新型数据资源无缝衔接，形成系统全面、动态更新的数字资产，将新型数据资源技术发挥到极致，从加强博物馆保护、改进参展服务出发，提升博物馆资源统筹、高效管理水平。

一　大数据对博物馆保护与发展的重要性

大数据分析技术因其数据信息的自动化采集、存储能力强、分析精准、运算速率快而广为人知。通过数据信息采集、物联网技术、云计算技术等数据信息手段，加之智能监控技术、无线传感技术，实现数据的分析与深度挖掘。

随着大数据时代的到来，传统博物馆的发展模式必然是要被取代和改变的，数据与博物馆、与展品之间的联系应当是越来越紧密的，也只有通过大数据技术实现三维立体空间测量测绘、数据融合、互联互通，将博物馆置于"大数据"之中，才能为游客服务提供更加精准、全面的数据信息支撑。鉴于此，博物馆能够结合不同用户的不同需要提供更加灵活、多样、针对性强的服务，使博物馆在不断发展的过程中变得越来越高效。同时，博物馆的发展也会越来越便利，用户能够随时随地通过网上博物馆、手机 APP 等线上方式获取需要的资料和信息，随时随地利用自己的碎片化时间参观学习，这样的变化深刻转变了博物馆的传统资源构架形态。

二　大数据时代背景下博物馆保护与发展方式探究

（一）精准推送信息，提高游客参展体验

博物馆作为游客提升自我的"第二课堂"，如何留住游客、如何让其有不一样的参展体验便是博物馆发展所必须要思考的问题。通过运用大数据技术，对展厅内游客的不同点位驻足时间、参观路线及次数等数据信息采集与计算、对比，能直观地分析哪个展厅、哪类展品较受欢迎；通过分析不同年龄结构、不同性别、不同地域的游客以及不同时间段游客的数量来确定不同游客的兴趣点、喜好等；通过采集访客在官方网站、微博、微信公众号等社交平台的浏览量、浏览时间、关注度等相关信息，以分析网络访客的偏好程度。当这些数据积累到一定程度后，大数据系统便可通过深度剖析与运算，在对博物馆现有馆藏文物精细化归类、统计的基础上，针对不同类型的游客精准推送展品、展览信息。如面对线上访客时，如果是新注册的用户，系统可以为其推送大部分人喜欢的展览和展品信息，如果非首次登陆，系统可以"记住"其之前的浏览习惯、浏览记录、浏览偏好等，并以此为基础做好资源信息的准确推送。

（二）多元化服务模式融合发展

大数据时代，传统博物馆资源与新型数据资源深度融合、全面衔接的同时，博物馆需将线下、线上服务深度融合，结合自主服务与人工服务两种方式，实现服务模式的多元化融合发展。线下服务能够有针对性地为游客提供特色的、全方位的实地观展体验，让游客耳目一新；线上服务平台使访客免受时间、地域的限制，随时随地可以"浏览"博物馆、"参观"展厅，了解博物馆最新动态；人工服务则以个性化强、精准、优质的直接体验为基准，为游客提供更精准、更深层次的服务；自主服务则是通过人脸识别、自主信息检索、实时语音导览等为游客提供开放式、自由化的观展环境。博物馆这种变传统"被动服务"为"主动出击"的方式，正是传统博物馆与大数据结合的"产物"，它以传统的原始的数据信息为依托，借助大数据分析、运算技术大力发掘其背后的深层次内涵，为游客提供及时、舒适、高效率的参观服务体验。

（三）精细化监测管理，有效预防突发事件

通过大数据技术手段，可以实时采集包括博物馆内人流量、文物情况，及博物馆与其周围建筑和环境、气候条件等的相关信息，做好重点文物及建筑物实时监测、重点、关键事项重点监测，以有效预防突发事件的发生。对于博物馆展厅、文物、古建筑情况，通过数据信息采集手段，实时收集消防、安防、温度、湿度、压力、电力情况等相关信息，通过数据的分析加工，得出文物和古建筑的实时动态情况。通过对博物馆及其周边的重点区域及关键环节的监测，并实时探测地物变化情况，得出博物馆及其周边的当前状态。通过与往期专项监测图版变化进行数据对比分析，精准掌握变化情况及规律，为核心区保护提供技术支撑的同时，很好地预防突发情况的出现。

三　大数据时代背景下博物馆的发展趋势

博物馆的发展还需要以观众的满意度为依托，所以在日常管理工作中，许多工作的落实都与观众的支持有密不可分的关系，因此，优化博物馆的设施和管理，改变服务策略，这就需要博物馆能够及时、大量地获取到与观众需求和反馈相关的信息数据。

（一）科学合理地规范博物馆的保护与管理

新型的博物馆运营与管理理念是以游客的个性化需求为基准点，以传统的原始数据信息为核心，并加以科学、合理的数据分析技术，如结合展品、展厅的受欢迎程度、网络访客的偏好程度等相关基础信息的积累与分析，建立健全的信息资源分析体系，并以此为依据，对一些游客比较喜欢的展厅及展品进行仔细、认真分析，再结合博物馆的发展规划目标，进一步确定各类展品、展览的排列次序、趋势走向等。同样，在线上观众服务体系中，通过搭建互动和交流版块，将访客的浏览次数、浏览时间、点赞、转发、评论、留言等信息逐步调整、完善，以提高博物馆的服务水平。通过提供远程交互式新型参观模式，访客可以根据自身需求及喜好选择展品、展区进行观看，并通过三维全景博物馆，实现如同实地游览般真实的线上观展体验，这样一来，

不仅拓宽了游客学习知识的渠道，也很好地宣传了博物馆，更为博物馆新型运营管理模式打开通道。

（二）科学决策当前博物馆的发展方向

大数据时代运用产生的高效、客观、准确的大数据分析是排除个人感觉的客观分析结果，这正是当前博物馆发展所必需的。通过发挥大数据信息的优势，加大对各类相关数据的分析力度，如游客的参观喜好、驻足时间、浏览历史等各类数据，以数据的分析结果为依据，制订符合游客实际需求的、个性化的运营方案，这样才能在准确掌握游客的需求和不同年龄、不同时间段游客喜好的变化规律的基础上，及时调整服务方式，转变以游客的需求、喜好为导向的发展理念，全面提升博物馆的服务质量与效率，是当代博物馆建设与发展的关键所在。

（三）建立以数据信息为基础的文物资源管理平台

文物资源管理平台是博物馆基于现有文物资源信息进行线下测量、收集、统计、归类，并上传至大数据云平台，通过大数据技术进行进一步的分析、整合，以其能实现合理规划、管理文物，实现随时随地一键查询文物信息，以做好文物资源的管理。如可以实时监测馆藏文物所处环境的光线、温度、湿度等，并保证在最适宜的范围内，同时，也能随时进行外部环境的优化，这样既为游客提供了舒适、轻松的观展体验，也还能实现文物保护的目标。

大数据促使博物馆向新型、智慧型转变，博物馆的保护与发展水平也有了质的飞跃，通过全方位、实时更新的动态数字资产信息，搭建文物资源管理平台，不仅能够精准规范博物馆的管理，也能为博物馆的发展提供科学指导。

总　结

大数据与博物馆的深度融合，促使博物馆的保护与发展迈上了新台阶。数据资源管理平台、精细化监测管理是博物馆文物资源保护的新视点，同时也为博物馆精准化、个性化、多元化的融合发展提供了关键性的核心技术支撑。最终，促使博物馆在不断发展的过程中变得越来越高效、越来越便利，博物馆提供信息和知识更加灵活、便捷，用户能够随时随地通过智能终端线上博物馆、360°云游及博物馆提供的平台获取需要的资料和信息，这样也转变了传统博物馆的资源构架服务形态。只有这样，博物馆的保护与发展才更有现实意义，也能创造更大价值。

参考文献

[1] 黄照飞《谈文物保护与修复技术的新理念》,《魅力中国》2017年第51期。

[2] 刘飞达《浅析文物保护中数字图像修复技术的应用》,《中国民族博览》2018年第4期。

[3] 牛明《试析博物馆文物保护与管理趋势》,《中国管理信息化》2014年第13期。

[4] 杨姣《浅析基层博物馆精品文物的数字化保护与管理——以高台县博物馆为例》,《文物鉴定与鉴赏》2019年第4期。

[5] 闫宇骋《博物馆文物管理中的文物保护措施分析》,《艺术品鉴》第32期。

养心殿区苫背类型初探

王丛（故宫博物院古建部）

清代官式建筑中的苫背层位于建筑木基层的望板之上，宽瓦层以下，也常见于天沟等位置，主要起到防水保护木基层的作用，也有一定保温作用。苫背层多不露明，位于隐蔽位置，因此非揭露探查不得知其具体材料做法。

故宫内建筑苫背层的做法受建筑等级、时代、历次维修的影响，做法多样。养心殿研究性保护项目勘察阶段，根据单体建筑残损的具体情况，曾相应揭露勘察了多个建筑局部的苫背层，因而有机会了解相应位置的苫背做法。

为尽量减少对文物建筑的扰动，此次苫背层探查仅在下面三种情况下，对相应位置进行揭露探查：

第一，建筑局部出现漏雨的部位；

第二，建筑未出现漏雨，但望板局部有糟朽，维修时需要更换望板，重做苫背层的部位；

第三，已经确定大木结构需要维修，施工时需移除该位置瓦顶负荷的部位。

除上述三种情况外，不对其他位置进行揭露勘察。

根据上述揭露原则，在养心门内建筑瓦顶共揭露了17个位置，如图1所示。

本文涉及养心殿区10座建筑，分别为养心殿正殿、养心殿抱厦、梅坞、后殿及工字廊、东配殿、西配殿、体顺堂、燕喜堂、东围房、西围房10座建筑，不包括养心门外的三座值房。

一　揭露位置概况

（一）正殿（位置1~5）

正殿的瓦顶揭露探查为位置1至位置5，在揭露位置1和位置2时发现苫背层保存完好，其余的位置3至位置5在揭露至苫背层时，发现苫背层也同样保存完好，因此决

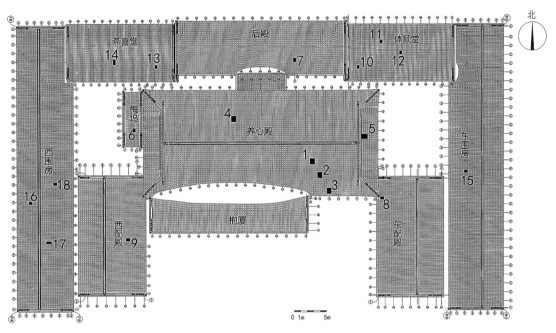

图1　养心殿区苫背层揭露位置示意图

定位置 3 至位置 5 只揭露至苫背层，不继续深入揭露。如图 3~7 所示。

　　探查结果为，望板以上由下至上为：素白灰（位置 1 厚 55 毫米，位置 2 厚 25 毫米）；青灰背，厚 50 毫米；素白灰背（位置 1 厚 100 毫米，位置 2 厚 50 毫米）；素白灰宽瓦泥（局部宽瓦泥为焦渣和杂土泥）。具体瓦面分层构造如下图 2 所示：

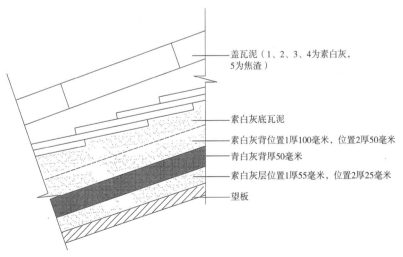

图2　养心殿正殿苫背层做法示意图

图 3　位置 1　　　　　图 4　位置 2　　　　　图 5　位置 3

图 6　位置 4　　　　　图 7　位置 5

（二）梅坞（位置 6）

梅坞前檐金檩中段位置出现糟朽和漏雨情况，更换维修金檩时需移除原有苫背层，对梅坞前檐苫背层进行揭露勘查。因漏雨位置位于梅坞与正殿交接的耳朵眼位置，因空间狭小无法在瓦面对应位置揭露勘查，选择在前坡位置 6 处揭露勘查。

经勘查，该位置望板上有白色物质，应为油灰护板灰；其上有灰背 2 层，总厚度30 毫米，上层为月白麻刀灰，下层为红麻刀灰；掺灰泥宪瓦。如图 8、9 所示。

（三）后殿（位置 7）

由于后殿与工字廊交接窝角沟位置出现椽飞、望板糟朽情况，对后殿位置 7 处苫背

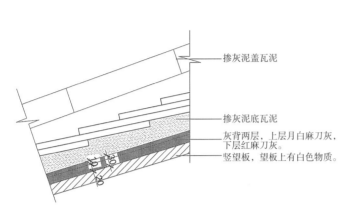

图 8 梅坞（位置 6）苫背层做法示意图　　　　　　　　　图 9 位置 6

层揭露勘查，发现该处望板糟朽严重，因此未见望板上防腐措施；灰背 3 层，总厚度 95 毫米，最上层为青灰背，其余为月白灰背；灰背之上为垫囊瓦 1 层，厚度 40 毫米；素白灰宽瓦。如图 10、11 所示。

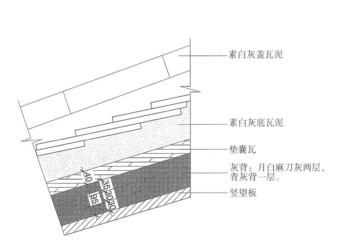

图 10 后殿（位置 7）苫背层做法示意图　　　　　　　　　图 11 位置 7

（四）东配殿（位置 8）

由于东配殿北稍间前檐廊内望板下表面局部有糟朽情况，因此对东配殿前坡位置 8 处揭露勘查。经勘查，发现该处望板上无明显防腐处理痕迹；无护板灰；焦渣背 1 层，厚 110 毫米；焦渣宽瓦泥宽瓦，局部为杂土泥。如图 12、13 所示。

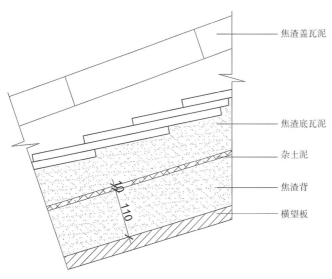

图 12　东配殿（位置 8）苫背层做法示意图　　　　　　　图 13　位置 8

（五）西配殿（位置 9）

西配殿前檐明间两擎檐柱柱根糟朽严重需要墩接，维修时需卸除其上方屋面荷载，因此对西配殿前坡位置 9 处苫背层做法揭露勘查。经勘查，该位置望板上刷黑油；望板上无护板灰；掺灰泥背 2 层，总厚度 90 毫米，掺灰泥中含有少量细小焦渣；青灰背 1 层，厚 25 毫米，灰背内含少量细小焦渣；掺灰泥宽瓦，宽瓦泥中也含细小焦渣。

此处泥背为掺灰泥做法，但仔细观察可发现掺灰泥中含有少量细小焦渣，应是掺灰泥中使用的不是纯黄土，而是"落房土"。"落房土"即建筑上原有苫背层使用的材料，在重做苫背层时过筛后再次使用的灰土。因此，推测西配殿现有苫背层的上一次苫背层做法很有可能是焦渣背做法。如图 14、15 所示。

（六）体顺堂（位置 10、位置 11、位置 12）

由于体顺堂西稍间至西次间西段前檐廊内望板糟朽严重，因此对其前坡位置 10 揭露勘查。该位置望板上刷黑油；月白麻刀护板灰 1 层，厚 20 毫米；焦渣背 1 层，厚 65 毫米；焦渣宽瓦泥。如图 16、17 所示。

由于体顺堂前、后坡局部瓦口、连檐有轻微外闪，因此对位置 11、位置 12 揭露勘查。

位置 11 处望板上有白色物质，经检测该白色物质为石灰与桐油等物质的混合物，

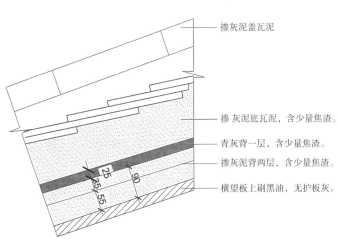

掺灰泥盖瓦泥

掺灰泥底瓦泥，含少量焦渣。

青灰背一层，含少量焦渣。

掺灰泥背两层，含少量焦渣。

横望板上刷黑油，无护板灰。

图14　西配殿（位置9）苫背层做法示意图

图15　位置9

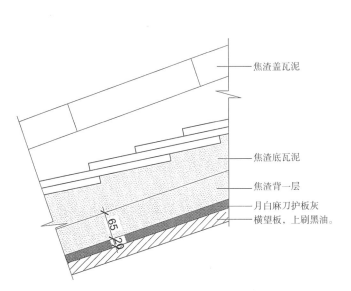

焦渣盖瓦泥

焦渣底瓦泥

焦渣背一层

月白麻刀护板灰

横望板，上刷黑油。

图16　体顺堂（位置10）苫背层做法示意图

图17　位置10

其中无机成分为 $CaCO_3$、SiO_2 和少量未知物[1]，判断其为油灰护板灰。望板与下层麻刀泥背之间发现少量碎纸片。麻刀泥背2层（下层麻刀泥的下表面也有该种白色物质，应

[1]　引自钱荣《故宫养心殿琉璃瓦顶科技保护项目研究结题报告初稿（灰背部分）》，2020年。

是与望板上表面白色物质连接部分），2 层之间满铺三麻布，总厚度 45 毫米。三麻布是一种经纬线比较稀疏的麻布。泥背之上为灰背 2 层，总厚度 30 毫米，下层为月白麻刀灰背，上层为青灰背，2 层灰背之间中间满铺三麻布。灰背之上素白灰窕瓦。如图 18~21 所示。

　　体顺堂前坡位置 12 处揭露勘查，发现该处望板上有白色物质，为油灰护板灰；望板上有麻刀泥背 2 层，2 层麻刀泥之间铺三麻布，总厚度 60 毫米；灰背 3 至 4 层，其中月白麻刀灰 2 层，局部 3 层，月白麻刀灰之上为青灰背 1 层，总厚度 30 毫米，最下 2 层月白麻刀灰之间铺三麻布；素白灰窕瓦。如图 22、图 23 所示。

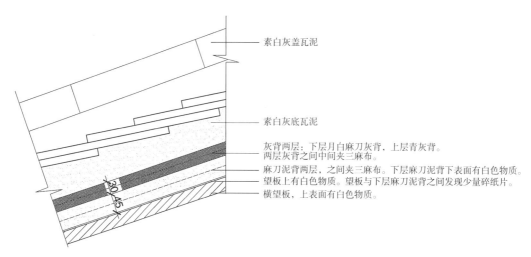

图 18　体顺堂（位置 11）苫背层做法示意图

图 19　位置 11　　　　　　　图 20　体顺堂望板上　图 21　体顺堂后坡 2 层灰背之间三麻布
　　　　　　　　　　　　　　　　　　纸片

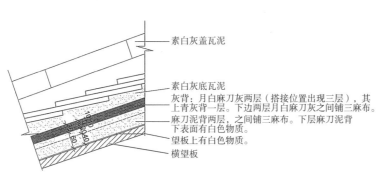 

素白灰盖瓦泥

素白灰底瓦泥
灰背：月白麻刀灰两层（搭接位置出现三层），其
上青灰背一层。下边两层月白麻刀灰之间铺三麻布。
麻刀泥背两层，之间铺三麻布。下层麻刀泥背
下表面有白色物质。
望板上有白色物质。
横望板

图 22　体顺堂（位置 12）苫背层做法示意图

图 23　位置 12

（七）燕喜堂（位置 13、位置 14）

燕喜堂前坡位置 13、位置 14 处揭露勘查，发现两个位置做法相同，为望板上苫月白护板灰 1 层，厚 10 毫米；焦渣背 1 层，厚 40 毫米；青灰背 1 层，厚 10 毫米；青灰背之上有垫囊瓦，厚 22 毫米；垫囊瓦之上焦渣宽瓦泥宽瓦。如图 24~26 所示。

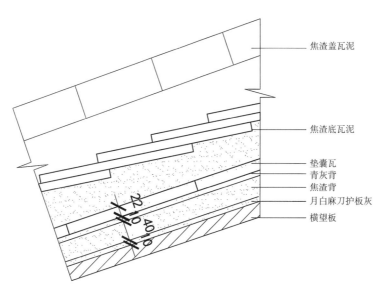

焦渣盖瓦泥

焦渣底瓦泥

垫囊瓦
青灰背
焦渣背
月白麻刀护板灰
横望板

图 24　燕喜堂（位置 13、位置 14）苫背层做法示意图

（八）东围房（位置 15）

由于东围房正脊位置多处漏雨，扶脊木普遍糟朽，脊根处望板多处糟朽，因此对该

图 25　位置 13　　　　　　　　　　　　　　　　图 26　位置 14

建筑前坡位置 15 处揭露勘查。该位置望板上有白色物质；碎瓦片 1 层，厚度 25 毫米；麻刀泥背 2 层，之间铺三麻布，总厚度 20 毫米；灰背 2 层，月白麻刀灰 1 层，月白麻刀灰之上为青灰背 1 层，总厚度 30 毫米；碎瓦片 1 层，厚度 80 毫米；焦渣宽瓦泥。如图 27、图 28 所示。

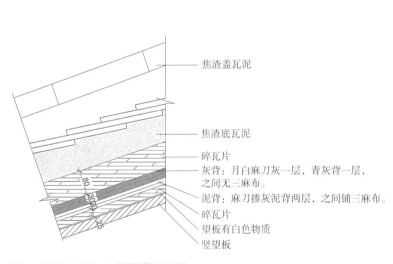

焦渣盖瓦泥

焦渣底瓦泥

碎瓦片
灰背：月白麻刀灰一层，青灰背一层，之间无三麻布。
泥背：麻刀掺灰泥背两层，之间铺三麻布。
碎瓦片
望板有白色物质
竖望板

图 27　东围房（位置 15）苫背层做法示意图

图 28　位置 15

（九）西围房（位置 16、位置 17、位置 18）

由于西围房南 6 间后檐有两处漏雨点，局部瓦面凹陷，前檐多根擎檐柱需要墩接。

因此对该建筑位置 16、位置 17、位置 18 处揭露勘查。

经勘查，位置 16 处望板糟朽严重；麻刀泥背 1 层，厚 70 毫米；青灰背 1 层，厚 30 毫米；掺灰泥宽瓦。如图 29、30 所示。

位置 17 处望板上刷黑油；月白麻刀护板灰 1 层，厚 10 毫米；垫囊瓦 1 层厚 100 毫米；焦渣背 1 层厚 80 毫米；焦渣宽瓦泥。如图 31、32 所示。

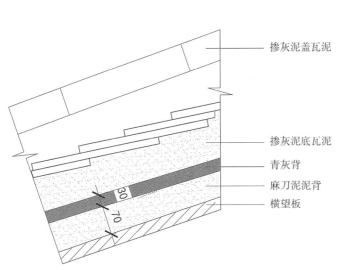

掺灰泥盖瓦泥

掺灰泥底瓦泥

青灰背

麻刀泥泥背

横望板

图 29　西围房（位置 16）苫背层做法示意图

图 30　位置 16

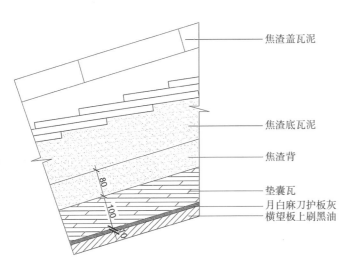

焦渣盖瓦泥

焦渣底瓦泥

焦渣背

垫囊瓦

月白麻刀护板灰

横望板上刷黑油

图 31　西围房（位置 17）苫背层做法示意图

图 32　位置 17

位置18处望板上刷黑油；月白麻刀护板灰1层，厚10毫米；掺灰泥背1层，厚70毫米；青灰背1层，厚35毫米；掺灰泥宽瓦。如图33、34所示。

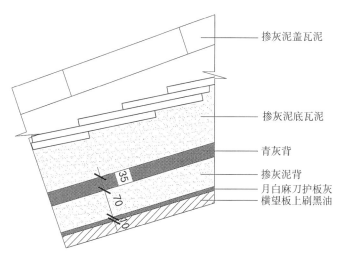

掺灰泥盖瓦泥

掺灰泥底瓦泥

青灰背

掺灰泥背
月白麻刀护板灰
横望板上刷黑油

图33　西围房（位置18）苫背层做法示意图

图34　位置18

二　苫背层的时代判断

就上述养心殿区勘查阶段所发现的苫背类型来看，该区域内建筑苫背层按材料、做法不同可分为六种：

第一种，素白灰背做法。做法为望板上素白灰1层、青灰背1层、局部素白灰背找平，如养心殿正殿的位置1、位置2。

养心殿正殿正脊正中的龙口位置内放置有彩绘宝匣一个，宝匣内发现的经卷、金钱、金银铜铁锡五种元宝、五色宝石、五色缎、五色丝线、五香、五药和五谷。宝匣形状为扁方形，其上彩绘清晰，标注年款显示"嘉庆六年七月二廿"字样，说明养心殿瓦顶上一次涉及正脊维修的瓦顶修缮工程为嘉庆六年。除此之外，勘察过程中发现养心殿有部分瓦件标注有"嘉庆五年"款识，如图35。以上均说明，养心殿正殿的素白灰背做法为嘉庆六年的苫背层遗存。

第二种，油灰护板灰—麻刀泥背—灰背做法。出现两种情况，第一种，望板上抹油灰护板灰；麻刀泥背2层，2层之间铺三麻布；月白麻刀灰背1~3层，青灰背1层，最

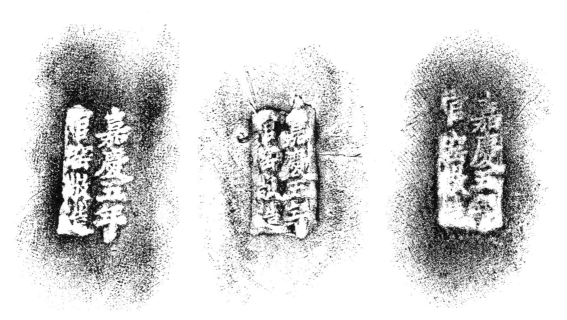

图35　部分瓦件有"嘉庆五年"款识拓片（由左至右：正殿前坡筒瓦、梅坞前坡筒瓦、东围房前坡筒瓦）

下面 2 层月白麻刀和之间铺三麻布，如体顺堂位置 11、位置 12。第二种，望板上抹油灰护板灰；碎瓦片垫囊 1 层；麻刀泥背 2 层，2 层之间铺三麻布；月白麻刀灰背 1 层，青灰背 1 层，如东围房位置 15。

　　1818 年，即嘉庆二十三年，八月初十日丙子，中一路工程处为养心殿后殿续添高丽纸张等项事中记载："钦派承修中一路工程处为咨行事，恭查养心殿后殿东西顺山房头停椽望上原估糊高丽纸条二层，满糊高丽纸一层，今拟满糊加添一层。东西围房二座，头停望板上原估未入，今拟糊高丽纸条二层，满糊高丽纸二层，共应续添头号高丽纸一千二百九十张。"[1]

　　养心殿后殿东西顺山房即为养心殿后殿东、西耳房，也就是体顺堂和燕喜堂。从该条档案可知体顺堂、燕喜堂、东西围房屋面糊高丽纸。因高丽纸韧性强、拉力大多用作为古建室内裱糊的底纸使用。在头停与椽望上糊高丽纸条、满糊高丽纸主要是为起到屋面防潮，保护望板的作用。这是宫廷苫背层做法中的一种特殊手法：油衫纸做法[2]。在体顺堂揭露位置 11 的望板上，发现的少量碎纸片，应为嘉庆二十三年糊高丽纸的遗存

---

[1]　《内务府来文建筑工程》第 2053 包，长编 69863。引自：《养心殿研究保护项目》档案资料汇编。
[2]　刘大可《中国古建筑瓦石营法》，中国建筑工业出版社，2015 年。

纸张，这种油衫纸做法应为嘉庆时期的苫背做法。

我们曾经做过模拟实验，在望板上抹油灰护板后贴高丽纸条，观察发现这么做十分不耐久，而满糊高丽纸又与体顺堂现状不符，因此可判断：油灰护板灰—麻刀泥背—灰背做法晚于油衫纸做法，时代应为晚于嘉庆时期。由于档案不足，也未见与其相同做法的其他建筑，目前尚不能确定具体时代。

第三种，麻刀泥背—灰背做法。望板上麻刀泥背1层、青灰背1层，如西围房的位置16。

由于西围房位置16处的望板糟朽严重，未发现望板上是否有白色的油灰护板，但该位置的麻刀泥背与"油灰护板灰—麻刀泥背—灰背做法"中的麻刀泥麻刀的比例非常相似，均含麻刀量很大，推测麻刀泥背做法与"油灰护板灰—麻刀泥背—灰背做法"为同一时代或稍晚时代的苫背做法。

第四种，灰背做法。出现两种情况，其一，望板上抹油灰护板灰、红麻刀灰背1层、青灰背1层，如梅坞的位置6；其二，望板上月白麻刀灰背2层、青灰背1层，如后殿的位置7。

图 36　延庆殿苫背层

这种望板上有数层麻刀灰背，最上面为青灰背1层的做法，通过现有档案无法判断其时代。但在2017年故宫延庆殿修缮工程中，发现延庆殿的苫背层也是该种做法，具体为望板上月白麻刀灰背3层、青灰背1层，如图36所示。延庆殿为乾隆时期建筑[1]，同治二年档案记载"延庆殿三间满渗漏"[2]，之后未见延庆殿大面积渗漏的档案记录，因此推测该种苫背做法为清晚期维修瓦顶时采用的苫背做法。

第五种，焦渣背做法。分为三种情况，其一，望板上焦渣背1层，如东配殿的位置8；其二，望板上刷黑油、月白麻刀护板灰1层、（垫囊瓦）焦渣背1层，如体顺堂的位置10、西围房的位置17；其三，望板上月白麻刀护板灰1层、焦渣背1层、青灰背1层，如燕喜堂的位置13、位置14。

1953年养心殿修缮工程做法说明中记录养心殿区瓦顶曾进行了修缮，在其预算材料表中出现"焦渣"材料用于瓦顶修缮工程[3]。焦渣背作法始于山西民间，多用于平台房。故宫在修缮资金匮乏的年代，曾经在古建筑瓦顶修缮中较大面积使用了焦渣背。当时经济条件下，这种做法是对修缮新材料和新工艺的探索和尝试，为20世纪50年代的苫背材料的一种"革新"。虽然焦渣背存在一定弊端，比如普遍认为新做苫背层与旧焦渣背不好衔接，不利于日后瓦顶局部苫背层维修，但它仍是特定时代苫背修缮材料和方法的例证。

第六种，掺灰泥背—灰背做法。掺灰泥与麻刀泥的区别是，掺灰泥中含有极少量麻刀或不含麻刀，而麻刀泥中含有较大比例的麻刀。本种做法分为三种情况，其一，望板上刷黑油、掺灰泥背2层（掺灰泥中含有少量细小焦渣）、青灰背1层（青灰背中含有少量细小焦渣），如西配殿的位置9。其二，望板上刷黑油、月白麻刀护板灰、掺灰泥背1层、青灰背1层，如西围房位置18。

1980年养心殿修缮工程，西配殿、西围房等处曾经进行了揭瓦[4]。上述两处揭露位置应为1980年修缮瓦顶时的苫背层遗存。

此外，由于西配殿的掺灰泥中含有少量细小的焦渣，应是该次维修中使用了"落房

［1］ 杨柳《故宫延庆殿建筑形制研究及修缮》，清华大学，2014年。

［2］ 中国第一历史档案馆《销档699-107.奏为踏勘寿安宫等处岁修工程折.同治二年八月二十二日》。

［3］ 1953年养心殿修缮工程说明概算及图纸。引自故宫博物院古建部资料组《养心殿研究保护项目档案资料汇编》，2016年。

［4］ 引自故宫博物院古建部资料组《养心殿研究保护项目档案资料汇编》，2016年。

土"。"落房土"即房屋上原有苫背层材料，在重做苫背层时过筛后再次使用的灰土，这正说明掺灰泥背—灰背做法的时代是晚于焦渣背做法的。

养心殿区苫背层类型丰富，各时代做法相互交叠、脉络较为明显，这是由于历次维修中采用了当时适用的苫背做法，也说明以往历次修缮中常采用局部揭露重做苫背层的做法。正是如此，才使得多种苫背做法同时出现在同一建筑上，如体顺堂和西围房都出现了两种或两种以上的苫背做法。根据目前的勘察结果，没有出现不同苫背层交接位置漏雨的情况，证明这些不同苫背做法是能够做到妥当衔接，可以满足建筑苫背防水功能的需求。也正是由于苫背层局部修补的做法，才使得不同时期的不同类型的苫背做法得以保留下来，为我们留下了丰富的苫背层实例。这些，为我们今后维修保护中如何更好地制定维修方案提供了一定思考和借鉴。

参考文献

[1] 刘大可《中国古建筑瓦石营法》，中国建筑工业出版社，2015 年。

[2] 故宫博物院古建部资料组《养心殿研究保护项目档案资料汇编》，2016 年。

[3] 中国第一历史档案馆《奏销档》。

[4] 杨柳《故宫延庆殿建筑形制研究及修缮》，清华大学，2014 年。

[5] 钱荣《故宫养心殿琉璃瓦顶科技保护项目研究结题报告初稿 (苫背部分)》，中国科学院上海硅酸盐研究所，2020 年。

预防性保护理念下的广州中山纪念堂
动态变形监测实践与经验

饶森森（广州市中山纪念堂管理中心）

一 引言

文物建筑具有宝贵的历史文化、艺术和科学研究价值，是人类文明的结晶。近年来，"防患于未然"、"灾前预防优于灾后修复"的预防性保护思想逐渐被文物保护领域所接受[1]。作为预防性保护重要手段之一的动态变形监测也越来越多的运用于文物建筑的保护当中，成为当今文物保护领域重点关注的问题。

广州中山纪念堂于 1931 年建成，是广州市著名的地标建筑之一，同时也是全国重点文物保护单位、广东省和广州市爱国主义教育基地、党员教育基地、海峡两岸交流基地之一。园区总占地面积 6.1 万平方米，主体建筑占地面积 1.2 万平方米，总高 52 米，是当时亚洲最大的会堂式建筑和目前全球最大的孙中山纪念堂。建筑师吕彦直以中西合璧的建筑形式，巧妙地使用了近现代先进的钢结构、钢筋混凝土框架结构和钢筋混凝土剪力墙结构，达到了能容纳 5000 人聚会的大空间礼堂的设计要求（图 1）。

图 1　广州中山纪念堂现状

[1]　吴美萍《预防性保护理念下建筑遗产监测问题的探讨》,《古建园林技术》2012 年第 2 期。

广州中山纪念堂建成至今已有 90 年历史，同时由于位于市中心，周边城市主干道、已运营及在建的地铁线路环绕，面临复杂的外部影响因素。本文通过分析广州中山纪念堂面临的各种外部风险因素，利用预防性保护思想，探讨开展中山纪念堂动态变形监测的必要性及具体方案，为相关文物建筑的监测提供参考。

二　广州中山纪念堂进行预防性动态变形监测的必要性

通过对广州中山纪念堂面临的外部安全风险因素进行分析，可知这些风险因素对建筑的影响较大。为保障建筑安全，进行中山纪念堂预防性动态变形监测是必要的。

（一）广州中山纪念堂面临的外部安全风险因素及其造成的影响

1. 地铁运营及施工

在中山纪念堂主体建筑西侧 100 米，有广州地铁 2 号线穿过。南门外的东风路，则有广州地铁 13 号线二期准备进行施工，距离南门楼仅 15 米（图 2）。地铁施工过程中容易引起地面沉降等变形，运营过程中产生振动，会对邻近的建（构）筑物等正常使用和安全造成不同程度的影响[1]。因此，中山纪念堂各文物建筑除了需要面对原有地铁线运行的振动的影响外，还将受到地铁新线施工的影响。

图 2　中山纪念堂南门楼紧邻地铁施工的东风路

2. 地下水位下降及建筑老化

纪念堂建成距今已 90 年，基础采用松木桩进行施工，依靠地下水浸润松木桩，确保松木桩不腐烂、不被虫蛀。而地铁施工及周边建筑的施工，可能会造成地下水位下降，从而导致松木桩失去地下水浸润，出现损坏，进而影响基础承载

---

［1］　雷永生《西安地铁二号线下穿城墙及钟楼保护措施研究》，《岩土力学》2010 第 1 期。

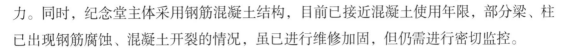

力。同时，纪念堂主体采用钢筋混凝土结构，目前已接近混凝土使用年限，部分梁、柱已出现钢筋腐蚀、混凝土开裂的情况，虽已进行维修加固，但仍需进行密切监控。

3.纪念堂主体建筑演出及相关活动造成的影响

中山纪念堂是广州重要的演出、会议场所，每年都有大量的文艺演出在纪念堂举办。演出期间的声音振动及装台荷载，将会对文物建筑造成一定影响。由于纪念堂建成于90年前，当时的荷载设计不能达到现行的规范要求，虽然后期对舞台区域的结构进行过加固，但演出期间舞台区域的装台布景荷载，以及作用在舞台吊杆上的恒荷载及活荷载，都将对纪念堂主体建筑造成影响，需要密切监控。

（二）预防性动态变形监测的必要性

经对中山纪念堂面临的外部安全风险因素进行梳理和分析，可见中山纪念堂文物建筑面临的外部风险因素较多，且是持续性的。而中山纪念堂目前的文物保护措施还停留在人工定期巡查及每年定期开展的沉降监测层面，具有滞后性，并未达到预防性保护及动态监测的要求。开展动态变形监测，通过对监测数据的分析，可以掌握建筑结构的安全性情况，评估所受外部风险因素的影响程度，从而为日常管理及后续的结构加固等提供科学依据。因此，对中山纪念堂进行以动态变形监测为基本内容的长期跟踪监测，是实施文物建筑预防性保护的基本要求和体现。

三　预防性动态变形监测系统在广州中山纪念堂的运用

（一）监测目的

按照《建筑变形测量规程》中的规定：建筑变形测量应能确切反映建筑物、构筑物及其场地的实际变形程度或变形趋势，并以此作为确定作业方法和检验成果质量的基本要求[1]。通过对中山纪念堂面临的外部安全风险因素的分析，中山纪念堂动态变形监测的目的，一是实时监测周边环境对文物建筑的影响，监测结构的变形、振动和内力变化等，系统掌握文物建筑结构各单元的安全状况和变化规律；二是建立文物风险识别和预警预报系统，及时提出措施和建议，为文物预防性评估和修缮提供科学的依据。

---

[1]　中华人民共和国住房和城乡建设部《JGJ8-2016建筑变形测量规范》，中国建筑工业出版社，2007年。

（二）监测对象的选取

在对中山纪念堂各种破坏发生的概率、危害程度进行分析评估后，筛选出目前最需要预防的风险因素是地铁运行、施工时产生的影响及主体建筑演出、集会活动时产生的额外荷载及振动。为准确选定监测对象，在进行监测前，首先对中山纪念堂各文物建筑进行了全面的安全性鉴定及评估，最终确定靠近地铁施工的南门楼及主体建筑内舞台区域作为中山纪念堂动态变形监测第一期的建设内容。

（三）中山纪念堂动态变形监测的实施情况

1.动态变形监测的内容及监测指标

根据前期分析评估及现状勘察，确定了中山纪念堂动态变形监测第一期的内容和监测指标（表1）。主要包括两方面内容，一是结构整体性能监测，监测内容包括框架结构梁柱结构变形、整体倾斜，目的在于监控中山纪念堂主体建筑舞台区域及南门楼整体结构状况；二是结构病害监测，主要是主体建筑舞台区域裂缝监测，目的在于通过监测，掌握裂缝的发展状况和病害原因。

表1　中山纪念堂动态变形监测内容及监测指标

监测内容	监测指标	监测周期
主体建筑舞台区域混凝土梁结构变形	结构变形	每天 3 次
主体建筑舞台区域混凝土柱倾角	混凝土柱倾斜	每天 3 次
南门楼混凝土梁结构变形	结构变形	每天 3 次
南门楼混凝土柱倾角	结构变形	每天 3 次
主体建筑舞台区域楼面板裂缝	混凝土柱倾斜	每天 3 次

2.监测仪器的选择

本次梁柱结构变形监测采用振弦式应变计，应变传感器采用的钢弦测试的原理，具有长期稳定性高、可靠性高等特点（图3）。

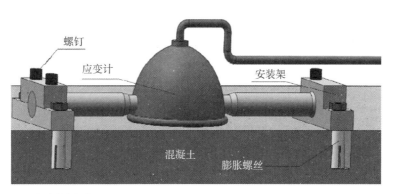

图3 振弦式应变计

梁柱倾斜监测采用双轴倾角传感器，内置高精度数字式传感器，采用模块化设计。倾角的分辨率高达0.001°，量程为±30°，倾斜模块、采集、通讯传输一体化设计（图4）。

裂缝监测采用振弦式裂缝计，裂缝传感安装在被测物体的表面裂缝处，随着裂缝的变化，传感器内部的钢弦会受到同样的拉力或者压力，钢弦的振动频率会随之变化，使传感器的钢弦得到不同的振动频率，从而精准地获取被测物的裂缝大小的情况（图5）。

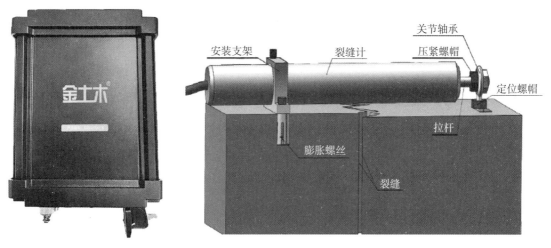

图4 双轴倾角传感器　　　图5 双轴倾角传感器

3. 监测系统安装及布置情况

经过现场的勘察，选择在主体建筑舞台区域及南门楼比较有针对性的15处进行相关传感器的安装布置，分别是6处应变、3处倾斜、6处裂缝监测（图6、7）。梁架

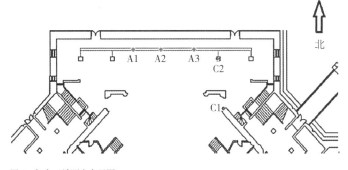

图6　舞台区域测点布置图

受力监测主要采用在梁中受力最大处安装，木柱倾斜监测主要采用在木柱顶部倾斜最大处。裂缝监测则选择舞台楼面板（即化妆间天花板）裂缝较长、较大处。为便于区分，在平面图中的各个测点用字母和数字组合来加以配对区分：A1~A6分别表示应变测点；B1~B6别表示裂缝测点；C1、C2、C3分别表示倾角测点。

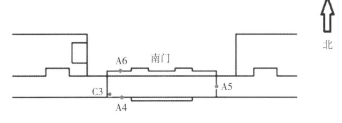

图7　舞台区域测点布置图

监测系统的采集器和传感器采用分体式电池供电，便于拆卸更换，减少电源线的敷设。同时数据采用无线传输，把对文物建筑的影响降到最低（图8~10）。

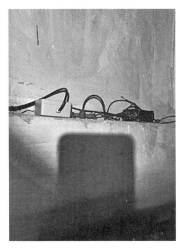

图8　舞台主梁传感器安装

图9　化妆间传感器安装裂缝

图10　南门楼传感器安装图

现场安装采集仪和传感器组合情况如表2所示。

表 2　采集仪及传感器组合情况表

设备类型	测点编号	安装位置	阈值	朝向及位置
应变监测	A1	A1 舞台主梁应变	± 100	位置：舞台顶部主梁，安装方向：东西向，顺主梁向。
	A2	A2 舞台主梁应变	± 100	位置：舞台顶部主梁，安装方向：东西向，顺主梁向。
	A3	A3 舞台主梁应变	± 100	位置：舞台顶部主梁，安装方向：东西向，顺主梁向。
	A4	A4 南门应变	± 300	位置：南门西南部，门顶部位置上端，安装方向：东西向。
	A5	A5 南门应变	± 300	位置：南门东部，门顶部位置上端，安装方向：南北向。
	A6	A6 南门应变	± 300	位置：南门西北部，门顶部位置上端，安装方向：东西向。
裂缝监测	B1	B1 化妆间裂缝	± 2	化妆间西北部，安装方向：沿裂缝垂直方向。
	B2	B2 化妆间裂缝	± 2	化妆间西北部，安装方向：沿裂缝垂直方向。
	B3	B3 化妆间裂缝	± 2	东西走廊西侧，安装方向：沿裂缝垂直方向。
	B4	B4 化妆间裂痕	± 2	东西走廊中部，安装方向：沿裂缝垂直方向。
	B5	B5 化妆间裂缝	± 2	东西走廊东侧，安装方向：沿裂缝垂直方向。
	B6	B6 化妆间裂缝	± 2	化妆间东北部，安装方向：沿裂缝垂直方向。
倾角监测	C1	C1 舞台倾角	± 0.5	位置：舞台东南侧，主立柱顶部，X 正值为东方向，X 负值为西方向，Y 正值为北方向，Y 负值为南方向。
	C2	C2 舞台倾角	± 0.5	位置：舞台东北侧，主立柱顶部，X 正值为北方向，X 负值为南方向，Y 正值向为西方向，Y 负值为东方向。
	C3	C3 南门倾角	± 0.5	位置：南门西南测，顶端拐角处，X 正向为西方向，Y 正向为南方向。

4. 监测数据采集及整理

本监测系统采用无线传输方式，内置 4G 卡，测点数据直接上传云端数据库，无须中继。监测系统配套有后台管理端，可以查看各监测点的数值（图 11）。同时，系统还设置了自动报警功能。当测点监测数值超过阈值时，会向特定管理人员发送手机短信进行报警。

以 A2 舞台主梁应变、A4 南门应变、C1 舞台倾角、C3 南门倾角、B3 化妆间裂缝等传感器为例，收集本系统安装调试稳定以后的数据进行收集整理，生成测点随时间变化趋势图（图 12~16）。

图 11　监测系统后台管理端

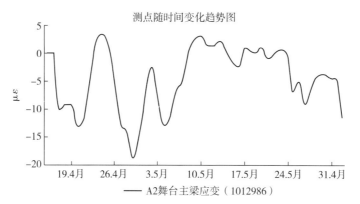

图 12　A2 舞台主梁应变趋势图

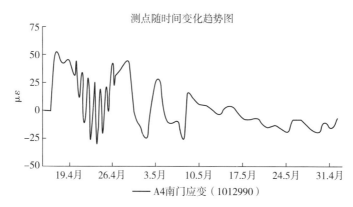

图 13　A4 南门应变趋势图

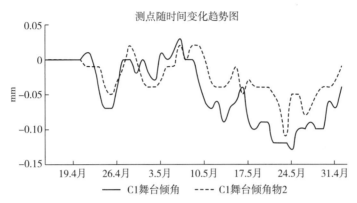

图 14　C1 舞台倾角变化趋势图

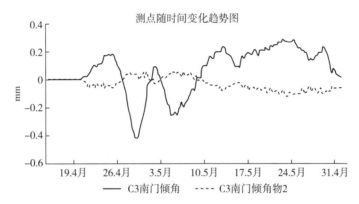

图 15　C3 南门楼倾角变化趋势图

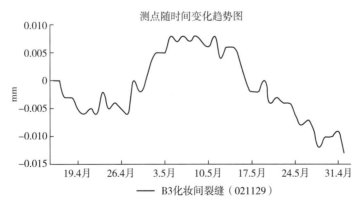

图 16　B3 化妆间裂缝变化趋势图

5. 监测数据分析及结论

根据广州中山纪念堂结构应变、结构裂缝和结构倾斜传感器监测数据显示：（1）在本次监测期内，广州中山纪念堂主体建筑舞台区域各传感器未出现超阈值警报情况，结构处于安全状态。但通过数据可以发现，受场地演出时增加的装台荷载及演出期间产生振动的影响，舞台区域结构应变和结构倾斜量呈规律变化，演出期间有一定量的增加，演出结束后逐渐恢复初始状态。（2）南门楼结构受温度和振动的影响明显，当气温升高及白天期间交通流量大时，应变明显增加，晚间温度降低及交通流量变小时，逐渐恢复初始状态。

综上分析，广州中山纪念堂舞台结构及南门楼结构在监测期内处于安全状态，在线监测系统处于正常运行中。但也可以看到南门楼离主干道较近，受到的振动影响较大。而地铁新线马上将要进行盾构施工，可以预见将会对南门楼造成较大影响，需要密切监控。

（四）项目总结及建议

1. 项目总结

（1）经过将动态监测结果与人工沉降监测结果进行对比，数据基本吻合，动态监测结果反映了古建筑的实际情况。

（2）动态监测具有实时性，优于结果相对滞后的人工监测，其精准度更高。

（3）由于动态监测的实时性，可以不用等定期监测的报告，即可实时获得建筑是实际情况、潜在隐患和发展趋势，有利于管理者迅速掌握文物建筑实际情况，制定针对性的保护手段，实现预防性保护，让保护做到心里有数。

2. 存在问题

本项目属于中山纪念堂动态监测首期工程，其主要目的在于获得相关动态监测的经验。因布置的测点较少，只能针对重点区域进行监测，没有做到全园区文物建筑的全面监测。

3. 建议

近年来，北斗卫星导航在国家的大力支持下，在民用领域的运用取得了长足的发展，在文物建筑变形监测中的应用也愈发成熟。利用北斗精准位置服务，通过在文物建筑上和文物建筑附近设置监测站，可以在文物建筑周围部署一张变形监测网，实时获得建筑物精准位置信息，从而实现对文物建筑的实时变形监测，亦可对建筑周边的地面沉降情况做整体监测。因此，可在第一期监测的基础上，引进北斗导航监测系统，同时增加结构振动监测，地基振动监测项目，并增加结构应变，结构裂缝和结构倾斜点的数量，全面监测中山纪念堂各文物建筑的结构的变形和受力情况，对结构安全给出全面的评价，有效地保护文物的安全。

四　文物建筑动态变形监测系统运用的经验及建议

（一）监测内容的选择必须有针对性

文物建筑类型众多，针对不同结构类型文物建筑监测内容的选择，是实施动态监控系统的重点难点。例如，针对木结构建筑，应以结构整体的水平位移及沉降监测为重点；对于古塔、宫殿等高耸结构建筑，除水平位移和沉降外，还应加入倾斜、挠度作为监测重点；而对于钢筋混凝土结构近现代历史建筑，则要将主要承重的梁、柱应变及基础沉降作为监测重点。同时，在选择监测内容之前，也需对文物建筑进行全面的结构安全性鉴定，鉴定质量的高低对监测内容的选择有相当大的影响。

（二）监测方法选择需要慎重

文物建筑类型多、保存状况不一，还具有情况复杂、未知性多、安全性差、变化迟缓、特征信息不明显等特点[1]，现代工程监测手段无法很好地适应文物建筑监测的特性。同时，与一般的工程施工监测相比，文物建筑变形监测具有监测周期长、精度要求高以及安装要求高等情况。因此，必须根据不同文物建筑的结构类型、病害情况及安装环境，慎重选择监测方法。对于文保单位来说，可分批分期开展监控系统的建设，并及时对监控系统进行评估和总结。在总结经验的前提下，逐步推进监控系统的建设。

（三）建立适宜文物建筑变形监测预警值

在确定了适合的监测内容及监测方法后，如何对监测数据进行分析，进而确定报警阈值成为监测系统能否发挥作用的重点。预警是监测的最终目标，只有通过预警才能真正体现出监测的价值[2]。由于文物建筑的结构类型复杂多样，部分监测类别报警阈值较

---

[1] 杨小茹、周国哲《文化遗产监测技术及其适用性研究——以六和塔结构安全监测为例》，《中国文化遗产》2017 年第 6 期。
[2] 白成军、韩旭、吴葱《预防性保护思想下建筑遗产变形监测的基本问题探讨》，《西安建筑科技大学学报（社会科学版）》2013 年第 2 期。

难界定，信息存在误报情况，影响监测系统的正常使用。因此确定报警阈值是一个复杂的过程，建立在大量及长期的巡查、监测及实验的基础上，需要根据不同类型的文物建筑的结构特点、外部因素、建筑保护情况进行综合分析。

（四）必须坚持监测与人工巡查相结合

文物建筑监测技术大多是现代建筑工程安全环境相关监测检测技术的跨界应用，理论上可行，但还处于探索验证阶段，可能存在技术不成熟、系统不稳定、安装不便捷等诸多问题[1]。故当前预防性保护监测体系还不能完全替代人工巡查，一方面是对监测系统的巡查保养，确保监测仪器正常运行，稳定积累人工无法得到的高精数据；另一方面用传统人工经验式巡查作为必要补充，弥补尚无法实现仪器监测的指标，亦是验证仪器数据准确与否的一把标尺。

结　语

动态变形监测是文物建筑监测的重要发展方向之一，是对文物建筑预防性保护思想的贯彻实践。实践证明，广州中山纪念堂动态变形监控的实施，可以达到准确、及时掌握文物建筑结构安全情况的要求，能够弥补人工巡查及定期沉降监测等监测手段的局限性，为掌握中山纪念堂的结构安全情况提供了重要技术及理论支撑，为今后的保护、管理、研究工作提供方便，可以推广和普及于其他众多类似的文物建筑的保护中去。

---

[1]　曾楠《建筑遗产预防性保护监测的实践与经验——以宁波保国寺大殿为例》，《文物鉴定与鉴赏》2021年第 5 期。

浅谈旅游景区中的文物保护工作

——以华清宫石质文物养护工程为例

李曼（华清池文物管理所）

文博和旅游资源跨界组合和创新成为国内外文旅行业发展新的契机。在习近平总书记"让文物活起来""让文物讲故事"的大力倡导下，许多优秀的文旅融合产品、业态，如雨后春笋般涌现。作为华清宫这样一处坐落在唐代皇家园林旧址上的旅游景区，有西安事变旧址、唐御汤遗址、唐梨园遗址等多处国家级重点文物保护点，出土和遗存3000多件的文物。我们以馆藏石碑、石刻全面养护为切入点，浅谈在旅游业态下文物保护工作的融合与传承。

一 华清宫文物保护工作的特点

（一）落实"人人都是文化遗产保护者"的工作理念

华清宫作为知名的旅游景区，文物遗址是景区发展的根脉，也是持续发展的重要前提。首先，成立专业文物管理机构并完善职能。2009年在省文物局的指导下，成立华清池文物保护管理所，主要负责文物保护管理的日常工作。理顺了长期以来文物保护的业务管理工作，强化了文物保护工作在华清宫管理中的重要业务地位。把文物保护的工作内容，进一步固化和渗透到日常的旅游管理当中，大力倡导"人人都是文化遗产保护者"的工作理念。通过在旅游景区内建立文保业务职能的方式，与时俱进，既坚守文物保护的根本理念，又灵活运用旅游管理的机制，探索出旅游业态下文物保护工作的融合发展的新路径。

（二）建立文物遗址两级多维度监管的日常管理体系

文物保护是一项常态化的工作，需要从业者坚持不懈的努力。华清宫这个年接待量

300 多万人的旅游景区，做好文物保护也不是一件轻松的事。一是采取文物遗址两级管理，即专职的部门直接实施文物、遗址的日常卫生、安全、秩序管理，同时文物管理所进行业务监管，定期对重要文物、遗址进行检查、监督。二是在日常的管理体系中，由负责安全、环境、秩序的归口部门进行监督检查，并由质量办进行反馈整改督导，形成一个多维度的管理体系。三是制定文物遗址检查的工作标准和制度，引导从业人员逐步掌握基本的文物保护常识，按照文物保护的规范工作。全面保障文物遗产的安全。

（三）主管业务部门大力支持，文保工作日趋规范

近年来，在省、市文物局的大力支持下，我们顺利完成华清宫安防系统工程、文物普查工作、四有档案管理系统安装运行、石质文物养护工程等等文物保护类项目。进一步建立起文物本体为核心，保护文物本体第一的原则理念，文化挖潜齐头并进的发展模式，形成从文物保护出发→旅游景区研究→产品研发→经营发展的良性循环，凸显了在旅游景区中的文物保护工作的多样性和灵活性。

（四）处理好文物保护与景区发展的关系

发展是硬道理。然而，在旅游景区中发展，首先，要发挥文物遗址核心竞争力的角色。它所承载的文化内涵，成为景区无可复制和独一无二的资源品类。其次，文物的不可再生性，决定了其稀有性。因而要树立敬畏心，坚守保护为先的发展红线。第三，文物、遗址是景区文化的重要支撑。文物、遗址在发展的战略竞争层面，所传承的文化内核是发展的重要支撑内容。大到如《长恨歌》舞剧、《12.12》西安事变影画剧，小到景区的景观产品的策划、文创产品的创意设计、研学项目的开发等等，无不展现着文物、遗址的文化内容。

因此，在旅游景区的文物保护工作，要始终秉持"保护第一""保护为先"的理念，在保护的前提下，进行体系化的解读和阐释文物遗址所承载的文化内涵。让文化内涵鲜活起来，文化故事有看头、有想头，起到更好的传承中华文化的作用。

二　石质文物养护工作开展实况

（一）现状诊断

1.基本保存情况。本次养护是华清宫首次对园区内石质文物进行的一次专业文物养

护，共有 15 件。年代不一，主要以石灰岩，汉白玉、青石为主。其中室外展示陈列 7 件文物（飞霜殿北门外的一对石狮，九龙湖南岸东西的一对石牛、九龙湖北部龙吟榭东西两侧一对的石象、御汤遗址杨贵妃雕像），保存环境完全露天暴露在大气环境，受环境污染、降雨、游人影响较大；另 8 件为室内展示（一级：《温泉颂》，三级：《风流子》《华清宫建雷神殿碑记》《骊山灵泉观凝真大师成道记》《李埏过临潼三绝句》《游骊山作》《骊山有感》；梨园博物馆展陈 1 件，唐代舞伎须弥座）保存状态相对较好。

2.环境现状。结合石质的损害情况及保存环境，主要存在的病害为断裂、局部缺失、片状剥落、孔洞状风化、水锈结壳、机械裂隙、浅表性裂隙、植物病害、微生物病害、人为污染、水泥修补、表面溶蚀、前修复等。

（二）诊断分析

针对上述保存现状，石质文物的展示及本体都存在着许多隐患，基于此我们与陕西省文物保中心专家组成项目小组，对石质文物进行科学研判。具体情况如下：

1.断裂。舞伎须弥座左右两侧有明显断裂情况，且断裂掉落碎块较多。风流子词碣碑整体断裂为两部分，两件文物均有前人粘接处理情况，粘接部位有明显错位。

2.局部缺失。舞伎须弥座正面左右两侧断裂部位有局部缺失。飞霜殿外东侧石狮底座后侧有大面积残损缺失情况。

3.表层片状剥落。舞伎须弥座、《温泉颂》碑、《游骊山作》《凝真大师成道记》、石牛、石狮及石象等文物均有不同程度表面片状剥落情况。

4.孔洞状风化。《温泉颂》碑顶部有孔洞状风化痕迹，展存于室外的石狮、石象、石牛表面均有大面积孔洞状风化情况。

5.水锈结壳。飞霜殿外左右两侧石狮的腿部、下颌、腹部及底座等位置有水锈结壳痕迹。

6.机械裂隙。《凝真大师成道记》碑石左右两侧、石狮底座、石牛、石象身体等位置均有不同程度裂隙情况，特别是展存于室外的石狮、石牛、石象等文物，表面裂隙较多较宽。

7.浅表性裂隙。主要集中在室外展览的石质文物表面，石牛、石狮、石象通体均存在大面积浅表性裂隙情况。

8.植物病害。东、西两侧石牛底座四周均有不同程度的植物损害痕迹。

9. 微生物病害。石牛、石象底座等部位有表面微生物损害痕迹，导致石质文物表面变色及表层风化的现象。

10. 人为污染。室内存放的《温泉颂》碑、舞伎须弥座、《创雷神殿碑记》《游骊山作》《苏庄留题灵泉观》《凝真大师成道记》及《风流子》等石碑表面均有不同程度人为污染情况，主要为胶质物附着、表面油漆渍及刻划痕等病害污染；室外展览的石牛、石狮及石象存在油漆渍、铁锈污染、水泥附着物、人为垃圾污染等病害情况，背部、头部等部位有因游人坐卧攀爬等行为导致表面抛光、发黑发亮的情况。

11. 水泥修补。指石质文物采用水泥类材料对文物进行粘接、加固、补全等改变文物原貌的现象。根据现场勘察情况，《风流子》碑及舞伎须弥座等石质文物中还有用环氧树脂类材料的前人补全情况。石牛、石象底座四周均有水泥修补痕迹，局部修补位置水泥有开裂情况。

12. 表面溶蚀。这一现象还在不断加剧。存放在室外的石牛、石狮、石象因酸性降雨导致表面溶蚀。

（三）保护修复技术

1. 工艺试验。在进行修复前，针对每件文物的不同情况，进行相应的清洗、补全及封护等工艺试验，确保修复步骤、修复材料的有效及可行性。

2. 表面清洗。根据实验块清洗效果选择针对该文物最适合的清洗方法进行整体清洗，主要去除石刻表层的风化污物及附着的尘土土垢等。

3. 裂隙处理。裂隙缝开口处的清洗，除去内部污物封闭裂隙，运用填缝材料、裂隙灌浆进行裂缝填补。

4. 前修复处理。对原来修复残留的水泥修复部分、错位粘接进行处理。

5. 缺失补全。通过对缺失部位的补全，重建石质文物的结构稳定性。局部补全操作工艺流程，粘接面的清洗→配置补全胶泥→补缺塑形→固化→修整

6. 保养封护。（1）室内文物选用丙酮溶液做最后的封护处理，将保护剂均匀的喷或涂刷于文物表面。（2）室外文物使用有机硅复合材料系列做最后的封护处理。

7. 资料整理及建档。保护修复的同时准确翔实记录修复的整个过程和各种信息。

三　保护成效及意义

历时两年多的养护工作全面结束。但从这次石质文物的养护工作对景区文物保护工作来说，具有重要的意义。

一是华清宫首次主导的文保业务。通过实践学习，锻炼和积累了景区文物保护的实战经验，激发年轻人对文物保护工作的热忱，同时也进一步助推旅游景区基础性文物保护工作纵深发展。二是彰显文物保护工作在景区发展中的重要作用。经过修复养护后的石质文物，不仅提升了景观的美感，特别是对汉白玉杨贵妃入浴雕像的修复，通过专业的诊断和技术，让汉白玉雕像重新焕发出新的光彩。三是提升景区文物档案的收集管理。将文物的历史资料、艺术价值、目前存放的环境、过往的修复处理情况（方法、工艺和材料等）进行收集整理。以及进行修复时绘制的病害图、文物修复前中后的摄影记录图、文字记录、科学分析检测资料、文物保护修复档案建立、保护工作日志的整理归纳，为景区研究提供科学、翔实、可靠的资料。

文物是华清宫文化的重要承载物，作为旅游景区的文物管理者，要在坚守文物保护红线的思维模式下，灵活吸纳文物保护的新技术，文物承载文化的新认知和延伸研究，让文物不断在高科技中延长寿命，在传承中创新发展。文物工作在新时代同样要秉持习近平总书记的嘱托，坚守文物保护的使命和初心，在传承中不断创新，在创新中探索文物保护与利用的多元化路径，促进景区文物保护与文化传承的和谐共生。

长河御道旁的安防

黄苗苗（北京市紫竹院公园管理处）

一　长河水系

　　长河为京杭大运河的北京段，是沟通北京城中心和西郊的重要水源地。长河的名称和水域的定义开始出现于清朝。然而，对这条水系的改造却是在金代就开始了，贯穿了元、明、清几百年间，是一项杰出成果。元代郭守敬筑白浮堰引昌平界内的白浮泉水至瓮山泊、修建通惠河河道时，又曾加以挖掘疏通，并建成广源闸、白石闸、高粱闸，使水流充沛通畅而又利于航行。这条河既补充漕运用水还要为北京城供水，是一条生命之河。清朝时期更成为一条帝王河。乾隆十六年（1751年），专门设立"长河工程处"，全面规划并完成清挖底、局部拓展河道和整修泊岸等几项治河工程。其中很重要的一项工程，是接续昆明湖东堤修筑绣漪桥至蓝靛厂、长春桥这一段长河东岸的堤坝。因为长河以东是巴沟低地，其地面的平均高度要在昆明湖和长河普通水位以下。如不修建又高又坚固的河堤，就不能拦住河水东溢并使之顺利地流向京城。于是便在东堤上开口修建了河闸，以浇灌堤东的大片稻田，又在长春桥以北修建了与绣漪桥内昆明湖东堤同样质量的三合土堤坝。在全线清挖河底、疏通河道的同时，乾隆皇帝还对广源闸到白石桥一段加以拓宽，然后大量地填补柏木桩钉，设置挡土板片等，以堆砌加固泊岸，使整条河流都能通畅无阻。同时，还根据水上游览航道的需要，修建了倚虹堂、乐善园、正觉寺、紫竹院、万寿寺、麦庄桥等处的码头，重新整修了广源闸、白石闸、高粱闸等几座河闸以及绣漪桥、长春桥、麦庄桥、白石桥、高粱桥等桥梁。后来又整修了沿岸景点的园林和寺庙建筑。这样，东起高粱桥倚虹堂，西至清漪园以至静明园的长达12公里的皇家专用水上游览线，就在乾隆十六年（1751年）正式开通了。在乾隆以前，皇室们多选择陆路，它是一条从高粱桥北直达畅春园的石路，而水路即是长河水道。清乾隆年间，长河得到疏浚治理后，龙舟可以在长河河道内畅行。乾隆帝的母亲长年居住在畅春园，乾隆帝一年内多次往返于皇宫与西郊之间。当长河上源昆明湖水量增加后，长河水上御道的功能再次展现。乾隆皇帝频繁游幸长河，使长河经历了其历史上最为光彩夺目的时期。长河的地理位置使其与皇室离宫建立了密切的联系[1]。

二　长河行宫紫竹院

紫竹院明代时期是一座小型庙宇，曾为万寿寺下院，服务于皇室，乾隆十六年（1751年）崇庆皇太后六十寿诞长河两岸的建筑也随之修建，紫竹院行宫就是其中之一，属于皇家园林，因为长河水位高低，皇室沿长河游幸清漪园途中需要在紫竹院换船、小憩。据光绪《起居注》记载：从光绪十八年（1892年）至光绪二十二年（1896年）四年内，皇帝和慈禧太后曾多次驾临紫竹院（图1）。当时的紫竹院行宫是皇室沿水陆从

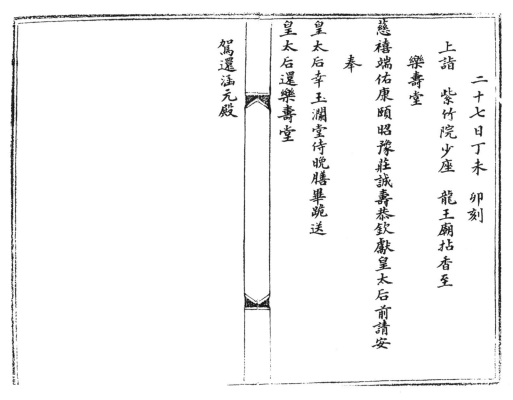

图1　第一历史档案馆《光绪起居注》

---

[1] 张宝章《三山五园新探》下册，中国人民大学出版社，2014年，837页。

故宫到西郊园林游幸的中转站，起到了重要的纽带作用[1]。

三　长河安防

"堆拨"或是"堆拨房"它是指：满语"驻兵之所"之意，是清朝警务机构，相当于现在的派出所、警务室一类，内有器械及勤务人员，负责应付突发事件。属于独立式建筑，与紫禁城中嵌入式的堆拨房有很大不同。

那长河两岸上的堆拨又是怎样的情况呢？长河疏浚后，为了保持畅通、美观和皇室的安全，所以规定昆明湖和长河禁止民间泛舟，百姓禁止在长河游乐。"堆拨"这个建筑就是维护长河一带的安稳和皇室成员的安全而建造的。

关于长河一带堆拨的资料记载，我们现在所发现的资料非常有限，仅在国家图书馆中发现了一份样式雷史料"倚虹堂迤西至紫竹院等处添建看道堆拨八座作法草草"的文字描述（图 2）。

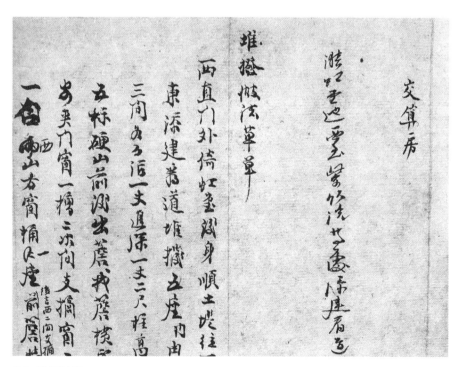

图 2　样式雷史料

---

[1]　孔祥利《北京长河史万寿寺史》，荣宝斋出版社，2006 年，18 页。

样式雷服务于皇室，紫竹院一带的历史建筑能在样式雷图档中出现记载，可见紫竹院一带曾经的风光。而堆拨的出现，意味着在当时，清廷在紫竹院地区是有着安防投入的。长河御道一带的堆拨设置情况，根据样式雷史料交算房《西直门外倚虹堂迤西添建堆拨房单子》记载："倚虹堂迤西至紫竹院等处添建看道堆拨八座做法草草"。其中"西直门外倚虹堂身后顺土堤往西至万寿寺东，添建看道堆拨五座，由东起第一座建房三间；第二座堆拨一座二间；第三座堆拨二间；第四座堆拨二间；第五座堆拨二间……"另外，"外火器营东门外大堤东添建堆拨一座二间，迤北一座二间……紫竹院前河道未到闸口南岸添建堆拨一座二间"（图 3）。史料中反应的第一点是堆拨的数量和位置；在长河两岸每隔一里多地即有一座驻有旗兵的堆拨，可见当时长河御道的安防等级之高。除了堆拨的位置，资料中还描述了堆拨的样式、建筑材料、尺寸规格等。"西直门外倚

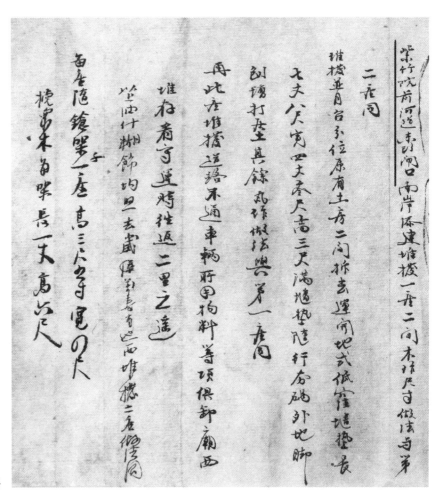

图 3　样式雷史料

虹堂后身，顺土堤往西至万寿寺东，添建看道堆拨五座，门由东起第一座三间，进深一尺二寸，柱高八尺，大木五标，硬山前后出檐……前檐照间安夹门窗一樘，二次间支搞窗二樘，撒带门一合，雨山方窗桶二座，前檐莺哥架子三分，木板拍子三扇，告示牌一个……"史料中还出现了建筑术语：月台、如意踏跺、撒带门、支摘窗（亦称和合窗，即上部可以支起，下部可以摘下之窗。其内亦有一层，上下均固定，但上部可依天气变化用纱、用纸糊饰，下部安装玻璃，以利室内采光，外层窗心多用步步锦格心。故宫内支摘窗多用于内廷宫室建筑及配方、值房等）。这份史料中对堆拨的建筑形式、所用的建筑材料、建筑间数以及建筑的尺寸都有一一详述。

"堆拨"内的安防设备和人员巡更的时间都是有非常严格的制度，同样，堆拨中所配备的兵器数量、损坏、丢失情况也是有专门的部门记录在册。紫禁城内的皇家卫队——护军营、前锋营、骁骑营、虎枪营等官兵，平时操兵警卫，遇皇帝出巡省方则护卫左右。咸丰十一年（1861年）成立的神机营，也于禁城内"协同巡缉"。另外，禁城内各门所设多处"栅栏""堆拨"（类似哨所或哨位）及"班房"，其守兵和陈设之军器有：弓六百三十张，箭一万六千六百枝，长枪四百二十五杆，撒带八百三十副。弓箭罩一千一百六十个，鸟枪一千七百六十二杆（《军机处满文奏折》，嘉庆四年七月）。光绪二十五年（1899年）刊行的《大清会典》宫中门禁条内提及：宫内东北角、西北角、奉先殿东南，御茶膳房东北角、西北角，中正殿前门、后铁门，寿康宫西都有堆拨。各处堆拨每日值班护军官兵为11人，装备长枪4支、腰刀4把、弓4张和箭40支。值班工兵不得旷班或值班时睡卧，犯规严惩，甚至会牵连该管大臣一并治罪，管理非常严格。

我们在中国第一历史档案管中也发现了相应的记载，"紫禁城内各门堆拨原设军器损坏缺失数目：原设弓四百八十七张，损坏一百十四张；箭九千七百四十支，损坏四百八十五支等等……紫禁城外各门堆拨原设军器损坏缺欠数目：原设弓三百四十三张，损坏二百四十六张；箭六千八百六十支，损坏二百九支，缺失二百十四支等等……"这些军器的记载应为紫禁城内外堆拨总和的配置数量。这些兵刃，由司钥章京和值班章京统一管理，各堆拨栅栏值班护军分管，按期更换，若有锈蚀、损坏，随时移交武备院缮治。

皇城之内的安防等级和安防设备、人员配置级别之高毋庸置疑，那皇城之外，为什么在距离并不算长的南长河一带添建八座堆拨呢？堆拨的建筑形式能体现出紫竹院这一代当时怎样的情况及作用？这一代添建堆拨的重要性又是什么呢？

史料中写到"倚虹堂迤西至紫竹院等处添建看道堆拨……"通过分析这几座堆拨的地理位置，位于南长河。皇室所属长河沿岸的行宫、寺庙、皇家园林的安防、维稳、治安要做到万无一失，建设堆拨也是为了更好地服务皇室，保护皇室的安全。

清仁宗皇帝实录中记载"长河两岸因很难禁止行人，所以请添设堆拨……交步军统领衙门查勘情形妥议具奏寻议　长河南北旧设堆拨十座足资巡缉查无庸增添……"不同时期不同社会环境下堆拨的数量也会发生变化（图4）。

图4　第一历史档案馆《清仁宗实录》

据史料记载，曾在长河中发现溺死的尸体，负责这一段堆拨的官员和官兵都受到了严厉的制裁。附近的百姓更不能随意出入此地了。中国第一历史档案馆的史料中写到"光绪二十八年七月工部奏西直门外长河长下游堆拨工程请派员估修一折该处工程无多著即由工部核实勘估修理钦此……"紫竹院一带添建堆拨在"倚虹堂迤西至紫竹院等处添建看道堆拨"中是这样描写的："紫竹院前河道未到闸口南岸添建堆拨一座二间，进深一丈二尺，柱高八尺……大木五标，硬山前后出檐……门窗一槏，支摘窗一槏，撒带门一合，雨山方窗桶二座，前言莺哥架、告示牌等等。"资料中先对紫竹院一带的堆拨尺寸、结构进行简单的描述，然后写到此处堆拨的地势情况，资料中写道："堆拨并月台分位原有土房二间拆去，运闸地势低洼，谴垫长七丈八尺，宽四丈三尺，高三尺……"此处地势条件非常恶劣，对修建堆拨的难度很大，需要消耗大量的人力物力解决地势的问题。另一个困难资料中写到"再此座堆拨道路不通车辆，所用物料等项俱卸庙西堆存看守，运时往返二里之遥"。由此描述中可见紫竹院一带修建堆拨，地势低洼、条件恶劣，人力、物力、时间上都需花费数倍的时间，但是皇室还在此处添建堆拨，可看出当时紫竹院地位重要性。

堆拨是清廷在皇城以及行宫等地维稳的机构，相当于现在的派出所、警卫亭等等，不同的是堆拨仅服务于皇室，清廷要维护堆拨的建设和正常运转需要投入大量的人力物力以及财力，堆拨的设置从侧面说明了一个地区的属性以及行政级别，也反映了当时清廷对该地区投入的维护成本。

圆明园遗址考古研究的学术史考察

王猛（北京市海淀区圆明园管理处）

根据对公开发表物及圆明园管理处文物考古科保存的完工报告的统计，迄今为止圆明园已勘探或发掘的遗址共 59 处，其中勘探 41 处（重复勘探的仍计为 1 处，勘探并发掘的仅计入发掘量），完全或不完全发掘 18 处（附表一、二），发表发掘简报或报告的有 10 处，分别为藻园、含经堂、长春园宫门区、西部桥涵、101 中学清代水闸、海晏堂蓄水楼、正觉寺天王殿、正觉寺前御道、远瀛观、大宫门等。作为国家考古遗址公园，考古发掘和文物保护是圆明园所有工作的基础，以上述材料为基础，对圆明园遗址考古研究史进行梳理，不仅能够更加清晰地认识圆明园考古的发展过程和特点，更能够对圆明园考古未来发展方向提供借鉴，为领导决策打下基础。

需要说明的是，本文仅从学术的角度对学术研究的情况进行分析，鉴于笔者水平有限，所获背景资料亦寥寥，文中相关认识或有偏差，若此，敬请海涵并指正。

一 研究之阶段与特征

早在 1860 年圆明园遭焚毁之后便有一些文人撰写参观游记和凭吊诗词，而对圆明园系统研究的真正起点当可追溯到 1930 年营造学社的建立[1]。相较而言，圆明园遗址的考古研究要晚很多。虽在 1984 年 12 月，北京市文物局曾同意圆明园管理处清挖福海区域的河湖水系、补山 34 座、整理叠石 7 处、清整古建基址等四个工程项目，并由北京市文物工作队委派专业人员予以指导[2]，但此次工作并非专业的考古发掘，也未曾留下公开的文字资料，目前所见最早的记录是 1994 年 8 月北京市文物研究所对藻园、十三所、山高水长三处遗址的考古勘探工作。若从此次勘探算起，至今圆明园遗址考古研究

［1］ 张凤梧、阴帅可《圆明园研究史初探（1930 年至今）》，《中国园林》2013 年第 10 期。
［2］ 北京市文物局图书资料中心《北京文物博物馆事业纪事（下）（1979—2006）》，北京市文物局，2007 年。

已有 25 年，根据既往考古工作的数量、质量，研究角度的变化可将这段研究史分为三个阶段。

（一）应运而生——2000 年以前

这一阶段尚处于启蒙时期，只在藻园、十三所、山高水长等进行过考古勘探或发掘，在藻园揭露了林渊锦镜、贮清书屋、自远轩等 13 处建筑遗迹[1]。此次发掘实为配合北京市政府"圆明园微缩景观工程"而做，故而发掘者除结合文献记载对藻园的布局、结构及建成、毁弃和重修年代进行考证外，还特意对其进行了复原描述，但对出土文物几无着墨。

这一阶段考古发掘量很少，且尚未出现二次研究，但此次勘探和发掘标志着圆明园遗址考古工作的正式开启，因而具有里程碑式的意义。

（二）突飞猛进——2000~2010 年

借助"人文奥运"的东风，加之《圆明园遗址公园总体规划 2000 年》的出台，北京市文物研究所制定《圆明园遗址第一期发掘计划》，考古工作量突飞猛进，先后勘探了圆明三园内包括西洋楼、正大光明、九州清晏等在内的遗址 43 处[2]，发掘了含经堂[3]、澹怀堂[4]、西部桥涵[5]、正觉寺御道及天王殿[6]、圆明园北夹墙[7]、101 中学水闸[8] 等 11 处遗址，首次出版考古报告 2 部，公开了一部分出土文物。

[1] 王有泉《圆明园之藻园遗址考古发掘报告》，《北京文博》1999 年第 1 期。

[2] 资料散见于王健《圆明园遗址考古新发现》，《中华建筑报》2003 年第 1 期。
靳枫毅、王继红《圆明园遗址考古勘察与发掘的成果及其意义》，《圆明园》2008 年第 7 期。

[3] 北京市文物研究所圆明园考古队《北京圆明园含经堂遗址 2001~2002 年度发掘简报》，《考古》2004 年第 2 期。
北京市文物研究所《圆明园长春园含经堂遗址发掘报告》，文物出版社，2006 年。

[4] 北京市文物研究所《圆明园长春园宫门区遗址发掘报告》，科学出版社，2009 年。

[5] 王继红、靳枫毅《圆明园几座石桥遗址的考古勘察与发掘》，《数字化视野下的圆明园：研究与保护国际论坛论文集》，中西书局，2012 年。

[6] 北京市文物研究所《地铁四号线圆明园车站考古发掘报告》，《北京文博》2006 年第 2 期。
张治强、朱志刚《地铁四号线圆明园车站御道遗址》，《北京皇家建筑遗址发掘报告》，科学出版社，2009 年，87~92 页。
朱志刚、李永强《圆明园正觉寺天王殿遗址》，《北京皇家建筑遗址发掘报告》，科学出版社，2009 年，107~108 页。

[7] 张治强、孙勐《圆明园北夹墙遗址》，《北京皇家建筑遗址发掘报告》，科学出版社，2009 年，93~106 页。

[8] 北京市文物研究所《101 中学清代水闸遗址发掘简报》，《北京文博》2005 年第 1 期。

勘探的 40 余处遗址多数未公开资料，仅向圆明园管理处提交完工报告，据内部资料分析，主要勘探了圆明三园中圆明园的遗址，绮春园和长春园的勘探极少，完工报告多数采用发掘记录的写作形式，以探方为单位介绍地层、包含物及建筑基址的位置、深度、尺寸等。这批未整理的报告，保存了考古钻探的原始材料，有助于初步了解遗址的分布与位置，但作为完工报告，以探方为单位的写作方式，人为地割裂了遗迹的完整性，不利于对遗迹整体的把握。不过，据靳枫毅统计，仅 2002、2004 年度考古勘探工作，便有 91 项可填补 1933 年北平市政府工务局《实测圆明园遗址平面图》的空白，另有 40 项纠正偏差，这足以证明这一阶段考古工作的历史价值。

王继红对含经堂遗址出土的 41 件葫芦陶范进行型式划分，并结合文献考证葫芦范的源流、制作、社会背景及含经堂出土葫芦范的年代[1]。这篇文章的研究方法和角度都十分接近早期考古器物研究，在圆明园发掘品研究中具有开创性的意义，但该文章混淆了类和型的概念，且划分的式之间并没有明确的演化关系，好在这一点在较晚出版的大报告中更改过来了。

整体来看，这一阶段的考古工作有了更为明确的规划与指导，主要任务在于以大范围勘探的方式来摸清园内总体遗址现存状况和布局结构，以便快速地为决策者提供可参考的意见，这也为后续的考古发掘工作打下了坚实的基础，同时，二次研究首次出现。

（三）蒸蒸日上——2010 年以后

进入这一阶段，随着《圆明园遗址考古工作计划（2014~2020 年度）》的出台，考古勘探数量急遽下降，逐渐走向精细化发掘，且研究性文章数量猛增。勘探的遗址有线法画和蓬岛瑶台，已经发掘的遗址有桃花洞、蓄水楼[2]、远瀛观[3]等，如园[4]二期、大宫门[5]三期、紫碧山房一期也已结束，目前尚无考古报告出版，仅见少量简报或简讯。

---

[1] 北京市文物研究所《简论含经堂遗址出土的葫芦器陶范》,《北京文物与考古》第 6 辑，民族出版社，2004 年，79~89 页。

[2] 北京市文物研究所《长春园海晏堂蓄水楼遗址考古发掘简报》,《北京文博》2018 年第 2 期。

[3] 张利芳、张中华《圆明园远瀛观遗址发现早中晚三期建筑遗迹及路网》,《中国文物报》中国文物报 2017 年 5 月 5 日。

[4] 张利芳、张中华《圆明园如园遗址考古发掘取得重大收获——完整的园林布局、路网系统、御笔石刻惊艳亮相》,《中国文物报》2017 年 7 月 14 日。

[5] 北京市文物研究所《圆明园遗址公园大宫门区域考古发掘简报》,《北京文博》2016 年第 3 期。

从简报分析，摸清遗址布局结构仍是发掘者的基本追求，但更加重视对细节的观察，关注于建筑的工程做法，侧重与样式雷图档的对比而非1933年的实测图，并试图从考古的角度对遗迹进行分析。

二次研究中，科技分析的文章数量最多，渗透到遗址背景、文物研究中。比如，杨菊、刘乃涛对大宫门河道和如园遗址土样进行化学成分分析和物相分析，从而确定两地所使用的均为三合土[1]。这是目前所见有关圆明园三合土的首次科技分析，不仅验证了大宫门和如园的三合土成分，也对整个圆明园三合土的认识有指导意义，但文章对三合土配制构成的依据尚有待考证。经笔者查阅，其依据《圆明园遗址中的三合土》是一篇仅200字的小短文，文章以三合土是由石灰、黏土和砂加水掺和配制而成作为常识性认识[2]，并没有对圆明园的三合土进行具体分析，而据刘大可统计，"三合"中除白灰之外，关于"二合"有黄土与黑土、生土与熟土、主土与客土、土与细沙等4种提法[3]。据此看来，圆明园三合土的构成，各遗址所用三合土是否一致等问题，还有待于进一步的样品分析。

窦金海、金和天等人对大宫门出土的绿色、黄色琉璃瓦表面釉层颜色变化分别进行科技检测，理清了绿色琉璃瓦因经大火烧 Cu^{2+} 被还原而变红，黄色琉璃瓦因经大火烧 Fe^{3+} 被氧化并析出而致红的过程，从技术角度验证了圆明园曾遭焚毁的历史事实[4]。美中不足的是，文章并没有对变色琉璃的数量和所占比例进行统计。

李彤、周华等对如园石质文物病害种类、分布、数量进行调查，初步明确了石质文物的损伤程度[5]，但该文章并没有对文物的材质进行区分，对病害的主要诱因也缺乏针对性分析，故而实际指导意义仍有所欠缺。

此外涉及科技分析的还有建筑材料测评[6]、古环境研究[7]等。

---

［1］　杨菊、刘乃涛《圆明园大宫门河道遗址和如园遗址土样初步分析》，《文博》2015年第3期。

［2］　王嘉杰《圆明园遗址中的三合土》，《中国建材》1985年第1期。

［3］　刘大可《中国古建筑瓦石营法（第二版）》，中国建筑工业出版社，2015年，5页。

［4］　窦金海、金和天等《圆明园琉璃瓦表面釉层变色机理的研究》，《硅酸盐通报》2017年第8期。
　　　　窦金海、金和天等《圆明园琉璃瓦片状云母氧化铁的形成机理》，《中国科学院大学学报》2018年第4期。

［5］　李彤、张瑞芳、周华《圆明园如园遗址石质文物病害调查研究》，《文物鉴定与鉴赏》2018年第3期。

［6］　张卓燕、赵艳龙、苏志刚《圆明园如园延清堂遗址局部勘探所获建筑材料的评价及其保护建议》，《文物保护与考古科学》2013年第4期。

［7］　马悦婷、岳升阳等《圆明园宫门区古环境研究》，《华夏考古》2018年第2期。

文物研究除进行科技测试外，还有分类或赏析性研究[1]、器物考证[2]、性质辨析[3]等，器类涉及陶器、瓷器、铜器、玉器等。

对遗址本体进行研究的比较少。王继红从文献入手考据长春园宫门区和含经堂遗址的营建年代[4]，此篇文章除作者是考古工作者外，内容与考古几无关系。后来，孙勐又以之为例，在一定程度上结合了遗址及相关文献资料考据各建筑基址的始建年代，并分析不见于史料记载的遗迹的意义和价值[5]。这种考据方式，在圆明园考古研究史上可以算是新的尝试。

值得注意的是，这一阶段以远瀛观、如园、紫碧山房等为核心，开始了频繁的公众考古活动，吸引了大批中小学生及社会人士的参观学习。

总体来看，这一阶段的考古工作规划性、学术目的性都在增强，发掘更加细致，发掘理念和思维方式也更加接近早期考古，二次研究的数量和研究角度都明显增多。

综上所述，25 年来圆明园遗址考古发掘数量和质量都与日俱增，经历了从被动的发掘、单一的研究向中期规划性、学术主动性、多学科、多角度研究的方向发展。取得的主要成绩有：

1. 基本廓清了园内诸多遗址的保存状况，为遗址规划、展示及日后的发掘工作打下了坚实的基础；

2. 尝试性开创了圆明园遗址考古发掘和研究的方法；

3. 以实际考古勘探及发掘，校正或补充了大量文献对圆明园记载的缺陷或不足；

4. 以考古发掘为基础，带动了公众考古的发展。

---

[1] 陈辉整理《解读圆明园出土佛像》，《收藏》2010 年第 11 期。
陈辉《悬瓠何尝有定容，规之成器在陶镕——圆明园出土的葫芦陶范》，《收藏家》2016 年第 6 期。
陈辉《残瓷之美（上）——圆明园出土瓷器残片赏析》，《文物天地》2017 年第 7 期。
陈辉《残瓷之美（下）——圆明园出土瓷器残片赏析》，《文物天地》2017 年第 8 期。
[2] 王楚宁、夏晓燕、赵祯《长春园含经堂遗址出土印章小考》，《圆明园学刊 2016》，上海社会科学院出版社，2017 年。
[3] 白艺、魏嘉臻《圆明园买卖街出土的蟋蟀罐考》，《圆明园学刊（2016）》，上海社会科学院出版社，2017 年。
魏嘉臻、白艺《圆明园含经堂遗址出土地天母铜像考》，《圆明园学刊 2017》，中国社会出版社，2018 年。
[4] 王继红《圆明园长春园宫门区及含经堂遗址营建年代初探》，《圆明园》2010 年第 10 期。
[5] 孙勐《遗址、文献与图像——长春园遗址的考古发现和初步研究》，《北京科技大学学报（社会科学版）》2016 年第 3 期。

在历史原因、现实条件等多种因素的限制下，迄今为止圆明园遗址考古的历史任务仍更多地停留在了解遗址布局结构上，故而圆明园遗址考古目前尚未进入繁荣阶段，主要问题表现在：

1. 考古发掘和研究的理论指导尚不成熟；

2. 在考古与文献结合方面还有很长的路要走。

二　工作之难点与特点

以上对各阶段考古工作进行了纵向梳理，再结合考古发掘各阶段的社会背景及学术研究的内容，可进一步将历来考古工作的特点做一横向总结如下：

（一）步履维艰——工作的束缚性

其一表现在地表状况复杂。2000 年以前园内尚有诸多住户和入园单位未迁出，客观上不容许展开大规模的考古工作，2000 年之后迁出了所有的住户但尚遗留有地上建筑或地基，加之后期地面硬化或渣土四处倾倒堆积，为考古发掘带来了极大困扰。其二表现在行政追求与学术目的尚未完美结合。比如，最初藻园的发掘是为了配合"微缩景观"工程，故而偏重于复原原有建筑格局，2002 年为制定发掘规划对西部大部分遗址进行勘探，2003 年为复建西部桥涵特对 30 余座桥涵进行清理，2004 年为配合西部绿化工作又对西部诸多遗址进行二次勘探。2010 年以后含跨时间更长的阶段性发掘计划出台，但仍有重重阻力限制，相对于其他大遗址，圆明园遗址主动性发掘略少且呈现出较强的辅助性特征，独立的学术目的性不强。作为国家考古遗址公园，规划展示是必然，但考古学有自己的学术性和独立性，展示是考古自然而然的衍生品而非直接的目的，考古工作者在配合展示的基础上，也应积极探索属于自己的学术追求。其三表现在时代局限性。迄今为止清代考古仍缺乏系统的指导理念和发掘方法。1990 年之后，北京地区才有了相对正式的清代遗迹发掘工作，考古资料、研究资料开始不断见诸纸面，2000年至今，北京地区清代考古才有了突破性进展[1]。因而，圆明园遗址的考古工作无论是发掘方法、研究方式抑或是指导理念的局限，都与时代背景有着深刻的关联。

---

[1]　宋大川主编、朱志刚著《北京考古史·清代卷（上）》，上海古籍出版社，2012 年，5 页。

据此可知，与其他大遗址的考古相比，圆明园遗址考古工作的突出特点表现在行政性更强，这一特点既是导致圆明园遗址考古学术独立性不足的原因，同时也是助推圆明园考古发展的主要力量，若没有政府大刀阔斧的拆迁、整修，考古力量进入圆明园的时间恐怕将会更晚。

（二）斗升之水——影响的有限性

表现在两方面，一是参与的人员少且领域狭窄，二是成果影响力有限。

根据笔者的不完全统计（见下表），对圆明园进行考古研究或出土文物分析的作者单位有北京市文物研究所、圆明园、北京联合大学、中国科学院大学、北京大学、中国社会科学院考古研究所、首都博物馆等，且以北京市文物研究所为主。圆明园自不必说，是在自己地盘上的发掘；北京市文物研究所是迄今为止可在圆明园发掘的唯一合法单位；北京联合大学 2013 年成立三山五园研究院，旨在进行三山五园历史文化研究，并开展三山五园历史文化景区发展规划和建设计划，组织论证三山五园重大产业化项目；中国科学院大学、北京大学则是配合北京市文物研究所一起开展的工作。由此可知，参与圆明园考古研究的圈子十分狭窄，基本局限在有直接关系的单位中。

表　对圆明园遗址进行考古研究的单位统计

单位数量类别	北京市文物研究所	北京联合大学	圆明园	北京大学	中国科学院大学	中国社会科学院考古研究所	首都博物馆
发掘简报、简讯、报告	16	——	——	——	——	——	——
器物分析	2	3	3	——	——	——	——
古环境	——	——	——	1	——	1	1
石质文物病害调查	——	1	——	——	——	——	——
琉璃测试	2	——	——	2	2	——	——
遗址研究	1	——	——	——	——	——	——
土样分析	1	——	——	——	——	——	——
合计	22	4	3	3	2	1	1

＊注：一文多作者的重复计算。

另一方面，笔者据知网数据，对相关成果所载期刊级别和引用量进行统计发现，有7本期刊是或曾入选北大核心期刊目录，占比近 50%，但这些文章的引用总量仅为1。这说明，圆明园遗址考古研究有能力进军高影响力的期刊中，但却并未在学者之间产生强烈共鸣。

"背靠大树好乘凉"，清代考古在考古学中地位低下，圆明园遗址考古研究天生羸弱便在所难免，但这并不能成为其影响力有限的全部借口。故而，提升圆明园遗址考古研究的学术影响力还需从自身研究质量入手。

三　学术之前景与展望

"悟已往之不谏，知来者之可追"，圆明园遗址考古工作成绩斐然的同时也还有很大的成长空间，根据既往已取得的成绩、存在的不足、考古工作的特点，并结合考古学的发展需求，笔者认为今后圆明园遗址考古在学术上可做如下尝试。

（一）鸿业远图——立项强调课题性

过去的考古工作在发掘理念上，以摸清建筑布局为主，追求更高学术目标的意识略有欠缺，以辅助性发掘为主，独立的学术课题意识稍有不足。25年来，我们已积累了丰富的与行政配合、识别建筑遗迹格局的经验，在丰富的经验基础之上，应当主动树立课题意识，摸清但绝不止步于建筑结构，要制定明确的学术目的，为解决特定学术问题而发掘。

此外，中国清代考古目前尚缺乏系统的指导理念和发掘方法，圆明园遗址内遗迹众多，理应与周边其他清代遗迹一起，担起历史重责，不仅要满足遗址公园展示教育的目的，更要以建立清代考古指导理念与发掘方法为最高追求。

（二）抽丝剥茧——发掘突出过程性

既往工作在发掘方法上，过多注重揭露最终的历史建筑而对后期破坏性堆积的观察略有不到位，过于关注建筑本体而对背景（context）信息稍有忽视。目前所见的大部分学术论文，多以文献记载为依据考证建筑遗迹被破坏的历史真相，但并没有从发掘所见后期堆积入手，分析历史遗迹被破坏的具体过程的文章。在史前考古中，学者们善于从灰坑内地层倾斜方向判断垃圾的来源方向，进而分析古人的活动路径，这种研究方法理应也能应用于清代考古，比如，从移位的条石、柱础等建筑材料的空间分布位置，可试图粗略分析历史建筑被破坏的次数、集中的位置、废料再利用的频次等问题，从而从地层堆积角度深化分析圆明园被破坏的过程。这才是考古分析与文献研究相互印证、相互配合的有效方式。

（三）合纵连横——研究重视延展性

在研究方向上，既往对遗迹、遗物的分析仅囿于园内，未将其置入整个清代考古研究的大背景中去，因而缺乏纵向的源流考察和横向的对比分析。除圆明园遗址外，北京地区的清代遗址还有故宫、恭王府、国子监、玉河、夕照寺、北顶娘娘庙、房山大苑村寺庙等几十处，这些遗址与圆明园遗址既有共性又有区别，共同支撑起了北京地区清代遗迹的半壁江山，加强同类遗迹的整体分析或对比分析，更有助于鲜明地了解遗迹特征，更深刻地认识清代遗存的特征。故而在做好园内工作的同时，有必要进一步扩大研究视野。

结　论

圆明园遗址考古研究以 1990、2000、2010 年为界限，可划分为三大发展阶段，考古工作的质量和二次研究的数量都与日俱增，取得了一系列可喜可贺的成绩，但在指导理念与发掘方法、与文献结合方面仍需百尺竿头更进一步。

由于地表状况不佳、行政制约、时代局限等，以往的考古工作束缚性较强且独立性不足，与此同时，圆明园遗址考古研究的学术影响力也相对有限。

有鉴于此，考古工作者在努力保证考古独立性的同时，更需加强二次研究，在指导理念、发掘方法和研究方向上努力突破，强调课题立项、突出发掘过程、重视对比研究，将圆明园遗址考古研究放置于整个清代考古的大背景中去，逐渐扩大圆明园遗址考古的学术影响力，最终达到为北京地区乃至全国清代考古发掘和研究理念与方法的建立提供借鉴的目的。

为保证以上工作的有效实施，领导决策者在日后的规划中可更加注重政策的可逆性、全局性，最大限度地避免为发掘制造地面障碍、政策障碍，鼓励考古尽快形成独立性，并积极影响上级单位充分发挥其助推考古发展的正向作用，以从考古角度更大程度地深化圆明园的影响力。

附表一　圆明园已发掘遗址统计表

遗　　址	时间/年	面积/平方米	背　　景	公开情况	出　　处
藻园	1994	4600	配合微缩景观工程	公开	圆明园之藻园遗址考古发掘报告
十三所	1994~1995	700		提交报告	圆明园微缩景观工程考古勘探与发掘情况报告
含经堂	2001~2003	35000		公开	圆明园长春园含经堂遗址发掘报告
长春园宫门区	2001~2004	21000		公开	圆明园长春园宫门区遗址发掘报告
西部桥涵	2003		配合西部遗址环境整治工程	公开部分	圆明园几座石桥遗址的考古勘察与发掘；圆明园西部桥涵遗址考古勘察与清理报告
正觉寺天王殿	2004		配合天王殿复原工作	公开	北京皇家建筑遗址发掘报告
坦坦荡荡	2004		配合圆明园西部遗址第一期整治工程	提交报告	圆明园坦坦荡荡、杏花春馆、上下天光、万方安和遗址考古发掘报告
杏花春馆	2004			提交报告	圆明园坦坦荡荡、杏花春馆、上下天光、万方安和遗址考古发掘报告
上下天光	2004			提交报告	圆明园坦坦荡荡、杏花春馆、上下天光、万方安和遗址考古发掘报告
万方安和	2004			提交报告	圆明园坦坦荡荡、杏花春馆、上下天光、万方安和遗址考古发掘报告
101中学水闸	2004		配合101中学的基建项目	公开	101中学清代水闸遗址发掘简报
御道	2005	240	配合地铁四号线站点修建	公开	北京皇家建筑遗址发掘报告
如园	2012~2013	1800	配合遗址规划与保护工作	提交报告	圆明园如园遗址考古发掘完工报告

续表

遗 址	时间 / 年	面积 / 平方米	背 景	公开情况	出 处
桃花洞	2013	400	配合武陵春色景区内桃花洞遗址抢险工程	提交报告	圆明园遗址公园武陵春色景区桃花洞遗址抢险项目考古发掘完工报告
大宫门	2013 至今			公开	圆明园遗址公园大宫门区域考古发掘简报
蓄水楼	2015			公开	长春园海晏堂蓄水楼遗址考古发掘简报
远瀛观	2016			报道	圆明园远瀛观遗址发现早中晚三期建筑遗迹及路网
紫碧山房	2016 至今			无	

附表二　圆明园已勘探遗址统计表

时间 / 年	背 景	遗 址	资料情况
2002	制定 2002~2007 年圆明园遗址考古发掘与保护详规，配合 2008 年遗址全面开放	西洋楼	提交报告《圆明园遗址考古发掘与保护规划》
		正大光明	
		九州清晏	
		长春仙馆	
		坦坦荡荡	
		杏花春馆	
		上下天光	
		慈云普护	
		碧桐书院	
		天然图画	
		镂月开云	
		廓然大公	
		西峰秀色	

续表

时间/年	背 景	遗 址	资料情况
2002	制定 2002~2007 年圆明园遗址考古发掘与保护详规，配合 2008 年遗址全面开放	鱼跃鸢飞	提交报告《圆明园遗址考古发掘与保护规划》
		北远山村	
		四宜书屋	
		平湖秋月	
		鸿慈永祜	
		月地云居	
		武陵春色	
		汇芳书院	
		日天琳宇	
		澹泊宁静	
		映水兰香	
		水木明瑟	
		濂溪乐处	
		坐石临流	
		方壶胜境	
2004	西部遗址第一期整治工程	正大光明	提交报告《圆明园西部遗址 2004 年度考古勘察报告》
		九州清晏	
		茹古涵今	
		坦坦荡荡	
		杏花春馆	
		上下天光	
		慈云普护	
		碧桐书院	
		天然图画	
		镂月开云	
		长春仙馆	

续表

时间/年	背　景	遗　址	资料情况
2004	西部遗址第一期整治工程	万方安和	提交报告《圆明园西部遗址 2004 年度考古勘察报告》
		勤政亲贤	
		绮春园宫门	
2004	配合北京 101 中学二期翻建工程建设	长春园西南部湖区	记入《1979~2006：北京文物博物馆事业纪事（下）》
2006	配合圆明园西北部应急补水工程	圆明园北夹墙内	公开发表《圆明园北夹墙遗址》
2007	配合西北部湖水水质改善工程	北长河、西长河	提交报告《圆明园湖水水质改善工程考古勘探工作报告》
	配合整治工程	五孔闸北	提交报告《圆明园五孔闸北等六处遗址区整治工程考古勘探报告》
		曲院风荷	
		涵秋馆	
		凤麟洲	
		天心水面	
		心镜轩	
2009		正觉寺北湖	提交报告《圆明园正觉寺周边区域考古勘探报告》
		四宜书屋	
		松风萝月西侧河道	
2013	配合东门环境整治工程	线法画	提交报告《圆明园线法画遗址考古勘探工作报告》
2017		蓬岛瑶台	无

参考文献

A. 期刊

[1] 王有泉《圆明园之藻园遗址考古发掘报告》，《北京文博》1999 年第 1 期。

[2] 北京市文物研究所圆明园考古队《北京圆明园含经堂遗址 2001~2002 年度发掘简报》，《考古》2004 年第 2 期。

[3] 北京市文物研究所《101 中学清代水闸遗址发掘简报》，《北京文博》2005 年第 1 期。

[4] 北京市文物研究所《地铁四号线圆明园车站考古发掘报告》，《北京文博》2006 年第 2 期。

[5] 靳枫毅、王继红《圆明园遗址考古勘察与发掘的成果及其意义》，《圆明园》2008 年第 7 期。

[6] 王继红《圆明园长春园宫门区及含经堂遗址营建年代初探》，《圆明园》2010 年第 10 期。

[7] 陈辉整理《解读圆明园出土佛像》，《收藏》2010 年第 11 期。

[8] 陈辉《悬瓠何尝有定容，规之成器在陶镕——圆明园出土的葫芦陶范》，《收藏家》2016 年第 6 期。

[9] 陈辉《残瓷之美（上）——圆明园出土瓷器残片赏析》，《文物天地》2017 年第 7 期。

[10] 陈辉《残瓷之美（下）——圆明园出土瓷器残片赏析》，《文物天地》2017 年第 8 期。

[11] 贺艳、刘川《再现·圆明园——坦坦荡荡》，《紫禁城》2012 年第 10 期。

[12] 张卓燕、赵艳龙、苏志刚《圆明园如园延清堂遗址局部勘探所获建筑材料的评价及其保护建议》，《文物保护与考古科学》2013 年第 4 期。

[13] 张凤梧、阴帅可《圆明园研究史初探（1930 年至今）》，《中国园林》2013 年第 10 期。

[14] 杨菊、刘乃涛《圆明园大宫门河道遗址和如园遗址土样初步分析》，《文博》2015 年第 3 期。

[15] 孙勐、张中华、曹孟昕《圆明园“含经堂”遗址的考古发现》，《大众考古》2015 年第 4 期。

[16] 靳枫毅《北京考古近 20 年（1995—2015）回顾和在京津冀协同发展背景下相关考古课题设置的初步构想——在“纪念〈北京文博〉创刊 20 周年学术座谈会”上的发言》，《北京文博》2015 年第 4 期。

[17] 北京市文物研究所《圆明园遗址公园大宫门区域考古发掘简报》，《北京文博》2016 年第 3 期。

[18] 孙勐《遗址、文献与图像——长春园遗址的考古发现和初步研究》，《北京科技大学学报（社会科学版）》2016 年第 3 期。

[19] 窦金海、金和天等《圆明园琉璃瓦表面釉层变色机理的研究》，《硅酸盐通报》2017 年

第 8 期。

[20] 窦金海、金和天等《圆明园琉璃瓦片状云母氧化铁的形成机理》,《中国科学院大学学报》2018 年第 4 期。

[21] 马悦婷、岳升阳等《圆明园宫门区古环境研究》,《华夏考古》2018 年第 2 期。

[22] 李彤、张瑞芳、周华《圆明园如园遗址石质文物病害调查研究》,《文物鉴定与鉴赏》2018 年第 3 期。

[23] 北京市文物研究所《长春园海晏堂蓄水楼遗址考古发掘简报》,《北京文博》2018 年第 2 期。

B. 报纸

[24] 王健《圆明园遗址考古新发现》,《中华建筑报》2003 年第 1 期。

[25] 张利芳、张中华《圆明园如园遗址考古发掘取得重大收获——完整的园林布局、路网系统、御笔石刻惊艳亮相》,《中国文物报》2017 年 7 月 14 日。

[26] 张利芳、张中华《圆明园远瀛观遗址发现早中晚三期建筑遗迹及路网》,《中国文物报》2017 年 5 月 5 日。

[27] 刘冕《圆明园如园遗址二期考古完成——路面和大殿有大面积过火痕迹》,《北京日报》2017 年 7 月 27 日。

C. 专著

[28] 北京市文物研究所《圆明园长春园含经堂遗址发掘报告》,文物出版社,2006 年。

[29] 北京市文物局图书资料中心《北京文物博物馆事业纪事（下）(1979—2006)》,北京市文物局,2007 年。

[30] 北京市文物研究所《圆明园长春园宫门区遗址发掘报告》,科学出版社,2009 年。

[31] 宋大川主编、朱志刚著《北京考古史·清代卷（上）》,上海古籍出版社,2012 年。

D. 会议论文集及析出文献

[32] 北京市文物研究所《圆明园用砖简述》,《北京文物与考古（第 6 辑）》,民族出版社,2004 年,90~94 页。

[33] 北京市文物研究所《简论含经堂遗址出土的葫芦器陶范》,《北京文物与考古（第 6 辑）》,民族出版社,2004 年,79~89 页。

[34] 北京市文物研究所《圆明园北夹墙考古勘探报告》，《北京考古（第 2 辑）》，北京燕山出版社，2008 年。

[35] 王继红、靳枫毅《圆明园几座石桥遗址的考古勘察与发掘》，《数字化视野下的圆明园：研究与保护国际论坛论文集》，中西书局，2012 年，51~63 页。

E. 专著析出文献

[36] 张治强、朱志刚《地铁四号线圆明园车站御道遗址》，《北京皇家建筑遗址发掘报告》，科学出版社，2009 年，87~92 页。

[37] 张治强、孙勐《圆明园北夹墙遗址》，《北京皇家建筑遗址发掘报告》，科学出版社，2009 年，93~106 页。

[38] 朱志刚、李永强《圆明园正觉寺天王殿遗址》，《北京皇家建筑遗址发掘报告》，科学出版社，2009 年，107~108 页。

[39] 王楚宁、夏晓燕、赵祯《长春园含经堂遗址出土印章小考》，《圆明园学刊 2016》，上海社会科学院出版社，2017 年，283~292 页。

[40] 白艺、魏嘉臻《圆明园买卖街出土的蟋蟀罐考》，《圆明园学刊 2016》，上海社会科学院出版社，2017 年，293~299 页。

[41] 魏嘉臻、白艺《圆明园含经堂遗址出土地天母铜像考》，《圆明园学刊 2017》，中国社会出版社，2018 年，287~293 页。

浅析勾连搭技术在古建中的应用

——以清农事试验场旧址鬯春堂修缮为例

张家贺　孙蕊　王树标　赵靖　刘晓菲（北京动物园研究室）

一　建筑背景

　　鬯春堂坐落于清农事试验场旧址的西南部，院落地面为二城样海墁，建于光绪二十四年（1898 年），建成于光绪三十四年（1908 年）初，与畅观楼等构成乐善园的主建筑。《曼殊室随笔》云"西直门外之农事试验场，原是前清御苑之一，名曰乐善园，归内务府之奉宸院管辖。孝钦幸颐和园即以此为中点驻跸之所"，因此乐善园有皇家建筑之规制。

　　鬯春堂为五开间、三进深，周围廊，三卷勾连搭歇山过垄脊建筑。据《北京动物园志》记录：鬯春堂廊前厦后，十分宽敞，四周擎立 24 根红柱。房屋四壁全镶宽大玻璃窗，门为穿堂。光绪末年的《顺天时报》中记述此处："内庭宫殿式样，画栋雕梁，丹碧辉煌。金砖无缝，龙毡有光。桌椅茶几等等都是紫檀花梨制成的。壁上悬挂御笔画十二幅，是慈禧太后的亲笔梅花、菊花，生意盎然，或是老干纵横，或是花朵盛开，极尽画工的神妙。堂外又有御树一株，中心已空，火烧的痕迹尚在。四周高台阶环抱假山石，很有几块奇石，如同山峰似的，又有几块玲珑石，七穿八洞，景致很为好看。园中假山石虽多，此处却最为优胜。"

二　历史形制分析

　　鬯春堂始建成于 1908 年，1997 年台明以上木构件不慎烧毁，现存鬯春堂台明以上部分为 1997 年复建，竣工日期为 1997 年 9 月。面阔 18.66 米，进深 15.15 米，复建建筑面积为 320 平方米。依据 1997 年复建时的竣工图纸及现存建筑整体分析，鬯春堂文

图 1　邑春堂

物本体建筑的原有建筑形制：散水为二城样细墁兀字面；台帮二城样干摆十字缝；小青石阶条石及踏跺；廊步及室内为尺四方砖细墁十字缝地面；大木构架为五开间、三进深、周围廊，前殿后厦为四檩卷棚，中殿六檩卷棚；屋面为三卷勾连搭、2 号筒瓦裹垄歇山、过龙脊、铃铛排山垂脊屋面；装修为步步锦支摘窗及隔扇门带帘架；彩画为金线掐箍头搭包袱苏画，如图 1。

三　修缮概况

1. 建筑现状

邑春堂局部大木架糟朽；屋面长草，屋面裹垄灰及猫头、滴水长满青苔，屋面瓦件破损严重；屋面西侧撒头漏雨；天沟局部淤堵，导致屋面有渗漏，天沟下方的木构件（椽望、木檩、博缝板、踏脚木、抱头梁等）出现严重糟朽，屋面局部漏雨等原因导致木材出现裂缝或糟朽；包袱式苏画表面着尘污染，局部缺失；下架大木红色油饰褪色，地仗多处龟裂、脱落；装修及椽望油饰多处脱落；柱子、梁枋、檩等大木构件出现裂缝；室外散水砖碎裂严重，台帮城砖风化；小青石阶条及垂带踏跺略有风化。现存建筑材料自身不断老化，强度逐渐降低，加之外部风、雨和雪等自然因素长期侵蚀，导致文物建筑材料逐年老化、残损加剧，部分构件丧失部分或全部承载能力，从而导致建筑整体残损、破坏。

2. 修缮内容

畅春堂的主要修缮内容包括：屋面挑顶，更换糟朽大木构件，部分木构件加固；装修拆修安加固；包袱式苏画清理除尘，缺失的彩画补绘随旧色；下架大木重新红色油饰；装修及椽望重新油饰；散水砖揭墁，台帮风化严重的城砖剔补。屋面及大木构架的修缮，及重做天沟。本文着重分析畅春堂勾连搭的构造做法及衍生发展类型。

四 勾连搭的构造做法及衍生发展类型

1. 勾连搭的构造做法

勾连搭，狭义上是指两栋或多栋房屋的屋面沿进深方向前后相连接时，在连接处做的向建筑两侧排水的构造做法，特指构造层面上的处理；广义上是指一种屋面组合形式，即两栋或多栋房屋的屋面沿进深方向前后相连接，在连接处做一水平天沟向两边排水的屋面组合[1]。

"勾连搭"这种特殊的屋面组合形式在古代资料中有所体现，由"对霤（liu）""承霤""天沟"等词历经发展，但"勾连搭"一词的出现时间具体不可考。关于勾连搭建筑的应用及记载明清较多，在《园冶》中有"如前添卷，必须草架而轩敞""如厅堂列添卷，亦用草架""凡屋添卷，用天沟，且费事不耐久，故以草架表里整齐"，在样式雷图档中更多有"两卷""三卷"等的记录，还有南方地区勾连搭屋顶中木水槽的实例[2]。勾连搭样式的发展从屋内承接木水槽，到屋面天沟的出现，可见勾连搭的应用也在古代匠人的研究中一步步发展。

前面提到过勾连搭的狭义定义，即勾连搭的构造层面做法，在连接处做的向建筑两侧排水的构造做法，它是前栋建筑的后檐柱与后栋建筑的前檐柱合并，因此两屋面相接，形成的沟称之为"天沟"。天沟在古代时防水效果一般，《园冶》中也曾提及"用天沟，且费事不耐久"，因此勾连搭多见于少雨的北方。随着建筑材料的发展，屋面防水进入新的阶段，尤其是水泥的产生，几乎能够完全解决勾连搭漏水的问题。天沟的传统做法中，通常在屋面交接处檩上放椽、铺望板、搭设跨空椽，先做一层灰背，然后在天

［1］ 刘振强《泰州"勾连搭"作法研究》，南京大学，2012年。
［2］ 刘振强《口岸城隍庙大殿"勾连搭"解析》，《江苏建筑》2012年第4期。

沟两侧做金刚墙，再做灰背、铺瓦垄。屋面上苫背时，天沟要重点处理好水流问题，避免局部积水，因此尽量不把排水的主流通道安排在临近墙体或瓦檐的地方。沟眼附近留出高差较大、宽敞的地方，如图2[1]。

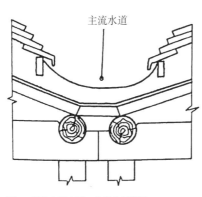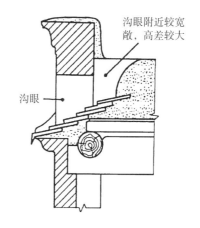

图2　天沟主流水道、沟眼处的设置

2. 勾连搭的应用及类型

勾连搭做法的目的通常是扩大建筑室内的空间，常见于大型宅第及寺庙大殿等建筑中。勾连搭屋面可根据屋面组合数量与类型有不同叫法，两个屋面形成勾连搭，在勾连搭屋面组合中两种最为典型即"一殿一卷式勾连搭"和"带抱厦式勾连搭"。还有一般的两卷勾连搭、三卷勾连搭、四卷勾连搭，它们可根据屋面类型、是否重檐有更加详细的名称，下面根据屋面数量组合做出简单的类型分析。

只有两栋建筑形成勾连搭且两者开间数相同，主体为带正脊的硬山悬山类、另一个为不带正脊的卷棚类，这样的勾连搭屋面叫作"一殿一卷式勾连搭"，很多垂花门是这类的屋面。一殿一卷式垂花门是垂花门中最普遍、最常见的形式。它既常用于宅院、寺观，也常用于园林建筑。这种垂花门是由一个大屋脊悬山和一个卷棚悬山屋面组合而成的，从垂花门的正面看为大屋脊悬山式，背立面则为卷棚歇山[2]。

---

[1]　刘大可《中国古建筑瓦石营法》，中国建筑工业出版社，1993年。
[2]　马炳坚《中国古建筑木作营造技术》，科学出版社，1991年。

在勾连搭屋面中，相勾连的屋面开间数不同，抱厦一般比殿身少两间或四间，形成有主有次、高低不同、前后有别的屋面，这一类的叫作"带抱厦式勾连搭"。如故宫咸若馆，咸若馆位于慈宁宫花园北部中央，是园中主体建筑，为清代太后、太妃礼佛之所。清乾隆年间先后大修、改建，即今所见形制。馆坐北朝南，正殿5间，前出抱厦3间，四周出围廊。正殿为黄琉璃瓦歇山式顶，抱厦为黄琉璃瓦卷棚式顶。除此之外，两个屋面相勾连形成两卷勾连搭，在北京四合院传统民居中也有实例。

三卷勾连搭在北京传统民居建筑中应用实例较少，主要应用在园林建筑中，典型的代表：清农事试验场的畅春堂三卷勾连搭卷棚顶；故宫现存的慈宁宫花园中的含清斋、延寿堂，均为三卷勾连搭式灰瓦卷棚硬山顶，还有宁寿宫区内的景福宫，采用三卷勾连搭歇山卷棚顶，四周环以围廊。

四个屋面相连可构成四卷勾连搭，这样的实例即使在现存的皇家园林中也不存在，但设计图和烫样的档案是存在的。如圆明园中的慎德堂、天地一家春，同治帝于1873年夏至重修圆明园，但因财力不足未能实现，留下大量测绘、设计等相关材料，其中慎德堂具备四卷勾连搭的要素。慎德堂正堂是三卷勾连搭歇山顶，连接后抱厦勾连搭，因此可看作一处四卷勾连搭的屋顶。

以上勾连搭的典型屋面和现存的实例，以及有记载的档案，这些都是古人在探索建筑构造中的成果，对研究同类型建筑和建筑历史具有重要的意义。下面以清农事试验场的畅春堂为例，探析勾连搭的做法。

3. 畅春堂的勾连搭做法

畅春堂在前后屋面交接处共用檐柱，在柱上设置梁、檩、垫板等，其后放椽条，前后屋面相连，扩大室内空间，其剖面图如图3所示。畅春堂的天沟与传统的做法稍有不同，在搭设跨空椽后并未做金刚墙，而是直接做两层灰背，然后铺瓦垄等。这样的做法虽不及金刚墙设置防止雨水倒流做法严谨，但建筑防水材料的发展也让这样的做法在屋面防水效果上不会有所差异。由此可见建筑材料的发展也会让建筑结构上出现差异，传统做法亦可以看出在当时背景下古代匠人的智慧。

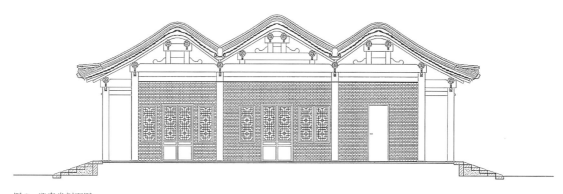

图 3 畅春堂剖面图

结 语

勾连搭作为我国古代建筑一种屋顶形式，虽然应用并不十分广泛，却代表了特殊时期的历史风貌，对后世民居影响深远。了解其构造的发展演变是我国古代木结构技术史研究的必不可少的组成部分，有助于弥补历史文献关于技术细节记载的不足，进一步认识、诠释相关历史书籍，推动相关建筑的调研、修复、保护、设计。

中国古代建筑是历史的产物，以其特有的形式、结构和材料，承载历史，见证文明。一代代人接续传承，通过科学解读古代建筑蕴含的历史文化信息，使其成为可信的史料，融入历史、文化和社会研究之中，产生更大的学术价值和社会价值。中国古代建筑是一门精妙的学问，值得我们去仔细认真的研读和学习，不同时代的构造做法，与当时的文化紧密相连，古建中的历史文化需要我们去继承和发扬，进而才能够设计出拥有我们自己文化底蕴和气质的中国建筑。

参考文献

[1] 马炳坚《中国古建筑木作营造技术》，科学出版社，1991 年。

[2] 陈明达《营造法式大木作制度研究》，文物出版社，1981 年。

[3] 梁思成《清式营造则例》，中国建筑工业出版社，1981 年。

[4] 杨小燕主编《北京动物园志》，中国林业出版社，2002 年。

自然因素对古建彩画的影响研究

——以颐和园长廊彩画为例

孙伟（北京市颐和园管理处遗产监测中心）

彩画是依附于木结构之上，对古建筑起保护和装饰作用的，显示建筑功能与等级的一种中国传统古建筑工艺。作为我国古建筑特殊的组成部分，在呈现出绚美色彩的同时也反映着特定的历史信息，以其工艺、材料和绘制水平和所绘内容等多方面，综合体现出了当时的国情国力以及传统文化之底蕴。

由于彩画位于古建构件的外表面，直接暴露于自然环境之下，它受温、湿，风、光等多种环境因素共同影响，是古建筑对环境变化最为敏感的组成部分之一，极易受到各种侵蚀损坏，出现褪色、开裂、粉化、脱落等衰变现象。当地仗强度和彩画表皮的胶结强度减弱，其对木结构的保护作用便越来越小，严重者更将影响木结构安全，不但降低了古建筑的原真性，也使其所蕴含的历史信息丢失，文化遗产价值大打折扣。

颐和园是中国封建王朝最后一次大规模造园活动的珍贵遗存，作为我国保存最为完整的皇家园林，世界文化遗产，是拥有现存规模最大、样式最全的清代皇家彩画宝库，几乎涵盖了中国古代建筑的所有彩画类型。园中彩画大部分为清晚期所做。清晚期是我国古建筑发展的高峰期，油饰彩画也发挥到了极致，可称作是我国古建彩画教科书式的存在，其弥足珍贵的彩画艺术范本价值，远远超出了保护与装饰功效，是颐和园世界文化遗产重要的组成部分。

长久以来彩画传承历史信息的重要性并没有得到足够的重视，彩画价值认识并不明确，尤其近年来随着城市建设的大规模进行，颐和园生态环境也随之发生了巨大改变，对彩画的影响程度也日益加大。随着文物保护意识不断提高，文化遗产监测工作的不断展开，我们发现在同一建筑，所处环境条件几乎相同但位置不同的彩画，其色彩衰退程度完全不同，保存程度相差巨大。

一　研究分析

通过长期不断地对彩画本身色坐标及所处环境进行持续的监测，在大量数据的基础上进行对比研究，我们得到了如下结论。

1.温度

数据表明，所有样点所处位置均并未长时间处于极限高温或低温情况下，结合以往经验分析可知，温度对彩画的影响主要在于其地仗受热不均而引起的局部开裂，而并非彩画颜色衰变。温度并非彩画色彩衰变的主要原因。

2.湿度

数据表明，所有样点所处位置均并未长时间处于极限湿度条件下，结合以往经验分析可知，湿度增大加之温度适宜主要引起霉菌滋生，造成彩画表面出现霉变或霉点，造成彩画局部小面积变色。但并非是彩画色彩大面积衰变的主要成因。

3.风

风即空气的流动，如果气流很强则会对彩画表面产生风化作用，主要的影响在于彩画物理损伤，造成彩画表面粉化脱落。但经过大量数据的积累，发现由于颐和园长廊两侧种植有大量树木，加之北侧有万寿山遮挡，监测样点所处的微环境中风速相当小，基本可以认为常年无风，可以忽略不计。可见风对长廊彩画色彩衰变影响不大。

4.光照

（1）光照来源分析

研究中发现，位于长廊四亭中的某些迎风板（东西朝向）色彩衰变情况与常识不符，根据常识我们所处的地理位置，夕阳的光照强度和热量应大于朝阳，即人们所谓的"西晒"。但实际情况是位于西侧的朝东向（以下简称西侧）迎风板彩画残损程度远远大于位于东侧朝西向（以下简称东侧）迎风板，表现与常识相反（图1）。

由监测数据可以看出，东西两侧样点彩画在夏、秋季日照度基本一致，但2~4月及11~12月较为特殊，日照度出现明显峰值，西侧照度远远大于东侧，且西侧峰值出现于早7~9点左右，与彩画衰变状况相吻合。

迎风板彩画位于亭子内檐，根据照度监测数据，以及周围地形推论：长廊南侧为昆明湖，太阳光基本是通过湖面反射达到迎风板彩画的。夏季由于太阳高度角过大（夏

图1 位东向西（上）及位西向东（下）迎风板彩画现状

季北京地区正午太阳高度角最大达到 72.8°）使得反射点落在岸上地面反射度相对很小，几乎全部为漫反射，因此夏季两侧照度一致且很小。而冬季太阳高度角小（冬季北京地区正午太阳高度角最低为 26.5°），反射点落于昆明湖水面之上形成反射，且湖面结冰后形成镜面反射，强度远大于水面，加之湖岸线在亭西侧向外突出不利于西晒反射光的形成，因此，冬季西侧迎风板比东侧位置照度相对较强，符合迎风板彩画现状。

由以上分析可见，此处彩画所受光线绝大部分来源于昆明湖湖面的反射光，而非太阳光直射。

（2）光照对色彩衰变规律影响分析

我国古建颜料绝大部分为天然矿物质颜料，也有少量植物颜料，等其他类颜料。黑色颜料主要为黑烟子，成分主要为碳元素，呈极细且轻的黑色粉末状态，化学性质很稳定，本应色彩衰变较小。但经对比发现，黑色样点的色坐标变化较大，即色漂移严重，说明黑色色相变化较大。监测可以看出，其随时间变化，主波长逐渐变大，逐渐呈发黄趋势。兴奋纯度呈波动变化，未见明显趋势。黑色的亮度随时间逐渐呈上升趋势，说明其色彩逐渐发白变浅。结合光学理论分析，黑色不反射任何颜色的光，吸收自然光谱中的所有光子能量，即太阳光全光谱，所包含光子能量很大，所以随时间推移，黑色色坐标变化最为显著，明显泛黄发白。

彩画中黄色主要为矿物质颜料为石黄与其他颜料调和而成，经监测数据可以看出，其波长有增长趋势，与色度图对比可知颜色向橙色偏移，但变化较小并不明显；由曲线可见兴奋纯度随时间推移呈逐渐缩小趋势，说明其色彩饱和度在逐渐减小，证明有逐渐发白的趋势。由于黄色是吸收太阳光全光谱中的蓝绿色，反射其他颜色的光进入人眼而形成，与黑色吸收能量的范围相比窄很多，所以颜色变化相对较小，与实际监测结果相符。

彩画红色部分主要颜料为银珠。由曲线图可见，其主波长逐渐减小，说明色彩逐渐向黄色偏移。兴奋纯度随时间呈波状变化，其色彩饱和度先增后减，变化并无明显上升或下降趋势。红色颜色变化程度基本与黄色一致，明显小于黑色。

青色主要来源于无机颜料群青。其波长随时间逐渐加大，颜色逐渐向黄色偏移，亮度随时间增长，呈发白趋势。虽然与黄色相比其波长偏移趋势更为明显，但其色相视觉感受几乎没有改变。经分析，认为其原因有三：第一，CIE1931色度图的空间分布并不均匀，青色色差宽度比黄色更宽；第二，基于光化学分析，变色现象主要是由于颜料中的分子由于各种原因吸收的能量大于其活化能量，从而发生光化学反应，导致其降解所致。虽然青色从太阳光谱获得了大量太阳辐射，但主要为中长波段，此段光谱光子振动频率低、能量小，所以虽然数量庞大，但总体能量不强；第三，根据混色原理，青色是吸收红黄光，反射太阳光谱中的蓝色和绿色混合而成，其能量不仅相对于黑色小，对于吸收了较高能量蓝、绿光而成的红色光也相对较小；所以，青色色彩衰变可见度相对于其他颜色最小。

综上所述，古建彩画褪色、变色，即彩画色度、光泽度变化的主要影响因素是光照。总体来讲，随时间的推移，光照度日渐积累，色度变化总体规律是变暗、变灰，即明度、彩度（饱和度）下降，每种颜色色调也发生不同程度偏移变化，基本呈泛黄趋势。光泽度整体呈下降趋势，但由于古建彩画本身光泽度很低，所以光泽度下降不大。

二　建议

经研究彩画色彩衰变主要原因是光照，由于彩画位于建筑表面，直接暴露于室外，在符合古建修缮四原则的前提下，建议从主动及被动两方面进行保护。

1. 被动式保护

被动式保护即从彩画本身出发，在改进彩画原料、工艺及表面涂层方面考虑。

（1）彩画颜料层加固

由以上分析可知彩画褪色因素中，紫外线照射占了很大比例。故建议在彩画修复补绘时，在颜料中加入适当的紫外线吸收剂等光稳定剂，如纳米二氧化钛、HASL等（化学方法引入文物保护实践已有几十年时间，在秦俑彩绘保护中已经取得成功。经实践，适当地加入光稳定剂不会影响油漆的颜色及透明程度，且稳定性出色。），这样可以有效吸收紫外线，防止其对彩画的影响，从而尽可能的延缓褪色情况的发生。

（2）表面清洗并封护

清洗材料要求不与古建彩画的颜料起化学反应，且易挥发，干燥快，不留清洗痕迹，对鸟粪等污染物有很好的清除作用等特点，例如高纯度乙醇溶液。封护材料则要求具有固化快，强度高，光亮透明，结膜性能好，涂刷后不流坠，不皱缩，可迅速在彩画表面形成保护膜的特点，如聚乙烯醇缩丁醛（PVB）的乙醇溶液，实践证明此种溶液刷涂形成的保护膜比清漆耐老化。所以建议将价值较高的彩画用乙醇清洗并充分干燥后涂刷聚乙烯醇缩丁醛乙醇溶液形成表面封护膜，从而对彩画起到保护作用。

2. 主动式保护

主动式保护即在现有的条件下，尽量避免环境因素对现有彩画的影响，从上述分析结果可知，主要在于防止阳光对彩画的照射。

（1）植物遮阳

通分析已经得知光线主要来源于昆明湖的反射，所以不影响景观的前提下，建议在对应区域种植荷花，适当降低水面面积从而减少阳光的反射，并适当在长廊南侧种植树木或降低现有树木的分支点以达到遮挡反射光的目的。

（2）冬季加装水泵

由于冬季冰面对阳光反射尤为强烈，建议在昆明湖水未结冰之前在适当位置加大功率水泵，使湖水流动起来，防止水面结冰形成镜面反射，以降低阳光反射度，从而减少光线对彩画的照射。

结　论

颐和园作为我国保存最为完整的皇家园林，世界文化遗产，是清代皇家彩画宝库，长廊彩画汇集了颐和园彩画的最精华，是国内苏式彩画的代表，且物理环境极具代表性，此次监测研究可以充分体现出颐和园彩画色彩衰变及其微环境间的关系。

研究表明：（1）光照是造成彩画色彩衰变的主要原因，彩画所处环境中，温度、湿度、风环境对其色彩衰变影响较小。（2）光照对不同颜色的彩画影响程度差异较大。其原因主要取决于不同颜色对太阳光谱的吸收和反射特性不同。其中黑色衰变最为明显，黄色、红色暖色调颜色衰变次之，青色系冷色调颜色衰变程度最小。（3）光照对彩画色彩参数影响程度不同。研究显示，光照使各种色彩均表现出泛黄趋势。亮度值均随曝光量增加逐渐加大，造成彩画颜色发白。兴奋纯度主要表现为色彩饱和度，此次研究中并未表现出明显规律性。（4）光照使彩画光泽度整体呈降低趋势，但程度较小。

总之，此次研究具有科学性、严谨性、持续性的特点，积累了大量的监测数据，建立了较为完善的资料体系，可以在今后的工作中为彩画保护提供有力的支持，有利于颐和园以至于我国古建彩画保护、传承、发展。

参考文献

[1] 边精一《中国古建筑油漆彩画》，中国建材工业出版社，2007 年。

[2] 杨宝生《颐和园长廊苏式彩画》，中国建筑工业出版社，2014 年。

[3] 何秋菊《中国古代建筑油饰彩画风化原因及机理研究》，《西北大学学报》2008 年。

[4] 吴永琪、Erwin Emmerling 等《秦俑表面彩绘涂层的加固保护研究》，《文博》1994 年第 3 期。

藏品管理

营造学社纪念馆藏明式方桌样式溯源与尺度研究

李大卫　刘畅（清华大学建筑学院）
张博宏（故宫博物院）
高珊（文化和旅游部恭王府博物馆）

一张明式方桌（图1）作为营造学社纪念馆馆藏文物展览于清华大学纪念馆新馆（图2、3）。方桌为石质面心、宽边攒框。桌牙两头留牙头，转角处浮雕卷草纹，下有高拱罗锅枨。四个腿部造型为方腿分楞瓣，桌腿侧脚、收分明显。罗锅枨与牙板间添加两如意形卡子花连接（图4）。

图1　方桌整体状况

图2　清华大学营造学社纪念馆收藏情况

黄花梨镶白石灵芝纹卡子花罗锅枨方桌
17~18世纪　木
通高80.3厘米，面阔88.6厘米，
进深88.3厘米
中国营造学社纪念馆藏

图3　展示牌

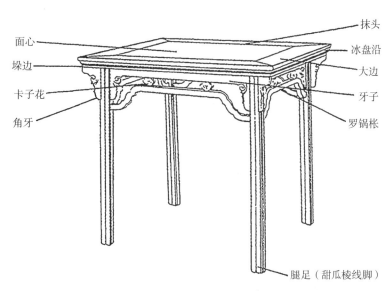

面心

垛边

卡子花

角牙

抹头

冰盘沿

大边

牙子

罗锅枨

腿足（甜瓜棱线脚）

图4　方桌构件示意图（图片来源：王世襄《明式家具珍赏》）

通过宏观判断其材质为黄花梨（降香黄檀），质感温婉，木材棕眼呈麦穗纹、手画直线纹，白色皮壳（图5、6）。然而这并不是这张方桌的原貌：桌面面心附近木材缝隙中有黑色残留，桌底可见桌面木板存在两横向穿带与一竖向直枨，底面仍有黑色漆皮残留。由此我们可以用推知方桌初始的样貌——黑漆表面、白色大理石面心（图7），而白色大理石表面几乎没有花纹，恰恰加强了这种"黑白对比"，给人清新纯净之感。

图 5　桌面材质细节（现状）

图 6　桌面材质细节（现状）

图 7　方桌原貌推断

一　方桌基本情况与演变

事实上，桌案的历史并不算高古，它的起源来自于垂足坐的起居方式的流行，"韩熙载夜宴图"（图 8）中，记录了这些早期家具的样貌——刚刚脱离箱型结构，具备框架结构雏形，除了功能性的构件外，几乎不具备任何装饰。

图 8 《韩熙载夜宴图》

明式桌案类家具的出现，并不只是匠人的妙手偶得，而是经历了一系列的演变。我们可以通过墓葬明器、壁画、传世画作等非实物载体发现明式方桌装饰构件的发轫脉络。

表 1 宋辽金西夏墓葬中桌案装饰[1]

只用枨（41）	宋（14）辽（16）金（11）
枨 & 矮老（24）	宋（1）辽（22）金（1）
枨 & 牙头（24）	宋（13）金（11）
枨 & 牙条（9）	宋（5）辽（1）金（3）
枨 & 牙头 & 牙条（16）	宋（11）金（4）西夏（1）
只用牙条（2）	宋（2）
只用牙头（2）	宋（1）辽（1）
牙头 & 牙条（2）	宋（1）金（1）
枨 & 牙头 & 矮老（6）	金（5）西夏（1）
枨 & 卡子花（1）	辽（1）
枨 & 矮老 & 卡子花（1）	辽（1）

[1] 数据来源：刘刚《宋、辽、金、西夏桌案研究》，《上海博物馆集刊》，2002 年。

根据墓葬壁画中装饰构件的出现分布，我们可以初步推知宋地区的桌案类家具更多出现枨、牙头和牙条（图9），而矮老和卡子花更多见于辽金西夏等北方地区的墓葬。

其中北京房山岳各庄辽塔地宫供桌，也是最早的桌案家具中出现卡子花的实例。这些资料或许可以初步佐证王世襄先生的观点："虽然明代硬木家具生产中心在苏州地区，继承南宋的工艺

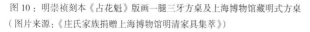

图9　北京房山岳各庄辽塔地宫供桌，55厘米×41厘米×35.5厘米圆材双枨（图片来源：王世襄《谈古论艺》）

和形制，而矮老和卡子花则吸收了北方的制作。"

一腿三牙的设计同样也是明式家具的一种流行款式。应在明代晚期即已定型，山西出土的明代中期微型三彩陶明器中，已见一腿三牙方桌。明式书籍刻本、家具中也留存大量的一腿三牙方桌（图10）。

图10：明崇祯刻本《占花魁》版画一腿三牙方桌及上海博物馆藏明式方桌
（图片来源：《庄氏家族捐赠上海博物馆明清家具集萃》）

　　方桌依体型大小，可称为八仙、六仙或四仙桌，虽非单一用途，但常作为餐桌使用。其名显然与可供围坐人数有关。清华营造学社纪念馆所藏的方桌应为六仙桌。

二　方桌尺寸及形制

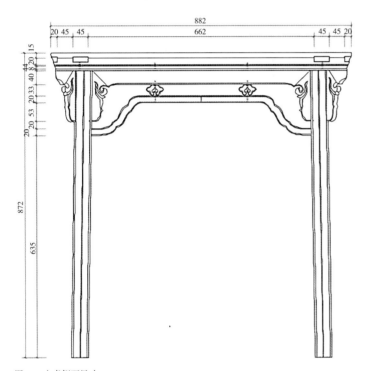

图 11　方桌侧面尺寸

表 2　方桌尺寸

名称	尺寸
桌子通高	872 毫米
桌子通宽	882 毫米 × 882 毫米
腿长	821 毫米
冰盘沿	39 毫米
垛边	12 毫米
角牙	高 143 毫米，宽 12 毫米
罗锅枨	高 20 毫米
牙板	高 40 毫米

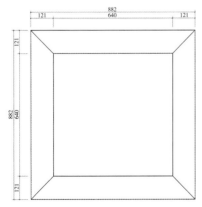

图 12　方桌顶面尺寸

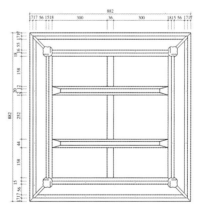

图 13　方桌底面尺寸

表3　构件尺寸

名称	尺寸
大边与抹头	882 毫米
面芯	640 毫米 × 640 毫米
腿径	51 毫米
直枨	长 636 毫米，宽 36 毫米
穿带	长 636 毫米，宽 44 毫米

方桌的顶面为规整的方形（图12、13），照面心的尺寸64厘米=2尺来核算，推测匠人使用的营造尺为320毫米，用这把营造尺来衡量方桌的其他构件（表3），不仅可以得到较整的用料尺寸，也可以发现诸多设计上的巧思（附表1）。

其中面心和攒框的尺寸主要取决于匠人所得的出料的大小，面心与整体边长的比例十分接近5∶7，也是常用来拟合方圆的简化比例。确定面板之后，腿足的位置则是分别由面心向外移动0.75寸，使得牙条到边框的距离恰为3寸。

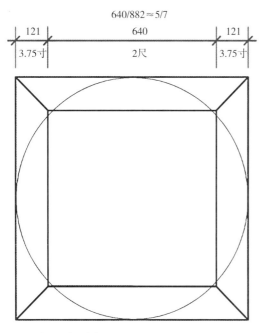

图 14　桌面尺寸设计分析

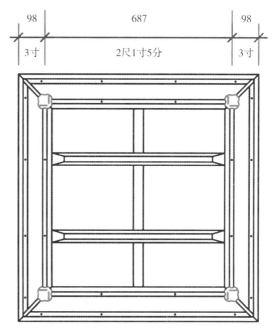

图 15　桌面底部（腿足位置）设计分析

而侧面的腿长、牙条、罗锅枨位置、垛边的宽窄等设计（图16），是在桌面的2尺7寸5分得到基础上进行划分所得。其中我们不难看出有很多位置的确定和转折是有等分比例在其中的，即使并非是匠人刻意通过比例算得构件、榫卯位置，也必定是建立在诸多经验的审美取向之上的。

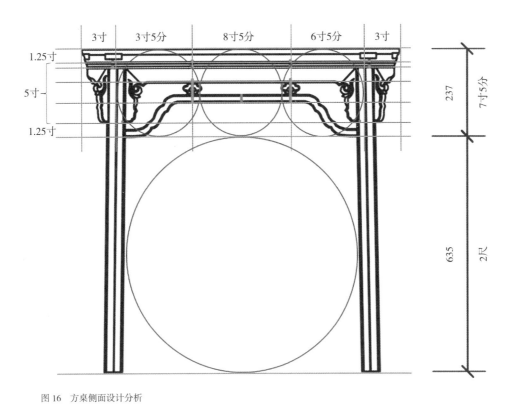

图 16　方桌侧面设计分析

三　方桌榫卯类型及同类型方桌比较

方桌虽然样式简朴，但是榫卯的设计上"因地制宜"、适应构件（附表 2），既保证外观的简约，同时结构上起到连接构件的作用。

此件方桌为"一腿三牙罗锅枨"的经典明式家具造型，通过资料查询，在故宫博物院、上海博物馆找到了相同样式的方桌。三张方桌样式对比如下（表 4）：

三张方桌在设计上体现出极大的共性，尺度较为相似，装饰亦有诸多相同——均采用灵芝型卡子花、浮雕卷草纹牙头及高拱形罗锅枨；但是在细部的构造连接上，又存在一定差异，如罗锅枨与桌腿的连接方式、底面穿带的固定方式等。此外，故宫与清华两件藏品的底面漆皮颜色差异或可反映出方桌初始颜色设计的不同（表 5）。

表4 三张方桌形制对比

	清华藏 （图片来源：李大卫摄）	故宫博物院藏 （图片来源：故宫博物院）	上海博物馆藏 （图片来源：《庄氏家族捐赠 上海博物馆明清家具集萃》）
收藏 记载	梁思成等人购置于50年代初期，鲁班馆[1]	故宫馆藏新00139480号花梨木方桌1962年收入故宫博物院	1993年，上海博物馆筹建时，此方桌与王世襄其余家具收藏共78件转交给庄贵仑先生，由其捐赠给上海博物馆[2]
整体 形貌			 （图片来源：《明清家具珍赏》）
角部 细节			
底面 结构			不详
底面 细节			不详

［1］ 魏瑞瑞、刘畅《清华建筑学院收藏家具与梁思成体形环境论之对照研究》，清华大学，2015年。
［2］ 庄贵仑《庄氏家族捐赠上海博物馆明清家具集萃》，两木出版社，1998年。

表 5　三张方桌形制对比

	清华藏	故宫藏	上博藏
尺寸	88.2 厘米 ×88.2 厘米 ×87.2 厘米	90 厘米 ×90 厘米 ×86 厘米	89 厘米 ×89 厘米 ×88.5 厘米
材质	黄花梨	黄花梨	黄花梨
面心	白石独板	花梨木拼接	花梨木拼接
桌腿形制	甜瓜愣 底部有白色皮壳	甜瓜愣 底部有白色皮壳	甜瓜愣 底部有白色皮壳
卡子花与角伢雕刻纹饰	灵芝型卡子花 浮雕卷草纹牙头 卡子花上下出榫眼栽榫 攒边与角伢之间有楔钉固定	灵芝型卡子花 浮雕卷草纹牙头 卡子花上下出榫眼栽榫 攒边与角伢之间有楔钉固定	灵芝型卡子花 浮雕卷草纹牙头 卡子花上下出榫眼栽榫 攒边与角伢之间有楔钉固定
罗锅枨	通过楔钉榫连接成整根 罗锅枨与桌腿有楔钉固定	通过楔钉榫连接成整根 罗锅枨与桌腿无楔钉固定	通过楔钉榫连接成整根 罗锅枨与桌腿无楔钉固定
桌底结构	一托带　两穿带 黑色漆皮 穿带与攒边通过楔钉固定	托带　两穿带 红色漆皮 穿带与攒边无楔钉固定	未知

根据上表中针对三张方桌的对比，可以得到以下推测：

1. 三张方桌形制尺寸基本相同，应该出自同一地区与时期。通过楔钉加固做法与白色皮壳推测桌子原产南方江浙地区。

2. 清华藏桌面与其余两张不同，存在更换可能性。经过底面结构对比，故宫藏方桌仍保持有托带结构，如果是木制桌面一般不会做托带结构，推测石材桌面为原有桌面材质。上海与故宫藏方桌桌面均被更换。

3. 三张方桌虽出自一个地方，可能不是由一人制作。匠人之间手法的差别导致桌子尺寸出现区别，以及唯独清华藏方桌罗锅枨与桌腿有楔钉固定的做法。

4. 故宫藏方桌穿带可能经过更换，原始应有楔钉固定。

参考文献

[1] 刘刚《 宋、辽、金、西夏桌案研究》,《上海博物馆集刊》, 2002 年。

[2]《明式家具标准器的非实物载体造型谱系研究》，北京建筑大学，2017 年。

[3] 谭柳《明式桌案类家具结构部件装饰研究》，中南林业科技大学，2017 年。

[4]《试析明式家具"一腿三牙"方桌》，《苏州教育学院学报》2009 年第 1 期。

[5] 王世襄《锦灰堆——王世襄自选集》，三联书店，1999 年。

[6] 王世襄、袁荃猷《明式家具研究》，三联书店，2008 年。

[7] 王世襄、张平《明式家具珍赏》，三联书店香港分店，1985 年。

[8] 魏瑞瑞、刘畅《清华建筑学院收藏家具与梁思成体形环境论之对照研究》，清华大学，2015 年。

[9]《庄氏家族捐赠上海博物馆明清家具集萃》，两木出版社，1998 年。

附表 1　构件的营造尺核算情况

构件名称	尺寸（毫米）	32（毫米）	31.9（毫米）	31.8（毫米）	31.7（毫米）	最终核算
冰盘沿	40	1.25	1.253918	1.257862	1.26183	1.25 寸
垛边	12	0.375	0.376176	0.377358	0.378549	0.375 寸
角牙	143	4.46875	4.482759	4.496855	4.511041	4.5 寸
牙板	40	1.25	1.253918	1.257862	1.26183	1.25 寸
罗锅枨	20	0.625	0.626959	0.628931	0.630915	0.625 寸
腿径	51	1.59375	1.598746	1.603774	1.608833	1.6 寸
桌宽	882	27.5625	27.6489	27.73585	27.82334	27.5 寸
桌高	872	27.25	27.33542	27.42138	27.50789	27.25 寸
石板	640	20	20.0627	20.12579	20.18927	20 寸

附表 2　方桌榫卯类型及连接方式

榫卯类型	榫卯图片	连接方式
1. 桌子边框组成 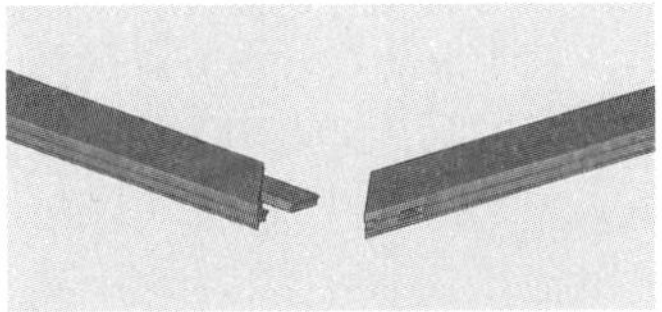 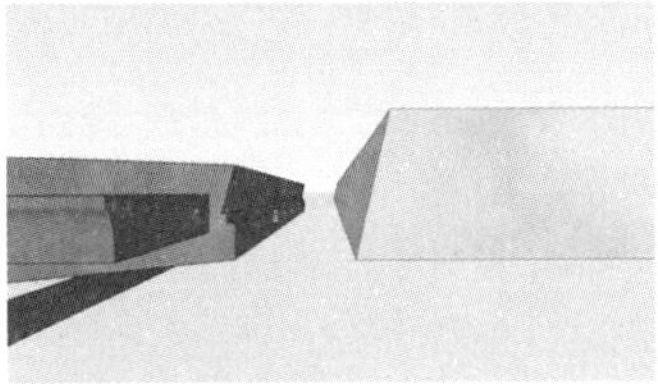 		1. 割角榫开透榫 桌面由四面攒成。大边与抹头通过割角榫连接。 2. 通过纸张试探，石材四边抹成八字，放置在大边上。
2. 冰盘沿与垛边 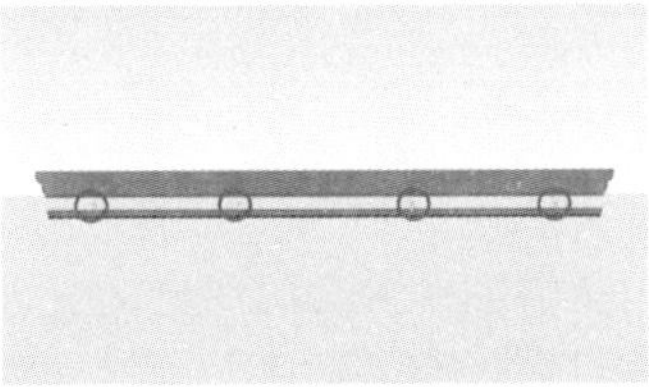 		楔钉加固 桌子大边有上下两部分组成，垛边通过楔钉与上半部结合。 楔钉均匀分成四个
3. 伢板、角伢与桌腿连接 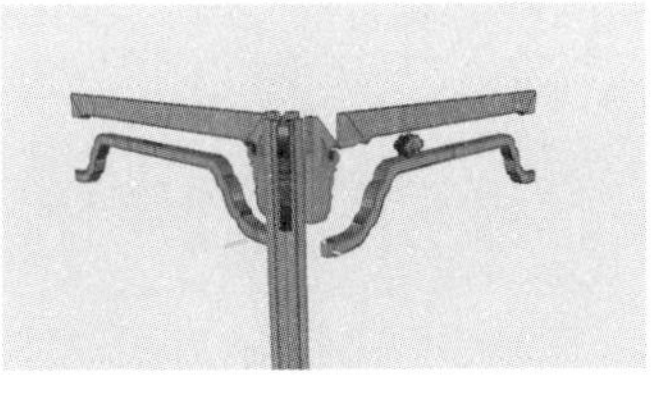 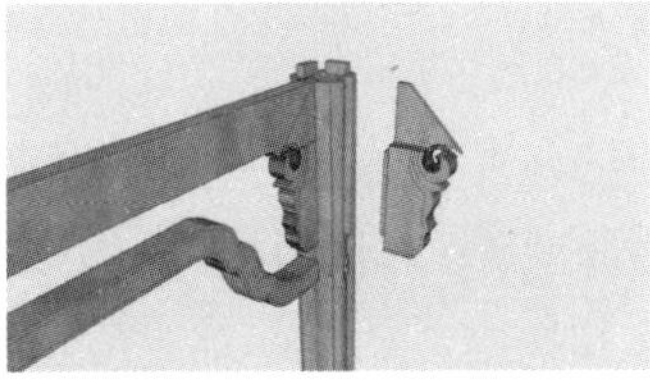 	 	桌腿除内侧，其余三侧均有角伢。角伢外侧与伢板成45°角拼接方式，从内侧可以看出伢板与角伢成直线拼接。推测角伢模型、角伢与伢板与桌腿连接方式如左图模型图。

续附表

榫卯类型	榫卯图片	连接方式
4.斜角伢构造		外侧45度处角伢有两部分组成，前半部分角伢下方有楔钉，用纸试探后发现楔钉非垂直进入，于是推测为斜向进入。
5.罗锅枨与桌腿连接		罗锅枨与桌腿连接处通过楔钉固定。目测桌腿两侧楔钉位置基本高度相同，且位置靠近桌腿边，推测罗锅枨可能是直隼插进桌腿后楔钉加固。
6.罗锅枨拼接方式		罗锅枨由中分为两部分，中间通过楔钉榫连接。
7.桌底构造与穿带方式		桌面由三块模板组成，底部由两穿带与一直枨支撑。穿带方式推测为燕尾榫，穿带两侧有楔钉与桌子大边固定。

续附表

榫卯类型	榫卯图片	连接方式
8.卡子花连结		卡子花上下开眼栽榫，与牙板、罗锅枨相连。

表格来源：李大卫　高珊

"礼物"与晚清外交

——以颐和园藏大木平藏制雏人形为例

王晓帆（北京市颐和园管理处）

颐和园藏大木平藏制雏人形（图1），外箱高58厘米，宽53厘米，深27厘米，应为桐木制，髹红漆，漆层较薄，略有脱漆；人偶高约52厘米，宽约20厘米。两位女性人偶为一对，衣着图案及装饰略有不同却相互呼应。人偶保存完整，衣着正面明显褪色，面部稍有裂，因人形面部涂的"胡粉"伸缩率较差导致。外箱内衬洒金宣纸原应为粉色，年久褪色，略有霉斑，经过除霉养护后效果理想，可见清晰完整的京都大木平藏制商标。难能可贵的是保存有原装人偶固定支架，为竹制，用纸包裹，纸上书有日文，历百年之久仍有极佳固定性，能保证搬运过程中人偶不倒，甚至鲜少晃动。颐和园藏有数件日本人偶，这两件人偶多年来一直保存在原装桐木箱中，故而保存完整，品相最好。从文物外箱所贴文物号签分析，此为清宫旧藏，是晚清颐和园入藏的外国文物之一。在日本，雏人形并非简单的玩具，其优良的做工和蕴含的文化信息颇有可堪品味之处。

图1 颐和园藏大木平藏制雏人形

一 祓禊：作为形代的人形

日语的人形即中文之人偶，因题材不同，大体上可分为雏人形、五月人形、御所人形、市松人形等。谈到雏人形的历史，则与日本"形代"的思想及"雏祭"的传统相关。在日本，"形代"的历史可以追溯到很早，简单说即是某种"形"可作为人的"替代"，绳文时期（前12000～前300）的土偶、弥生时期（前300~250）的人面陶器、古坟时代（250~538）的人物陶俑等都可以看作是某种"形代"。其中体现的"物"与"灵"的关系，在很多文明中均有表达。但形代思想并非仅指将物神圣化，其重点在"代"，不在"形"。"形"所"代"者，为疾病、祸患等不详之事，是"代"人遭受。其中暗含着一种"转移"，要将人身上的病痛、罪孽转移到物上，起到治愈病痛，消除祸患的作用，这又与雏祭的传统密切相关。

一般认为，三月三雏祭的习俗是从中国传入日本的。我们熟悉的兰亭修禊之事虽在后世多指文人雅集，但修禊本指三月上巳节水边祓禊的传统。这种习俗在《周礼》中就有记载："女巫掌岁时祓除衅浴。郑玄注：'岁时祓除，如今三月上巳，如水上之类；衅浴谓以香薰草药沐浴。'"[1]《后汉书》曰："是月（三月）上巳，官民皆洁于东流水上，曰洗濯祓除，去宿垢，为大洁。"[2]表示了先民对水的崇拜，相信水可以除掉不祥、不洁之物。待传入日本，三月三日成为一个含有"净化"意义的节日。成书于8世纪的《古事记》记载了日本创造之神伊耶那崎命从黄泉国归来后，便在水边举行了祓禊仪式，并在洗涤左眼时生出了天照大神[3]。日本人自称是天照大神之子，天照大神又是祓禊时出生，象征了其神性的高洁，可知祓禊在日本文化中的重要性。从这个故事中也可以看出，上巳活动本就有着丰富的内涵，无论中国还是日本，与之相关的活动都有祭祀高禖之意，亦称"郊禖"，即祭祀生育之神。天照大神是日本人所想象的"第一位"祖先，反映了日本先民对生育的认知，从这个意义上说，上巳节本就带有求偶、求子的色彩。

起初，雏祭本是天皇及贵族中举行的活动。天皇朝供奉在阴阳寮的人偶吹一口气，

---

[1]〔汉〕应劭著、王利器校注《风俗通义校注》，中华书局，1981年，382页。

[2]〔宋〕范晔《后汉书》，中华书局，1973年，3110~3111页。

[3] 刘萍《中日岁时节日的概念对接与转换——从"上巳"到"雛祭り"》，《北京大学中国古代文献研究中心集刊（第十四辑）》，北京大学出版社，2015年，304页。

再将人偶同天皇的外衣一同顺水飘走，表示身上的不祥、疾病转移到人偶上，被祓除。"形代"与雏祭不断发展变化，到平安时代（794~1192 年）中期，人偶不再仅有顺水漂走这一形式，上层阶层已有了为人偶换衣服装扮的游戏，称为"着替人形"。从这种游戏化的变化可以看出，此时人形的神秘色彩已经淡化，开始带有娱乐的要素。除了天皇及贵族，人偶与孩子建立了更多的联系，普遍认为孩子枕边放置的"天儿"是室町时代（1136~1573 年）立雏的原型，即将两根大约 30 厘米长的竹子组成 T 字形，象征人偶的身体和双手，再套上一个用白色丝绸做的圆头，穿上简单的服装，作为婴儿的护身符。值得注意的是此时"形代"思想并非褪去，"形"虽然发生了变化，只是制作技术变化了，"代"人消灾弭祸的意义仍然得到了保留，"形"与"代"之间转移祸患的方式变了，不再借助水流，而是改为摆放。

三月上巳变成民间的节日，则要等到 17 世纪的江户时代，这又与日本传统的"五节"演变相关。德川家康建立的江户幕府，结束了之前日本动荡的战争年代，他成为继织田信长、丰臣秀吉之后的掌权者，使江户幕府的统治成为日本历史上的强盛时期。德川幕府将五节定为"人日（一月七日）、上巳、端午、七夕、重阳"，此后五节作为传统被固定下来，扩展到民间，并沿用至今。江户时代是人形在公家、大名和平民中普及的时间，有了人形师这一专门的分工。经济繁荣、社会分工的出现，为追求精美制作的人形产生了可能。京都作为日本经济较早开发的区域，纺织业的发达、分工的精细使得京都得以成为人形文化中心，并繁荣至今。江户时期日本都城虽在江户城（今东京），但京人形因为一直以来的发展，人偶已被看作是京都的特产，受到珍视。特别是五节被德川幕府确定下来，江户后期诞生了宫装人形"御所人形"，并且在宫廷和大名之间颇受重视，可见人形的发展离不开各地大名的推动。有能力的大名等上层阶级，为了炫耀自家的人偶，便召集优秀的人偶师进行制作，人偶越精致，节日摆放的人形道具越丰富，越能体现摆放者的家庭实力。上有所好，下必甚焉。经济的发展、社会的稳定，大名的推动，促进了人形成为平民的娱乐对象，市场的扩大与日臻成熟，又反过来催生了人形及雏道具的持续发展。

经过多年演变，上巳雏祭传统与人偶游戏和孩童祈福相融合，变为祝愿女孩子健康成长的活动固定下来，称女儿节，所摆放的人偶称雏人形、装饰人偶，从民俗层面反映了社会的变迁。每到女儿节，家中有女儿的都会摆出宫装人形为女儿祈福，祈祷她无灾无难，幸福平安。人形在特制的雏坛上摆放，雏坛一般为奇数，有三层、五层、七层的分别。做工精良的人偶不仅可以作为女儿的嫁妆，甚至可以代代相传，因此雏祭时摆放的人偶越多，搭配的雏道具如镜台、马车、菱饼等日用品越丰富，往往家庭越殷实。较经典的七层雏人形有 15 件之多，模仿的是天皇、天后大婚的情景，称"十五人形"。即便在今天，这样一套人形的价格也是不菲，从几十万日元（约人民币几万元）至几百万日元（约人民币几十万元）不等。

三月三作为岁时活动，反映了日本人对生活环境、文化习俗的体认和表达，时令活动也发生了概念的迁徙、形式上的变化，人形发展的过程也是其艺术品性逐渐加重的过程。作为日本一项古老的流行文化，现在仍有不少制作雏人形的大师。今天，日本人仍然讲究每个人应该有属于自己的雏人形，最好不要跟姐妹或者母亲共用，正是因为雏人形是个人的寄托物，这恰反映了"形代"的专有性，即不能共享。无论是顺水漂走或是因时摆放，都体现了人形与人的关联具备一定的"暂时性"，它必须以漂走或者储藏起来等方式"消失"，才能实现"代"人遭受祸患，带来好运的作用。不过，摆放的人形因为使用上的专一性、不可共用，又使得人形与人的联系产生了特定对象的"永恒性"。究其根本，人形始终不变的意义正在被禊的作用，寄托的祛病消灾的思想并没有改变。古代医疗技术不发达，用雏人形被禊的做法应该与古代儿童死亡率较高、人均寿命不高有一定的关系。日本人对人形有着特别的感情，在精神文化上有很深的关联，也是一种立体性强的艺术品，在 20 世纪初的昭和时期，就已形成收藏品鉴人形的风潮。

二 精致的写实：人形的艺术性

在日本，人偶的制作方法有着严格的分工，有负责制作人偶头部的"头师"，使用100% 真丝扎头发的"发付师"，制作手足的"手足师"，还有负责屏风、小物等雏道具的"小道具师"，涉及的工种很多，日语称"人形百手"，是日本职人分工制的代表之一。京都人形制作精巧，制作工序分工细致，后作为经济产业大臣制定的传统工艺品，被注册为地区团体商标。由于人形诞生之初是作为真人的"形代"，故而人形的制作以写实为基础，要形态逼真，其美感在于对每个细节都要做到精细，容貌、身姿、穿戴等组合要相得益彰，对现实中的人加以艺术化的概括和表达。这一点，本文所述两件人形可以窥探一二。

颐和园所藏这两件人形以桐木箱收纳。不止外箱，人形的头部也应以桐木制作，在桐木上涂刷胶与胡粉，称桐塑头。胡粉是一种用贝壳烧制做成的白色颜料。制作胡粉的牡蛎壳，往往堆成小山一样高，经过至少十年的日晒雨打进行"脆化"，才可以用于颜料制作。上胡粉的这一工序称之为"底涂"，工匠再用刀修出人形的五官，辅以画工而成，前后工序共计三十多道。不同于现代石膏倒模的方法，使用传统手艺制作出的人形，每张面孔都是不同的，匠人在制作过程中往往会根据订制者的容貌进行制作，因此手工制品的"唯一性"，更贴合人形作为家中孩子"形代"的可寄托性。

京都地区生产的京人形，眼部是画出来的，倘若将琉璃珠子做成眼睛，一般均为关东地区的人形，这两件人形是典型的京人形。日本人偶脸部尚白，与白色在日本的象征色彩有关，体现的是日本人的色彩审美。日本人认为白色象征纯洁、清明，是"善"的象征，与黑色代表的"恶"相对。另一方面，白色又代表着生命的力量，日本人将天照大神闪耀的希望之光称为"面白"，被照耀的众神也是满面白光。除头部使用木材制作外，躯干及四肢亦使用木材。手部如头部一样，使用胡粉底涂，并精心修出手指关节及指甲。手持扇，折扇可自由打开，且以金箔纸为扇面。

再说两件人形的衣着装饰，整套穿着带有明治时代的风格。人偶的发型是明治时期未婚女子流行梳的"布天神"（图2），发髻上装饰的布好似两片银杏树叶，插上细工花簪、步摇等，凸显少女的可爱动人。花团锦簇状的细工花簪，制作过程需要十足的耐心，将染色后的羽二重裁成大小不同的方形，手工折叠塑形后，再以姬糊（一种米糊）按序粘接而成。两件人形插的步摇图案不同，一为梧桐叶，一为桔梗花。梧桐和桔梗是日本常见的装饰和家纹图案，在日本文化中，桐与菊花一样有避邪和长寿的寓意。桔梗是多年生草本植物，秋季时盛开朵朵紫色的小花，自古以来便深受日本人的喜爱，德川幕府时期建造的东京桔梗门，现在仍作为参观皇居出入的便门。

图2　人偶的发型

人偶的和服，主色为青色。两件和服以花卉为纹，尽管因年代久远正面褪色严重，但从侧面及背面观察,仍可见鲜亮的青色(图3、4)。日本人认为青色是天空、海洋、植物的颜色,日本画家东山魁夷就钟爱青色,他认为"青色是维系感觉和精神世界的颜色,发涩的青色更能表现出接近精神世界的倾向"[1]。

图3 人偶和服侧面　　　　　　　　　　　　　　图4 人偶和服背面

雏人形的和服为未婚女子的正式礼服"大振袖",也叫"引振袖",大振袖穿上后袖子可至脚踝,下摆拖地,将身形塑造得挺拔秀丽。一般认为,和服可分为留袖、振袖、小纹、色无地、付下、浴衣等种类。其中未婚女性穿振袖,即长袖和服,又可分为大振袖、中振袖、小振袖,主要以袖子的长短为区分。大振袖作为未婚女性在成人礼等重要节日、场合中穿着的最高级别礼服,面料高档,穿着烦琐。人形所穿振袖的面料为绉绸。绉绸是京都丹后地区出产的一种有细小褶皱的丝织品,江户中期出现,有着三百余年的

---

[1] 饶建华《美在形式——东山魁夷画作中的青色世界》,《美术大观》2012年第8期。

历史。绉绸通过加工横向纤维的伸缩力出现凹凸的纹理，这样处理过的面料不易起皱，还有着柔软的质地。细小的凹凸并不是面料的缺点，反而因表面产生的对光的散射，可反映更丰富的色泽，尤其适合较深颜色的色调，最适合印染花鸟、草木、碎花。振袖和服的袖子部分，是京都特有的"袋贴"技法，使用适量棉花、和纸，粘在布料上，可以让振袖部分立体感更强。

这两件雏人形的和服纹饰并不雷同，分别表现春、秋两季的景色，采用的是传统的植物纹样，彩色花卉同青色主调映衬对比，给人雅致、明快之感。其中，右侧人偶以粉、蓝两色樱纹为主；左侧人偶则以牡丹、菊花、红枫、石竹为主，分别表现了春、秋两季的花卉之美。支撑架上部的花枝，左侧是五瓣樱花，为山樱，因褪色较重看似为白色花瓣，但修复中细细观察可见淡淡的一抹粉色，可知新做成时应是淡粉色娇嫩可爱的花朵，花苞粉色略重，叶芽为黄褐色，多色相映衬；右侧为菊花一只，使用绢、绒等材料制作，栩栩如生。支架绑系的樱花、菊花，从观者的视角上恰好是"左近之樱""右近之菊"，这一布局模仿的是京都御所紫宸殿前的景观，即在皇宫正殿前的两侧，分别种上一樱一菊，这也是京人形传统的摆放方式。

人偶内穿长襦袢，露出衣领部分，依稀可见下摆。穿上长襦袢可以避免身体与和服直接接触，减少和服的脏污。足穿白色带扣足袋，这种袜子是搭配礼服穿着的。

腰带上部系的红色条带是"带扬"，用来支撑阔腰带。腰带采用袋带，做正式场合的矢字立结，袋带外有结缔。和服腰带的纹样必须同和服相配合，并且染色的和服配针织的衣带，针织的和服配染色的衣袋，此袋带材质为京都西阵织。旧时，西阵织是为天皇和贵族定做的织物，完成织布需20余道工序，做法是把丝线染成各种颜色，再织出像刺绣一般具有立体感的花卉图案。人偶的西阵织腰带织出了牡丹菊花等纹饰，颜色保持较好，可见面料中加入了金银和纸碎条，称之为"和箔"，是将金箔、银箔贴在和纸上，再碾为碎条，与染色后的丝线一起编织花纹。

腰带外的结缔，是传统编织工艺"组纽"的一种，使用手工编织。组纽在日本的使用可追溯至奈良时期，随着佛教东传日本。组纽最初的用途是捆扎经卷、经幡等，作为佛教物品使用。后在武士阶层较多使用，一是用来固定武士盔甲上的铁块，二是缠到武士刀上方便持握。明治维新后日本的武士阶层崩塌，组纽便更多地用在传统和服和头饰上。两件雏人形结缔的带扣为铜质樱花纹及龙纹（图5、6）。组纽以伊贺市三重县生产的最为有名，被称为伊贺组纽。区别于一般的绳结，由于组纽是用斜织的手法，它最

图5 樱花纹带扣

图6 龙纹带扣

大的特点就是有伸缩性。因此，它可以配合呼吸伸缩，格外适合用作衣服的束带。

经过仔细梳理、赏玩，传统雏人形工艺上的精致可见一斑。人形的衣着、装饰均比照真人进行制作，丝毫不曾马虎，每件人形的制作时间至少在数月左右，无法大量生产。工匠手艺的高超、一丝不苟的精神及原料的上等，京人形成为日本人的奢侈品便不足为怪了。

三 何为"大木平藏"

雏人形收纳箱内贴有大木平藏店的商标（图7），商标可分为三部分组成，上部为两个相交的圆形图案，中部为立雏图案，下部点出大木平藏店名"御雏人形细工司"，写有地址及长途电话。

大木平藏店创始于江户幕府的明和年代（1764~1771年），每代传人都称"大木平藏"，创业二百五十余年，传到今天已是第七代目，主要为日本皇室、世家及良家大小姐制作人形，以写实为特色。大木人形之所以是京都一流的人形，与他使用的材料之讲究密不可分，通过前述分析定可明确这一点。作为京都著名的老字号，它只经营人偶及其附带的装饰品。像京都诸多人形店一样，大木平藏人形店采用的也是分工制，大木平藏本人的身份应为"着付师"，其职责类似"监制"或"创意总监"，从要制

图7 大木平藏店的商标

作什么样貌的人形、人形要使用何种材质等，及最后的统一组装，均由着付师决定。另外，大木平藏不仅致力于人形的制作，也重注总结人形的历史。五世大木平藏曾撰写《御所人形》一书，现今七代目大木平藏开设"丸平文库"网站，继续推广京都人形的历史。

商标中间的图案，男人偶身穿直垂，下着袴，头戴乌帽子；女人形则着褂单，系悬带。这样的着装为平安时代典型的立雏形象。大木平藏的商标用橘、山樱、兰花围绕，橘、山樱、兰花是常见的纹饰，不仅在日常用品中多见，也是常见的日本家纹题材。

上方交叠的两个圆形图案取材于日本第三届内国劝业博览会的有功赏牌，正面铸有"东京内国劝业博览会　明治二十三年"；背面为"神武天皇即位纪念　二千五百五十年　有功"，中为日本皇室专用十六瓣菊花图案。原物为铜铸，重约 140 余克，其中，"明治二十三年"同"神武天皇即位二千五百五十年"均指的是内国劝业博览会召开的1890 年。

内国劝业博览会是日本借鉴西方万国博览会模式举办的。第一届万国博览会于 1851 年在伦敦举办，此时日本奉行的是闭关政策，自然不可能参加。"黑船事件"后日本被迫开国，开启了学习西方的进程。明治维新后，日本确立了"殖产兴业、富国强兵"的国策，在几次接触中对博览会这一形式在开启民智、促进工业发展上的作用倍加推崇。之后，日本开始谋划在本国举办小型博览会，以促进本国工商业的发展。1874 年内务卿大久保利通正式向内阁提出《关于殖产兴业的建议》，其中之一的新政就是借鉴西方万国博览会的模式，举办日本的"内国劝业博览会"。鉴于当时日本的国力尚不足以举办万国博览会，大久保利通以"内国"名之，即"国内"，同时，这个名称也有开发、奖励国内物产为第一目的的意思。而所谓的"劝业"是日本语词的汉译，即鼓励和倡导实业。

明治政府通过举办博览会，将物品集中展示来彰显优劣，并根据材料、制法、质量、价格等标准进行了评比，为遴选出的优秀物品颁发奖牌和奖状，用以激励本国实业的发展。前三次内国劝业博览会分别在 1877、1881、1890 年举办，会址均在东京的上野公园，主要展示和销售国产的机械、农业等产品。参观人数从第一届的 45 万余人，到第三届的 102 万余人，场面不可谓不宏大。1890 年举办的第三届博览会，4 月 1 日开幕，直至 7 月 31 日闭幕，历时近四个月，分为本馆、美术馆、机械馆等 8 个展馆，共展出十六万件作品。其中，对于工艺美术品的褒奖分为：名誉赏、一等协赞赏、一等妙技赏、二等妙技赏、三等有功赏、褒状六类，大木平藏人形店在本次博览会上获得三等有功赏。

必须注意的是，明治维新后，国家统一的象征不再是将军，而是天皇。因此，明治天皇经常出现在内国劝业博览会上，不仅参与开幕式，还发表讲话，观摩展览品等。这一届博览会上，明治天皇在参观时看到了大木平藏制作的天皇人偶，露出了满意的微笑，这成为大木平藏人偶同皇室紧密联系的开端。天皇露出微笑这一幕，暗合了佛家"拈花微笑"和万物有灵的神道教色彩。在今天大木平藏对自身品牌的宣传中，仍在强调内国劝业博览会的获奖是其成为品牌之滥觞。

在第三届内国劝业博览会上崭露头角后，大木平藏人形作为日本特色商品，频频亮相各国博览会，后在巴黎万国博览会上获得金奖。明治政府早期（19世纪80年代左右），日本在研究欧美各国的工业制度后，已颁布了《商标条例》、《外观设计条例》等文件，初步建立了日本的知识产权制度。大木平藏人形店正是在那时开始使用商标，至今商标图案换过约十九次，本件雏人形使用的商标应是明治三十年（1897）至四十一年（1908）所用。

大木平藏所制人形价格相对昂贵，绝大部分被日本的地方或私人博物馆收藏，如东京的三井纪念美术馆、爱知县的德川美术馆等，每年女儿节附近，博物馆多举办展览展出。身高在50厘米左右的人形已属大型，流传有序的清宫旧藏则更是罕见。通过笔者亲身探访，今天大木平藏人形店的地址与此商标所写几乎一样，只是略有偏移而已，让人不得不佩服其品牌的传承。

四 "礼物"：一种释读文物的视角

京都人形之所以能在流逝的岁月中散发出独特的魅力，与制作材料的精致和工匠们对于品质不容妥协的态度有着莫大的关系。和日本许多职人一样，人形制作也多在家族内传承，很少授予外人。其制作与传承，亦可窥见日本职人对极致之美的追求与坚守。在对文物的梳理与考证中，很遗憾受限于材料，尚未找到雏人形准确的来华缘由，但这并不意味着我们无法理解这两件文物。考述日本的三月三风俗，理解京人形的制作，把握制作商大木平藏的基本信息，乃至试图推测文物的来源，是为了将文物放置于晚清这一历史框架下进行分析，脱离了文物原本的历史语境来阐释无异于缘木求鱼，这也正是社会艺术史的题中应有之义。

外国文物出现在皇室行宫，与晚清对外关系的变化密切相关，也与颐和园作为皇家园林的功能变化相关。乾隆皇帝修建清漪园，为他澄怀散志之所，并不在此居住。此后嘉庆、道光、咸丰几朝，遵循旧例，不在园中驻跸。光绪朝重修的颐和园，本为光绪皇帝亲政后慈禧太后颐养天年之所，但光绪亲政的失败，导致慈禧太后长期仍居清廷权利的实际控制者。慈禧对颐和园的喜欢，使得她一年中有较长的时间在颐和园居住、理政，颐和园不仅是皇家园林，也是清廷政治权力之所在。颐和园所藏外国文物，多为驻华公使或臣工为帝后贺寿赠送。晚清政府与外国的交往是被迫的，清政府起初并不愿接见外国公使，《天津条约》签订后，外国公使要求清政府履行条约中"互派使节"条款，并提出公使觐见清朝皇帝的要求。直到同治十二年（1871）同治皇帝大婚，清政府再也无法以皇帝尚未大婚亲政为借口回避这一问题，才允许俄、英、美、法、荷、日几国公使觐见皇帝，觐见的地点在中南海紫光阁[1]。此后，接见过外国使团的地点有北海的仪鸾殿、中南海的勤政殿、故宫的文华殿、乾清宫等，因接见的地点并非紫禁城的中心太和殿，引起了各国公使的不满，经过了漫长拉锯式的交涉，清廷终于同意在太和殿接见外国使臣。至于通过接见外国公使为手段释放清廷的政治信号，则是慈禧在光绪二十四年（1898年）首先进行了尝试，她以为自己贺寿为名，召见英、美、德、荷、日、法、俄国公使及夫人，通过与光绪共同召见公使这一举动，显示了清廷政权在戊戌变法后重归她手[2]。八国联军侵华时，慈禧与光绪仓皇西逃，签订《辛丑条约》后回京途中，光绪便发布上谕，以皇太后懿旨为由，准许各国公使及夫人在宁寿宫觐见慈禧，以示对各国的"修好"。光绪二十七年（1901），英、美、德、奥等十二国公使会同在乾清宫入觐[3]，特殊之处在于，慈禧太后坐在陛阶上的御座，光绪皇帝有时坐在陛阶之下，有时侍立在旁。这样的礼仪安排显然表示了清廷真正的权力中心是慈禧太后。此后，皇帝与太后共同会见外国公使、亲王，甚至是军官、传教士等外宾成为定制。太后与皇帝或者在故宫接见外宾，或者在颐和园，终光绪一朝均是如此[4]，颐和园成为清朝对外交往的一个重要场所。

---

[1]　陈捷先《慈禧写真》，台北：远流出版事业公司，2010年。
[2]　尤淑君《宾礼到礼宾——外使觐见与晚清涉外体制的变化》，社会科学文献出版社，2013年，362页。
[3]　《清实录》光绪二十七年十二月乙巳条。
[4]　尤淑君《宾礼到礼宾——外使觐见与晚清涉外体制的变化》，社会科学文献出版社，2013年，363页。

再而论之，雏人形作为女儿节的用品，出现在晚清皇宫，与最高权力掌控者慈禧女性的身份有着不应忽视的关系。大木平藏人形最为精致而特色的是代表天皇天后的御雏人形，如若把这样的人形送与外国政要，显然不符合现代外交的平等原则。外交礼仪中的礼物，往往选择具有浓郁本国风格的艺术品，除了考虑外交原则外，收礼者的爱好、审美、性别等等也在考虑范围之内。我们很难想象女儿节用的人偶会送给皇帝做礼物，如果真的要送皇帝人偶，日本也有五月端午节摆放的"装饰铠甲"，是男孩节的陈设用品。女儿节的雏人形，这样的礼物选择是富含女性视角的。慈禧频频在颐和园接见外国公使及夫人，绝非无心之举，而是带有强烈的政治目的，为此她不惜更改宫廷的礼仪、准许内眷陪宴、改用西餐设宴等等[1]，同时，慈禧还同意美国画家卡尔为其作画，甚至将自己的画像送到美国博览会展览[2]。如此种种，意在塑造自己的外交形象，也彰示着她清朝实际掌权人的地位。显然，这样的努力收获了一些成效，但是雏人形面白的传统毕竟不符合中国的传统审美，根据颐和园保存的民国二十二年（1933）《查点北平颐和园留平物品清册》可知，晚清至民国时保存在颐和园的后大库，未拿出来于殿堂进行陈设，可见，雏人形之于晚清皇室，只是外交程序上的一环，并未成为陈设之用的实用品，这是两国文化差异决定的。

这两件雏人形，今天是颐和园的园藏文物，是艺术品。但在晚清，是皇室的收藏，是外交的礼物。在赠送这一行为完成之前，它是订制的物品。礼物社会学认为，礼物赠予和回赠不单是一种经济活动，而是整个社会关系、文化的生产和再生产。[3]在礼物社会学的视域下，礼物和礼物交换的性质有三点：第一，礼物具有赠予性，是专门用于馈赠的、带有象征意义的物品。其次，礼物的赠予带有接受和回赠的义务，这个义务是绝对的。因此，在当时的外交场合和领域，两件雏人形不仅仅是物品，也是外交仪式的一部分，交换的是彼此的身份和礼节。可以说，通过收受礼物和回赠，礼物的往来完成了外交礼仪，清政府也融入了现代外交社会。雏人形本身可以是商品，也可以是艺术品，但是商品可以买卖，艺术品不具备礼物的单纯赠予性，礼物是用来赠予的，赠予性超越

[1] 详细的论述参见尤淑君《宾礼到礼宾——外使觐见与晚清涉外体制的变化》，社会科学文献出版社，2013年，362~372页。
[2] 王玲《光绪年间美国女画家卡尔为慈禧画像史料》，《历史档案》2003年第3期。
[3] 杨春时《作为礼物的艺术——礼物社会学视域下的艺术》，《学术月刊》2020年第9期。

了使用价值和商品价值，具有非功利性[1]。礼物的流通具有某种社会功能，当人形作为国礼赠送给清廷，代表的是国与国之间的交往，自然不可以买卖，是不可异化的。从这个意义讲，作为礼物的人形成为时间、记忆的承载者，是超越时空的人形。这正是礼物性质的第三点：当艺术作为礼物，就有了神圣性。我们在今天审视这两件文物时，借助对文物的分析，历史变得形象而具体，时空也有了某种延续性的切换和叠映。置于历史的社会背景下思考今日文物的意义，能够对这两件文物本身有更准确的理解。

参考文献

[1] 陈言《日本博览会的"眼目之教"与帝国视线——兼论"满洲摩登"》，《探索与争鸣》2017 年第 11 期。

[2] [法] 马塞尔·莫斯著、汲喆译《礼物》，上海人民出版社，2002 年。

[3] 邱丽君《日本三月三节俗的源起与流变》，《郑州大学学报（哲学社会科学版）》2017 年第 7 期。

[4] 时安《日本和服色彩研究》，广东工业大学，2013 年。

[5] 唐晓玮《和服纹样中的日本艺术美》，汕头大学，2012 年。

[6] 王洪英《论日本人偶》，《北方文学（下半月）》2010 年第 3 期。

[7] 张丑平《从被禊仪式到踏青赏春——论古代上巳节的审美化演变轨迹》，《山花》2012 年第 24 期。

---

[1]　杨春时《作为礼物的艺术——礼物社会学视域下的艺术》，《学术月刊》2020 年第 9 期。

馆藏陶瓷类文物劣化变质原因分析

蔺洲（上海博物馆）

郑宜文（上海市闵行区博物馆）

文物保管的任务是为文物提供一个良好的保存环境，阻止或延缓文物的劣化变质现象。馆藏陶瓷类文物与其他类别的文物如纸质文物、纺织物、青铜器等相比，其自身性质比较稳定，受保存环境的影响小。但如果保管不善，也会发生劣化变质，尤其是某些特殊类型的陶瓷器，比较容易受到保存环境的影响，而产生不可弥补的损坏。本文主要关注湿度对陶瓷的影响，并讨论如何更加合理地保存陶瓷类文物。

一　陶瓷类文物常见的缺陷

有些陶瓷在制造或烧制过程中就形成了器物材料、形状、色泽等方面的缺陷，这些缺陷或不足在器物正式使用前就已经存在。制造缺陷可能与选料、制坯、施釉、烧造等方面的不足或失误有关。釉面常见的制造缺陷有针孔、釉泡、熔洞、釉裂、剥釉、缺釉、缩釉、釉薄、釉缕、釉面波纹、斑点、落脏、彩色不正、色脏、画面缺陷、阴黄、烟熏、无光等。器坯常见的制造缺陷则有变形、窑粘、坯爆、过烧、犯泡/起泡、夹层、生烧等[1]。

制造缺陷是"先天性"的，而陶瓷的劣化变质则是在陶瓷在使用或者保存期间，在自然或人为因素作用下，器物胎釉的形状、质地、光泽、颜色等方面发生的劣化。劣化变质是陶瓷"后天性"的缺陷，是博物馆文物保管工作中需要注意的。胎釉常见的劣化变质如下表。

---

[1]　俞蕙、杨植震《古陶瓷修复基础》，复旦大学出版社，2012年，26~28页。

表　陶瓷胎釉常见劣化变质[1]

缺陷名称	缺陷描述
冲口	器物收外力撞击出现的裂纹，长短不等，多出现在碗、盘类瓷器上。也有外冲里不冲的现象，也叫"惊纹"，是不穿透器壁的裂纹，即器外可见裂痕，但器里面却不见裂痕。
炸纹	器物的颈、肩或腹部受撞击后，出现放射鸡爪纹。
炸底	器物的底部因磕碰等原因造成裂纹。
缺损	器物胎釉由于机械冲撞或化学腐蚀造成的各种残缺，例如凹坑、豁口、局部断裂脱落等。
破碎	器物在外力作用下碎裂，彼此分离，形成大小不一的若干碎片。
失亮	器物因长期使用磨损或埋藏环境腐蚀造成釉面失去光泽的现象，又称失釉。
伤彩	器物受长期腐蚀或摩擦而造成的釉彩失去光泽或损伤，甚至发生釉色的剥落，也称"脱彩"。五彩、粉彩、金彩等低温釉上彩容易发生这种情况。
盐蚀	堆积器表或渗入胎釉内部的可溶性盐所导致的胎釉损伤，如裂缝、剥釉、胎的腐蚀等。
盐类结壳	器物在长期埋藏环境下形成的较坚硬的不溶盐堆积，例如在海水环境下覆盖器物表面的珊瑚层（主要成分是碳酸钙），令其原本形貌难以识别。
污渍	器物表面吸附污垢后形成误点、污斑等。这些污垢包括铁锈、土锈、油腻、霉菌、火烧残留物等。污垢通过陶器的多孔表面或釉面上的裂纹渗入胎体，污染器表面，对胎釉有一定腐蚀作用。
粘伤	器物碎裂后用粘接的方法修补。
锔伤	瓷器有冲或裂纹后，以打锔子的方法修补。
脱釉	陶瓷器的釉层脱离胎体露出胎骨，原因很多，比如出土、水浸，受到撞击，烧结温度不够等导致釉面不同程度的脱落。
磨口	器物口部因磕碰缺损，后人用砂轮将伤口修复平整，或直接锯去部分器身。
磨底	将陶瓷器物底部的缺陷或底款磨去。
截口	陶瓷器物口部因磕碰缺损，后人直接锯去部分器身，使口沿平整。
后加彩	即添彩，后填彩。在旧瓷器上新加彩绘，再在低温炉中烘烧。

---

[1]　俞蕙、杨植震《古陶瓷修复基础》，复旦大学出版社，2012 年，29 页。

以上败坏变质大部分都是人为造成的，而盐蚀、盐类结壳、脱釉和文物保存的自然环境有关，尤其是脱釉，和博物馆库房的气候环境关系密切。

二　湿度与陶瓷劣化变质

博物馆文物保存环境中会对陶瓷文物产生危害的因素很多，如温度、湿度、光辐射、空气污染等，但从目前工作经验来看，和其他门类文物一样，湿度是危害最大的因素。

（一）釉陶胎体吸湿放湿

湿度的不稳定对釉陶危害很大。保存环境湿度升高，胎体通过裂纹吸收空气中的水分并因此产生膨胀，保存环境湿度降低，胎体会不断放出水分，如果环境中湿度不断改变，胎体会不断地吸湿放湿，在受到因吸湿膨胀而引起的张应力的反复作用下就会产生釉层剥离的现象。因此保持湿度恒定对釉陶的保护十分重要[1]。

比如唐三彩为古代釉陶艺术的杰出代表，艺术、历史价值很高，一旦保存不善，就会发生脱釉现象，造成不可弥补的损失。但在库房保管中我们会发现，各种唐三彩的脱釉程度是不一样的。中国国家博物馆曾对唐三彩的劣化变质问题进行研究[2]。研究选用了出土唐三彩几个主要地点的样品：巩义（巩县）黄冶窑、铜川黄堡窑、西安醴泉坊窑，以及懿德太子李重润墓出土釉陶。实验分别对样品进行显微观察、热膨胀系数测定、烧结程度分析。

通过釉面显微观察，发现大部分样品均存在不同程度的釉层剥落现象。通过比较发现巩义黄冶釉陶釉面相对完整，釉层剥落现象较少，西安醴泉坊、铜川黄堡、乾县懿德太子墓釉陶釉面剥离较为严重。

通过对样品的热膨胀系数分析，黄冶窑胎体的热膨胀系数略大于釉的热膨胀系数，符合陶瓷胎釉热膨胀系数的一般规律。这与大部分的巩义黄冶釉陶釉层剥落现象较少是一致的。而西安醴泉坊、铜川黄堡、乾县懿德太子墓样品釉的热膨胀系数基本都显著高

---

[1]　赵作勇、成小林、崔剑峰《陕西、河南地区出土唐代釉陶器釉层玻璃原因分析》，《文物保护与考古科学》2015年第8期。

[2]　赵作勇、成小林、崔剑峰《陕西、河南地区出土唐代釉陶器釉层玻璃原因分析》，《文物保护与考古科学》2015年第8期。

于胎体的热膨胀系数，容易发生釉面开裂，在后期受到外力的作用，会沿着裂纹的方向剥落。这与西安醴泉坊、铜川黄堡、乾县懿德太子墓样品釉层剥落严重较一致。

为了分析样品胎体烧结程度，测出胎体吸水率的平均值依次为：巩义黄冶 10.9%，铜川黄堡 14.9%，西安醴泉坊 17.7%，乾县懿德太子墓 17.8%。釉面保存较为完整的黄冶窑釉陶器，吸水率平均值最低，胎体烧结程度高。

通过对唐三彩样品的研究，可以发现，样品的热膨胀系数、烧结程度影响着脱釉情况。经过对比，发现铜川黄堡窑、西安醴泉坊、乾县懿德太子墓的唐三彩比巩义黄冶窑的更容易脱釉。巩义窑唐初时开始生产三彩，到盛唐以后迅速发展，规模之大是全国的首位[1]。因此它的产品质量更好，与其他窑口的三彩相比，比较不易脱釉。

由此可见，胎釉热膨胀系数不匹配、胎体烧结程度低的釉陶产品易受环境湿度的影响，在博物馆保存各类唐三彩时，非巩义窑的产品应格外注意控制其环境湿度。

（二）石灰碱釉的吸水淋溶

陶瓷的釉质中都含有一定量的钠、钾等碱金属氧化物，这些氧化物具有吸湿性，它们在釉质中会导致釉表面易从空气中吸收水分。这些水分子刚开始以 –OH 基团的形式覆盖在釉层表面，在这种原子上不断吸收水分子（或其他物质），形成厚达几十个分子的薄层。如果釉质中碱金属氧化物含量少，这种薄层形成后，不易于继续发展；但如果釉质中碱金属氧化物含量较多（石灰碱釉），则被吸附的水膜会变成碱金属氧化物的溶液，继续吸收水分，并和空气中的二氧化碳、二氧化硫等发生反应，使釉层的透明度降低，不再具有光泽，这种现象称为淋溶。石灰碱釉中碱金属氧化物含量较高，因此容易发生吸水淋溶现象。

（三）出土陶器可溶盐溶解与结晶

陶器属于多孔材质，由于从地下出土（出水）或仍处于接地环境，其内部一般都含有可溶盐。温度是导致可溶盐溶解与结晶的一个因素，但产生该类损害更重要的原因其实是湿度。文物出土后的大气环境一般较之前的埋藏环境湿度低。由此造成发掘出土后残留在陶器中的含有可溶盐的水分开始向外界蒸发。随着水分的蒸发，水中溶解的可溶

---

[1]　李知宴《中国釉陶艺术》，轻工业出版社·两木出版社，1989 年，130 页。

盐浓度不断升高，最终达到饱和状态，在文物表面或浅表区域结晶析出。结晶导致体积膨胀，膨胀产生的力作用于陶器表面的孔隙壁，造成空隙侧壁的崩解、碎裂，从宏观上表现为陶器表面的酥松、粉化现象。一次性结晶的破坏作用其实并不明显。但由于盐溶液具有一个特性——蒸气压，这种结晶过程随着空气湿度的波动会不断重复着溶解—结晶—再溶解—再结晶的循环，从而在短时间内就能造成文物表面的明显病变[1]（见图）。防止可溶盐反复结晶危害的方法为对出土（出水）陶器先进行除盐处理，然后再入库保存。

图　可溶盐溶解与结晶导致的器物表面酥粉剥落（图片来源：杨璐、黄建华《文物保存环境基础》，科学出版社，2015 年，70 页）

三　陶瓷类文物的保管

（一）加强科学管理

为了防止馆藏陶瓷出现劣化变质，应注意人为和气候环境两方面的破坏因素。在防止人为破坏方面，要加强库房的科学管理，减少或杜绝陶瓷在保存和利用过程中受到的人为破坏。如合理排架，使文物能够快速提用，提高保管效率。相反，如果藏品排放杂乱无章，提取文物时，就会增加无谓搬动，这可能造成文物的损坏。

以上海博物馆陶瓷库房为例，陶瓷馆藏几乎囊括各个时期、各个窑口的种类和器形。在排架过程中，首先按时代的顺序进行排列，然后在每个相同的时间段中把各个不相同的窑口分别集中，横向排列。同窑口的器物中，再将不同釉色的分别集中，横向排列。最后在同釉色的器物中将不同造型的器物分别集中，横向排列。这样最后被分配到同一橱格存放的器物，必定是时代、窑口、釉色、器形都相同的器物。另外，还应结合藏品的大小、轻重、厚薄等情况通盘考虑藏品的具体位置。例如，对其中一些器形特别大的器物，如果按照排架大纲硬性摆在它应处的位子，就会造成大小混杂存放的现象，

---

[1] 杨璐、黄建华《文物保存环境基础》，科学出版社，2015 年，69 页。

不利于文物提用时的安全[1]。

（二）有重点地控制湿度

在环境气候因素方面，是要控制库房和展厅（展柜）的温湿度，尤其是湿度。陶瓷类文物应保存在相对湿度 40% 左右的环境中[2]。如不能达到此标准，也应降低并保持一个较为恒定的相对湿度。目前已基本公认的博物馆建筑物内环境气候的标准数值是：相对湿度为 45% ~ 65%。相对湿度波动范围不得大于 5%[3]。

由于陶器比瓷器更易吸湿，陶器、瓷器应该分开存放，重点控制陶器库房的湿度，对于一些易脱釉的珍贵釉陶，可以采用局部湿度控制的方法来保存，如采用恒湿典藏柜来保存，并尽量减少开柜次数，防止湿度波动。另外，由于一些容易吸水淋溶的石灰碱釉瓷器也应重点防范。

不论采用何种措施，密闭对文物保存及展陈空间温湿度的调控都是十分重要的，采用机械设备对室内空气进行热湿处理时，必须以密闭为前提。房屋密闭的重点是门窗和孔洞。不设专用通风外廊的文物存放空间的入口应设"缓冲间"，面积不小于 6 平方米。需要频繁出入的文物存放空间，亦可考虑在入口处设置空气幕隔绝室外空气[4]。

对于出土或出水陶器，在入库保存前要进行除盐处理，防止可溶盐溶解与结晶对文物造成破坏。出土陶器中吸附的可溶性盐类，可用蒸馏水浸泡的方法除去。对带釉陶器，用盐酸清除，但不可用硝酸或醋酸，以免腐蚀釉料。对于海洋出水陶器，先用超声波洁除机等机械方法，去除海生物沉积层，再用蒸馏水浸泡脱盐，反复换水，检测浸液中无盐类离子为止[5]。

四　小结

综上所述，博物馆馆藏陶瓷类文物在保管过程中，可能会产生各种劣化变质问题。

［1］　丁步平《略论库房藏品排架的合理性对文物保护和研究的作用及其应用》，《上海文博论丛》2014 年第 3 期。

［2］　杨璐、黄建华《文物保存环境基础》，科学出版社，2015 年，123 页。

［3］　王宏钧《中国博物馆学基础》，上海古籍出版社，2001 年，204 页。

［4］　杨璐、黄建华《文物保存环境基础》，科学出版社，2015 年，95 页。

［5］　王宏钧《中国博物馆学基础》，上海古籍出版社，2001 年，232~234 页。

有的是人为因素造成的，对此我们要加强库房的科学管理，在保存和利用过程中尽量避免对文物的人为损坏，如合理排架，使文物能够快速提用。另一种导致陶瓷类文物劣化变质的因素是库房的环境气候，其中最重要的是湿度因素，不适宜的湿度会导致石灰碱釉因吸水淋溶而失去光泽，出土或出水后未经除盐处理的陶器会在可溶盐溶解与结晶的过程中酥粉碎裂，而釉陶则会因吸湿放湿而产生脱釉现象。在唐三彩里面，巩义黄冶窑与其他地方的产品相比，比较不易脱釉。因此，要有重点的控制库房湿度，最好将陶瓷库房的相对湿度控制在40%左右，陶器要和瓷器分开存放，石灰碱釉、非巩义窑唐三彩要重点保护。出土或出水陶器在入库保存前要进行除盐处理。总之，要通过加强科学管理和有重点地控制湿度，为陶瓷类文物提供一个良好的保存环境。

参考文献

[1] 李知宴《中国釉陶艺术》，轻工业出版社·两木出版社，1989年。

[2] 杨璐、黄建华《文物保存环境基础》，科学出版社，2015年。

[3] 俞蕙、杨植震《古陶瓷修复基础》，复旦大学出版社，2012年。

[4] 赵作勇、成小林、崔剑峰《陕西、河南地区出土唐代釉陶器釉层玻璃原因分析》，《文物保护与考古科学》2015年第8期。

[4] 中国硅酸盐协会《中国陶瓷史》，文物出版社，1982年。

布达拉宫馆藏巨幅唐卡的制作与保护研究

旦增央嘎（布达拉宫管理处）

布达拉宫作为世界文化遗产和全国重点文物保护单位，又集博物馆功能的文物馆藏单位，其保护与研究具备特殊性和复杂性，也需要被更谨慎地对待。宫内现收藏唐卡[1]6511幅，它们或被供奉于殿堂内，或被收藏于库房中，因此导致它们产生自然残损的原因也不同，其中馆藏巨幅唐卡的致损原因主要是受潮及鼠害。巨幅唐卡的用途与一般易携带的唐卡不同，它们的制作初衷几乎都是为了参与各宗教单位开展的展佛活动，布达拉宫馆藏巨幅唐卡也是如此。在五世达赖喇嘛阿旺洛桑嘉措圆寂的次年，即：藏历水猪年（1683年），摄政王桑结嘉措为追缅五世达赖喇嘛举行了巨幅的荟供法会，为此他特意制作了两幅巨幅展佛用唐卡。这两幅唐卡于该年的藏历二月份在法会期间首次展出，自此布达拉宫举行展佛活动的传统也得以开始。在之后的不同时期内，布达拉宫又另外制作了8幅巨幅唐卡，它们都参与了各个年代的展佛活动。1994年，在布达拉宫第一期修缮工作顺利完成之际，布达拉宫在宫墙外展出了两幅巨型唐卡，这是布达拉宫最近一次进行的展佛活动。2002年，布达拉宫管理处组织本地两处具备成熟且有经验的团队对其中9幅巨幅唐卡进行了加固性修复。该项工作完成后，它们被再次收入原藏点——位于黄房子内的大唐卡库。2020年，出于对馆藏文物保存状况的担忧，10幅巨幅唐卡全数搬入布达拉宫内新设立的馆藏地点。

目前布达拉宫馆藏9幅巨幅唐卡的制作年代分别为：摄政王桑结嘉措时期、七世达赖喇嘛时期、八世达赖喇嘛时期、十二世达赖喇嘛时期以及摄政王达扎班智达时期。摄政王桑结嘉措于1683年组织制作的两幅唐卡为现藏最早两幅巨幅唐卡，两幅唐卡大小差距相对明显，主尊分别为无量光佛与大日如来。两幅唐卡是特意为追缅五世达赖喇嘛

---

[1] 有关唐卡的起源及定义仍存在探究的空间，在此指卷轴画这一最广泛的定义，并指在布面上由绘画、刺绣、堆绣等方式绘制而成的艺术作品。

而制，在五世达赖喇嘛圆寂的隔年（1683 年），摄政王桑结嘉措初次组织举行了荟供大法会，并在布达拉宫首次展出了巨幅唐卡。这段历史在布达拉宫同时期绘制的壁画中可见详细图文记录（图 1）。而这两幅巨幅唐卡的画面内容选择也与五世达赖喇嘛密切相关。据载五世达赖喇嘛阿旺洛桑嘉措在某次梦境中观见大日如来，此像双手非凡地呈现转法轮印（大日如来常见手印为禅定印或智拳印），五世达赖喇嘛悟到此像尤能助增众生福祉[1]。另外，无量光佛在藏传佛教中占据重要地位；观世音菩萨在一些佛教典籍中被记作无量光佛的长子，而五世达赖喇嘛又被视为观世音菩萨的化身。正因如此，无量光佛与大日如来被绘制为主尊，并在展佛活动中向广大百姓展出具备显著的宗教意义。在这重要的宗教意义之上，后世为表示对五世达赖喇嘛的尊崇与敬意，继续沿用了这两幅唐卡的主题内容及基本构图，它们也成为后期布达拉宫其他巨幅唐卡的制作范本。当然，周围的次要人物根据年代会偶有增添，有时主要赞助者本人也会被绘制于唐卡之内。

图 1　布达拉宫 "红宫落成典礼局部" 壁画

［1］　阿旺洛桑嘉措《五世达赖喇嘛传》，中国藏学出版社，2009 年。

　　两幅摄政时期制作的巨幅唐卡年复一年地被展出，后来已呈现严重残损状态。因此藏历木猪年（1775 年）萨嘎达瓦期间，七世达赖喇嘛格桑嘉措下令按照前两幅巨幅唐卡的内容重新制作两幅巨幅唐卡，并被用于接下来的展佛活动。随后，八世达赖喇嘛江白嘉措又于藏历土猴年（1788 年）主持制作了两幅主题及内容相同的巨幅唐卡。整项工作于藏历一月初八开始，并于藏历四月萨嘎达瓦期间顺利结束。藏历木猪年（1864 年），噶伦谢扎哇受十二世达赖喇嘛赤列嘉措之命，主持制作一副主尊为三世佛的巨幅唐卡，这幅唐卡也是布达拉宫唯一一副主尊不为无量光佛或大日如来的巨幅唐卡。其后，摄政王达扎班智达阿旺松热丹巴坚才于藏历铁蛇年（1941 年）又按照最初的两幅巨幅唐卡为模版，重新制作了两幅主尊不为无量光佛或大日如来的巨幅唐卡。有关这些巨幅唐卡的详细信息皆在制作时期被写入相应的"巨幅唐卡编目"（原文藏文，现为馆藏文物资料）中。各个作者皆在文中细致地描述了主尊及周围形象等画面信息，又翔实地记录了原料花费、线描画家姓名、堆绣手艺人姓名、施主姓名，总主理人等各类制作信息。可惜的是，这些早期编目未记录尺寸信息，也几乎不会提及是否会对唐卡进行修复。并且除了摄政王桑结嘉措与七世达赖喇嘛格桑嘉措外，其余编目中未记录当时制作巨幅唐卡的缘由。另馆藏巨幅唐卡中还有一副原为哲蚌寺收藏，并在五世达赖喇嘛时期转藏至布达拉宫。现只剩其中心形象的残片（图 2），有关其历史信息有待进一步考察完善。

图 2　2002 年巨幅唐卡加固性修复现场

　　布达拉宫管理处的成立使馆内文物的保护研究工作上升到更加专业有效的层次，对巨幅唐卡的加固性修复是管理处成功开展的巨幅文物保护工作之一。在日光暴晒、雨水渗漏受潮以及鼠害（啃噬与粪便残留）三项主要危害下，当时馆藏的 10 幅巨幅唐卡都遭受了不同程度的损坏。针对这一情况，布达拉宫管理处决定对它们进行保护及修复工作。拉萨市民族服饰八廓合作社与拉萨市民族利乐合作社是两家本地的合作社，在当时已多次参与其他寺院巨幅展佛用唐卡的缝制与加固性修复项目。管理处在细致斟酌下，决定邀请两家合作社共同参与布达拉宫馆藏 10 幅巨幅唐卡的加固性修复工作。当时管理处向修复方提出的两点必须遵守的修复前提是：一、不改变原有画面度量及色彩搭配。二、不对原有丝织品的非严重损毁处进行替换。最终，于 2002 年 4 月 5 日正式在布达拉宫内的德央夏广场开始了细致缓慢的加固工作，同年 11 月 12 日完成所有 10 幅巨幅唐卡的修复任务。现场所有工作人员小心地确保整项工作不对文物造成二次伤害，在不改变原有面貌的前提下对大面积撕裂的布料进行缝补，对已脱落图像进行重新缝制，同时对常年堆积的尘土及鼠类粪便进行清理。除此之外，为了减轻文物在卷轴过程中产生褶皱及撕裂等问题，在画面背面用白色麻料新添了一层背布，新制了一层面盖并为整幅卷轴画新制一层布套。同时在修复现场，有几位灯香师全程观察整项工作方法、内容及进度，并针对多项信息进行了翔实的文字记录。这些文字也被编目成文并且成为未来研究工作的重要文献资料。这本编目较之前编目相比信息更为详尽，重点是它包含唐卡尺寸及破损状况这两大重要信息。

布达拉宫的巨幅唐卡保存与防护状况较为复杂，实际上也缺少相关知识与经验。但是慢慢地，在文物保护的责任心驱使下，同时在学习交流的经验分享与累积下，宫内工作人员在不懈地为馆藏文物的保护与研究创造更好的条件。针对巨幅唐卡的保护，布达拉宫还实施了其他措施。比如 2002 年修复工作完成之后，在收卷唐卡前，工作人员适量地在画芯间放置了樟脑丸及印度香薰条。这是由于在全球变暖的大前提下，昆虫与害虫问题开始渐渐对丝织品类文物造成危害。按照本土的做法，置入刺激性气味的樟脑丸及印度香薰条能够在一定程度上起到驱赶昆虫与害虫的功效。另一方面，屋顶漏雨是损坏许多藏传佛教宗教建筑壁画、雕塑及绘画类藏品的主要原因之一。在 2020 年之前，布达拉宫的巨幅唐卡一直贮藏于大唐卡库的室内，且唐卡上还覆盖有一层塑料以隔雨，然而雨水仍然不时渗入其中并对文物造成损害。因此，在出于更好地进行文物保护的考量下，管理处于 2020 年 4 月为 10 幅巨幅唐卡进行简要除尘及修复工作，并将它们悉数搬入新设立的贮藏地点（图 3）。新的贮藏地点不受日光及其他强烈光源照射，不易受潮，不接近火源，且不堆叠收纳；这些构成良好保存馆藏巨幅唐卡的重要基本条件。就存档记录方面，馆内文物保管科的工作人员不仅如实记录了巨幅唐卡中原有的文字题记，新制作了编号标签等识别数据，还记录了带有规格、状况以及存档等详尽信息的文字记录。同时，馆内数字中心的工作人员还对所有巨幅唐卡进行高清图像采集（图 4）。

图 3　新建巨幅唐卡库房内部照

图 4　2020 年巨幅唐卡除尘工作航拍照

这些文字及图像资料将成为未来更深层次的保护研究工作中不可或缺的资源。

参考文献

[1] 多吉玉杰《试述历代布达拉宫巨幅悬挂式堆绣唐卡》,《布达拉宫》, 2013 年。

[2] 维多利亚·布莱斯·希尔编, 索南彭措、陈洁莹译《唐卡的保管与处理:保管人员指南》, 2009 年。

纵横得当

——以东莞可园为例实践与探究古建筑室庐家具陈设

郭译阳（东莞市可园博物馆）

　　室庐陈设是古代园林建筑的重要组成部分，也是我国传统居室文化的重要组成部分，是古代书画、工作美术、雕塑、家具陈设等方面最高成就的集中体现，蕴含着丰富的历史文化信息。目前业界对古建筑室庐陈设的保护和研究多有空白，尤其是免费开放工作实施后，如何满足公众对古代园林建筑历史面貌和当时社会生活面貌的求知欲？如何营造既有观赏性又有科学性的古建筑室内参观环境？如何将建筑文化信息研究和传统文化展示结合到古建筑室内环境营造中？是众多园林古建类博物馆亟待解决的问题。

　　明李渔在《闲情偶记·器玩部·位置》中开篇明义，将如何安器置物总结为"纵横得当"，《闲情偶记》作为传统文人审美的精粹笔记，林语堂评论其为"时专门研究生活乐趣，时中国人生活艺术的袖珍指南"，其中关于室内陈设的理念，对现今古建筑室内场景复原具有重要指导意义。古代园林建筑室庐陈设包括家具、文玩、盆景、书画、罩、隔、围屏、天花、匾额楹联，其中家具作为既有艺术欣赏功能又有生活使用功能，且占比最大的陈设器具，是室庐陈设最重要的组成部分，本文从家具陈设方面入手，对东莞可园相关工作的实践进行总结和探讨。

一　东莞可园及古建筑室庐概况

　　东莞可园是清末广东四大名园之一，近代岭南文化策源地之一，位于广东省东莞市莞城区。园主张敬修是东莞博厦人，为唐名相张九龄之弟张九皋后裔，因军功卓著，官至从二品江西按察使署理布政使。张敬修喜好文雅，金石书画、琴棋诗赋无不精通。他交游广阔，常邀约官宦、名仕、文人、画师等在可园雅集，延请岭南近代花鸟画坛中举足轻重的人物居巢、居廉常年居住可园进行创作，催生出"居派"画风。居廉的弟子高剑父、陈树人创立了岭南画派，可园也成为岭南画派的重要策源地。东莞可园不仅岭南文化艺术蕴含丰富，更是岭南传统园林建筑的瑰宝，全园面积 2200 平方米，建筑类型丰富，精巧华美，厅堂室舍、廊榭房轩、亭台楼阁一并俱全，布局紧凑，单体多室，追求空间利用的最大化，具备雅集、会客、居住、防卫等多种功能（图 1）。

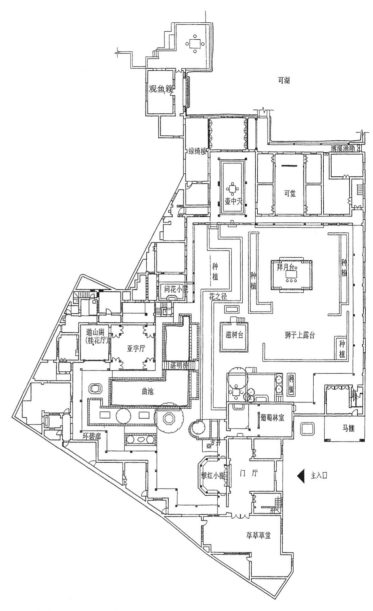

图 1　东莞可园平面示意图

二　东莞可园古建筑场景复原和家具陈设调整工作

东莞可园 1850 年始建，1864 年建成，新中国成立前因无人管理而凋敝，新中国成立后被分作农民住房，20 世纪 50 年代作为养老院，60 年代县政府主持修复后对外开放，70 年代作为华侨旅行社，1981 年成立可园管理所，1998 年成立东莞市可园博物馆，2001 年被国务院公布为第五批全国重点文物保护单位。期间东莞可园数次开展古建筑养护及修缮，2005 年开展古建筑区域场景复原工作，对 18 处室内场景复原中进行了调整设置，复原了园主张敬修待客、观景、居住、读书、琴乐、绘画、吟诗的场景（图 2）。2008 年博物馆按照国家要求实施免费开放，开放后的参观人数逐年攀升，疫情前一年全年参观人数逾90余万人次，为古建筑室内场景营造和陈设家具保护带来新的需求和挑战，室内家具陈设也随之不断调整和改变，到2021年时已与2005年场景复原时的设置大不相同。2021年根据免费开放后的新情况、新需求，我馆再次对古建筑主要室内场景家具陈设进行调整设置，在艺术性方面营造传统文化艺术文风雅情，丰富观众游览体验；在科学性方面真实反映清末可园生活风貌，满足开放工作游客人身和陈设家具的安保需求。

经过现场勘测和资料搜集比较，经过多年历史进程，可园古建筑室庐陈设与初始情况已经有了很大变化，有的室庐已不复存在，有的室庐是后来建设的，有的室庐没有名称、不明用途，且几乎没有原件家具遗留，也几乎没有关于室内环境或者家具陈设方面的文字史料或图片资料。面对这个情况，工作组制定了三项工作原则：物出有因、科学性与艺术性并重、用旧如旧，以此指导梳理工作流程、整理陈设依据，完成陈设设置。具体工作流程和陈设依据如下：

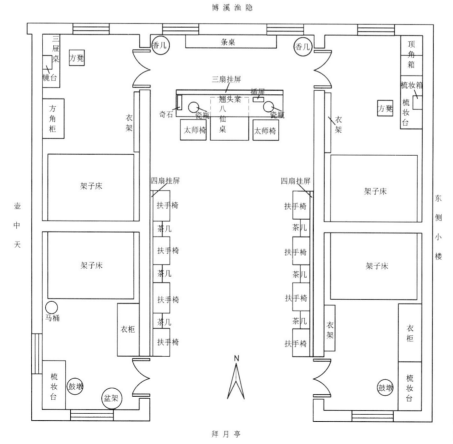

图 2　可堂场景复原平面图

工作流程：

①测绘和确定调整场景；

②寻找工作依据，确定每处场景名称及功能用途；

③搜集原物，如无则用同时期旧物代替；

④没有原物或旧物，使用坤甸木或酸枝木制作岭南传统风格制品；

⑤完成调整陈设，形成图纸档案。

陈设依据：

①场景复原咨询会会议记录，邀请文博专家、文史人士、张氏家族后人出席会议，形成了宝贵的第一手可园历史信息资料；

②张敬修及后人诗文集和书画作品，《东莞张氏如见堂族谱》；

③张敬修友人诗文集和书画作品；

④文史、园林建筑专家研究论文和著作，如：岭南建筑艺术大师莫伯治先生的《岭南庭园》等（东莞市可园博物馆综合馆区是莫伯治先生的设计遗作，先生对岭南传统园林建筑及东莞可园研究很深），东莞文史专家杨保霖老师所著《可园张氏家族诗文集》，东莞文史专家张铁文老师所著《可园》，园林建筑专家邓其生老师所著《东莞可园》等；

⑤可园周边居民，曾在可园生活或工作过的人员的第一手走访资料。

三 "纵横得当"古建筑室庐陈设方式探究

李渔所著《闲情偶记》内容涵盖器具清供、居室、词曲、饮食等多个方面，可谓古代文人雅生活的百科全书。其中器玩部中位置一篇，专对如何布置室内器玩进行论述。按其所述，室内器玩陈设要"纵横得当"，要依用、依地、依时陈置，还要"皆非苟设，事事具有深情"，能够反映建筑主人的精神感受。可园主人张敬修以传统文人的审美来构造可园，外部园林环境幽雅诗意，室内陈设也应当富丽而雅致，充满文人审美，他为双清室写过一绝曰："拓室竹枝左，凭阑荷叶间。坐中有佳士，夹侍两婵娟"，描绘了当时充满幽然清韵的室内场景。现今我们进行古建筑室庐陈设时，为了避免"仓储式"陈设，或陈设与室庐功能及历史信息不符，或无章法等情况，应当围绕室庐主人或居住者的生平经历、喜好、审美趣味以及地域文化风俗等等，通过有序而富有变化的家具选择和摆放，让内部场景与外部环境相统一、风格相一致，成为地域文化、风土人情、文化渊源的综合体。

（一）家具陈设要突出室庐功能特征

东莞可园内可进行家具陈设的主要室庐空间约有 20 处，按照功能使用性质可大致分为会客宴请类、居憩类、雅游类等三个类别。按照室庐功能的不同，室内家具陈设以中轴对称布局和灵活布局两类方式进行着多种演绎，表现出庄严肃穆和随性生活的不同气氛以符合其功能。中轴对称布局是由来已久、最基本的建筑空间表现形式，以建筑中轴为中心对称进行布局，也可演变为从属空间的对称布局，以及小空间内以家具为中心的对称式布局。这种布局方式多用在会客宴请类室内场景，整体显得有序大气，体现"居中为尊，中立为大"的文化观念。可堂（图 3）作为张氏家族宴会的场地，以三开间中轴进行严格的左右对称布局，设置了东西边两排座椅对称。灵活布局多用于居室休憩类和雅集游赏类室内场景中，家具不需要讲究严格的对称性，以主人的需求和生活习惯乃至对景色的最佳观赏角度出发，形成多个功能区。如围绕床榻形成休憩区（图 4）。围绕书案、棋案形成吟诵雅集区，面对门窗外优美景致形成的赏景区。

图 3　可堂

图 4　息窠

（二）家具陈设要契合传统文化审美及民俗习惯

古建筑室内家具陈设要体现与传统文化与传统美感的契合，要"贵活变""三三数""合民俗"。"贵活变"是指家具陈设要因时、因地制宜，根据室庐的平面布局、取景角度以及季节生活规律来布置家具。国画大师潘天寿提出"凡三件以上东西摆在一起，能求其有疏有虚……虚实相生，无画处皆成妙境"。书画布局与家具陈设布局应该是相同道理，文学中说"一数之始，三数之终"，以三代表多，所以大室分为三个区域（图5），小室放置三种品类，以同品以三件为一组交错放置，就不会给人以空旷或拥挤的感觉，且能产生排布错落有致的美感。"合民俗"是指家具放置要注意遵循《阳宅十书》《鲁班经》中的风水哲学，要符合地域性民俗民风，真实反映清末岭南生活态度和趋吉避凶的民俗心态。

图5　由书桌、卧榻、扶手椅组成的三个功能区

（三）家具陈设要遵从历实资料记载

国家文物局《文物保护法》提出了文物保护与修缮的"修旧如旧"原则，此要求也适用于古建筑室内家具陈设。在进行古建筑室内陈设时应全面延续真实的建筑室内历史信息，让家具和环境相融合，真实反映当时的历史面貌。如可园的可轩，按照张敬修及其友人的诗文记载，延续了当时"坐中有佳士，夹侍两婵娟"面貌，沿东西墙陈设两排扶手椅，地面设有"古代空调"的出风管道。屠隆《考槃余事》记"琴室，最宜重楼之下……若高堂大厦则声散漫"，《长物志》载琴室要"层楼之下，盖上有板"，按其说，明清时文人奏琴多在底层小室中，避免琴声"散漫"。但按张敬修诗文记载，"绿绮楼"

为其藏"绿绮台琴"而建，故虽然绿绮楼为二层建筑，二楼居室建筑临湖开窗（图6、7），琴声响起即散入湖面，但为了符合历史记载，还是在二楼室内设立了琴台等家具陈设。

图6　绿绮楼

图7　临窗琴案

（四）家具陈设要适应免费开放需求

实施免费开放后，随着观众数量的急速增加，为了消除安全隐患，满足游客需求，家具陈设也不断随之调整。如邀山阁是园内碉楼式建筑，为"邀山入怀"处，所以最高层当时应该有供人坐卧、欣赏景致的家具。但因为四楼高17.5米且墙体连开十数扇槛窗，为了避免年幼观众攀爬翻落发生安全事故，故此层不设置家具。门厅处旧时并没有沿墙设置座椅，但在开放中，我们发现常有游客在此处等候，于是我们沿墙增设了扶手椅和短榻，方便游客休息。古人为了生活方便，常在室内设置扶手椅以及体形较小坐墩等家具，为了做好文物保管，我们减少了阴暗潮湿室内环境里的家具陈设，撤走了一定数量的单体小坐墩等家具。

相较于古代园林类博物馆对古建筑本体的保养维护和修缮，目前室内家具陈设则稍失于专项研究和保护，其的原因是多方面的。一是复原依据缺失，除了少数的宫殿或有传承驻守的建筑外，室内家具、隔断、匾额等在历史进程中几乎已遗失殆尽，流传下来的相关资料也较少，缺少了复原保护的直接依据。二是室内设计从20世纪才完成学科独立，故从室内角度对古建筑室庐环境整体、系统的开展研究还有一定业界空白。三是有限的维修经费首先要保证古建筑本体修缮和养护，一定限度上限制了室内的保护与修复。总体来看，古建筑室内环境营造尤其是家具陈设，还有进一步深入研究的空间，本

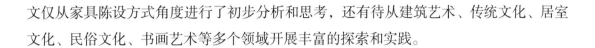

文仅从家具陈设方式角度进行了初步分析和思考，还有待从建筑艺术、传统文化、居室文化、民俗文化、书画艺术等多个领域开展丰富的探索和实践。

参考文献

[1] 张笑楠《河南地区明清会馆及其室内环境研究—兼论可持续的古建筑保护》，南京林业大学研究生博士学位论文，2007 年 6 月。

[2] 王广伟《詹王府陈设系统研究》，北京建筑大学硕士学位论文，2017 年 6 月。

[3] 〔明〕李渔著、杜书瀛译著《闲情偶寄·器玩部·二》，中华书局，2014 年。

[4] 潘天寿《关于构图问题》，浙江人民美术出版社，2015 年。

[5] 〔明〕文震亨《长物志·卷一室庐》，中华书局，2012 年。

[6] 石佳《明清江南园林建筑的室内陈设方式研究》，江南大学硕士学位论文，2019 年 6 月。

[7] 王红星《岭南建筑经典丛书·东莞可园》，华南理工大学出版社，2011 年。

[8] 杨宝霖《东莞可园张氏诗文集》，广东人民出版社，2008 年。

[9] 朱良志《曲院风荷—中国艺术论十讲》，安徽教育出版社，2006 年。

西藏布达拉宫馆藏古籍保护与利用

班旦次仁（布达拉宫管理处）

举世闻名的布达拉宫矗立在青藏高原之巅，是西藏腹地十分重要的宗堡式建筑。新中国成立以来，布达拉宫成为第一批全国重点文物保护单位和世界文化遗产。随着西藏经济的飞速发展，政府投入巨大的人力物力加强对布达拉宫建筑和馆藏文物的保护。布达拉宫现有馆藏文物主要包括佛教造像、唐卡、瓷器、丝绸、古籍文献等珍贵文物共数十万余件，是一座名副其实的文化宝库。布达拉宫馆藏古籍文献内容十分丰富，包括西藏地方文化历史、文化、宗教、哲学等内容，还包括古代南亚地区的人物传记、胜迹志，中原汉地佛教源流、寺志、佛教典籍等，是研究不同文明交往史的重要资料。可以说布达拉宫是整个藏区乃至全世界有关藏族文物藏量最丰富的地方，也是"一带一路"战略体系的一个重要文化窗口。

习近平总书记在 2013 年 11 月考察孔子研究院时指出，中华优秀传统文化是中华民族的突出优势，中华民族伟大复兴需要以中华文化发展繁荣为条件，必须大力弘扬中华优秀传统文化。要对传统文化进行创造性转化、创新性发展，让收藏在禁宫里的文物、陈列在广阔大地上的遗产、书写在古籍里的文字都活起来。我国特色社会主义进入了新时代，西藏社会经济飞速发展时期，全区各大古籍收藏单位的古籍文献保护与利用迎来崭新的机遇。

众所周知，西藏是古籍资源大区，传世古籍历史久远、卷帙浩繁。古籍收藏单位主要以寺院为主，数量达到千余家，其中布达拉宫馆藏的古籍文献更是题材丰富，数量众多。保存着汉、藏、满、蒙、梵等文种的 39288 部古籍文献，量居全国之首，其中馆藏 460 多部贝叶经，总叶数达 30000 之多，约占西藏其他地方所藏贝叶经的半数以上。还藏有不同版本和质地的形状、大小不一的《大藏经》几十套，其中包括明永乐八年（1410 年）印制的朱砂版《甘珠尔》。另有历代高僧、学者的各种文集等共12266 部珍贵典籍保存在各个殿堂内。除此之外，在专设的文献库房保存着 26917 部古籍文献。

布达拉宫古籍自 17 世纪五世达赖喇嘛时期起，曾不分宗派地对各大教派大德的著作进行过全面系统的编目整理，并且在布达拉宫、哲蚌寺、噶丹平措林等建立了印经院以抢救和传播珍贵的文献。1959 年前后，拉萨及周边各寺院、拉章、贵族府邸、大商家中的文献典籍集中存放在了布达拉宫各大小殿堂，1978 年在党的号召下，全国范围内的古籍整理出版工作启动，布达拉宫组织文化较高的格西喇嘛进行分组整理，但因人力所限这几十年的古籍文献整理工作只是处于编目和散乱的文献归类汇总。

一　布达拉宫古籍文献主要来源

布达拉宫古籍文献最初在 17 世纪五世达赖喇嘛时期，曾不分宗派地对各大教派大德的著作进行过全面系统的编目整理，并且在布达拉宫、拉萨哲蚌寺、日喀则噶丹平措林等建立了印经院以抢救和传播珍贵的文献。此后，历代达赖喇嘛时期主持书写了大量的《大藏经》和高僧文集等，尤其是在七世达赖喇嘛和八世达赖喇嘛时期，甘丹颇章地方政权召集西藏各地著名的书法家和工艺家，印刷和书写大量的古籍文献，用于纪念高僧圆寂和清代皇帝祝寿，以及布达拉宫各大殿堂的陈设。直至十三世达赖喇嘛时期，建立布达拉宫"雪印经院"，印刷了普顿仁钦珠、觉囊多罗那他、夏鲁译师、五世达赖喇嘛等高僧文集，拉萨版大藏经《雪甘珠尔》等。

此外，1959 年西藏民主改革时期，拉萨周边的寺院、拉章、贵族、商人等收藏的佛像和古籍文献，在自治区文管会统一安排下，将佛像收集到罗布林卡；而古籍文献存放到布达拉宫雪城、玉杰觉、达仓郭墨、僧官学校、夏钦觉等，占馆藏古籍文献的百分之三十左右。1979 年 9 月份，从拉萨三大寺和布达拉宫等召集学识较高的人员，开始整理编目馆藏古籍文献。过去四十多年的时间里，对馆藏大藏经和各类文集等几万部文献编辑了较为详细的目录，根据古籍文献内容分类编号后，分别收集在布达拉各大文献库。

另外，历代达赖喇嘛祝寿或转世灵童坐床典礼而书写的大藏经比如 1689~1693 年，第司桑杰嘉措为五世达赖喇嘛显身灵童书写的《甘珠尔》111 部；1683 年在擦瓦佐岗按照江孜版书写了 111 部大藏经《甘珠尔》。同年在洛绒宗地方书写了 111 部《甘珠尔》，在今天定日县协噶尔地方书写了 111 部；沃卡达孜地方书写了 111 部；1684 年，在弥久伦地方书写了 111 部《甘珠尔》；同年在林芝德木桑阿曲宗书写 111 部《甘珠尔》，1685 年，在沃卡达孜地方书写 111 部《甘珠尔》；1686 年谢通门庄园书写了 111 部《甘珠尔》；1689 年在琼结地方书写了 111 部《甘珠尔》等，这些都收藏于布达拉宫仁增拉康和五世达赖喇嘛灵塔殿内（图 1）。

《七世达赖喇嘛传记》和《七世达赖喇嘛灵塔殿文物清册》等记载，藏历铁龙即 1760 年，扎萨克·尼玛坚参和大智者洛桑诺布等出资，为七世达赖喇嘛早日显身灵童，以江孜版《甘珠尔》为蓝本，在蓝靛纸上用金汁书写了 108 部《甘珠尔》大藏经。整个印刷工程使用了一万两千六百五十多两白银。乾隆皇帝得知此消息后，赐予一批经书带，经书带用不同颜色的丝棉线斜纹交叉编织，长 134.8 厘米，两端安有鎏金铜环扣。经书首页采用叠纸法，经书函调配有红绿黄三种上乘织锦，

图 1　七世达赖喇嘛灵塔殿内的古籍文献

黄色锦缎上面用红线刺上书号及名称。首页两侧有泥塑涂金上师像，分别是泥塑家多杰次旺和贡次。藏文书名题写者为著名书法家艾巴帕卓，采用泥金"萨泽"手法书写，极具立体感。

据《八世达赖喇嘛传》记载，乾隆帝去世第二年，即藏历猴年（1800年），在八世达赖喇嘛指令下，颇罗鼐按照纳塘版《丹珠尔》为蓝本命人用八宝汁书写了的213部《丹珠尔》。文献长方形散页，两面书写，用蓝靛纸，是由金、银、铜、铁、松石、珊瑚、青金石、海螺八种珍贵天然物制成的汁书写的，字体工整秀丽。木质护经版涂有朱砂，其边缘饰有錾刻花纹的铜箍。每部都用五种锦缎重叠封幔，被黄色四合如意云纹暗花缎质包经布包裹，首页两端绘制本尊佛像，中间用泥金"萨泽"手法写有立体感较强的书名。此外，《强康文物清册》《八世达赖喇嘛传》《甘珠尔目录》等记载，此套《丹珠尔》召集了藏区造纸师、缝纫师、书法家和高僧学者等，在大昭寺艾旺大殿内共同完成，最后迎请到布达拉宫。

直到1934年，布达拉宫脚下雪印经院印刷的大藏经及文集收藏在布达拉宫各大殿堂和古籍文献库里。目前在十三世达赖喇嘛灵塔殿内收藏有640部雪印经院印刷的大藏经。除此之外，布达拉宫还收藏有后藏平措林印经院、功德林印经院、扎什伦布寺印经院、甘丹寺印经院、喜德林印经院、色拉寺印经院等六十多处西藏各地印经院的珍贵文献。

二 布达拉宫古籍文献主要内容

（一）宗派源流类古籍文献

除大藏经和上师文集之外，布达拉宫还藏有《佛祖传记》《第罗巴等古印度成就者传记》《阿底峡等噶当派高僧传记》《宗喀巴传记》《历代达赖喇嘛传记》《历代摄政王传记》《历代班禅喇嘛传记》等，记载当时社会政治、社会、宗教、文化等情况的文献，从中能够挖掘西藏与中央政府之间的交往史，以及各个民族交往交流交融的历史事实。

教法源流类的文献包括，《布顿教法史》《印度佛教源流》《汉地佛教源流》《安多教法源流》《大隆教法源流》《土观宗派源流》；古代法典包括《松赞干布颁发的十善法》《赤松德赞法典》《藏巴第司丹迥旺布颁发的十六法》《五世达赖喇嘛颁发的十三法典》

《寺院寺规》。另外，不同历史时期形成的《灵塔目录》《交接清册》《文书档案》等都具有非常高的研究价值（图 2）。

图 2　灵塔交接清册

（二）明、清宫廷赏赐给历代达赖喇嘛和高僧大德的文献

在布达拉宫馆藏文献中，明、清中央政府赏赐给西藏的古籍文献占一定的比例。馆藏明永乐《甘珠尔》以朱砂汁印制而成。此套《甘珠尔》是明永乐八年由大明皇帝朱棣下令以西藏纳塘《甘珠尔》写本（一说为蔡巴版）为蓝本御制而成，曾赐给西藏大宝法王和大乘法王大师各一套，是目前保存最完整且最早的藏文刻版甘珠尔经（图 3）。

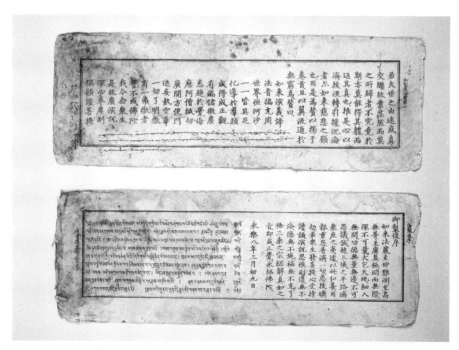

图 3　明永乐《甘珠尔》

　　清乾隆时期刊印的满文《大藏经》是清代继《四库全书》之后的又一巨大传世文化工程，编译工程始于乾隆三十七年（1772 年），完成于乾隆五十五年（1790 年），刊印完成于乾隆五十九年（1794 年），历时 23 年之久，共刷印出 12 套。乾隆五十七年（1792 年）下旨，分别向七世达赖喇嘛和六世班禅额尔德尼赠送一套。布达拉宫萨颂殿（三界殿）藏的满文大藏经总共有 127 部。护经板装饰华丽，板面分别由金色、黄色、红色织锦层叠覆盖，正中以金汁书写恭书满文顶礼佛、顶礼法、顶礼僧的敬语，以及本函第一部经名、卷数，两侧各彩绘佛菩萨一尊，每尊佛像右下角以藏文、左下角以满文书写佛菩萨名号。内下层护经板与上层不同，其板面绘四尊护法神图像，每尊像的右侧以藏文、左侧以满文恭题该佛名号。经带以绿、蓝、红、白、黄 5 种颜色的丝棉线斜纹交叉编织而成，一端安有鎏金铜环扣，环扣一边与经带固定，另一边用以束紧经册。

　　乾隆皇帝强调"大藏汉字经函刊行已久，而蒙古字经亦俱翻译付镌，惟清字经文尚未办。及揆之阐教同文之义，实为缺略"，认为蒙、藏、汉三族均有自己民族文字的《大藏经》，唯独少满语，与当时满族的崇高地位不符。其编纂原则是依据蒙文和汉文《大藏经》，参考了藏文《大藏经》并命章嘉国师删定经目（图 4）。因此，满文大藏经的编译目的到编译参与人员及装潢艺术看，是满、汉、藏等多民族共同完成的成果，对研究多民族文化交流和合作团结具有重要的意义。

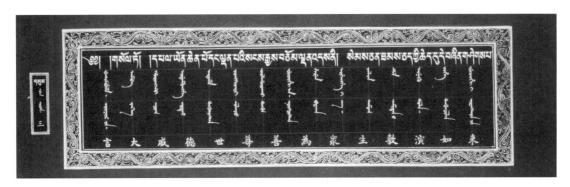

图 4　满文《大藏经》

（三）西藏地方印经院和各大寺院的文献

　　布达拉宫还藏有多部各地印经院的典籍，如噶丹平措林印经院，其位于西藏日喀则拉孜县境内，原先是觉囊派的寺院，始建于万历四十三年（1615年）由多罗那他创建，万历四十八年（1620年）创立达旦书刻院，达旦寺书刻者名声大振。顺治八年（1651年）五世达赖喇嘛时期改宗为格鲁派并取名噶丹平措林，印经事业达到顶峰，大量刊印了格鲁派上师宗喀巴文集（《菩提道次第广论》《噶当派教派源流》《更顿珠巴文集》）等为主的古籍文献，包括当时比较受欢迎的文本，甚至一些苯教的仪轨文本也得到大量印刷。

1959年前后，拉萨及周边各寺院、拉章、贵族府邸、大商家中的文献典籍存放在布达拉宫各大小殿堂。1978年，党的十一届三中全会以来，全面对中华文化遗产进行了保护行动，在全国范围内启动了古籍整理出版工作，布达拉宫组织了一批具有深厚藏文化功底的格西喇嘛开展文献整理工作，以同波·图登坚参为主的工作人员主要完成了对布达拉宫馆藏古籍文献、唐卡、造像等的初步编目、归类、建档等工作。

三　古籍文献建档与保护现状

藏文文献分类编纂是古籍文献工作的基础，它对藏文文献资源利用和保护方面有着不可估量的作用。对文献分类的研究，不仅有利于藏学文献进行有效利用，还有助于更好地保护。众所周知，藏文文献分类初创期在8世纪，《旁唐目录》《丹噶目录》《钦布目录》，这三大目录对后来藏文大藏经目录分类奠定重要基础。布达拉宫古籍文献自20世纪70年代开始进行了分类。

布达拉宫古籍文献保护上，首先是古籍文献的编目整理。目前已出版《布达拉宫藏格鲁派古籍目录》《布达拉宫藏宁玛派古籍目录》《布达拉宫藏噶举派古籍目录》《布达拉宫藏萨迦派典籍目录》《布达拉宫第一藏书阁藏文古籍文献目录》（上、下册）（2020年底出版）。从2013年开始，根据国家文物局的统一部署，在原有的基础上对馆藏文献进行藏汉两种文字的普查登记，包括名称、年代、级别、材质、尺寸、重量、作者、残缺情况等14项指标，为布达拉宫古籍文献数据库建设奠定了基础。并与西藏自治区社会科学院合作编写出版了《布达拉宫馆藏贝叶经目录》。

古籍保护和编目之后，资源共享是迫在眉睫的任务。从2011年起，开放馆藏部分古籍文献资源，与藏医学院、色拉寺、大昭寺等单位实现资源对接，积极开展借阅工作，共完成3700余部古籍的对外借阅工作，为古籍的保护、研究、利用提供开放性环境，实现了一定的社会、文化效益。此外，2014 年 9 月开始在布达拉宫雪城成立专业队伍，对布达拉宫馆藏孤本及档案类文献进行抄录整理。

对馆藏贝叶经的保存环境进行改善，制作经夹板 332 对、囊匣 250 盒、包经布 412 个、包经绸缎 334 个、绸缎目录 412 个、陈列展示柜 2 个。其中 96 部贝叶经残旧，存在残缺、开裂、字迹褪变、虫蛀等病害，20 多部贝叶经因受潮粘接在一起形成残片包，无法量尺寸和进行深入的研究。同时按照可移动文物信息录入的要求进行了建档和录入工作，现有 32 部详细的汉文版目录和 2 部珍藏贝叶经写本总目录。

四　布达拉宫古籍数字化情况

布达拉宫馆藏古籍版本多样，纸张的状况质地各异，抄本、刻本均有，誊抄、手抄和成书于不同年代纸张的保存状态都不一样，因此就要根据古籍的具体情况而有选择地进行扫描或通过其他途径进行数字化。目前已确认古籍数字化和修复对象主要为贝叶经和各大殿堂所藏的大藏经。但仍需进一步调查馆藏大藏经的基本情况，包括研究大藏经总体数量、不同版本、装帧特点等。

（一）组建专家团队

邀请区内外藏文古籍专家，组建布达拉宫古籍文献研究专家团队。围绕布达拉宫古籍文献保护和利用，定期举办专家座谈会和咨询机制，避免古籍文献数字化和保护利用中的误区，有效挖掘布达拉宫古籍文献的价值，建立完善的、科学的工作机制。有序推进布达拉宫古籍文献数字化和保护、修复、展示利用等工作的进展。

（二）数字化采集

根据西藏独特的气候和纸质文物的材质，精准实施抢救性保护项目和古籍数字化工作。具体工作包括：

（1）调查布达拉宫古籍文献病害。布达拉宫古籍文献主要病害包括，污渍、残存、霉菌、积尘、粘连、褪色、鼠尿、断裂等问题。加之不同纸张的厚度、材质、褶皱、颜色等有一定的差异，数字化工作中对光照和温度、机型等使用判断准确，避免人为的损害。

（2）通过数字化的方式对古籍文献基本信息进行精准化采集，在不破坏文古籍本身前提下，实现文物信息的完整保存，为后续研究提供精准数据。利用传统与数字技术相结合的模式，保存、研究、分享布达拉宫的文化价值。

（3）目前古籍保护工作主要有两种，一是结合传统修缮手段与科技手段对古籍进行修复、加固及改善藏书环境等手段的原生性保护措施；二是通过现代技术、数字化手段将古籍内容复制或转移到其他载体，以达到对古籍长期保护与有效利用之目的的再生性保护。布达拉宫馆藏的绝大部分古籍属于珍贵文物，其中不乏孤本、绝本，部分珍品的保存状态不容乐观，需要采取进一步的保护措施，布达拉宫传统的古籍保护手段已经不能满足或不适于部分古籍，随着国内外古籍数字化技术的日益成熟和完善，以数字化手段进行再生性保护已然成为今后布达拉宫古籍保护工作的主要方向。

（4）数字化信息采集过程中，仅仅以提取文本和扫描成图是采集不到最好的效果。布达拉宫馆藏的很多大藏经的佛像插画、扉页设计和整体装饰都非常精致雅观。为了能全方位展现古籍的艺术特征，在采用高清摄影技术和扫描技术外，部分珍贵的古籍还应当利用摄影测量技术全方位采集二维影像数据，通过专业软件计算生成三维重建数据，充分体现古籍艺术特征。

（三）数字化展示

建立完善的布达拉宫古籍文献数字库。根据布达拉宫馆藏古籍文献内容，依照传统古籍文献分类和现代图书目录相结合，系统地分类馆藏古籍，健全古籍文献检索功能，提升古籍文献的利用和保护，加强建立古籍文献的共享机制。

布达拉宫古籍文献数字化成果展示方面包括（1）通过高清扫描采集书籍之后，建立线上线下的模式，部分古籍文献尝试性地共享给大众。通过门户网站和收集APP的渠道，提供在线阅读的平台。（2）通过实物与数字展览结合的模式，规划阶段性的数字化成果的展示计划。布达拉宫的一些珍贵古籍也可适用这种技术进行数据采集，进行3D建模，从立体角度完成贝叶经的虚拟呈现，形成影像库，以及结合VR技术，以电子图书的形式，模拟用户翻阅原件的阅读方式，提升布达拉宫古籍文物的立体感和逼真性。加深读者对布达拉宫古籍文献数字化的了解和文化服务窗口的建设情况，宣传和加大古籍文献的保护力度。（3）开展专题会议，编写古籍保护科普书籍，推动整理出版古籍文献数字化成果，提供古籍文献的研究水平和社会关注度，促进古籍文献对建立和谐社会，打破民族文化隔阂，共建中华民族文化共同体的意识。

结　语

布达拉宫馆藏藏文古籍的内容和数量在我国是首屈一指的。鉴于此，在共建共享古籍数据库的同时，我们要进一步提升布达拉宫特色古籍数据库的安全保护工作，要挖掘、整理、宣传西藏自古以来各民族交往交流交融的历史事实。布达拉宫古籍文献保护、研究、利用工作将找准方向，取得成果。

试析元代蓝釉白龙纹的时代特征

张若衡（北京市颐和园管理处文物科）

在 2020 年 9~12 月举办的"园说Ⅱ——颐和园建园 270 周年文物特展"中，颐和园藏元代蓝釉白龙纹梅瓶时隔多年再次展现在公众面前。为了让观众在近距离观看此瓶造型、釉色的同时详细了解瓶身龙纹的细节特征，策展方对梅瓶进行了全方位的信息采集，采用三维立体加平面展开的方式，公开展示了龙纹的全貌。并且，结合线上云展览和二维码链接，使观者可以随时随地在线上欣赏这件珍贵文物（图1）。

图 1　颐和园藏元代蓝釉白龙纹梅瓶的展示形式（张晓莲摄）

此类蓝釉瓷器作为景德镇在元代创烧的新品种之一，因制作精美、存世量少，历来得到研究者的广泛关注。元代瓷器上的龙纹上承宋金，下启明清，是龙纹发展的重要阶段。然而，通过对相关学术史的了解，当前涉及元代龙纹的研究，或置于大的时代跨度之下，或限于直观简单的描述，对元代龙纹的发展演变缺少具体的分析，对蓝釉白龙纹的时代特征也少专门的论述。本文拟在梳理元代龙纹各时期特征的基础上，对元代蓝釉瓷器上白龙纹的时代特征进行探讨。

一　元代瓷器龙纹研究的回顾

目前对元代瓷器龙纹的专题研究，代表性的有冯小琦《元代瓷器上的龙纹装饰》[1]系列专稿，此系列以南北方的划分为基础，对元代磁州窑、龙泉窑、景德镇窑各类釉色瓷器上的龙纹装饰做了较为全面的总结，概括出龙的造型特征，但未做进一步的分析。王亚娟《宋元瓷器上的龙纹研究》[2]对宋至元代龙纹发展演变做了分期研究，总结出瓷器龙纹在这一时代跨度内的演变规律，元代在文中作为一整个时代，未做详细分期。其他涉及元代龙纹的文章，还有陈联众对中国历代陶瓷器上龙纹的概述[3]，杨得鸿对元青花龙纹的简要总结等[4]，此类文章尚有很多，时代跨度更大，少有深度分析，资料介绍也较为简略，可作为元代瓷器龙纹研究的参考。

二　元代瓷器龙纹的发展演变

瓷器龙纹的总体造型从宋代早期的粗壮僵硬逐渐发展为元代的纤细灵动，基本已成为学界共识，"蛇形龙"在元代晚期青花瓷器上表现得尤为丰富。然而这一过程在元代的发展历程尚不十分清晰。南宋、金代瓷器龙纹已经从粗壮的兽体龙完成了向蛇体龙的转变。例如杭州乌龟山南宋官窑窑址出土的青瓷龙纹残片[5]和观台磁州窑址出土的金晚期龙纹白釉盆[6]（图2）。此两件龙纹残片可作为当时南北方瓷器龙纹的代表，其共同特征是，龙的躯体虽然明显为蛇形，但均为简单的弧形，身体仍然比较粗壮，缺少灵动姿态，与元代晚期青花龙纹细长飘逸的特征相差甚远。元代龙纹继承南宋、金代，可知元代龙纹也经历了一个逐渐变化的过程。

［1］　冯小琦《元代瓷器上的龙纹装饰（上、中、下）》，《艺术市场》2004年第5~7期。
［2］　王亚娟《宋元瓷器上的龙纹研究》，吉林大学硕士学位论文，2006年。
［3］　陈联众《中国龙腾飞的天宇——简述历代陶瓷器上的龙纹饰》，《文物春秋》2008年第3期。
［4］　杨得鸿《元青花瓷龙纹浅识》，《收藏家》2014年第3期。
［5］　中国社会科学院考古研究所等《南宋官窑》，中国大百科全书出版社，1996年。
［6］　北京大学考古学系等《观台磁州窑址》，文物出版社，1997年。

| 1 | 2 |

图 2

1. 南宋官窑出土的青瓷龙纹残片；2. 观台磁州窑址出土的金晚期龙纹白釉盆

1. 元代早期龙纹特征

元代早期青花瓷器发现很少，尚未成为龙纹装饰的主要载体。目前已发表资料可确定为元代早期龙纹瓷器的，主要有北方地区的磁州窑白地黑花龙纹、霍州窑白釉龙纹和南方地区的龙泉青瓷龙纹等，这一格局与南宋、金代基本相符。

霍州窑龙纹见于河南郾城县元代窖藏白釉瓷盘[1]，盘内底印云龙纹，可惜资料中未将此龙纹发表，具体特征未知。据窖藏内其他器物形制分析，该窖藏年代为元代早期稍晚[2]。磁州窑龙纹见于朝阳市元代窖藏出土白地黑花大罐[3]（图 3），其造型与山东茌平郝屯元代早期窖藏出土磁州窑大罐类似，窖藏中未见青花瓷器。出土龙泉青瓷龙纹的有元代张弘略及夫人墓[4]，张弘略卒于元贞二年（1296），随葬品中青釉玉壶春瓶上贴塑龙纹（图 4）。其他具备断代依据的，还有大同元代壁画墓[5]，该墓建于元大德二年（1298），墓主人为一般汉族底层官吏，随葬的琉璃釉白陶香炉在腹部浮雕龙纹，并共出一件双龙戏珠纹铜镜（图 5）。

尽管上述龙纹造型装饰技法多样、窑口分布广泛，但依然可以看出元代早期龙纹与宋金晚期龙纹的相似性，即龙纹整体残存兽体龙的特点，躯体粗壮弯曲较少，龙首鬃毛

［1］　杨爱玲《郾城县发现的元代窖藏瓷器》，《中原文物》1994 年第 4 期。

［2］　马健《元代窖藏瓷器的初步研究》，吉林大学硕士学位论文，2007 年。

［3］　朝阳市博物馆《朝阳市发现元代窖藏瓷器》，《文物》1986 年第 1 期。

［4］　河北省文物保护中心等《元代张弘略及夫人墓清理报告》，《文物春秋》2013 年第 5 期。

［5］　大同市博物馆《大同元代壁画墓》，《文物季刊》1993 年第 2 期。

明显，上下颚长度基本一致，肘毛特征不突出，龙爪的描绘比较简率，尚未形成一定规制。同时期铜镜龙纹表现出与瓷器龙纹相似的特点。

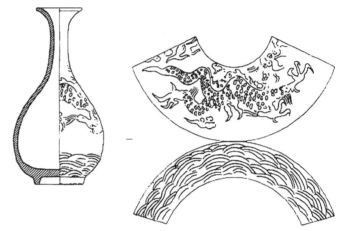

图3　朝阳市元代窖藏出土白地黑花龙纹大罐　　　图4　元代张弘略及夫人墓出土青釉玉壶春瓶

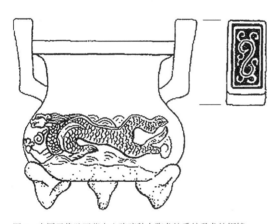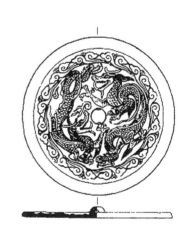

图5　大同元代壁画墓出土琉璃釉白陶龙纹香炉及龙纹铜镜

2.元代中期龙纹特征

目前元代中期发现龙纹瓷器且具备确切纪年依据的窖藏或墓葬资料很少。江西永新元代窖藏出土青白釉印花龙纹浅腹碗和龙泉贴花龙纹盘，窖藏中发现的最晚钱币为"至大通宝"（始铸于1310），且出土龙泉青瓷与新安沉船龙泉瓷器完全相似，仅大小有别。再结合元代其他窖藏资料观察，"元代中期出土的瓷器……都不曾出现过较成熟的青花瓷器，这种现象绝非偶然，而是从一个侧面反映出青花瓷器的发展进程和鲜明的时代特征"[1]，永新窖藏未见青花瓷器，因此简报编写者推断永新窖藏的时代晚于1310年、略早于新安沉船年代的元代中期。上述分析基本符合元代窖藏出土瓷器的普遍情况，可将永新窖藏青白釉印花龙纹浅腹碗作为元代中期稍晚阶段的典型代表。

青白釉瓷在元代依然是景德镇窑系的重要产品之一，此件青白釉印花龙纹浅腹碗的龙纹整体造型，较元代早期已出现了较为明显的变化：上下颚从长度接近变为上颚略长于下颚；鬣毛、肘毛的表现更加细致，呈条带状并出现长短不一的卷曲；躯体出现更多的弯曲，整体形象灵活多变。只是龙爪的掌部仍较明显，趾间分离不大，爪尖不锋利，尾部、

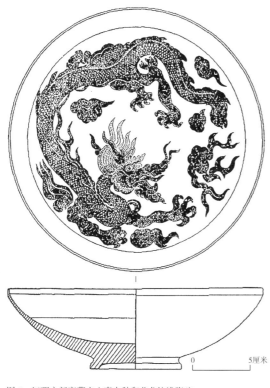

图6　江西永新窖藏出土青白釉印花龙纹浅腹碗

颈部依然粗壮，表现出与元代晚期龙纹不一样的时代特点。

3. 元代晚期龙纹特征

至正十一年（1351）后，随着红巾军等农民起义的爆发，元代社会进入动荡时代。诸多为躲避战乱而埋藏在地下的瓷器，为我们分析元代晚期瓷器上的龙纹提供了丰富的资料。最具代表性的有，河北保定发现的元青花、蓝釉、白釉瓷器[2]，内蒙古林西县出土元代青花、青釉瓷器[3]，江苏金坛元代青花云龙罐[4]，江西高安窖藏元青花、釉里红瓷器[5]，安徽歙县出土元代瓷器[6]，安徽繁昌出土元代青花瓷器[7]。其他相关资料还有江西波阳、

［1］　杨后礼《江西永新发现元代窖藏瓷器》，《文物》1983年第4期。

［2］　河北省博物馆《保定市发现一批元代瓷器》，《文物》1965年第2期。

［3］　林西县文物管理所《内蒙古林西县元代瓷器窖藏》，《文物》2001年第8期。

［4］　镇江博物馆《江苏金坛元代云龙罐窖藏》，《文物》1980年第1期。

［5］　刘裕黑、熊琳《江西高安县发现元青花、釉里红等瓷器窖藏》，《文物》1982年第4期。

［6］　歙县博物馆《歙县出土两批窖藏元瓷珍品》，《文物》1988年第5期。

［7］　王承旭《繁昌元代窖藏瓷器（上、中、下）》，《收藏家》2013年第1~3期。

集宁路古城遗址、磁县木船遗址等等均出土元代龙纹瓷器，在此不一一列举[1]。

以"至正型"标准器——英国大维德基金会藏"至正十一年铭"青花云龙纹象耳瓶为参照，结合历年的出土资料，可对元代晚期瓷器龙纹的时代特征做如下总结：龙首普遍缩小；上颚明显长于下颚；鬃毛退化或消失不见；龙角分叉明显似鹿角；颈部、尾部较躯体明显细长；躯干呈S形弯曲，姿态飘逸灵动；肘部亦明显细于躯体，肘毛简化成线形，长短不等或有一短卷曲；龙爪掌部基本退化，趾部分叉间距很大，爪部尖利（图7~10）。

图7 "至正十一年铭"青花云龙纹象耳瓶　　图8 江西高安出土青花云龙纹带盖梅瓶　　图9 内蒙古林西县出土元代青花龙纹盘　　图10 安徽繁昌出土元代青花龙纹高足杯

不仅元代晚期瓷器龙纹表现出上述特征，元代末年张士诚母曹氏墓随葬丝织品上的龙纹也完全符合上述特征[2]。张士诚母曹氏葬于至正二十五年（1365），服饰上的龙纹当为随葬时制作，可作为元代末期瓷器龙纹的重要参照（图11）。

图11 张士诚母曹氏墓出土刺绣云龙纹

[1] 对元代窖藏资料的汇总分析，可参考马健《元代窖藏瓷器的初步研究》，吉林大学硕士学位论文，2007年。
[2] 苏州市文物保管委员会、苏州博物馆《苏州吴张士诚母曹氏墓清理简报》，《考古》1965年第6期。

　　至此，可以对元代瓷器龙纹的发展规律进行简要总结。在宋至元代龙纹由"兽型龙"向"蛇型龙"转变的大趋势下，元代龙纹从早期继承南宋、金代尚存"兽型龙"痕迹，到晚期完全发展成姿态飘逸的蛇型龙纹，在龙纹的各个细节部位均有一定规律可循。其中较为明显的有：龙首所占比例逐渐缩小；上下颚由长度相等向上颚长于下颚发展；身躯姿态从僵硬的 C 形向灵活的 S 形发展；鬃毛、肘毛从绘画草率到条带式描绘再到简化为线形；颈部、尾部逐渐变细变长；龙爪掌部逐渐消失、趾部分叉逐渐明显且爪部更加锋利（见表）。

表　元代瓷器龙纹分期表

时代 部位	南宋、金晚期	元早期	元中期	元晚期
龙首				
上下颚				
躯干				
肘毛				
趾部、龙爪				

三　蓝釉白龙纹的时代特征

　　从目前的资料看，元代蓝釉瓷器的常见器型有梅瓶、盘、匜、杯、爵、胆式瓶等。其中装饰白龙纹的，多见于梅瓶和各种形制的盘。以颐和园[1]、扬州[2]、故宫、伊朗收

[1]　北京市公园管理中心编《园说Ⅱ——颐和园建园 270 周年文物特展》，文物出版社，2020 年。
[2]　扬州市文物局编《韫玉凝晖——扬州馆藏文物精品集萃》，文物出版社，2015 年。

藏的蓝釉白龙纹为例，可以看出它们具备高度相似的时代特征，应为同时期产品。主要表现为：龙首细小、鬃毛退化、上颚长于下颚、颈部尾部细长、掌部退化、趾部分叉明显、龙爪尖利。与元代晚期青花瓷器及丝织品上的龙纹特征高度相似，可以判断蓝釉白龙纹的烧造年代应为元代晚期（图12~15）。

图12　颐和园藏　蓝釉白龙纹梅瓶

图13　扬州博物馆藏　蓝釉白龙纹梅瓶　　　图14　伊朗国家博物馆藏　蓝釉白龙纹盘　　　图15　故宫博物院藏　蓝釉白龙纹盘

除了符合元代晚期龙纹的整体特征外，蓝釉白龙纹还有其自身的共性特征，如多数肘毛为三条且有一卷，龙角常见一长一短，尾部多为火焰状，均为三爪。青花瓷器中内蒙古林西县出土青花龙纹盘在这些方面与蓝釉白龙纹甚为接近，二者作为景德镇窑的同时期产品，在装饰技法上存在相互影响。若进一步观察，即使是元代晚期较为成熟的龙纹，在肘毛、爪部、尾部等细节依然有数量和形态上的差别，可能存在演变关系。蓝釉白龙纹与青花龙纹是同时出现还是先后影响，有待对更多的考古资料做进一步的研究。

展览陈列

让文物"活"起来
——以飞来峰造像文化传播的新实践为例

邵群　汤瑶　林倩倩（杭州西湖风景名胜区灵隐管理处）

一　前言

随着经济的发展，我国持续加强文化软实力的建设。近年来，我国在优秀传统文化宣传方面做了很多努力，传统文化在研究、弘扬、利用方面都得到了很大的投入。我国石窟寺分布广泛、规模宏大、体系完整，集建筑、雕塑、壁画、书法等艺术于一体，充分体现了中华民族的审美追求、价值理念、文化精神。飞来峰造像作为五代、宋、元时期的石刻造像代表作，共有保存较为完好的造像100龛、345尊，山体上的摩崖石刻有200余处。中国传统石窟造像近年来也大有成为热点关注的趋势。灵隐管理处也在积极采取措施加强对外宣传，提高人们对石窟造像文物的关注度和了解度。

二　提升飞来峰造像文化传播力的意义

1.政治意义

飞来峰造像营造时间长，跨越了数个朝代，融合了汉、元文化，既有石刻造像，也有丰富的题刻，而且雕刻手法多样，具有很深的历史文化内涵和很高的艺术研究价值，充分体现了中国传统文化的博大精深和包容并蓄，因此做好飞来峰造像的文化传播工作是增强中华民族文化自信的重要表现。飞来峰造像也是西湖文化景观遗产的重要组成部分，在文化传播过程中也一直体现了其重要的普世价值。

2.飞来峰造像、摩崖题刻的文物文化价值

唐末五代，佛教经历后周世宗灭佛事件后，北方佛教造像趋于衰落，大批匠师纷纷南下，四川、江浙一带凿窟造寺成风，我国佛教造像艺术开始由北向南转移。佛教的艺术风格也由唐代的皇家风范向世俗化转变。飞来峰造像群经历了晚唐、五代、宋、元、明时期开凿，留存了这个时期的大量历史信息，尤其是宋、元时期的造像，在佛教石窟造像史上具有极为重要的历史价值。

飞来峰造像的历史脉络纷繁，细加研究，都可以一窥从五代到明代的宗教、政治、社会生活、文化和人物印记，是一个蕴藏了众多艺术风格和历史背景的宝库。从这些造像身上，我们能窥见时代的印记，飞来峰众多造像中，最具特色的是元代造像，是飞来峰继两宋以后的最后一个艺术高峰，是飞来峰造像的精粹所在。造像风格既有汉式的，也有梵式的，汉式风格和梵式风格相互渗透、相互融合，构成了飞来峰造像汉梵并举的独特现象，形成了飞来峰造像独特的艺术特色。除造像以外，飞来峰上分布的众多名人题刻也为史学家提供了珍贵的研究素材，例如杭州刺史卢元辅在唐元和八年至十年（813~815）间所留的诗刻《游天竺寺》被誉为"西湖摩崖之冠"。从中可以了解天竺一带的自然风光、悠久历史和杭州农业发展的历史风貌。

3. 飞来峰造像、摩崖题刻的文化传播价值

飞来峰造像自然也是一种文化，正如所有因特定时代和历史偶然性所凝结而成的文化一样，这些石窟造像与摩崖石刻也拥有独一无二的气质。从文化传播价值来说，飞来峰造像和摩崖题刻所体现的佛教文化，能够引发佛教信众的宗教共鸣；而从石刻造像文化来说，其艺术性又能够引发传统文化爱好者、文物历史研究者的浓厚兴趣。因此飞来峰造像和摩崖题刻的文化传播受众是广泛的，其传播途径和方式也是多元而丰富的。尤其是在中国佛教文明昌盛、传统文化越来越受重视的大背景下，飞来峰造像和摩崖题刻的文化传播价值势必越来越高。

三　飞来峰造像文化传播的新实践

在传统宣传中，重在宣传文物的历史性，主要介绍其镌刻或雕凿年代，但是没有介绍文物本身的文化内涵，很多参观者对石刻造像本身所具有的文化价值往往不太了解。因此，需要以更为丰富的传播方式让文物"活"起来显得尤为重要。而随着信息技术的快速发展，杭州也在持续打造"数字第一城"，信息技术不但在飞来峰石刻造像的保护、研究上发挥了重要作用，而且通过新技术的应用和新媒体的宣传，拉近了一般游客与飞来峰造像的距离，"让文物'活'起来"成为可能。

1. 丰富介绍，组织新游线，挖掘新亮点，让飞来峰造像"讲故事"

在传统的文物导视方式中，一般都是在造像旁放置介绍内容简洁的卡片。而现在，飞来峰造像的保护单位从宏观和微观两个维度用信息化手段进行介绍。在飞来峰景区的入口处，设置触摸式电子屏幕，屏幕显示该景区内的重点石窟造像，参观者可以点击自己感兴趣的文物，通过播放文字、图片，详细了解这一文物。而在每一龛造像旁，可以通过二维码扫描方式，拓展与该造像有关的历史文化知识的介绍。

在此基础上，飞来峰造像的保护单位重新规划飞来峰景区的游线，通过长期调研，重新设计面向不同游客群体的两条游线。由于灵隐寺位于飞来峰景区内，原来的游线注重旅游目的地的可达性，而轻视了整个飞来峰景区的过程性，很难使游客体会到灵隐寺与飞来峰相互构建起来的互动关系。而新的游线则把飞来峰石窟造像与灵隐寺紧密串联起来，更能领会到"东南佛国"浓厚的宗教文化和历史积淀。

近年来保护单位还在努力推动飞来峰景区历史文化挖掘和文物考古工作，其中神尼舍利塔的考古挖掘已纳入飞来峰造像保护研究议程。王安石《游飞来峰》中"飞来山上千寻塔，闻说鸡鸣见日升"的塔即为神尼舍利塔，现在仍有遗迹可寻，且周边有大量珍贵题刻，因此对这一文物的考古挖掘，将为飞来峰景区增添新的旅游亮点。

另外，飞来峰景区不但是以石窟造像闻名于世，其优美的自然环境和园林艺术也别具一格。飞来峰造像的保护单位近年来仍在不断优化飞来峰景区的园区环境，丰富游览内容。例如通过举办文化导览的形式，将造像和莲花这两大佛教元素糅合起来，使造冰冷的石刻造像以更加柔软、更加有温度，以更加生活化的方式得以展示。

2. 利用数字设备，形成生动效果

由于飞来峰山路崎岖，不少造像也居于山崖高处，许多游客慕名而来却又难睹精品造像真容全貌，这使飞来峰石窟造像的展示、传播和研究均受到了较大局限。

因此自 2015 年起，杭州西湖风景名胜区委托浙江大学文化遗产研究院实施飞来峰石窟造像的考古调查和研究工作，成果将作为杭州西湖世界文化遗产本体档案资料。目前，一期数字化保护采集工作已经按期完成，实现利用最新的多图像三维数字化技术和大地测量技术，对选取的 16 个龛，进行全面的数字化信息记录。石窟造像的数字化复制、展示和解读已具备较好的基础条件。

在此基础上，飞来峰造像保护单位计划实施飞来峰数字科普展示中心建设项目，展示三维建模的数字化成果。计划对玉液幽兰区域的现有建筑进行改造，打造一处提升景区学术品位、游览格调，集文化旅游、科普宣传、研究保护和学术交流等诸多功能于一体的展示中心。改造后的展示中心，将根据不同时期、不同造像艺术风格窟龛的特征，通过对已有数字化窟龛的展现和深入解读，将文物以活化的展陈形式，向大众进行充分展示和宣传，让大众了解目前对飞来峰进行的文物保护方式和阶段的成果，并从中学习领会飞来峰的历史发展脉络和文化艺术的变迁。该展示中心将成为飞来峰石窟造像文化的宣传展示厅和中小学生第二课堂学习平台，并为石窟造像保护专业人员以及爱好者提供学术交流的平台，使之成为飞来峰景区新的文化地标。

3. 配合文化宣传，推广文创产品

西湖西溪管委会官方发布的统计数据显示，2018 年灵隐飞来峰景点全年的游客数量为 542.58 万，2019 年为 564.71 万，2020 年受到新型冠状病毒疫情影响，游客量下滑，但也达到了 302.36 万。如此高的游客量，也使得飞来峰造像不但有保护研究价值，也有极高的利用开发价值。因此开发相应的飞来峰造像文创产品既顺应当前的旅游环境，也使得造像真正走进百姓的生活，让飞来峰造像从飞来峰景区"走出去"，使游客能够"带回家"，并在日常生活中"用"起来，使文物真正"活"起来。这将是飞来峰造像文化传播环节中十分重要的一环。

飞来峰造像保护单位计划以飞来峰自然景观以及摩崖造像等元素为题材，深入挖掘飞来峰摩崖造像和自然景观的历史价值、文化价值、艺术价值，设计创作一批能够获得游客青睐的高质量的文创产品；研究开发一些游客喜闻乐见的文化互动项目。例如选择飞来峰石刻中"息羽听经""知足常乐"等经典碑刻题记，开发制作一些能融入我们日常工作生活中兼具纪念性、实用性、观赏性的创意产品。加快飞来峰摩崖造像和自然景观的历史文化艺术内容的传播速度，让文物"活起来、走出去"。

根据网络数据初步调查显示，作为当前社会最重要消费大军 80、90、00 后的青年已成为博物馆以及旅游文化产品的主要群体，也是文化产品的消费主力。因此将专门针对这些群体，打造既符合飞来峰摩崖石刻造像自身历史文化定位和艺术审美表达，又满足潜在消费群体文化消费需要的文创产品。新的文创产品将借鉴、引申和利用石刻造像本体所具有的较强艺术审美价值的素材信息，结合 3D 数字扫描技术，融合现代美学设计理念上的创新性，做出小批量试用产品，投入市场进行试运营和销售，初步建立起飞来峰摩崖石刻造像文创产品销售模式，待评估完成后再进一步生产与销售。

结　论

文物并不是冷冰冰的摆件，它们有传奇的前世今生，它们是根植于民族血液中的基因密码。而科学的文化传播方式，是使文物真正"活"起来的重要途径之一。

对文物的文化传播，首先要通过大量细致、科学的研究，准确掌握文物本身所蕴含的历史文化和艺术价值，找到文物自身的特点，使其在文化传播中充分体现其独特性、历史性、可读性，才能引发受众的共鸣，使其更具吸引力；其次是要充分借助现代科技手段，提高文物保护、研究、展示水平，使文物本身的内涵得到多维度的挖掘和展示，为文物的利用打好基础；最后是要在文化传播中推陈出新，做好与旅游、生活的结合。这要求我们及时准确把握旅游市场、文化消费市场的脉搏，不断调整和优化引导方式，深切贴合游客和文物爱好者的实际需要，使文物以更加生动、多元的形态走进寻常百姓家。

文物"活"化利用与文博陈展创新

——以晋祠东园、潜园为例

董健楠（太原市文物保护研究院　晋祠博物馆）

让文物"活"起来是文物工作必然要求，要通过深入挖掘文物蕴含的文化内涵，充分发挥博物馆社会教育功能，使文物在弘扬中华文化、提升文化自信方面起到重要作用。在此过程中，博物馆陈展工作是其重要一环。如何创新文博陈展，通过对博物馆文物的恢复与重塑，真正实现让文物"活"起来目标，是文博人所面临的重要课题。本文以晋祠东园、潜园展厅为例，试就此问题进行思考。

一　陈展主题的选定与拓展

东园、潜园是太原市近年来为纪念晋祠名人杨二酉、刘大鹏而复建的纪念馆。

杨二酉（1705~1780 年），字学山，号又村，别号西园，又号柳南居士，晚年号悔翁。曾担任巡台御史，为政期间，建树颇多，对治理与巩固台湾地方起到了积极的作用，被台湾人尊称为"杨夫子"。晚年归乡之后，积极参与对晋祠名胜古迹的修复扩建。通过他的经营建设，晋祠奠定了最终的建筑格局。历史上，东园是杨二酉家族花园别墅[1]。

刘大鹏（1857~1942 年），字友凤，号卧虎山人，别号梦醒子。因其修建潜园为别墅，故又号潜园居士，世居太原县南赤桥村。其一生勤于著述，致力于保存家乡文献，一生撰述颇多，著有《晋祠志》《晋水志》《退想斋日记》等书，保存了丰富的近代历史信息。同时，他又办理公益事业，致力于抢救家乡文物古迹。民国时期，他先后主持重修晋祠、天龙山石窟，参与组建太原县保存古迹古物委员会，开启了太原现代文物保护事业[2]。

---

[1]　李海青《巡台御史杨二酉》，古太原文化研究会，2019 年。
[2]　〔英〕沈艾娣《梦醒子：一位华北乡居者的人生》，北京大学出版社，2013 年。

那么，如何充分利用杨二酉、刘大鹏及晋祠的相关文物，真正发挥东园、潜园展厅的社会教育功能，确实需要认真规划。就目前情况来看，东园、潜园是不宜照搬晋祠景区傅山纪念馆、董寿平美术馆的经验。首先，杨二酉、刘大鹏二人存世作品有限，没有足够的藏品量来完全支撑展览，像傅山纪念馆、董寿平美术馆那样，单纯陈展个人书画的思路，不大可行。其次，杨二酉、刘大鹏二人相对于傅山等人等来说，在全国名声稍显逊色，对公众来说较为陌生，难以产生强烈参观共鸣。最后，景区内现在已经有傅山纪念馆、董寿平美术馆、赵梅生美术馆三个个人主题馆，若再增加，势必会造成晋祠主题碎片化现象，影响整体参观效果。故而，对于东园、潜园的规划，不应过度局限于杨二酉、刘大鹏的个人主题，而应该拓展深挖，将其与晋祠历史、太原历史结合起来才更具有可行性。

二　东园的陈展主题与支撑文物

东园目前设定是为了纪念清代巡台御史杨二酉。杨二酉为晋祠南堡人，其家族在晋祠地区声名显赫。杨二酉主要有两大功绩：一是担任巡台御史，大力开发台湾，促进了国家的统一；二是主持维修晋祠文物古迹，奠定了晋祠内的建筑格局。基于杨家和杨二酉本人的声望，其对晋祠地区的文化发展和晋水的治理都产生了积极的影响。以此为主题，结合以上各方面的资料，可分五个部分进行东园的陈展设计。

第一部分《晋阳望族》展示杨二酉的家世。晋祠杨氏家族为晋祠望族之首。自始祖杨思贤起，连续十代，杨家名人辈出。晋祠杨氏几代人致力于晋祠保护与建设，长达两百多年，奠定了今日晋祠地区的古迹格局，为我们留下了诸多文化遗产。可供陈展的文物资料有清光绪《杨氏家谱》手抄本、清代《杨二酉夫妇画像》、杨家重修晋祠所留碑记及其拓片、杨家为晋祠所题写楹联匾额、杨二酉书画作品等。

第二部分《巡台御史》展现杨二酉治理台湾的功绩。可供陈展的文物资料有杨二酉巡台期间所拟奏稿、清乾隆《台湾府志》《学宪杨公兴行海东书院碑记》拓片。

第三部分《功在晋祠》展现杨二酉保护晋祠的功绩。可供陈展的文物资料有杨二酉重修晋祠所留碑记及其拓片、杨二酉为晋祠所题写楹联匾额、晋祠内外八景书画。

第四部分《玉烟雅集》展现杨二酉对于晋祠地区文化发展的影响。东园、玉烟书屋在清代每年重阳节都有杨家举办的赏菊诗会，遍邀地方名人，赏菊赋诗，是太原一大文化盛会[1]。而赏菊诗会的《九日会玉烟书屋赏菊分赋》诗册等文物现藏晋祠,因此我们可以尝试复原这一历史盛会,以充实东园历史文化内涵,提升公众参观体验。

第五部分《晋水流长》展示晋水文化。晋祠为晋水之源,祠内供奉的圣母、水母古时被奉为晋水水神。太原古称"晋阳",即因其位于晋水之阳,几千年的城市历史发展都与晋水息息相关。可以说,晋水是晋祠、太原的核心文化符号之一。杨二西与其父杨廷璿在清乾隆年间治理晋水有功,造福一方,后世民众感其恩德专门树立晋水纪功碑,现仍保存于晋祠内。因此,可以此为切入点,展示晋水与太原的历史以及几千年来为治理晋水、造福百姓所形成的廉吏文化。可供陈展的文物资料有:杨廷璿、杨二西父子治水碑刻及其拓片、刘大鹏《晋水图志》、历代治理晋水碑刻及其拓片、清代晋水流域农业生产工具等。

三 潜园的陈展主题与支撑文物

潜园目前设定是为了纪念太原著名地方史学者、地方文化学家刘大鹏。刘大鹏为赤桥人士,赤桥历史悠久,春秋战国时著名的豫让刺赵等历史故事就发生在这里。此外刘大鹏还有两个方面的重要功绩,一是保护抢救晋祠、天龙山文物古迹,并参与组建太原县保存古迹古物委员会,开启了太原现代化文物保护工作的历程,具有独特的开创意义。二是著述颇丰,所撰写《晋祠志》《晋水志》《退想斋日记》等著作,保存了大量珍贵的地方历史文献,至今依然是研究我国近代史、太原地方史的重要资料。所以,可以用三个部分展现刘大鹏的一生与贡献。

第一部分《潜园主人》展现刘大鹏的生平。可供陈展的文物资料有刘大鹏家族传记文物、刘大鹏诗文、刘大鹏故居文物等。此外还有一些有关刘大鹏家乡赤桥古村的文物可以展出,以便更深入了解刘大鹏的生活环境,例如"古豫让桥"碑拓片、《遵断赤桥村洗纸定规碑记》原刻等。

第二部分《保护文物》展现刘大鹏抢救家乡文物古迹的贡献。可供陈展的文物资料有刘大鹏保护晋祠、天龙山文物所留碑刻、题记,历代维修晋祠的实物材料(其中部分展品已列入《晋祠·中国祠庙园林之典范》巡展),搜集的晋祠、天龙山民国时期老照片等。

---

[1] 张友椿《太原文存》,三晋出版社,2016 年。

　　第三部分《潜园著述》展现刘大鹏著作成果以及其历史价值。刘大鹏一生著述颇丰，其《晋祠志》《晋水志》《退想斋日记》等著述对于晋祠地区自然山川、名胜古迹、水利治理、近代社会发展变迁的记载具有重要的史料价值，为历史研究学者广泛关注。可供陈展的文物资料有刘大鹏著作稿本、手抄本、影印本等。

　　关于潜园的相关记载与资料较少，目前所见仅有刘大鹏所写的《潜园记》短文，因此无法设置相关复原历史场景的陈展。不过，作为太原地方史学者的刘大鹏记录了大量有关晋祠、太原历史的内容，根据《晋祠志》所载内容，提炼晋祠、太原的历史文化亦不失为一种尝试。如此，既符合刘大鹏的历史定位，又可向公众宣传龙城太原丰富的文旅资源。以下两个思路可备参考：

　　一是《晋祠名贤》展示与晋祠相关的名人先贤。名贤文化一直是晋祠一大文化特色。从古至今，晋祠内有许多历史先贤前来观览，祠内也保留了诸多先贤的遗迹与纪念场所。通过深入挖掘晋祠的名贤文化，可以充分利用名人效应，增强晋祠景区的吸引力；同时，也可借宣传历史名贤所体现优秀道德品格，弘扬社会主义核心价值观，提升文化自信。《晋祠志》内《流寓》《人物》两卷专门记录了历史上前来晋祠游览以及晋祠本地的名贤传记[1]。因此，可以此为线索，介绍晋祠主要名贤事迹。可陈展的文物有历代名贤晋祠遗迹文物、晋水七贤祠文物。

　　二是《龙城根脉》通过晋祠地区古迹讲述太原故事。晋祠以及祠内的晋水，共同见证太原城市的成长，它与太原历史密切相关，许多重大历史事件即在此发生，可以说一部晋祠历史，就是一部太原历史。通过展现晋祠与太原的历史，不仅可以把晋祠周边文物景区从历史脉络上全部串联起来，深化公众对晋祠乃至太原历史文化的整体认识，更可整合晋祠周边文化资源，起到加强全域旅游的宣传效果。《晋祠志》内《轶事》《杂编》两卷专门记录了晋祠与太原的诸多史实，由此，介绍晋祠与太原之间的历史发展脉络亦可一试。可供陈展的文物资料有晋祠古籍、晋祠博物馆藏太原历代文物。

　　东园、潜园是晋祠环境综合整治工程中为纪念晋祠先贤杨二西、刘大鹏而复建的场馆。建成以来，晋祠博物馆积极筹备展厅陈列工作，以上是个人对于东园、潜园未来陈展的一些思考，以期通过创新陈展思路，恢复与重塑晋祠两位名人的生平事迹，实现馆藏相关文物的"活"化利用。其中不成熟的地方还需在以后的工作中不断完善。

---

[1]　刘大鹏《晋祠志》，山西人民出版社，2003 年。

浅谈新技术在博物馆陈列展览中的应用

武慧民（太原市文物保护研究院　太原市晋祠博物馆）

一　博物馆展览的重要性

博物馆是文物和标本的主要收藏机构、宣传教育机构和科学研究机构，是中国社会主义科学文化事业的重要组成部分。博物馆通过征集收藏文物、标本，进行科学研究；举办陈列展览；传播历史和科学文化知识；它以学习、教育、娱乐为目的对公众开放，为社会发展提供服务，是永久性的非营利机构，为中国社会主义现代化建设做出贡献。博物馆以实物为载体向大众展示了一个城市、一段历史、一个区域的文化风土人情和自然科学，带给人们最直观的感受，是提高全民文化素质的重要场所之一。

在博物馆的众多功能中，最能体现沟通文化桥梁作用的是陈列展览。陈列展览是在一定的空间内，以文物标本为基础，配合适当辅助展品，按照一定主题，序列和艺术形式组合，进行直观教育和传播信息。但陈列展览表达方式的好坏直接影响着观众对展览的理解和感受。虽然经过多年博物馆人的努力，博物馆的知名度在民众中与日俱增，但是博物馆的工作人员仍然不得不面对这样一个现实，即博物馆对观众的吸引力仍十分有限。无法使观众长期驻足博物馆，把参观博物馆作为一个常态。那么怎样把观众吸引到博物馆来？我们应做出怎样的陈列展览？如何改进陈列展览？就成为值得我们深思的问题。

二　新技术在博物馆中的优势

如何吸引观众前往博物馆参观，最直接有效的方式便是提高博物馆的趣味性和互动性。伴随着新技术的发展，高科技开始应用到博物馆陈列中来，新技术的出现提高了博物馆的交互能力，在时间和空间维度上增强了博物馆的展示，一定程度上改变了博物馆在大众心中的"古董"印象，增加了博物馆的亲和力，使文物"活起来"，且具有安全性、趣味性、互动性、延伸性等优势。

1. 安全性

通过开展线上数字博物馆，观众利用互联网、电脑、手机、数字电视等终端，可随时随地不受限制的访问参观世界各地的虚拟博物馆，在某种程度上解决了传统博物馆所带来的地域、空间、时间、语言、人员数量等方面的限制，为观众更好地了解世界各地博物馆藏品提供了最有效的途径。对于一些不适宜展出或移动展出的藏品来说，虚拟现实等新技术不但能为其提供逼真的数字化展示，同时还可从多个角度对展品进行展示。同时，对藏品也起到有效的保护作用。利用数字存储使得博物馆能够展示大量藏品信息，并能定期或不定期的更换展出藏品或更新展览主题，为文化遗产快速、有效地传播提供有力而安全的保障。

2. 趣味性

运用新技术的展览能让观众充满新鲜感和好奇心，是吸引大量观众前去一探究竟的重要砝码，使其观展的过程变得"有味道"，带给他们很大的乐趣；同时这样的参观体验促使他们愿意再来博物馆。如在展览中，运用虚拟技术开发游戏，观众可亲自动手进行探索、实践，大大提升了展览的趣味性，同时也加深了观众对展览的理解，打破了以往博物馆刻板的印象。

3. 互动性

通过虚拟现实技术，可以还原古远场景，结合博物馆馆藏文物，使观众置身其中，通过听、看、触摸甚至对话实现跨时代交流，在增加趣味性的同时也使观众的参与度提高，增强了互动交流。

4. 延伸性

博物馆传统的陈列方式受到博物馆展厅面积和场地的限制，展览路线、展览期限、展览规模和展品内容都非常有限，且大多数都是通过藏品、复制品、图片、文献资料以及说明牌等进行平面展示，然而通过文物动态图、电子书 app、移动互联网技术以及虚拟现实技术等，将博物馆展览进行纵深拓展，观众可以根据自己的需求进行自主选择。通过多媒体内容，以大量配图为主，少量的文字为辅，留有更多的空间和时间让观众自主选择，体验现场观展效果，同时也延伸了博物馆社会教育的时间和空间。

三 新技术在博物馆中的运用

1. 虚拟现实技术

虚拟现实技术的应用要以博物馆展示内容为基础，要重视内容和交互手段的结合，这是博物馆虚拟现实技术应用必须考虑的事情。首都博物馆展出的"妇好墓"，就应用了北京水晶石提供的"基于移动互联的沉浸体验眼镜系统"。该系统由"云服务＋虚拟眼镜＋环视内容"组成，现场无须专人看管指导，观众自取体验，受到广泛好评。（引用北京水晶石新技术研发会议内容）

2. 360 度全息影像技术

360 度全息影像是一种三维影像，利用光的衍射原理，配合人眼的视觉误差，将物体的三维图像集成在柜体实景中展示。在太原市博物馆展出的天龙山石窟复原巡展中，运用全息影像技术使观众可以在任何角度清晰地看到佛教造像诸多细节。不仅可以展示展品的各个侧面，还能够放大呈现底部，更增加了展览的趣味性、观赏性和互动性，使得观众改变了以往对文物厚重、枯燥的观念，变得容易接受和记忆。（引用北京水晶石新技术研发会议内容）

3. 可见光通信技术

使用可见光通信技术的博物馆手机导览系统，不仅可以让用户方便地使用自己的移动智能设备实现导览应用，同时可以借助智能手机实现更多互动、下载、付费等功能，以此不仅可以提升观众对展陈内容的预览体验，也可以提高大众对历史文化、科学技术及其传播形式的感知和兴趣，从而拉动相关领域信息消费的机会，促进了博物馆信息化、数字化、网络化的进一步发展。通过可见光通信技术不仅可以提高场馆服务水平，与公众建立相互关联的伙伴关系，积极支持公众自主学习的需求，培育公众的文化素养，通过新的传播手段和新的传播模式，使得场馆作为公共文化和科学知识资源，为广大公众提供教育和欣赏服务。

4. 三维重建技术

鉴于三维技术对文物的数字化永久保护、专业化学术研究、虚拟化还原修复、自主化交互欣赏、远程化立体展示和特色化产品开发均具重大意义。通过三维重建技术可搭建文物三维数字档案管理系统、文物三维数字网络展示平台、互联网全景漫游及三维文物交互浏览系统、文物三维数字移动终端展示平台，为博物馆加强文物数字化保护、实现信息化建设跨越式发展奠定了坚实技术基础（引用北京水晶石新技术研发会议内容）。

四　新技术运用在博物馆中存在的问题

1. 数据的采集和整理方面。

基于文物流失情况严重，通常前期的数据采集工作难度大，造成后续整理资料数据不准确是目前新技术运用的一大难点。

2. 文物展示方面雷同较多

新科技运用到博物馆陈列展示中，在全国各地兴起了一股博物馆信息化热潮，且涌现了一大批科技含量高的现代化博物馆，这其中，有的博物馆负责人片面地认为，高科技运用越多，手段越先进，展览效果越好，成绩越明显。在这种思潮的影响下，博物馆界争相在运用科技产品上下功夫、想办法。如有的博物馆过度运用声光、电灯现代技术，使文物失去了本来的光泽、面貌；有的博物馆在展示手段中过于现代化，全是动画、视频，没有人员的详细讲解，无形中让博物馆与观众拉开了距离。这些问题也引起了很多博物馆人的反思，他们认为博物馆的现代化并不是纯粹的科技手段的应用，应当是用现代的思维来开展服务，当然运用科技手段这项创新也必不可少。不少业界人士更是认为将服务、科技两者融合才是创新发展的王道。

将现代科技手段引入博物馆展陈是时代发展所需，也是博物馆着眼观众观看需求做出的一种理念创新、服务创新。但是，这样的过程中，必须要把握好度，不能本末倒置，要正确认识和处理好艺术、艺术之间的关系，尊重两者在博物馆展览陈列中的作用发挥和地位，尽最大可能地满足观众的参观需求，让现代科技真正成为博物馆拓展服务能力、提升服务水平有效助力。

参考文献

[1] 王宏钧主编《中国博物馆学基础》，上海古籍出版社，1992 年。

[2] 李静《浅析改进博物馆的陈列工作的重要性》，《价值工程》2012 年。

[3] 李绚丽《数字展示技术在博物馆展览中的应用》，《中国博物馆》2015 年第 2 期。

[4] 陈刚《智慧博物馆——数字博物馆发展新趋势》，《中国博物馆》2013 年第 4 期。

文物展览中新科技、新技术应用

——让文物"活起来"

董雅萍（北京市颐和园管理处殿堂队）

习近平总书记指出："历史文化遗产不仅生动述说着过去，也深刻影响着当下和未来；不仅属于我们，也属于子孙后代。我们要加强考古工作和历史研究，让收藏在博物馆里的文物、陈列在广阔大地上的遗产、书写在古籍里的文字都活起来，丰富全社会历史文化滋养。"[1]

一 文物展陈方式与新科技、新技术相结合是未来发展趋势

例如：AI（人工智能）、AR（增强现实）、VR（虚拟现实）、智能体感互动、3D 模型、720 度观览等新技术，使人身临其境。2020 年 11 月，文化和旅游部印发《关于推动数字文化产业高质量发展的意见》，提出"支持文物、非物质文化遗产通过新媒体传播推广，支持文化文物单位与融媒体平台、数字文化企业合作，运用 5G、VR/AR、人工智能、多媒体等数字技术开发馆藏资源。支持展品数字化采集、图像呈现、信息共享、按需传播、智慧服务等云展览共性、关键技术研究与应用"[2]。

新媒体是数字技术、网络技术和移动通信技术三者的有机结合，其特征主要体现在三个方面，一是资源数字化，二是传播网络化，三是参与互动性[3]。

---

[1] 习近平《建设中国特色中国风格中国气派的考古学，更好认识源远流长博大精深的中华文明》，《求是》2020 年 23 期。

[2] 国家文化和旅游部《文化和旅游部关于推动数字文化产业高质量发展的意见》，2020 年 11 月 18 日。

[3] 陈刚《新媒体与博物馆信息传播》，《中国博物馆》2012 年第 1 期。

二　数字化技术的贡献

风吹日晒雨淋会氧化壁画佛像，腐蚀掉砖瓦，褪去文物原本的颜色。无论多么有棱角的遗迹，历经千年，都难免变得圆润起来，数字文化遗产可以保留住更多的文物遗迹原始信息。

自 1993 年起，敦煌研究院就开始着手"数字化保护"。带上 VR 眼镜，能在 30 个洞窟全景漫游，敦煌的壁画即刻环绕四周。2015 年展示了莫高窟尚未对公众开放的 220 号洞窟。墙壁上氧化变黑的佛像，和大多数人无缘见到的胡旋舞壁画，都近在眼前，观众甚至能看清壁画上排箫竹子的纹理。借助数字技术，观看者能够随意放大壁画上的任何部位[1]。

2019 年 7 月，故宫为超过 186 万件（套）文物打造了数字文物库，更有 5 万张精选文物影像供查阅。如今，大众足不出户，便可通过电子移动设备，翻阅大英图书馆收藏的 570 幅达·芬奇高清手稿，浏览梵蒂冈图书馆里的 7.5 万册抄本、8.5 万册古印本和 110 万册藏书。随时穿越千年时光，进入曾经的辉煌文明中探索。

法国卢浮宫将超过 48 万件藏品全部数字化，占据了全部藏品的 3/4。藏品可查看完整和局部细节的高清图像，藏品有标题和作者，库存编号、尺寸、材料、日期、历史、当前位置等信息，并且提供免费下载。

从管理上讲，数字文物库能更好地管理藏品、了解其数量、保存状态，使文物藏品得到规范化的管理，在文物盘点中也能更便捷的检索文物。

三　数字化浪潮在新时代如何焕发生机活力

第 45 个国际博物馆日的主题是"博物馆的未来——恢复与重塑"，号召全球博物馆共同探索数字化和创造新的文化体验及传播模式，关注博物馆发展的新方向、新模式、新方案。《中华人民共和国国民经济和社会发展第十四个五年规划和 2035 年远景目标纲要》中两次提到"博物馆数字化"。"提升公共文化服务水平"要"推

---

［1］　张渺《让"文物"不怕火炼：新技术创造新型数字化文化遗产》，http://zqb.cyol.com/html/2019-04/24/nw.D110000zgqnb_20190424_1-07.htm，2019-04-24。

进公共图书馆、文化馆、美术馆、博物馆等公共文化场馆免费开放和数字化发展"。"智慧文旅"工程，再次明确要"推动景区、博物馆等发展线上数字化体验产品，建设景区监测设施和大数据平台，发展沉浸式体验、虚拟展厅、高清直播等新型文旅服务。"在数字化浪潮面前，文博单位想凭借一己之力实现文物的保护、活化和利用是不现实的，这就要多与互联网高科技公司合作，借助他们的资源和技术、创新体验，为文物的保护利用增加创新活力[1]。比如，浙江杭州南宋官窑博物馆"当古窑址遇上 AR 新科技"，通过 APP 再现 800 年前的烧制场景。数字技术让古窑址"活"起来。

数字技术的最大好处是突破时空限制。通过对文物的数据采集，打造智慧虚拟博物馆，足不出户便可饱览天下。特别是随着未来科技发展，虚拟藏品还能触摸，实现全方位沉浸式的交互体验，对于增加受众、保护文物的安全意义重大。

1. AR、VR、全息投影等技术在展览中的应用

AR 技术已经开始探索"恢复"和"重现"，例如：2017 年 5 月，在中国园林博物馆举办的"看见'圆明园'"数字体验展，利用 AR、VR 技术多角度复原了"万园之园"的胜景，把遗憾变为惊叹和怀念。

2. 3D 打印在文保和文创方面的应用

对于珍贵藏品的巡展安全要求更高，文物易受到外部环境干扰，日常保护工作面临较大挑战。通过 3D 打印将各种特殊材料逐层打印出来，满足大众亲手触碰模型藏品的猎奇感，解决文物易碎的安全问题，是未来博物馆的发展方向。

"丝路美地"数字敦煌展使用 3D 打印技术，复制出初唐 328 窟彩塑一组，以及莫高窟第 45 窟和北魏第 254 窟两个洞窟模型。

当拿起洛阳铲层层挖土，发掘出"文物"捧在手心时，这种触摸历史的新奇体验感令人神往。河南博物院"考古盲盒"热销断货，背后就是 3D 技术的功劳。陕西历史博物馆考古盲盒青铜系列，用 3D 技术制作出饕餮、牺尊、凤鸟等 Q 版青铜仿制品，激发出大众的购买欲。3D 技术运用到文创产品中，让文物走进千家万户，爱不释手。

---

[1]《文博数字化怎样发展？国家"十四五"规划布局了！》，《中国文化遗产》，https://www.sohu.com/a/4570 39495_469537，2021–03–24。

3. 以 5G 为代表的互联网技术让人与文物 "零距离"

随着 5G 技术的迅猛发展，虚拟线上云展览层出不穷。故宫博物院的 "全景故宫"，涵盖故宫所有开放区域，通过移动电子设备，壮美的紫禁城只属于你一人，浏览者可以直接进入三大殿内部，欣赏龙椅、内部装修。

4. 假如文物会说话

近年来，全国各地博物馆、文保单位开始探索 "文物 + 旅游" 和 "文物 + 科技"。

例如：2020 年 "腾讯 '互联网 + 中华文明' 数字体验展之文物的时空漫游" 在首都博物馆开展。虽然没有实体文物，展览借助最新的 AI 技术和交互体验设备，营造出全 "沉浸式" 的展陈空间，带领观众进行中华文明探索之旅。"单衣锦裳" 透明全息影像交互游戏，以仅重 49 克薄如蝉翼的素纱单衣为原型，叠起十层后，放在报纸上，字迹依旧清晰可见，是西汉时期纺织技术的巅峰之作。体验者站在互动区起舞，单衣便可模仿你的动作随行。

例如：首都博物馆 "纪念殷墟妇好墓考古发掘四十周年特展" 中的妇好墓复原沙盘，11 台 "VR 眼镜" 供体验者来到上下六层、深达 7.5 米的虚拟挖掘现场。站在地面就如同站在河南安阳的妇好墓景区，俯视发现分层。距离地面 1 米的第一层墓穴中，只有石罐。向下移动进入第二层，光线变暗，"沉浸" 在距离地面 3 米的地下考古现场，一件残陶爵躺在墓穴中。再往下走墓穴四周的泥土变为夯土层，最终会和 40 多年前的考古人员一样，惊叹四周炫目的金器[1]。

四　借助新科技手段对颐和园相关文物展览的遥想

1. 沉浸式体验，融合 8K 超高清数字互动技术、4D 动感影像

《清明上河图 3.0》将国宝开发为沉浸式体验穿越时空，仿佛置身于北宋的汴京，通过看、触、听、赏、玩，使观众惊叹中华文化之博大精深。清代，张廷彦等人绘制的《崇庆皇太后万寿庆典图》是研究清漪园时期唯一的实物图片资料，建议可以参考《清明上河图 3.0》的展陈方式，让画中人物活起来，展现当时宏大的庆典场面。

---

[1] 李洋《首都博物馆首次采用虚拟现实技术还原考古现场》，《北京日报》，http://www.cssn.cn/zx/shwx/shhnew/201604/t20160415_2968058.shtml，2016-04-15。

2. 多媒体视频影片（类似我在故宫修文物）、线上修复体验互动游戏

展览是让文物"活起来"的平台。首先要让文物重现原有的风貌，离不开科技支撑。唐代韩休墓墓室北壁发现的《玄武图》，碎成了一百多块，掉在地上，文保工作者通过高清扫描设备和高光谱对画面进行信息采集，对碎片进行计算机人工智能辅助拼接以及人工拼对，并给它打了一剂"美容针"——新型纳米材料，最终复原壁画[1]。

建议可以把颐和园日常文物修复过程以及具有代表性的各品类典型器物介绍，拍成纪录片播放。线上虚拟展，以数字化采集的大量高精度三维数据为基础，依托虚拟现实、视频切片及 H5 技术等，完成线上展览以及文物虚拟修复体验[2]。

只需要通过移动设备触屏，体验者在云端，不仅可以体验修复各环节，全程如同在玩网络游戏。文物修复游戏寓教于乐，可边体验边了解文物蕴藏的丰富知识。

智慧博物馆让文物"活起来"。线上云展览没有人头攒动的凌乱，可以屏气凝神近距离专注欣赏文物，比现场观看有着明显优势，能多角度欣赏展品细节，甚至可以打开器物的盖子，无死角盲区。

1860 年，英法联军焚毁三山五园，清漪园绝大部分精美建筑被毁，陈设文物被抢掠。1900 年八国联军入侵北京，慈禧皇太后西逃。侵略军闯入颐和园，盘踞长达一年之久。建议可通过黑白新老照片进行对比播放，同时进行爱国主义教育！

3. AR、VR、全息投影等技术"复原"展览对象，进行实景文物展示

建议可参考"看见'圆明园'"数字体验展，对"贴春园"遗址建筑群进行重现。贴春园是乾隆爷最为喜爱的园中之园，意为"春意完备的园林"。1860 年被英法联军焚毁以后，因财力有限，没有再修复 [原是清漪园时期一座有着山林野趣的景点，始成于乾隆二十三年（1758 年）]，由贴春园、味闲斋两组独立院落组成。其中的蕴真赏惬、竹簌、清可轩、香岩室、留云阁等景观建筑充分利用了万寿山后山西部天然的岩石沟壑，因地制宜、依山势而建，风格独特，景色绮丽，现有岩石镌刻和摩崖造像残存。

建议以虚拟现实技术为依托，运用数字化技术，全面、真实、多维度来记录颐和园古建筑及内部开放区域的文物三维数据，探索颐和园背后的故事。

---

［1］ 马黎、郭楠《为什么一个文物展览出现了这么多化学分子式、原理图》，《钱江晚报》，https://new.qq.com/rain/a/20210522A03T5S00，2021-05-22。

［2］ 张家祯《陕历博推出韩休墓壁画虚拟展》，《陕西日报》陕西日报，http://esb.sxdaily.com.cn/pc/content/202103/06/content_750108.html，2021-03-06。

　　总结，现在的博物馆充分运用声、光、电、音、虚拟交互等多重高科技手段，让文物"活起来"。新媒体技术让大众拥有望、闻、问、切的"多层次"感官体验，如同置身于奇幻世界。颐和园是个世界级超级大 IP，通过文创，借助互联网、新媒体、数字化资源，可吸引全世界不同年龄段的粉丝，对于传播中国皇家园林文化起到至关重要的积极作用！

　　"新科技"作为翅膀，加速推动了中华优秀传统文化的腾飞，越来越多的博物馆成为"网红聚集地"。通过线上实景直播、专业人工讲解，线下实体文物展览，虚实结合，新科技手段＋多样化的展陈方式使文物"活起来"。切记，不能盲目雷同，要注重差异性、创新性，不断适应大众多元化的观展需求，但必须要尊重文物遗存的原始信息。相信随着未来科技不断创新发展，一定会让我们的体验更加真切震撼，文物遗存的展现和传承方式也会更加绚丽多姿。

参考文献

[1] 陈刚《新媒体与博物馆信息传播》，《中国博物馆》2012 年第 1 期。

[2] 李洋《首都博物馆首次采用虚拟现实技术还原考古现场》，《北京日报》，http://www.cssn.cn/zx/shwx/shhnew/201604/t20160415_2968058.shtml，2016-04-15。

[3] 马黎、郭楠《为什么一个文物展览出现了这么多化学分子式、原理图》，《钱江晚报》，https://new.qq.com/rain/a/20210522A03T5S00，2021-05-22。

[4]《文博数字化怎样发展？国家"十四五"规划布局了！》，《中国文化遗产》，https://www.sohu.com/a/457039495_469537，2021-03-24。

[5] 国家文化和旅游部《文化和旅游部关于推动数字文化产业高质量发展的意见》，2020 年 11 月 18 日。

[6] 习近平《建设中国特色中国风格中国气派的考古学，更好认识源远流长博大精深的中华文明》，《求是》2020 年第 23 期。

[7] 张家祯《陕历博推出韩休墓壁画虚拟展》，《陕西日报》，http://esb.sxdaily.com.cn/pc/content/202103/06/content_750108.html，2021-03-06。

[8] 张渺《让"文物"不怕火炼：新技术创造新型数字化文化遗产》，http://zqb.cyol.com/html/2019-04/24/nw.D110000zgqnb_20190424_1-07.htm，2019-04-24。

圆明园遗址保护展示路径探析

张孟增　张志国（北京圆明园研究会）

圆明园作为清朝康乾盛世的标志，汇集了中国传统文化、艺术和技术的精华，是中国古典园林艺术的杰作，更深刻地影响了 18 世纪欧洲园林史，与法国凡尔赛宫、巴黎圣母院、希腊巴特农神庙、埃及金字塔、罗马斗兽场齐名，是我国不可多得的重要文化遗产。同时，它又见证了中国最后一个王朝由兴盛到衰亡的全过程，是中华民族情感的纪念地。新时代，如何借助北京海淀的科技与文化优势，推进圆明园科技与文化融合发展，保护展示好圆明园遗址，使其成为传播中华文化的"文化基因运载体"，唤醒国民觉醒的"爱国教育孵化器"，保护文化遗产的"遗址展陈博物院"，这对保护历史文化名城，提升首都文化软实力，展现大国形象具有重大现实意义。

一　圆明园概况

圆明园，在清朝康熙四十六年（1707）已初具规模，历经雍正、乾隆、嘉庆、道光、咸丰五代帝王约 150 余年营建，由圆明、长春、绮春三园组成，占地约 350 公顷，又称"园林紫禁城"。盛世圆明园以其宏大的地域规模、杰出的造园艺术、精美的建筑、丰富的文化收藏和突出的政治地位闻名于世，被誉为"万园之园"和"一切造园艺术的典范"。法国作家雨果说，圆明园是神奇无比、光彩夺目的东方博物馆，是汇集了一个民族几乎所有想象力而建造的世界奇迹。然而，这一世界奇迹于 1860 年惨遭英法联军洗劫焚毁。1900 年八国联军入侵北京时再次遭到趁火打劫，后又陆续经历"土劫""石劫"等，圆明园最终沦为废墟。1976 年 11 月，成立圆明园管理处，在党和政府、社会各界人士的关怀下，圆明园逐渐迎来"重生"。

二　推进圆明园遗址保护展示的路径分析

圆明园地处科技文化大区北京海淀，周边高科技企业和高校云集，在科技与文化融合发展中具有得天独厚的区位优势。作为中关村国家自主创新示范区核心区的海淀，已经在创造自然与人文、科技与文化融合方面走在了中国前列，圆明园如何借助海淀的科技与文化优势，全面探索提升遗址保护展示的路径，具有重要的现实意义。

（一）加强圆明园基础研究

圆明园继承了中国古典园林造园艺术精华，达到"虽由人作，宛自天开"的传统造园艺术顶峰。圆明园内珍藏了无数各种式样的无价之宝，极为罕见的历史典籍和丰富珍贵的历史文物，如历代书画、金银珠宝、宋元瓷器等，堪称人类文化的宝库之一，是世界上最大的博物馆。法国、英国、挪威、美国等著名博物馆藏有当年圆明园中的文物珍宝，每一件文物都可谓价值连城。为了借助海淀科技与文化优势，2018 年以来，圆明园相继在北京大学、中央美术学院、北京交通大学、天津大学、北京外国语大学、中国农业大学、北京林业大学、北京理工大学等成立了圆明园研究院（中心），并组建圆明园研究高校联盟，凝聚了一大批圆明园专家，合作开展了 70 余项科研项目，通过研究生动展示遗址，科学阐释遗址，再现历史辉煌，使圆明园大遗址"活起来"，为圆明园遗址保护展示提供了强大的智力和科技支撑，也为圆明园长远发展注入发展原动力。

（二）推进数字圆明园建设

1860 年 10 月，圆明园被英法联军焚毁，仅从圆明园残存的残垣断壁和丰富遗址，游人很难想象盛时圆明园是一个什么样子的。近年来，借助科技手段推进"数字圆明园建设"，不断丰富圆明园遗址保护展示方式，增强游客获得感：一是开发"数字圆明园"项目，利用数字人文技术对圆明园遗址进行数字化开发，通过虚拟现实技术再现盛时圆明园盛景，增加游客的参与感和体验感，解决游客"看不懂""没得看""记不住"等现实矛盾。例如，清华大学教授郭黛姮团队在查阅大量圆明园样式雷图档、四十景图咏、历史文献等基础上，通过"5R"技术——虚拟现实（VR）、增强现实（AR）、混合现实（MR）、交互现实游戏（ARG）、感映现实（ER）技术，全方位调动感官，提供沉浸式体验。其中，虚拟游园系统通过虚拟现实技术，可以让使用者在任何地点进行虚拟游园、自由观景。其中包含了 100 个时空的 2000 张高清全景图像，可以模拟真人移动、旋转、行走。在此基础上开发的专业版可供研究人员在数字场景中获得详尽的空间数据与真实体验，还可以在系统中标注、记录、发布、共享研究结果，并进行实时互动。二是开发数字自动导览系统，游客进入景区后可通过扫描圆明园二维码自动进入圆明园语音导览系统，免费享受高质量讲解服务。三是开发圆明园数字化交通系统，游客可以通过扫码计时缴费乘坐电瓶车、自驾自行车、游船等园内交通工具，既节约了人力，又方便了游客。四是开发网上圆明园游览项目，例如，元宵节灯会遇上新冠疫情，线下圆明园元宵灯会搬到线上举行，使人们不出家门就可以游览圆明园皇家灯会，游客获得感顿时倍增。五是开展圆明园公众考古直播，2018 年，我们举办了多场公众考古直播，圆明园通过微博、微信、直播软件等新媒体平台，直播圆明园考古实况，邀请圆明园课题组组长张中华进行现场讲解。直播中，专家首先向观众介绍了圆明园遗址的发掘情况，之后，专家拿起考古工作中常用的手铲、洛阳铲、比例尺等工具，展示使用方法；随后，随着遗址发掘的进行，向观众介绍了现场出土的文物在转入室内之后要进行的清洗、修复、绘图、存档等工作，观看直播用户达 4.5 万人，点赞人数 11 万。六是借助科技修复圆明园出土文物。2019 年以来，开展了三期"修复 1860"科研项目，修复了康熙红釉瓷碗、雍正青花碗、乾隆梵文青花高足碗、青釉瓷鼻烟壶、"地天母"铜佛像等珍贵文物46 件，再现了昔日"万园之园"珍贵瓷器文物之美。

（三）打造圆明园展示平台

国家文物局原局长单霁翔说，圆明园具有多重价值和多重身份。圆明园具备突出的历史价值、科学价值、艺术价值和情感价值，圆明园牵扯中国人民很多的情感因素。多重身份，是说它一个历史名园、遗址类文化景观、全国重点文物保护单位、爱国主义教育基地等。圆明园的精美建筑已被英法联军焚毁，被誉为东方博物馆之称的圆明园众多珍贵文物也多被掠夺到国外。当前，通过借助科技手段再次向观众展示和解读圆明园美轮美奂的艺术之美：与台湾水晶石科技公司合作，拍摄制作圆明园 3D 宣传片，再现了圆明园的盛世之美；与北京大学考古文博学院合作，开展西洋楼三维数字化扫描，立体展示圆明园西洋楼文物；与中央美术学院合作，制作圆明园如园版画和小视频，再现了昔日如园之美；2020 年 12 月 1 日，马首铜像正式划拨入藏圆明园，并以庄重、大气、恢宏、朴素为总体风格，在圆明园未来的博物馆正觉寺举办"百年圆梦——圆明园马首铜像回归展"，向观众呈现了一场科技与文化融合的展览大餐；推进圆明园官方网站升级，增设圆明故事、云观展、圆明园大讲堂等，不断丰富北京圆明园研究会微信公众号内容，打造圆明园文化盛宴。

结　论

圆明园遗址作为全国重点文物保护单位、5A 级国家旅游景区、全国爱国主义教育基地、国家考古遗址公园等，也是国家十一五至十四五国家重要大遗址之一。借助海淀独有的科技和文化优势，通过建设思想供给侧，讲好圆明园故事，推进数字圆明园建设，打造人文科技展示平台，为圆明园遗址保护展示插上科技的翅膀，全面推进圆明园国家考古遗址公园的建设与发展再上新台阶。

革命文物

海淀香山地区的红色文化

张超（海淀区档案馆）

伴随着近代以来的民族危局，位于古都北京西郊的海淀地区也遭遇着国家衰落所带来的阵痛。面对着内忧外患，海淀人民和在海淀地区活动的众多有识之士开始了轰轰烈烈、可歌可泣的革命斗争，为救亡图存而坚韧奋斗，海淀也因此具有光荣的革命传统。香山是北京西山的重要组成部分，其主体是清代皇家园林静宜园遗址，位于今海淀区西部，具有相对独立的地理环境。辛亥革命后，香山被辟为公园，军阀、官僚、富户在此大修避暑别墅，同时也进驻了一些为社会公益事业做出贡献的机构，如香山慈幼院、中法大学等，这些机构为香山地区的革命活动客观上创造了条件，提供了平台。此外，香山周边，包括今樱桃沟区域的一二·九运动纪念亭、万安公墓的李大钊烈士陵园等，都是重要革命事件的发生地和见证地，值得人们怀念和铭记。

一 新文化新思想在香山地区的传播

（一）新式教育的兴起

1914年，社会活动家英敛之在香山静宜园遗址建立了静宜女学，提倡男女平权，传播了新思想。

1920年，曾任北洋政府总理的熊希龄，在香山静宜园旧址创办了香山慈幼院，推行学校、家庭、社会"三合一"的教育体制。熊希龄邀请蒋梦麟、胡适、李大钊、张伯苓等当时著名的教育家担任慈幼院评议会的评议员。慈幼院的师资质量和教育设备在当时堪称一流，设有婴儿、幼儿、小学、中学教育，又设有师范教育和职业教育，均以较为先进的方式开展。

1912年，李石曾等人发起、建立了留法俭学会，这是后来中法大学的雏形，得到了时任教育总长蔡元培的支持。1918年，在西山碧云寺设立生物研究所，又设立天然疗养院。1920 年，最初设在碧云寺的法文预备学校扩充为文理两科，改称中法大学西山学院，是该大学创建之始。中法大学是一所私立大学，李煜瀛任董事长，聘蔡元培先生为校长。1921 年，中法大学成立碧云寺小学。1924 年中法大学理学院成立，也设在西山。中法大学迁往城内后，在西山校址设置西山中学。生物研究所后改称为陆谟克学院，并扩充为甲、乙两部，乙部设于西山、并附设农场一所。

（二）马克思主义的传播

香山慈幼院校风纯正，教师和学生比较进步。中共领导人李大钊十分关心慈幼院的革命形势发展。他以评议会评议员的身份，经常到慈幼院向保教人员和学生宣传革命真理，启发他们的阶级觉悟。1925 年，在莫斯科东方大学学习的中共党员郭隆真回国，受李大钊委派，时常到香山慈幼院开展工作，致力于马克思主义的传播。中法大学也是中共早期党组织的活动据点，该校党组织在海淀地区大力开展革命活动，发动周边工人农民，积极在群众中做宣传教育工作。

二　香山地区早期革命斗争实践

（一）中法大学党组织的革命斗争

1922 年下半年，中法大学成立海淀历史上第一个党支部，海淀地区成为北京市建立中共地方组织最早的地区之一。1923 年，陈毅到中法大学学习，是年底，陈毅入党。陈毅于 1924~1925 年任支部书记。

中法大学当时条件差，陈毅和几名同学联名张贴"意见书"，要求改善办学条件，经过争取，校方妥协，学生学习和生活条件有了改善。陈毅积极从事文学活动。1924年底，陈毅在香山成立"斗千社"。1925 年，陈毅与好友创办名为《燕风》的半月刊，又组织了"西山文社"。因文学活动，陈毅结识了王统照、沈雁冰、郑振铎等左翼作家，参加了"文学研究会"。对于陈毅在西山地区的早期革命活动，其次子陈丹淮曾记述道："到了北京不久的一个星期日，父亲就带我们全家到西山碧云寺游览。给我印象最深刻的是拜谒孙中山先生的衣冠冢……父亲就告诉我们，当年孙中山先生是在北京逝世的，那时父亲正在北京中法大学学习，还参加了孙中山的追悼会，为孙中山先生守过灵。……后来我慢慢知道西山碧云寺原来是父亲完成学业的地方，是他入党的地方，是他从事文学创作的地方，是他迈向职业革命家的地方。难怪他要急着带我们来，父亲是在怀旧，也是在让我们逐步地靠近他的事业和他的生活。"[1]

（二）香山慈幼院党组织的革命斗争

1925 年，北京女高师学生张秀岩到香山慈幼院女校当语文教师。1926 年冬，张秀岩经郭隆真介绍加入中国共产党。第二天，郭隆真带张秀岩去见李大钊。李大钊对张秀岩说："我早听隆真谈到你的情况，你是女高师的学生，你的为人和献身革命的品质我们是了解的。党组织对你经过较长时间的考察后，现在决定吸收你入党。隆真同志介绍你入党，我很高兴。在女高师我的学生中加入共产党的，你还是第一个。希望你入党后成为一个更为坚强的革命者。党组织决定由你任香山慈幼院教师党支部书记。"[2]

香山慈幼院共有党团员 30 多人，党组织积极开展活动，组织党员学习党的文件、马列著作，成立读书会，宣传反帝反军阀、拥护北伐、拥护三民主义的思想，甚至到校外张贴标语、传单。党团组织利用运动会、文艺会、讲演会等形式，传唱《国际歌》，扩大党团员在学生中的影响力。支部书记张秀岩在香山慈幼院播下革命火种，她组织进步学生领导学生自治会，反对在学生中进行宗教宣传，要求取消对女生的不合理限制，反对检查女生信件。张秀岩还经常冒着白色恐怖，外出与燕京、清华和城内党组织联系。

（三）孙中山灵柩归安碧云寺

1924 年 9 月，第二次直奉战争爆发。10 月，受革命影响的直系将领冯玉祥发动"北京政变"，电请孙中山北上。12 月 31 日，孙中山扶病入京，发表书面谈话和《入京宣言》，庄严宣告，此次来京，"不是为争地位，不是为争权利，是来与诸君救国的"。孙中山抵京，扩大了国共合作统一战线在北方的影响。然而他的病势却日益严重。1925 年 3 月 12 日，孙中山病逝，中共北方区委联合国民党左派，在北京举行了大规模的追悼活动。3 月 19 日，孙中山遗体由协和医院移往中央公园。共产党员李大钊、林祖涵等参加了抬棺仪式。

---

[1]　刘树发、王小平编《陈毅口述自传》，大象出版社，2010 年，202 页。
[2]　张占一《告别大院》，中国文化出版社，2015 年，56 页。

4月2日，孙中山灵柩由中央公园灵堂移居西山碧云寺。在国共两党的发动下，护送灵柩的军政人员、学生及市民达30余万人，情景极为悲壮，护灵队伍一直步行送至西直门。由西直门送至西山的约有2万余人。按照李大钊的指示，陈毅率领中法大学挽灵队，分段由铁狮子胡同挽灵至碧云寺。这次送殡形成了一次反对帝国主义和封建军阀的游行大示威。游行队伍宣传孙中山与苏联和中国共产党的团结合作精神，宣传打倒帝国主义、打倒军阀的革命纲领，海淀地区的大中学生和普通群众受到一次反帝爱国的活动教育，推动了革命形势的发展。

（四）公葬李大钊

1927年，革命先驱李大钊遇难后，其灵柩一直停放在城内。1933年4月，李大钊夫人赵纫兰携子女专程来到北平与党组织取得联系，商讨处理李大钊后事事宜。中共河北省委、中共北平市委研究决定为李大钊举行隆重的公葬，争取通过盛大的殡葬仪式来揭露反动派杀害共产党人的罪行，伸张革命正义，进一步唤醒民众。

4月23日，2000多名革命群众和进步人士为李大钊送殡。送葬队伍举着挽联、抬着花圈，演说李大钊的生前事迹，路边几千人默哀致敬。当队伍行至西四准备路祭时，被军警阻拦冲散，少数继续前进，出西直门前往香山。灵车行至西郊燕园（今北京大学）西门时，清华大学的学生们又拦路进行了郊祭。傍晚，送殡队伍到达香山万安公墓。公葬所立石碑上刻有一颗红五角星，五角星的中央刻有黑色的镰刀斧头。碑的正面是"中华革命领袖李大钊同志之墓"几个红色大字，背面是红字碑文，铭刻："李大钊是马克思列宁主义最忠实最坚决的信徒，曾于一九二一年发起组织中国共产党的运动；并且实际领导北方工农劳苦群众，为他们本身利益和整个阶级利益而斗争！"碑文下方落款是："一九三三,四月廿三,北平市民革命各团体为李大钊同志举行公葬于香山万安公墓。"由于当时环境险恶，这块墓碑只能同棺枢一起埋入墓穴，直到50年后修建李大钊烈士陵园时，才重见天日。公祭李大钊烈士活动，对海淀乃至北京的广大青年和群众是一次很有意义的革命宣传教育，使马克思主义革命思想更为深入人心。

（五）熊希龄及香山慈幼院的抗日活动

因香山慈幼院的共事情谊，以及对革命活动的同情，李大钊被捕后，熊希龄曾救助李夫人及子女避难脱险。熊希龄坚决反对日本侵略中国，九一八事变后，为表明自己奔赴国难、矢志抗日救亡的决心，熊希龄在熊家墓园为自己筑好墓穴，意在告诉人们，自己奔赴前线，一旦牺牲，将埋葬于此。1932 年一·二八事变后，熊希龄组织成立"卫国阵亡将士遗族抚育会"，积极筹集社会资力抚育殉难将士遗孤，以自己的实际行动投入抗日，支援前线。1932 年 2 月 12 日，熊希龄以香山慈幼院院长名义发布通告表明抗日救国决心，3 月 19 日，香山慈幼院抗日救国会为敦促国民党政府抗日发表通电，谴责国民党不抵抗政策。

熊希龄组织慈幼院 200 余男生为义勇军，开赴抗日前线，并在北平创办后方医院，救护伤员，亲率长女组成救护队，在古北口、石匣战地救死扶伤。熊希龄还和夫人、女儿一起共赴前线，全力奔赴国难。1937 年，八一三淞沪战起，熊希龄在上海与红十字会的同仁合力设立伤兵医院和难民收容所，收容伤兵，救济难民。京沪沦陷后，熊希龄又在香港为难民、伤兵募捐。1937 年 12 月 25 日，熊希龄在香港逝世，国民政府为他举行了国葬仪式。毛泽东对熊希龄也给予充分肯定，并说："一个人为人民做好事，人民是不会忘记他的，熊希龄是做过许多好事的。"

（六）樱桃沟与一二·九运动

日本帝国主义的魔爪伸向华北大地，中国共产党向人民群众发出抵御侵略、保卫华北的号召。1935 年，中共河北省委多次发出通知、宣言，要求华北地区各级党组织，在群众中广泛宣传，开展抗日救亡斗争，并对北平市领导机构进行改组，从政治上和组织上加强对抗日救亡运动的领导。12 月 6 日，北平学联召开代表会，通过并发表了《北平市学生联合会成立宣言》。随即，传来了丧权辱国的"冀察政务委员会"将于 12 月 9 日成立的消息，广大学生和进步人士极为震惊。在中共北平临时工委的领导下，北平学联决定举行学生大请愿，反对"华北自治"。9 日，北平大中学生数千人举行了抗日救国示威游行，反对华北自治，反抗日帝国主义，要求保全中国领土的完整，掀起全国抗日救国新高潮。这次游行正式拉开了一二·九运动的序幕。12 月 16 日，北平学生和各界群众 1 万余人又举行示威游行，迫使"冀察政务委员会"延期成立。之后，天津学生又组成南下扩大宣传团，深入人民中间宣传抗日救国。杭州、广州、武汉、南京、上海等地相继举行游行示威。北平学生的爱国行动得到了全国学生的响应和全国人民的支持，形成了抗日民主运动的新高潮，推动了抗日民族统一战线的建立。一二·九运动是中国共产党领导的一次大规模的学生爱国运动，公开揭露了日本帝国主义侵略中国，并吞华北的阴谋，打击了国民党政府的妥协投降，促进了中国人民的觉醒。它配合了红军北上抗日，促进了国内和平和对日抗战。正如毛泽东同志所指出的，一二·九运动"是抗战动员的运动，是准备思想和干部的运动，是动员全民族的运动"，"有着重大的历史意义"。因当时相关的一些组织策划和具体活动大多发生在以清华大学、燕京大学以及樱桃沟为代表的海淀地区，所以海淀是一二·九运动事实上的策源地。

在新的革命形势推动下，中华民族解放先锋队于1936年2月1日在北平成立。民先队总部设在北平，随之在国内各大城市相继成立分部。海淀地区的民先队走在抗日救亡运动的前列。清华大学、燕京大学两个大队的80余名队员，经常组织人员在西山地区进行军事训练和游击战演习。1936年7月，北平民先队和北平学联，在樱桃沟举办了第一期夏令营，采取军事化管理，到西山爬山训练，提高体质，并集中学习我党关于抗日救亡的政策。队员们还在樱桃沟的尽头北山，分"敌"我双方，展开攻防战、伏击战、遭遇战、游击战的演练。夜晚，营员们时常在山谷里搞紧急集合、急行军、抓"舌头"等训练。北京大学学生陆平、清华大学学生赵德尊借助工具在一块巨石上琢下了"保卫华北"四字，另有一位营员刻下"收复失地"，充分表达了进步青年的爱国热情。第二次、第三次夏令营分别在西山老虎洞、大觉寺举行。这两次夏令营除军事演习和政治讲座外，又适当增加了文娱体育活动。夏令营活动既让参加者受到了军事训练和集体生活的锻炼，又宣传了党的抗日民族统一战线政策，扩大了民先队、学联等党的外围组织在青年中的影响力。

（七）香山有幸埋忠骨

佟麟阁是著名的国民党抗日爱国将领，七七事变时以29军副军长代理军长职务，直接负责军事指挥，他向全军官兵发出命令：凡是日军进犯，坚决抵抗，誓与卢沟桥共存亡，不得后退一步。1937年7月28日，日军向北平发动总攻击，佟麟阁率部奋勇抵抗，与132师师长赵登禹拼死抗击。战斗十分激烈，当佟麟阁组织部队突击时，不幸壮烈殉国，时年45岁。爱国将领赵登禹也在此战中英勇牺牲，时年39岁。

佟麟阁将军是抗日战争时期为国捐躯的第一位国民党高级将领，赵登禹师长是抗日殉国的第一位师长，他们的抗战演绎了一曲不畏强暴、保家卫国的慷慨悲歌。1937年7月31日，国民政府命令褒奖佟麟阁副军长，追赠为陆军上将。抗日战争胜利后，北平市政府各界将寄厝北新桥柏林寺内的佟麟阁将军遗体移至八宝山忠烈祠。1946年7月

28 日，佟麟阁将军被安葬于香山脚下。

（八）其他革命活动

1936 年 4 月 4 日，北平学联组织游香山活动并借机开展抗日革命宣传和动员，学生们高唱"救国军歌"，在参与者之一的濮澄看来，这首歌好像是为长城抗战的二十九军准备的。1937 年 7 月，原东北抗日义勇军成员成立抗日游击队（国民抗日军），攻占河北省第二监狱，进行黑山扈战斗，袭击香山、碧云寺等敌人据点[1]。1937 年七七事变后，中法大学在日寇占据华北的情况下，苦苦支撑，坚持爱国立场，不屈从日寇，不"接纳辅导官"、不开日语课、不挂太阳旗。1938 年 3 月 12 日孙中山先生的忌日，北平学联于香山碧云寺孙中山先生衣冠冢前举行祭奠活动，望着破碎的山河，瞻仰先生的遗泽，学生们感到无限追思、无限悲痛，呼吁团结抗日，誓为民族解放而奋斗。

抗战时期及解放战争时期，香山地区也是中共平西地下秘密交通线的重要活动区域，留下了众多交通联络员艰辛的革命活动足迹。

三　中共中央在香山

党的七届二中全会召开后，为适应革命需要，中共中央和解放军总部着手由西柏坡迁移至北平。1949 年 3 月 23 日，毛泽东和党中央从西柏坡出发，25 日晨抵达清华园火车站，至颐和园稍作休息后，当日下午参加了西苑机场的阅兵活动，晚上正式入驻香山。从 1949 年 3 月 25 日，至 9 月 21 日毛泽东搬至中南海居住为标志，是为中共中央在香山时期。当时之所以选址香山，主要有几方面考量：一是北平城内缺少房屋，且治安不稳，暂时不便作为中央驻地；二是当时国民党空军还大肆活动，香山地区的地理环境便于防空警戒；三是香山有原慈幼院时期的房屋等基本条件可以满足需求，搬迁任务不大；四是香山地区在北平属于率先解放的区域，群众基础及社会环境相对较好；五是党长期处于农村，缺乏城市管理经验，香山位于北平西郊，便于积累工作经验，实现工作重心转变。

中共中央在香山时期，我们党组织了国共和谈，揭露了国民党假和平的面目；中国

---

[1]　中共北京市海淀区委党史研究室编《海淀革命史资料选编》，中共党史出版社，1995 年，113 页。

人民解放军发动了渡江战役；成立中央财政经济委员会，提出"四面八方"政策，为全国经济形势的好转提供了政策指导；研究制定新中国外交政策，确立外交战略；同时，积极筹备、召开政治协商会议，建立新中国。可以说，党中央在香山这一时期既实现了将解放战争推向全国的历史宏图，也擘画了新中国建设的蓝图。

在香山，党中央、毛主席指挥人民军队实现了解放战争由基本胜利走向全面胜利；在香山，党的工作重心实现了从乡村到城市的胜利转变；在香山，党领导人民群众完成了召开新政协，建立新中国的一系列准备工作；香山是中国革命走向胜利的最后一站，与井冈山、遵义、延安、西柏坡一样，都是中国革命的圣地，周恩来总理曾深情地说"要记住这个地方"；中共中央在香山时期是中共党史极为重要的组成部分。中共中央从西柏坡迁至北平，经香山过渡，再搬入中南海，这是中国历史的重要一页，也是海淀光荣革命历史的璀璨篇章。

中共中央在香山是海淀的荣光，海淀获得新生后，海淀人民翻身做了主人，他们积极投身到革命生产、城市接管以及保卫中共中央在香山的安全等工作中，海淀人民为北平西北部社会治安和生产秩序的恢复，为保卫党中央和中央军委驻地的安全做了大量艰苦、细致、有成效的工作。中共中央在香山时期，海淀人民也光荣地完成了历史使命。10月1日，海淀人民组织了一支600余人的方队，热情洋溢地参加了开国大典，与首都人民一起见证了新中国的诞生。

四　香山地区革命文化的弘扬与发展

香山地区的革命遗迹和纪念地，是海淀乃至北京市的宝贵财富，对于人民群众赓续红色血脉、传承红色基因，弘扬红色文化，鼓舞人们珍惜美好生活、满腔热情投身于中国特色社会主义事业，具有重要意义。党和政府有关部门、社会各界和市民群众都高度重视发挥红色遗产资源的教育情感价值，重视革命文物的保护和传承，重视革命文化的创造性转化和创新性发展。

20世纪70年代，香山公园在毛主席居住的"双清别墅"创办实物展，后为纪念毛主席100周年诞辰，在"双清别墅"增加图片展，双清别墅逐渐成为开展爱国主义教育和革命传统教育的现场课堂。1983年10月，李大钊烈士陵园落成开放。1985年12月9日，为纪念一二·九运动50周年，建成一二·九运动纪念亭。2004年，"佟麟阁将军纪念馆"建成并对外开放，十年后佟麟阁将军墓被列入国务院第二批 100 处国家级抗战纪念设施、遗址名录。2013 年，为纪念 20 世纪 50 年代为国家统一、人民解放事业牺牲的大批隐蔽战线无名英雄而建的无名英雄纪念碑和纪念广场在香山西南侧的西山国际森林公园落成，成为人们缅怀历史、凭吊英雄、铭记先烈奋斗和牺牲足迹的重要场所。2015 年，与香山同属三山五园的颐和园在益寿堂推出"古都春晓——寻访中国共产党'进京赶考之路'"主题展，从一个侧面展示了颐和园的红色文化内涵。2019 年 9月，新中国成立 70 周年前夕，中共中央北京香山革命纪念地建成开放，包括香山革命纪念馆和双清别墅、来青轩等 8 处革命旧址，纪念馆开馆伊始，习近平总书记亲临视察指导。

香山地区革命遗迹和革命文物尽管得到了较好的保护与利用，但是在进行资源整合、完善展陈设施、丰富展示内容、挖掘红色文化、还原历史史实、讲好革命故事、阐释多元价值、拓展红色旅游、组织宣教活动等方面，仍有不少提升空间。相信，随着北京"四个中心"城市功能定位的工作推进、西山永定河文化带建设以及"三山五园国家文物保护利用示范区"的创建，香山地区的红色文化资源一定能够得到更好的保护、利用、传承与发展。

参考文献

[1] 中共北京市海淀区委党史研究室《北京市海淀区大事记》，中共党史出版社，1991 年。

[2] 中共北京市海淀区委党史研究室《中共中央在香山》，中共党史出版社，1993 年。

[3] 中共北京市海淀区委党史研究室《海淀革命史资料选编》，中共党史出版社，1995 年。

[4] 刘树发、王小平编《陈毅口述自传》，大象出版社，2010 年。

[5] 阚红柳编《民国香山诗文精选》，北京联合出版公司，2015 年。

杭州西湖风景名胜区红色革命文物保护与传承浅析

——以灵隐景区辖区为例

邵群　杨尚其（杭州西湖风景名胜区灵隐管理处）

一　前言

红色革命文物承载着爱国先辈们英勇奋斗、不怕牺牲、百折不挠的爱国传统、革命精神，是中国人民和中华民族"不忘初心、继续前进"的精神财富和力量源泉。加强革命文物保护利用，弘扬革命文化，传承红色基因，是全党全社会的共同责任。保护好革命文物，让革命文物"会说话"，就是要充分挖掘文物内涵，讲好红色故事，传承红色基因，让参观者受到"红色洗礼"，促进文旅融合。

位于杭州西湖风景名胜区内以西的灵隐景区，目前属于灵隐管理处的管辖范围，辖区内除了有延续史脉，以佛教文化著称大灵隐寺庙建筑群，还有以红色文化闻名的浙江辛亥革命纪念馆、都锦生故居、北高峰诗碑亭（图1）等红色景点。近年来，灵隐管理

图1　北高峰诗碑亭

处通过保护性工程，以展览为依托，不断向市民游客传播红色革命文化。本文以灵隐管理处辖区景点为例，探讨杭州西湖风景名胜区在红色革命文物的保护与传承方面的新发展、新思路。

二　革命文物保护案例分析

通过对灵隐管理处实施的浙江辛亥革命纪念馆及墓葬群保养提升工程进行分析，探讨如何通过提升室外环境、室内展陈和设施设备，使革命纪念馆能更好地突出和弘扬红色文化，让社会各界更好地接受红色文化的熏陶和教育。

（一）杭州辛亥革命烈士墓葬群（及浙江辛亥革命纪念馆）概况

杭州辛亥革命烈士墓群位于浙江省杭州市西湖区南天竺龙井路北侧，西北至凤凰岭山脚（原演福寺遗址）。坐西北朝东南，占地约 5000 平方米。1981 年辛亥七十周年前夕，墓葬迁至今址。辛亥革命烈士墓群文物本体包含徐锡麟、马宗汉、陈伯平等烈士的墓，以及浙军攻克金陵阵亡诸将士之墓。他们为近代民主革命运动做出了卓越贡献，具有较高的历史价值。非文物本体部分有浙江辛亥革命纪念馆、纪念碑、烈士雕像群等，真实而直观地展示了中国民主革命这一段血与火的艰难战斗历史，激发参观者的爱国热情，鼓舞全民族振兴中华的坚强斗志，作为红色记忆，具有重要的社会价值。1989 年，被公布为第一批浙江省文物保护单位，2021 年，被选入浙江省第一批不可移动革命文物，是传承红色基因，讲好党史故事的重要基地。

（二）浙江辛亥革命纪念馆及墓葬群保养提升工程

浙江辛亥革命纪念馆自 1997 年新建以来，作为西湖重要的人文景点之一，接待众多游客。但由于场地周边群山环绕，汛期多雨潮湿，常年的较高湿度使墓体石板变形、展陈霉变、地质下沉等问题逐渐暴露。为解决辛亥革命纪念馆及墓葬群现存问题，消除潜在的安全隐患，2020 年，灵隐管理处对墓葬区及纪念馆开展保养性提升工程。

1. 现状分析

（1）墓群文物本体虽未发现开裂、外鼓、沉降等结构性问题，但因环境过于潮湿，文物本体石缝间杂草生长，石材表面青苔等附着较为普遍。标志标牌和部分栏杆老化，没有起到应有的标示性和维护性作用。

（2）室外场地竹林过于密集，影响其他植物生长，并阻隔视线，空间体验感过于闭塞。杂草多，灌木球长势差，缺少层次，整体环境呈现杂乱无序的现象，弱化了场地应有的肃穆感。

（3）浙江辛亥革命纪念馆建筑内部装修风格过时，装饰材料陈旧、玻璃窗多处破损，顶部存在漏雨；监控、变压器、空调等设施设备陈旧落后，急需提升。

2. 外部环境提升

外部园林景观提升主要考虑春季（清明）和秋季（辛亥革命纪念日）两季的景观效果。春季上层乔木以松柏为主，地被为毛鹃、云南黄鑫、二月兰，主要以松柏体现庄严的纪念氛围。同时，地被花卉增加生命力，以此纪念为后人的幸福献出自己生命的各位烈士。秋季主要以黄山栗树、鸡爪槭、红枫这类变色植物为主要观赏点，这类秋色叶树种是墓体绿化中的一抹明艳，给人以丰富的季相变化之感。

（1）入口区域：梳理两侧植物，将视线打开。白皮松与规整的灌木带形成中轴对称景观，引导游人将视线集中于中心纪念碑。同时，修整纪念碑下花坛植物（图2、3）。

图2　入口提升前　　　　　　　　　　　　　　图3　入口提升后

（2）墓区：修整道路两侧竹林，去除长势较差的竹子，打开过于密封的植物空间。靠近道路部分补栽圆柏和少量花灌木，增强场地气质。

（3）纪念馆周边区域：修整现状竹林，打开视线，引导游客进入。同步补种红枫、紫薇、大花六道木、大叶黄杨等观赏性植物，提升场地植物观赏性。

3. 内部展陈提升

室内展览提升遵循创新、开故、以人为本的提升理念，立足于浙江现有的地方志存史、资政、育人的功能，梳理现有的成果，充分发掘展示辛亥革命在浙江地方志文化的当代价值和恒久魅力。提高传播的时效性和有效性，在观者体验度上力求达到舒适、美观、环保。

（1）重新布置一层展厅，将其划分为序言厅、展厅区、主要文物展区。序言厅为建筑室内和室外的过渡区，通过提升层高，简化顶面，把视觉重心放在场景中，并新设置"天下为公""大道之行"和序言展板，让参观者一目了然（图4、5）。

图4　序言厅提升前　　　　　　　　　　　　　　　图5　序言厅提升后

（2）展厅区主题内容为：钱江涌起革命潮。厅内设置连贯的大幅墙绘，将辛亥革命的氛围立起来，形成强烈的视觉感受，快速调动起观者的情绪。右边洞墙面青砖贴面，与门洞和石材门套搭配，细化民国的元素体现，让人快速进入一个革命的情景氛围。

（3）主要文物展区主题内容分别为：辛亥年浙江光复、为建设和保卫共和而奋斗，颜色以中性灰为基调，搭配复古做旧的暖色调，局部穿插青砖元素，风格整体统一。展陈布置沿三面墙体，通过设置玻璃柜，具体展现石碑、地图、书法等相关物件。空间中心增设展陈中岛，独立展示辛亥革命代表性人物的生平史事，提升展陈气场，间接凸显人物的高大形象，使人印象深刻（图6、7）。

（4）二层多功能会议室增设投影仪和会议桌，用于对外预约使用，如召开党建学习、活动或者相关培训，加强纪念馆对外的社会价值。

图6　主要文物展区提升前

图7　主要文物展区提升后

4. 设施设备提升

统一更新场地内所有指示牌，主体材质为石材与耐候钢结合。入口处一级指示牌放置地图，指示全园。二级指示牌设置于道路交叉口，进行方向指示。各节点前告示牌为斜面设计，详细说明墓主人生平事迹，便于游客观看信息。

此外，在停车场和纪念馆入口的通道连接处，新增无障碍通道，更好的服务特殊游客；新增智慧消防设备，更好的保护场馆。

三　革命文物传承案例分析

通过对灵隐管理处举办的都锦生故居"东方名湖锦上花"杭州织锦百年特展进行分析，探讨在红色革命文物中如何利用举办特展来进一步提升景点知名度，从而更好地传承红色革命文物中的红色基因。

（一）都锦生故居

都锦生故居坐落在杭州市西湖风景名胜区茅家埠，美丽的西子湖畔。它是民国时期爱国实业家，都锦生先生出生并成长的地方。故居整体由祖屋、作坊、纪念室、陈列室等组成，主体建筑位于正门的第二进，坐西朝东，是一幢砖木结构殿式两层楼房，面阔16.20米，进深12.52米。立面装饰简洁，注重实用。内部方正对称，上下两层四开间，一楼房间可作会客用，二楼作卧室。2003年和2019年，灵隐管理处对其进行了两次保养性维修工程，真实地再现当年的历史风貌，作为西湖边的名人旧居，具有较高的历史

图 8　都锦生故居

价值（图 8）。

（二）特展概况

特展在都锦生故居原有基本陈列的基础上，增加了丝织立轴、卷轴、册页、书籍、屏风等百件展品，成为整个展览的"锦幄"。根据故居的空间划分和展品内容，特展分为三个章节，分别是中国丝绸史、杭州织锦一百年、时代新品献党鉴三个部分。

一、中国丝绸发展简史，以九幅立轴形式在展厅展出。为游览者提供汉、隋、唐、宋、元、明、清、民国等历史时期的丝绸概况，每一幅都使用丝绸做材质，样式精美，内容翔实。

二、杭州织锦一百年，以七幅织锦挂轴在展厅展出：创业篇、爱国篇、关怀篇、外交篇、国礼篇、创新篇、新品篇。

三、时代新品献党鉴，以毛泽东诗词邮票册、共和国十大元帅织锦画像、西湖十景织锦挂轴、织锦卡书、丝绸邮票册、西湖览胜全景图，《黄山风景》（中美建交）、《丝绸之源》台毯（G20 峰会礼品）等百件套展出，向市民游客展示都锦生故居中的红色基因。

（三）特展效果

在杭州说起都锦生的名字，不仅是众口皆碑的骄傲，更是一位民族脊梁的代表，他"实业救国""教育救国"的理念深深地烙印在都锦生故居的红色基因之中。通过为期一个多月的展览，不仅提升了景点本身的知名度，更让每一位游览者在"精美与和谐"之间，深度浸润了红色氛围。

四　发展方向

（一）创新红色革命文物传播形式

文物是场馆的主体资源，也是场馆开展社会教育的载体。红色文化在场馆陈列中的融入，除了依托传统的文物资源，还可以增加额外的社会资源。在都锦生故居举办的特展中，来自都锦生博物馆、文化艺术品交易所和丝绸之路文化艺术公司的精美参展品，不仅对故居中原有的文物陈列起到"装扮"作用，强化红色革命教育的效果，也充分彰显文物的价值，扩大了红色文化教育的对象。

（二）提升红色革命文物展示水平

随着社会经济的不断发展，广大游客的思想理念、欣赏水平、审美标准等都在不断提高。为了满足人民群众新的文化需求和愿望，灵隐管理处不断改进浙江辛亥革命纪念馆、都锦生故居，通过保护性工程，提升陈列方式，提高展示水平。学习和运用国内外先进经验，综合运用文物、图片、模型、景观等多种形式，有效利用声、光、电等现代科技手段，做到思想性、艺术性、观赏性的有机统一。

（三）推动红色革命教育方式创新

博物馆、革命类纪念馆等教育基地，是社会主义先进文化的重要教育阵地，是中华优秀文化的传播者。为了更好地向公众及党员普及红色革命知识，灵隐管理处积极结合党建，利用浙江辛亥革命纪念馆的有利条件，设置为对全社会公开的"党员固定活动日"的实践点，将党建活动与场馆应用融为一体，在服务党员干部的基础上，创新红色革命教育方式。

结　语

奋斗百年路，启航新征程。积极探索红色革命文物的保护，传承革命先烈的宝贵精神，既离不开一个个保护性工程，也需要一场场主题展览，只有这样才能充分挖潜革命文物中的红色基因，进而发挥出社会教育功能，才值得让市民游客口口相传，真正实现社会效益和经济效益的结合，使杭州西湖西溪景区的文化事业健康发展，展现杭州"金名片"的红色新内涵。

革命文物保护与红色基因传承

——以中共中央北京香山革命纪念地（旧址）为例

吴昊（香山公园研究室）

一　基本情况

（一）中共中央北京香山革命纪念地革命旧址

1949 年 3 月 25 日，毛泽东等中央领导率领中共中央机关和中国人民解放军总部进驻香山。在这里，党中央指挥了渡江作战等一系列重大战役，领导了和平谈判、筹备新政协、筹建中华人民共和国等一系列重大活动。中共中央在香山的历史在中共党史和中国革命史上具有重要地位。

中共中央北京香山革命纪念地修缮恢复工程在北京市委、市政府的领导下于 2018 年 4 月启动，2019 年 9 月竣工，特别是 2019 年 9 月 12 日，在庆祝新中国成立 70 周年前夕，中共中央总书记、国家主席、中央军委主席习近平 12 日专程前往中共中央北京香山革命纪念地，瞻仰双清别墅、来青轩等革命旧址，这使中共中央北京香山革命纪念地的发展迎来了新的发展契机，开启了新的一页。

香山革命纪念地革命旧址位于香山公园东南部区域，包括 8 处旧址：毛泽东同志办公居住地——双清别墅；朱德、刘少奇、周恩来、任弼时同志办公居住地——来青轩；中央警卫处——双清别墅东侧平房；中共中央宣传部办公居住地——思亲舍；中共中央宣传部办公地——多云亭；中共中央图书馆——小白楼；香山专用电话局——丽瞩楼；中共中央办公厅机要处——镇芳楼、镇南房。

此外，还包括香山饭店、昭庙、香山别墅等处。

（二）革命文物情况

香山革命纪念地建筑面积 3600 平方米，总占地面积 1.89 万平方米。8 处旧址共陈列家具、办公用品、生活用品等展品 9000 余件，其中有 1979 年中南海毛主席故居送来旧家具 12 件，大到毛泽东同志西苑阅兵和进驻香山曾经乘坐的威利斯吉普车同款车型，小到桌上摆放的德国施德楼牌铅笔等，这些都是按照历史资料和文献记载，通过多方渠道征集的。香山革命纪念地还接受了原中共中央办公厅老同志捐赠的珍贵文物，包括 1949 年香山出入证件徽章、国庆观礼证等。

香山革命纪念地建设，遵照"保持和恢复文物原有风貌""适度、恰当"原则，组织查阅大量历史照片、史籍档案、当事人回忆录，收集第一手资料，形成完备的修缮设计方案。最大限度做到修缮建筑恢复 1949 年的时代风貌，修旧如旧，充分体现革命文物群的古朴感、沧桑感。

二 主要经验和做法

（一）从无到有连续数十年不间断，持续开展革命文物保护利用工作

香山革命纪念地革命文物集中连片保护利用，从时间上来说，是一个从无到有，逐步强化的过程。

1949 年 9 月 21 日，中国人民政治协商会议第一届全体会议开幕后，毛主席由香山双清别墅移居中南海菊香书屋。香山静宜园由中央办公厅等直属部、局、处驻守。1952 年 7 月，中央人民政府革命军事委员会技术部迁出碧云寺。1952 年，北京市园林局接管西山八大处、碧云寺、卧佛寺、团城、松堂等地，成立西山风景区管理所，由公园管理委员会管理。1954 年 11 月，北京市人民政府园林处批准"西山风景区管理所"改为"西山风景区管理处"。1956 年 4 月，西山风景区管理处奉命进驻香山，筹备开放事宜。当时园内驻有总参机要局训练班、香山电话局、中央警卫局一个连部、托儿所、招待所、总参三部干校、党校等单位。1956 年 11 月，香山公园内驻园机关陆续迁出。12 月，"西山风景区管理处"正式更名为"香山管理处"。管辖香山、碧云寺、卧佛寺、樱桃沟等处。

1957 年，朱德同志在香山指示："双清可建一简单房子，要把水源找到，建筑一个水库。"1973 年，周恩来同志在双清别墅指出，应该恢复毛主席住过的房子和这个庭院，后来又向北京市委书记万里同志提出尽快修复双清别墅。1974 年 10 月 16 日，邓颖超同志到香山观赏红叶，在游览中同工作人员陈述了毛泽东在双清工作的历史。1974 年，

双清别墅建筑修复完成。1975年，万里派人将修复后照片送给周恩来同志，总理在病榻上审阅照片，说："修复得不错，应及早把毛主席当年使用过的东西陈列上，让群众游园时参观。"

根据周恩来总理的有关指示，北京市园林局党委决定：要尽力恢复双清别墅原貌，按照毛泽东居住时的模样进行布置，以纪念这一光辉历程。恢复双清别墅原貌工作启动，当时成立八人专门工作小组进行了大量调查，走访了给毛主席做饭的周西林和毛主席的机要秘书叶子龙，得知当时室内用具陈设简要情况。1976年10月3日，毛泽东的女儿李敏约请当年跟随毛主席的工作人员在双清别墅一起座谈，提供了大量翔实可靠的一手材料。当时到会的有阎长林、赵鹤桐、马武义、李连山。1979年，从中南海毛泽东故居将12件家具运到双清，包括：扶手弹簧椅6把、藤制书架2个、硬木镶贝壳花架4个。1980年，双清暂时作为一般园林建筑开放。

以此为发端，香山革命文物保护利用逐渐步入正轨。1984年5月20日，香山公园被列为北京市文物保护单位。1991年，启动"毛泽东在双清"展览筹备工作。1993年，"毛泽东在双清"展览完成布展，12月20日开幕。1994年，双清别墅被市委宣传部列为北京市第29个青少年教育基地；2000年晋升为北京市爱国主义教育基地；2001年被列为16条爱国主义教育重点线路之一；2009年，双清别墅被中宣部列为第四批全国爱国主义教育示范基地；2019年，香山革命纪念地开放，双清别墅列入全国文物重点保护单位。

（二）空间上从点到线到面，革命文物保护利用片区不断扩大

香山革命纪念地革命文物集中连片保护利用工作，是从双清别墅这一处景点开始，逐步巩固、不断扩大的过程。1993年，"毛泽东在双清"展览开放。2009年，按照市委宣传部指示要求，在朱德、刘少奇、周恩来、任弼时同志办公居住地来青轩设立说明牌示，让游客知道这段历史。2014年开始，在香山公园东门至双清别墅沿线设立展板和导览牌示，逐步形成红色景区门前序曲。2019年，由于双清别墅修缮，在致远斋举办《走进香山双清别墅　追寻伟人红色足迹》展览，成为党政机关、事业单位、社会团体等开展"不忘初心、牢记使命"革命传统教育的热点。

今天的香山革命纪念地已恢复8处革命旧址，建筑面积3600平方米，总占地面积1.89万平方米。空间上实现了革命文物保护利用片区的明显扩大。

（三）实践上由浅入深，展陈宣教水平逐年提高，影响面从京津冀辐射全国

从最初开放的双清别墅，到集中连片开放的香山革命纪念地革命旧址，始终重视通过举办展览和宣教活动，实现革命文物"活起来"，发挥应有作用。

1.展览水平不断提高。1980年香山双清别墅作为一般园林建筑对外开放，1986年香山公园搜集大量照片及相关资料，汇集在双清别墅展出。1991年5月，北京市政协委员张正光给中央领导写信，建议香山建设要突出双清别墅，当年10月"毛泽东在双清"展览筹备组成立，1992年双清展室竣工（上展），1993年7月1日"毛泽东在双清"预展，12月20日毛主席100周年诞辰前夕，展览正式开幕剪彩。展室及展览建设是双清展陈宣教的重要历史节点，由此双清别墅形成了故居实物与图片展览的格局。2011年为迎接建党90周年，双清别墅展览进行全面维护，丰富展陈内容，增加现代化展陈设施，展览形式更趋现代化。2019年，香山革命纪念地建设中，投入大量资金丰富展品，目前展品数量已从1993年双清别墅的300余件，扩充到8处革命旧址9000余件，数量上增加了近30倍。

2.宣教活动丰富多彩。主动"走出去、请进来"，积极探索如何更好利用红色资源，宣传红色历史、红色文化。先后与河北西柏坡纪念馆、天津周恩来邓颖超纪念馆联系，业务上互相学习互相提高；与河北西柏坡纪念馆、天津周恩来邓颖超纪念馆开展京津冀红色联展，利用发挥三地红色资源优势。近年来香山革命纪念地开展红色教育进校园活动。与西苑小学合作，开展红色小导游活动，周末由小学生来双清别墅为游客开展讲解服务；与周边学校合作，送展进校园，送讲解进校园活动，为中小学生送去丰富的红色展览，精彩的历史讲述，收到良好社会效果。

同时，积极培养建设红色资源管理队伍、研究队伍、讲解队伍，实现红色资源有效管理，深度挖掘梳理史料，讲好香山红色故事的目的，接待受众量逐年上升。从2009年至2018年的近10年内，年接待量从20万人次增加到28万余人次，上升了40%。2019年9月13日香山革命纪念地革命开放，到2021年年初累计接待游客300余万人次，在游客接待量及宣教广度上实现跨越式发展，其中包含多次重大一级接待。

此外，紧跟社会发展步调，利用网络平台、自媒体平台进行宣传，开辟微信公众号、官网专栏宣传香山红色历史、红色文化，使其成为红色历史、文化、革命文物继

承、弘扬的主要媒介渠道之一，收到良好社会效益。

三　目前面临的矛盾问题

（一）革命文物保护专项规划尚存在短板

香山公园始终高度重视总体规划和文物保护规划，长期以来，革命文物保护利用都是公园总规和文规的重要组成部分。但随着上级部门和人民群众对革命文物保护利用工作关注度不断提升，特别是香山革命纪念地开放，对革命文物保护利用规划标准将越来越高。目前香山革命文物保护尚未有专项规划，存在短板。

（二）在组建革命文物研究保护团队上有待加强

香山作千年历史的皇家园林、世界名山，多年来已形成较为成熟的文化研究和文物保护体系与团队，香山红色历史文化和革命文物保护一直是文化研究工作的重中之重。但由于丰富的多元历史文化叠加，尚未建立起专门的革命文物研究保护团队。

（三）在革命文物文创利用上有待进一步开阔思路

香山双清别墅开放多年来，香山革命纪念地全面开放半年来，在红色文创、纪念品研发上取得了一定成果。如"香山双清'一群红鱼'系列办公用品""香山红亭系列办公用品"在全国红色旅游文创产品和红色旅游演艺创新成果征集获中，被评选为全国优秀红色旅游文创产品。松林餐厅"红色记忆"套餐不仅内涵丰富，而且物美价廉，深受顾客喜爱，已成为香山餐饮拳头产品。但随着人民物质文化需求不断提升，香山革命文物文创产品上存在着同质化、单一化、个性不足等有待突破的瓶颈。

四　加强保护利用的目标思路

（一）完善充实保护利用规划

进一步加强红色历史、红色文化、革命文物工作。制定、完善、执行《香山公园革命文物保护规划》，使香山红色历史研究、红色文化宣传、革命文物保护工作走上更加规范的制度化道路上来。

（二）增强文保研究团队力量

进一步加强红色历史文化研究和革命文物保护专项队伍建设，走出去请进来，结合国内外先进经验，打造一支有开阔视野、能力突出、特别能战斗的专业研究队伍、管理团队、宣传团队及文物保护团队。

（三）探索保用结合文创道路

加大对文化类创意产品的资金投入，大胆引入社会资金，利用外智外脑外资，推出一批具有香山特色、深接地气、不可复制的香山红色文创产品，用有形产品讲好香山红色故事。

（四）以圣地标准开展宣教工作

香山的红色历史，与中共一大会址、嘉兴南湖红船、井冈山、遵义、延安、西柏坡等革命圣地一脉相承，承载着党史上许多永不磨灭的红色记忆。要依托香山革命纪念地这一平台和载体，将这段时期的革命历史内涵向全社会广宣深教，加强与各地同业深入交流，开展联展互展工作，更加充分地发挥宣教基地作用，打造首都政治高地。

结　语

中共中央北京香山革命纪念地是社会教育的重要组成部分，归根到底是要服务社会的。纪念地在建设中，不断探索、不断学习、不断创新，走出一条香山特色的红色纪念地建设道路。特别是在建党百年之际，纪念地广大工作人员有高度责任感和使命感，在今后纪念地的保护、建设、宣传、维护上将会更加努力，更好地服务广大人民群众。

圆明园里的革命文物
——圆明园三一八烈士纪念碑

余莉（圆明园管理处）

2021 年 3 月 27 日，北京市文物局网站公布了第一批革命文物名录，圆明园三一八烈士纪念碑名列其中。1926 年 3 月 18 日，为反对日本帝国主义武装干涉中国内政，李大钊等同志带领爱国学生，工人和各界人士在天安门和段祺瑞执政府门前举行示威。段祺瑞下令开枪，四十二人遇难。一九二九年北平市政府立此纪念碑。鲁迅先生著名的文章《纪念刘和珍君》，即是为了纪念在"三一八惨案"中牺牲的刘和珍和杨德群烈士而作。为什么会将三一八烈士安葬于圆明园并立碑纪念呢？让我们穿过近百年的历史，回首那段屈辱与热血的岁月，并铭记烈士们为民族独立奋斗的精神，保护革命文物，传承红色基因。

一 圆明园三一八烈士纪念碑的历史沿革

1926 年 3 月 18 日，在震惊中外的"三一八惨案"中，42 位学生和市民失去了生命，惨案发生后，遇难者家属、学校、社团等召开联席会议，筹备公葬事宜。民国大学校长雷殷提议选在京西的圆明园内，他认为："该处既为历史上之纪念地，风景亦佳，诸烈士合瘗于此，种种上均为圆满。"5 月 20 日，京师警察厅报称："圆明园官产，本厅仅负保管之责，至该筹备会所请拨作'三一八'烈士公葬之处，本厅实未便主持。且查该园地址，前已均由人民租种，并非空闲。"段祺瑞倒台后，奉系主导的北洋政府对于烈士公葬一事更不积极，甚至从中阻挠，加之公葬经费一时难以筹齐，"三一八"烈士安葬圆明园之事被延搁下来。

1928 年，国民革命军攻战北京后，北京改名为北平特别市。冯玉祥推荐秘书长何其巩担任北平特别市市长。"三一八"惨案发生时，何其巩目睹了这些爱国民众遭受的痛苦，"愤憾至今"。他上任不久，即呈请南京国民政府，公葬"三一八"烈士。在得到批准后，何其巩命令北平特别市工务局在圆明园勘察墓地，筹建公墓。经过数月努力，公墓建造完竣，筹葬事宜也陆续办妥。1929年3月18日，在北平特别市政府主持下，"三一八"烈士在牺牲整整3年后，终被正式公葬于圆明园内，入土为安，当时北平市近万人参加了隆重的烈士公葬典礼。由于时隔已久，部分烈士遗体已运回原籍安葬，此次公葬者共计22人。公墓位于圆明园九州清晏中部，各穴呈梅花状分布。后来在公墓中央又建了一座塔状烈士纪念碑，上刻"三一八烈士公墓"7个篆体大字（图1），基座刻有何其巩撰书"三一八"烈士墓664字墓表[1]及当时可以考证到的39位殉难烈士姓

图1　三一八烈士纪念碑（摄于2002年）

---

[1] 墓表全文如下："中华民国十五年三月，国民军奋斗于畿郊，因见忌于帝国主义者，而有大沽口炮舰入港事。北京民众反对八国通牒，齐集执政府前呼号请愿，生气勃勃。乃以金壬弄国，竟令卫士开枪横射，饮弹毕命者四十一人，横尸载涂，流血成渠。其巩目睹心痛，愤慨至今。及革命军克服旧京，奉命来长北平市，追念逝者，为请于中央准予公葬。葬事告竣，奉其姓名、籍贯、职业之可考者，得三十九人，其无从考证亦死斯役者二人。又负伤或因伤而致残废者，多不得纪。志士埋名，深为遗憾。会此役者，或为青年女子，或为徒手工人，或为商贾行旅，皆无拳无勇，激于主义，而视死如饴。世以'三一八惨案'称之，以其为三月十八日事也，其巩既揭于其阡，记其事以告后之览者。中华民国十八年三月十八日何其巩谨撰书。"

名、年龄、籍贯、职业（图2）。基座的西北面第四位刻着杨德群烈士的姓名。基座的正北面第六位刻着刘和珍烈士的姓名。

在"三一八烈士公墓"的东北角，有一座三棱形石质墓碑，这是"三一八惨案江禹烈、刘葆彝、陈燮烈士纪念碑"（图3）。这三位烈士生前都是北京工业大学的学生。北京工业大学师生在1926年3月21日举行了祭奠仪式，28日举行了追悼大会和纪念碑奠基礼。这座纪念碑建立在西城区端王府夹道的工业大学校园。三棱形的纪念碑上，三

图2　纪念碑基座

面分别刻有"三一八惨案江禹烈、刘葆彝、陈燮烈士纪念碑",下部刻有烈士的生平,下面有一个六边形的基座。20 世纪 70 年代,工业大学早已迁走,当地因施工建设而将纪念碑迁到现址。

二 现状情况

这座公墓坐落在圆明园九州清晏奉三无私殿大殿基址东侧,墓园由墓墙围成近似正方形,占地约 500 平方米(图 4)。墓墙外面有两排侧柏将墓地围合成一个独立幽静的小空间(图 5),一进门左右两侧有包括北京市文物保护单位在内的三块

图 3 三一八惨案江禹烈、刘葆彝、陈燮烈士纪念碑

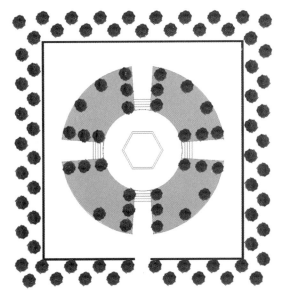

图 4 墓园示意图

图 5 墓园入口处

图6　墓园入口处的三块纪念碑

小的纪念碑（图6）。墓园中央修筑约80厘米高的石砌圆形台基，四面有甬路和台阶可达中央墓碑，并将高台分为四个部分，每部分有8株圆柏烘托中央的纪念碑（图7）。台基中心上竖起通高9.6米六面体石质塔式墓碑，墓碑分为台座、须弥座、碑身和碑顶组成；台座、须弥座和碑身均为六角形；碑顶为仿木结构，六角攒尖顶（图8）。碑身正面镌刻"三一八烈士公墓"七个金色篆字及"中华民国十八年三月十八日北平特别市政府立"字样，整体造型古朴大方，庄严肃穆。四周墓墙上挂有介绍"三一八惨案"的前后始末及牺牲民众的生平等展板（图9）。在

图7　墓园内部

图8　三一八烈士纪念碑现状

19 世纪 90 年代时，纪念碑顶已经破败，圆明园管理处对碑顶和墓地进行了整修，2003年又在墓地围墙外栽植了两排侧柏。

图 9　墓墙上悬挂的展板

三　红色基因的保护利用与传承

在 20 世纪初九州景区环境整治时，对于三一八烈士墓占压遗址，曾有过搬迁他处的提议，因诸多原因并未实现。从宏观的角度来看，圆明园不仅是中国古典园林的光辉总结，也见证了清王朝由鼎盛走向衰落，是中华民族落后挨打的实证。园内的三一八烈士墓则是 20 世纪初中国面临内忧外患之下，自五四运动以来中华民族意识觉醒的重要见证。对于三一八烈士纪念碑的保护和利用，并不仅仅简单地保护一块碑、一座烈士墓，这同样是属于圆明园不可分割的一段历史，在爱国主义教育基地上又叠加了新的内涵，是鸦片战争以来中华民族饱受列强的欺侮，在列强瓜分中国的危急关头，中华民族反侵略反压迫反封建军阀的一段历史。那些长眠在曾经的封建帝王园林中，以热血和生命为民族独立抗争而牺牲的烈士，永远值得我们铭记。

当代的我们有必要以新的方式来回忆这段历史，来传承其中的红色基因。"三一八惨案"在北京有多个纪念地，为了更加生动地再现这段历史，可以与中学课文《纪念刘和珍君》结合起来，多地都可进行现场教学，以身临其境的方式，不忘历史，感受烈士们直面惨淡的人生，正视淋漓的鲜血之无畏精神，大力弘扬爱国主义精神。

随着红色文化教育的深入人心，近年来到圆明园三一八烈士墓祭扫的企事业单位与学校日益增多。今年正值建党 100 周年，来祭扫的单位特别多，纪念碑被进献的鲜花所环绕，墓地外的柏树上也挂满了催人奋进的誓言，对于红色基因的传承这是一个很好的开始。未来圆明园周边的学校和企事业单位都可以把三一八烈士墓作为一个生动的爱国主义教育基地，在高耸的三一八烈士纪念碑下，缅怀那群为民族危亡而奋力抗争的勇士们。

经过百年风雨，纪念碑上的字迹有的风化，已变得模糊不清，墓碑周围的圆柏也有缺失，还需要采取措施减缓风化以保护文物，补植树木并做好养护，创造一个清幽肃穆的凭吊环境。

逝者已矣，烈士长眠在圆明园的绿水青山之中，来者需要整修保护好这个历史纪念地，厘清和研究诸多尚不明确的历史细节，不仅为留住这段记忆，更为了中华民族不再受欺侮，为了民族复兴而不忘初心，奋力前行。

（注：圆明园廓然大公埋葬着一位为了新中国成立而牺牲的烈士——董峻岭，希望有关方面可以协同亲属找到烈士墓碑的埋藏地点，让世人了解那段尘封的历史以告慰英雄在天之灵）

参考文献
[1] 刘传吉《中国档案报》2017 年 3 月 17 日第 003 版。

研究挖掘玉渊潭公园红色文化资源
发挥新形势下爱国主义教育基地作用

——以中国少年英雄纪念碑为例

张轩（玉渊潭公园党委办公室）

一 新形势下依托中国少年英雄纪念碑开展爱国主义教育的重要意义

爱国主义是中华民族的民族心、民族魂，是中华民族最重要的精神财富，是中国人民和中华民族维护民族独立和民族尊严的强大精神动力。2019 年，中共中央、国务院印发了《新时代爱国主义教育实施纲要》，指出当前中国特色社会主义进入新时代，中华民族伟大复兴正处于关键时期。新时代加强爱国主义教育，对于振奋民族精神、凝聚全民族力量，决胜全面建成小康社会，夺取新时代中国特色社会主义伟大胜利，实现中华民族伟大复兴的中国梦，具有重大而深远的意义。

玉渊潭公园中国少年英雄纪念碑是专门为纪念全国少年英雄而建的纪念碑，是北京市爱国主义教育基地，更是全市为数不多专门面向青少年开展爱国主义教育的场所，因其独特的历史价值和教育资源，以及地理位置优势，每年都会有少先队员、党团员在此举办活动。中国少年英雄纪念碑不仅承载着厚重的历史文化，承载着少年英烈的精神，承载着人民群众对新时代爱国主义教育的愿望和需求，承载着党和国家对少年儿童寄予的厚望，更承载着传承红色基因、振奋民族精神、凝聚民族力量的历史重任。中国少年英雄纪念碑已成为新时代面向广大青少年开展爱国主义教育的重要活动场所。

2021 年 1 月 31 日，《中共中央关于全面加强新时代少先队工作的意见》公布，这是新中国历史上第一个以党中央名义下发的专门加强少先队工作的文件。《意见》中指出：全面加强新时代少先队工作，强化对少年儿童的政治启蒙和价值观塑造，引导少年儿童时刻准备着为共产主义事业而奋斗，对于全面建设社会主义现代化国家、实现中华民族伟大复兴的中国梦，对于确保党和人民事业薪火相传、后继有人，对于红色基因代代相传，具有重大而深远的意义。《意见》第十一条中还提到，根据各地现实需要，要充分利用新时代文明实践中心、爱国主义教育基地、青少年教育基地、博物馆、基层党群活动场所等，让少先队员就近就便参与校外实践活动。

因此，深入研究挖掘公园红色文化资源，发挥好新形势下爱国主义教育基地作用，是深入贯彻落实习近平总书记关于弘扬红色文化、传承红色基因以及做好少年儿童和少先队工作重要论述的具体举措，是请少年英雄担任党史"教师"、把建筑雕塑作为党史"教材"、使爱教基地成为党史"教室"的生动实践，是不断拓展公园红色文化内涵、扩大红色资源品质和影响力的重要抓手，我们责任重大、使命光荣。

二　中国少年英雄纪念碑的建设历程

1984 年 7 月 25 日至 8 月 4 日，共青团中央和教育部在北京联合召开了中国少年先锋队队员和辅导员代表会议，时任国家主席李先念等领导同志出席了在中南海怀仁堂举行的大会开幕式，邓颖超代表党中央做了题为《未来需要你们去创造》的讲话。会议研究认为，在各个不同的历史时期，儿童组织和广大少年儿童为祖国、为人民做出了巨大的贡献，涌现出了一批少年英雄。为了表彰少年儿童，激励少年儿童，使少年英雄的革命精神发扬光大，永放光芒，会议决定在北京市玉渊潭公园建立"中国少年英雄纪念碑"，1984 年全国少工委 1 号文件发布了此决定。

全国少代会后，在全国少工委的号召下，全国的少先队组织和铁道团委广泛开展了"学英雄、建丰碑"活动。全国 16 万所学校的 1300 万少先队员，通过小种植，收废品等劳动，将全部 20 多万元收益捐献给了中国少年英雄纪念碑的建设。同时，全国少工委收到各地来信六千余封，这些来信充分表达了全国少年儿童对少年英雄的深厚感情和盼望纪念碑早日建成的迫切心情。

1986 年 5 月 31 日，纪念碑的奠基仪式在玉渊潭公园隆重举行，时任中共中央书记处书记郝建秀、全国少工委主任李源潮在奠基仪式上分别发表了讲话。在肃穆的《歌唱二小放牛郎》的乐曲声中，少先队员代表将全国少先队员寄来和带来的"家乡土"撒在了由重庆市少先队员敬献的纪念碑基石旁，郝建秀、张爱萍、康克清、刘延东等领导同志手拿铁锹，为少年英雄纪念碑基石培土。全国部分省市少先队员代表、应党中央邀请来京欢度"六一"的新疆地震灾区少年儿童和首都少先队员代表共 500 人参加了奠基仪式，时任党和国家领导人题写了"中国少年英雄纪念碑"碑名。

经过 4 年的建设，1990 年 5 月 30 日，在玉渊潭公园举行了中国少年英雄纪念碑揭幕仪式，时任中共中央政治局常委宋平参加揭幕仪式并讲话，身着鲜艳民族服装的 56 个民族的少先队员代表向纪念碑鲜花，首都少先队员为少年英雄纪念碑站了先锋岗。李锡铭、宋任穷、李德生等同志以及 3000 名少先队员参加了揭幕仪式。

纪念碑的主碑由中央美术学院雕塑艺术创作研究所冯河创作。主碑高 17 米，造型为银灰色不锈钢材料焊接而成迎风飘动的红领巾，星星火炬高嵌其上。基座由红色花岗岩铸成，设计者为北京建筑设计研究院朱嘉禄、华裕忻。主碑旁边是一组昂首吹号的男女少先队员的雕塑，象征着新一代少先队员蓬勃向上的精神风貌。在主碑前方两侧的四组不锈钢镂体空雕，分别代表着党领导下的少年儿童在大革命、抗日战争、解放战争和社会主义建设等各个不同历史时期参加革命运动的少年英雄典型形象，组雕由中央美术学院雕塑艺术创作研究所杨淑卿创作，整个碑体雕塑群具有鲜明的主题特色和强烈的时代气息。

三　对玉渊潭公园红色文化发展的认识和思考

（一）发展公园红色文化，是对公园整体文化的有力补充

近几年，公园围绕打造"以水为主题、以樱花为特色、以休闲休憩为主要功能的绿色生态山水园"的发展定位，形成了"特色花文化、景观水文化、生态湿地文化"的文化发展格局。中国少年英雄纪念碑作为公园的景观亮点和文化亮点，以此形成的"红色文化"作为公园文化的有力补充，将进一步丰富公园文化内涵和底蕴，是体现公园公益属性、教育属性、体现首都精神文明建设阵地特殊功效的重要载体。

（二）发展公园红色文化，是对中心系统爱国主义教育基地类型的丰富拓展

市公园管理中心系统有着丰富的红色资源，特别是近几年来，中心通过对香山公园双清别墅，陶然亭公园高石墓、慈悲庵，北京植物园"一二·九"纪念亭等重点爱国主义教育基地的持续打造，公园的"红色度"、资源的"拓展度"、社会的"认知度"都显

著提升。玉渊潭公园依托中国少年英雄纪念碑打造爱国主义教育基地品牌，虽然起步相对较晚，但是纪念碑的唯一性、独特性，作为专门面向青少年开展爱国主义教育的场所，填补了中心系统爱教基地类型的空白，甚至对全市爱教基地的建设都是有力的补充、丰富和拓展。

（三）发展公园红色文化，是满足广大青少年接受爱国主义教育需求的有力回应

党的十八大以来，以习近平同志为核心的党中央高度重视爱国主义教育，固本培元、凝心铸魂，做出一系列重要部署，推动爱国主义教育取得显著成效。从南湖红船到井冈翠竹，从雪山草地到延安窑洞，从西柏坡到北京香山……革命博物馆、纪念馆、党史馆、烈士陵园等红色资源灿若星辰，遍布祖国大江南北，这些不仅体现了中国共产党的红色历程，体现了党中央对用好红色资源、传承红色基因的高度重视，也体现了广大人民群众对接受爱国主义教育的迫切需求。《新时代爱国主义教育纲要》提出，青少年是爱国主义教育的重中之重。笔者认为，要在广大青少年中开展深入、持久、生动的爱国主义教育，引导学生树立国家意识、增进爱国情感，把爱国情、强国志、报国行自觉融入实现中国梦的奋斗之中。然而目前专门面向青少年开展爱国主义教育的阵地较少，玉渊潭公园依托中国少年英雄纪念碑开展爱国主义教育，能够满足广大青少年对接受爱国主义教育的迫切需求，是广大青少年开展爱国主义教育、宣传和践行社会主义核心价值观的生动课堂。

四　爱国主义教育基地发展中存在的问题

近年来，玉渊潭公园党委以中国少年英雄纪念碑为依托，主办、承办了一系列国家级、市级的爱国主义教育活动，各大媒体都对活动进行了宣传报道，中国少年英雄纪念碑的影响力越来越大，辐射面越来越宽，受众群体越来越多。但与习近平总书记系列重要讲话精神相比，与新形势下发挥爱国主义教育基地作用的要求相比，与广大游客市民的期望相比，还有很大差距。

今年以来，玉渊潭公园党委针对中国少年英雄纪念碑的宣传教育和发展建设，通过组织专家座谈、游客意见征求等工作，征集了纪念碑发展建设中存在的问题和不足，具

体如下：

（一）纪念碑的重要地位与新形势下的价值体现不匹配

纵观中国少年英雄纪念碑的建设历程可以看出，纪念碑的建设得到了党中央、团中央的高度重视，寓意十分深远。但由于种种原因，纪念碑的历史价值、社会价值、人文价值、教育价值还没有充分挖掘和体现出来，纪念碑的红色教育品质还需要进一步提升。

（二）爱国主义教育基地的作用还没有充分发挥

中国少年英雄纪念碑于 2016 年被评为海淀区爱国主义教育基地，于 2021 年被评为北京市爱国主义教育基地。但与全市其他较成熟的爱国主义教育基地相比，纪念碑的宣传教育作用发挥的还不够，与外单位宣传交流的渠道还不够宽阔，展览展陈还不够丰富，硬件设施还不够完善，讲解服务水平还不够高，这些问题都制约了爱国主义教育基地的进一步发展。

（三）对纪念碑的保护做得还不够

由于历史原因，纪念碑西边建设了供游客市民健身锻炼的器材，且纪念碑的中轴广场较为开阔，周边绿树成荫，每天都会有游客市民在此锻炼和进行唱歌跳舞等娱乐活动，对纪念碑理应具有的庄严肃穆的氛围进行了破坏。纪念碑主体建筑从建成至今历经 31 年，未进行过系统性修整，基座部分瓷砖出现松动、脱落，主碑、少先队员雕塑和四组副碑出现不同程度的锈蚀、掉漆等问题，需要在今后的工作中逐一解决。

五　加强爱国主义教育基地建设的实践举措

2021 年是"十四五"规划开局之年，是中国共产党成立 100 周年，是传承红色基因、弘扬红色文化、开展爱国主义教育的重要时间节点。针对上述问题和不足，玉渊潭公园党委进行了深入研究分析，提出了一系列加强爱国主义教育基地建设的思路和举措，并付诸行动。

一是进一步丰富公园红色文化内涵。成立红色教育专班，由专人负责公园红色文化的挖掘研究。召开了红色文化发展研讨会，邀请相关领导和专家学者围绕如何挖掘中国少年英雄纪念碑的红色文化资源，推进公园红色文化发展进行深入研讨。同时对中国少年英雄纪念碑的史料进行深入挖掘，从网上购买了有关纪念碑奠基和揭幕的新闻报纸，从公园档案室、国家图书馆、网络等各方面收集有关纪念碑的历史档案，进一步厘清了纪念碑的建设历史、设计理念等。

二是寻找纪念碑历史亲历者。通过多种途径，寻访到了当年拍摄纪念碑奠基仪式照片的中国少年报记者，寻访到了纪念碑基座的设计者朱嘉禄先生，并邀请老先生来园讲述建碑历史，对相关文字材料进行了补充，对原先讲解词中的一些错误进行了修正。同时制作了《中国少年英雄纪念碑简介》宣传折页，为参加爱国主义教育活动的师生进行发放。此外还收集到了专门为纪念碑谱写的歌曲《向少年英雄纪念碑致敬》简谱，并找专业人士进行弹奏和翻唱，形成了音频。

三是组建高素质的红色讲解队伍。结合扎实推动党史学习教育，着眼讲好公园红色故事，举办了公园红色文化讲解比赛，通过系列培训和比赛环节，评选出公园优秀红色讲解员，进一步提升了讲解员的知识储备和业务能力，讲解员积极参与到中国少年英雄纪念碑的预约讲解工作中，提升了讲解接待服务水平。

四是组织开展一系列爱国主义教育活动。与海淀区团工委建立联系，从4月1日至8月1日，组织海淀区30所学校的少先队员到纪念碑通过站少年先锋岗的形式开展护碑活动。活动中，建立了"红领巾志愿讲解员"队伍，学生通过自己的视角和理解，向观众讲述纪念碑的建设历史和少年英雄事迹，起到了很好的宣传教育效果。截至目前，公园共接待众多院校和社会团体在纪念碑开展入队仪式、主题党日活动等20批次、近千人次。

五是举办"传承红色基因，放飞时代梦想"主题展览。展览分为两部分，在纪念碑周边通过展架的形式，突出"传承红色基因"的主题，通过回顾纪念碑建设历史、少年儿童运动发展史、少年英雄事迹，以及党和国家领导人对少年儿童的寄语等，教育引领广大少年儿童努力成长为能够担当民族复兴大任的时代新人；在百米玉和影廊开展"放飞梦想、走向未来"少儿书画展，突出"放飞时代梦想"的主题，孩子们通过各式各样的作品，表达了对伟大祖国未来的展望和对未来生活的梦想与思考。通过这样的形式，使纪念碑的红色教育资源更能够体现群众性、参与性，使爱国主义教育走进生活、走进家庭、走进课堂。

六是规划建设"红孩子"景区，实现科学保护。出台了《玉渊潭公园"十四五"

时期红色文化发展规划》，并纳入公园"十四五"整体规划。开展"红孩子"景区规划设计工作，已形成初步规划方案，目前正在持续推进方案的论证工作。梳理纪念碑建设的工程档案，分析研究纪念碑工程、规划、备案等材料，同时对纪念碑主碑、副碑等进行实测，开展实际数据与档案资料的比对。进一步研究纪念碑主体建筑陈旧性变形、沉降变化、施工因素影响等内容，为今后纪念碑的科学保护不断积累资料，提供数据支撑。

少年儿童是祖国的未来，是中华民族的希望，也是党的未来。中国少年英雄纪念碑是北京市爱国主义教育基地，下一步，公园党委将继续发挥爱教基地作用，挖掘红色文化资源，拓展宣传交流渠道，加强景观环境建设，规范服务接待流程，让更多的游客市民特别是青少年群体接受爱国主义教育，为红色基因革命薪火代代传承贡献力量。

文｜创｜研｜学

圆明园文物遗产的数字化开发与商业应用

乔垚（北京市海淀区圆明园管理处）

一　文物遗产数字化开发的背景、可行性

20世纪60至70年代，保护历史文化遗产的国际组织通过了一系列宪章和建议，如《威尼斯宪章》《伦敦宪章》等，确定保护的原则，世界范围内形成了一个保护文物古迹及其环境的高潮。国际上已经建立了以数字测量技术和遗产保护为核心的一系列专业机构，如国际文化遗产记录科学委员会（CIPA），负责组织管理世界各地遗产记录的学术研究和实践活动，形成了相对成熟的行业理念和技术手段。

数字化建档发展最早也最为成熟，包括对传统史料进行数字化存储，以及对保护工程中的文字、影像、图纸资料等进行持续的数字化存储和管理。如希腊雅典卫城保护项目中建立每天整理录入包含建筑部件现状图像记录、部件特征和损坏信息以及保护措施记录的庞大数据库，并开发了综合查询系统。21世纪以来，数字技术开始有序的与智慧旅游战略相结合，不但可以对遗产地遗址本体与周围环境进行保护，还可充分强化全社会各层次对相关文化的理解和认识。同时，虚拟现实技术也开始大量应用文化领域。大数据基础设施、云计算、智能终端等科技的发展，极大地刺激了文物遗产数字化的发展。

2020年新冠疫情的爆发给传统旅游行业带来巨大冲击。根据国内旅游抽样调查结果，2020年度国内旅游人数28.79亿人次，比上年同期减少30.22亿人次，下降52.1%。人均每次出游花费774.14元，比上年同期下降18.8%[1]。疫情给实体旅游市场带来巨大的冲击。后疫情时代，数字化技术加载旅游行业，深度挖掘文化内涵成为旅游行业新兴发展趋势。技术加持不仅可以达到保护遗址公园文物遗产的目的，且充分强化相关文化

---

[1]　内容采自"2020年国内旅游数据情况"，见中国政府网（www.gov.cn）。

的商业价值。每个旅游实体在此基础上得以不断研发、创新和发展。

二 圆明园文化遗产数字化开发所需技术与进程

圆明园作为国家考古遗址公园，是一个以遗址废墟为展示主体的游览地。通过将文化遗产数字化，圆明园遗址所包含的历史文化内涵将得到多倍的释放。随着互联网＋时代的到来，科技在不断地改变人们消费观念、需求和消费方式等，对于文化旅游产业来说，数字化技术加持文化是一个良好的发展契机，意味着该产业的价值增值和再创造。

搭建必要的技术平台是文物遗产进行数字化工作的基础，也是核心工作。圆明园文化遗产的数字化进程需要以下必备技术支持。

搭建基础地理信息平台。该平台集成圆明园地理空间信息资源，建成以数据仓库为基础、集数据交换、资源共享、应用服务于一体的软件系统体系，实现基于网上电子地图的信息查询与检索。结合移动终端，游客可以实现基本的圆明园位置服务和移动导览，在遗址现场体验不同时空下的圆明园复原场景。

精细化数字复原与高仿真 VR 渲染技术。需要充分研究数字复原技术，确保复原模型能够准确完整再现圆明园各时期风貌；同时研究高效逼真的三维渲染技术，以保证时空多维的海量模型能够完美地展现在公众面前。虚拟现实（Virtual Reality）技术则对虚拟环境中的物体进行交互操作，使用户仿佛置身于现实环境之中的一门综合性技术。

通过数字圆明园建立的基础地理信息和完整的数字复原虚拟场景，整合现代移动设备提供的 GPS、陀螺仪、体感设备以及园区内物联网基础设施，将虚拟场景与遗址现状进行全面整合，为现场旅游提供时空全面沉浸式的旅游体验，并应用网络虚拟交互技术与公众进行分享圆明园文化资源，形成商业互动。

在应用技术的指导下，圆明园将文物遗产数字化通过虚拟游园，在线交互，多渠道分享，互动体验等多种形式向公众进行推广，吸引公众参与，最终实现运用并达到商业价值。具体来说，数字化运用进程的推进可以分为以下三个阶段：

1.将三维数字化复原成果转化为多层次文化旅游产品的研发和试制。诸如利用 iPad 平板电脑、触摸屏等设备实现近距离用户体验，在遗址现场既可以观赏到圆明园现实中残垣断壁的凄美，又可以欣赏到通过数字复原的圆明园历史上的辉煌绚烂，使游客得到既有深度又充满新鲜感的体验，大大提升遗址公园的保护与展示水平。并且可以使游客在游览过程中，获得丰富的科学知识，增强文化遗产保护意识。

2. 应用文化遗产内涵与新技术手段相结合的数字化旅游服务产品，创造全新的文化旅游体验。如互联网＋时代下，基于文化遗址开发基础上设立互动游戏，在文化旅游产业中融入诸如游戏、动漫、数字艺术等创新元素，脱离传统文化产业的束缚，打破常规的产业发展模式，不断尝试创意设计、创意策划、创意营销和创意消费。

3. 最终达到新技术手段在文化旅游领域的创新应用、实践总结和集成推广模式研究。通过构建数字化资本，制定发展模式和增长方案，适应新型产业业态要求。

三　圆明园文物遗产数字化的商业应用

在园内数字化进程的实践和探索中，游客在景区消费体验需求不断提升，消费行为加速升级，可为圆明园带来可观的经济效益和商业价值。

借助文物遗产的数字化，可逐步实现线下景区精准布置，激发更多消费行为，从而打开旅游市场。文物遗产的数字化发展，导致消费者的分众化趋势愈加明显，需要被细分，可根据消费者需求逐步实现精准对接。如景区二维码导览系统和微信平台导览在方便游客游园的同时，也方便后台采用数据，精准在相应景区布置为游客服务。

借助文物遗产的数字化，游客在游园中参与度和互动性大大提升，刺激了消费升级。如开发3D打印技术让数字圆明园的模型成果转化为商品，从而实现从旅游行为到商品消费行为的转化，参与度和互动性大大提升。利用网络空间和时间的开放性，突破传统产业发展模式的束缚成为一个行业特征。

旅游产业领域数字化应用也将改变商业模式，文化旅游产业开始新的生态系统，形成业务的闭合链条。圆明园正在建设通过附载基本信息数据，精细化模型建模，移动端的消费互动，来提升旅游体验、管理效率和商业价值。文物遗产的数字化开发，极大促进了共享平台的产生以及商业模式的转变，文化旅游产业开始新的生态系统。我们应着眼于共享的角度去看文化旅游产业发展，从而在新的格局下成为旅游电子商务行业的领导者。

四　文物遗产数字化的未来展望

目前，我们所能达到的数字化开发程度还远远不够深入。从整体上来看，数字技术在建筑遗产保护领域的应用，大多仍停留在对现存历史建筑进行模仿、复制，以及虚拟游览、虚拟搭建等形象展示阶段，数字化产品采用展示端"输出式"和简单的交互式查询选择；并未与遗产信息、学术研究成果、日常管理等进行系统衔接，尚无法满足科研交互查询以及吸收公众反馈等深层次"互动"要求。文化遗产资源数字化成果如何转化为周边产品，盘活旅游经济，实现整个项目模式的可持续商业化运营都将是仍需深入探索的几大领域。

文物遗产的数字化最终目的要达成建设"智慧景区"的目标。信息技术的发展、移动终端的普及为圆明园文物遗产数字化这一设想提供了可能。数字化技术的加入，盘活文物遗产的深度价值，满足高品质和个性化的需求，使旅行费用趋于更加高知化、多样化、灵活化。科技、文化和消费者之间正在建立个人的联系，通过数字化盘活文化可以让文化遗产发挥更大的商业力量；运用现代技术将数字产品转化为旅游产品，以更全面更直观的形式完成旅游文化双重感知，达成旅游市场蓬勃发展的目标。

参考文献

[1] 蓝色智慧研究院《文创时代：北京市文化创业产业的发展与创新 2006–2015》，中国经济出版社，2016 年。

[2] 李宏松《国家考古遗址公园综合功能定位及相关比较思考》，《中国文物报》2012 年 4 月 20 日第 8 版。

[3] 李志荣《对文物数字化相关问题的初步思考》，《中国文物报》2020 年 7 月 24 日。

[4] 吕春华《考古遗址如何在旅游中发挥作用》，《中国文物报》2020 年 8 月 14 日第 6 版。

[5] 魏利伟、李文武、刘俊华《国内外文物数字化保护标准现状及趋势研究》，《中国标准化》2016 年第 6 期。

[6] 游雪晴《文化遗产保护有 10 项科技规划研究》，《科技日报》2004 年 7 月 30 日。

[7] 张振家《后疫情时代我国国内旅游价值链重构路径分析》，《企业经济》2021 年第 5 期。

华清宫景区的研学游内容设计与实践

齐渭峰（陕西华清宫文化旅游有限公司）

2013 年 2 月，国务院办公厅发布的《国民旅游休闲纲要 2013~2020 年》纲要中提出"逐步推行中小学研学旅行"的设想。2014 年 8 月，国务院办公厅发布《关于促进旅游业改革发展的若干意见》，意见中首次明确了研学旅行要纳入中小学日常教育范畴。2016 年 11 月，教育部等 11 个部门联合出台《关于推进中小学生研学旅行的意见》，使研学游成为人们重点关注的教学内容。在这种背景下，华清宫景区作为一个集历史、休闲、宗教和温泉沐浴为一体的文化景区也响应这一号召，逐步开发出自己独特的研学游内容，以满足日益增长的国内研学游旅游市场的需求。

一　华清宫开发研学游的文化价值背景

一个景区要开发一款旅游产品，不仅要贴合时代和市场需要，更重要的是要有产品开发的雄厚基础，包括知识储备，影响力以及它的核心价值及特色，同时也要不可复制性。

（一）景区影响力

华清宫景区是一个传统的历史文化景区，在国内外都享有较高的声誉，特别是在唐宫廷文化，西安事变文化方面具有独特的一面，是对青少年进行历史文化教育，爱国主义教育的极具魅力的重要实际教材。1982 年 2 月，西安事变五间厅旧址被列为全国第二批重点文物保护单位。1996 年 11 月，唐华清宫遗址被国务院列为全国第四批重点文物保护单位。一个景区具有两个国宝单位，在全国的景区当中可谓首屈一指。华清池温泉及其相关的古地质生态环境的地位与影响也难以估量，是全国第一批全国重点名胜风景区——骊山风景名胜区的决定要素。这些代表着中华民族优秀文化的旅游资源，具有重要的世界意义，构成了对旅游市场的无穷吸引力。

（二）悠久的生命力

华清宫拥有悠久的历史，向研究者、广大游客、青少年们展示、传递的有价值的信息可谓包罗万象，突出的有重大历史事件、历史故事、传说演绎、文学艺术作品等。据史书资料记载（辅以考古发掘报告），华清宫的历史可上溯至六千年前的姜寨先民。从那以后，周秦汉隋唐等历代帝王，都在华清宫修建过离宫别馆。自周代至近代的各个历史时期，华清宫发生了很多影响全国乃至世界的重大历史事件。

周代"周幽王烽火戏诸侯"的历史事件，即发生在华清宫。经考古发掘，在华清宫出土了西周时期的宫殿遗址及一批文物。经研究，这是西周时在华清宫建立的骊山汤的遗址，骊山汤是中国早期皇家园林的典型代表。

唐代，修建有华清宫，唐玄宗长期驻此办理朝政，开元盛世与安史之乱均与古代的华清池息息相关。华清宫最重要的考古发掘成果就集中在唐代。从1982年到2005年的十余年间，陕西省唐华清宫考古队对华清池进行了考古发掘，出土唐代文物约3000件，还挖掘出土了中国唯一一组唐代皇家汤池遗址——星辰汤、莲花汤、海棠汤、太子汤、尚食汤等一组汤池。对唐华清宫遗址的考古发掘、研究与展示，为国内外广大游客了解与认识华清宫的历史价值提供了重要的途径。

近代，华清宫曾是蒋介石的重要行辕，在这里上演的"西安事变"是中国乃至世界近代史上的重大事件，被称为中国革命的重要转折枢纽。

（三）资源的独特性

文化是景区的生命力，一个没有文化铺垫的景区，不仅较为肤浅，而且像一个没有灵魂的人，没有生命力。而华清宫景区就像一部百科全书，知识应有尽有。

温泉文化。温泉是华清池的灵魂，是华清宫厚重文化的底蕴。水温常年恒止43℃，水质纯净，属中性硫酸氯化物钠型水，具有医疗价值的矿物质和微量元素含量均较高，在我国已探明的2700多处温泉中独领风骚。据史料记载，仰韶文化时期，姜寨先民就打开了温泉利用文化的扉页，在这里繁衍生息，考古发掘出土了他们使用过的陶钵、尖底瓶等原始汲水用具。唐太宗李世民在《温泉铭》中这样赞颂："金浆玉液，可以怡神驻寿"。"不以古今变质，不以凉暑易操，无霄无旦，与日月而同流，不盈不虚，将天地而齐固，永济民之沉疴，长决施于无穷""人世有终，芳流无竭"。

梨园文化。"骊宫高处入青云，仙乐风飘处处闻；缓歌曼舞凝丝竹，今日君王看不足"。李杨爱情如此专一，缘于对梨园文化所产生的共同爱好与志趣。史载："太真肌态丰艳，晓音律，善歌舞，性聪颖。善承迎上意，不期岁，宠遇如惠妃，宫中号为'娘子'，凡礼仪皆如皇后。"唐玄宗也酷爱歌舞艺术，擅长击羯鼓，吹玉笛，还教习梨园弟子们演练歌舞。二人成为音乐上的知音，心灵上的伴侣。华清宫中就设有梨园和按歌台，在那里玄宗沉醉于丝竹音乐，杨贵妃载歌善舞，二人联袂演出，配合默契。梨园弟子们在华清宫的按歌台尽情演奏，贵妃在乐曲声中翩然起舞，玄宗观赏，从而缔造了华清宫中博大精深的梨园文化。

诗词文化。自古名山大川是文人骚客必到之地，华清池丰厚的历史文化和优美的自然风光吸引着他们，因此也孕育了丰富而精彩的诗词文化。上至南北朝时的皇族刘义恭、下至近代的书法大师于右任，历经千余年，尤其是唐代著名的大诗人李白、杜甫、白居易等，他们要么以华清宫、温泉为题，要么以李杨爱情为题，诗画这里的山，这里的水以及曾经在这片土地上生生息息的人。据不完全统计，流传下来的诗词歌赋近500余首，从不同角度反映华清池的文化和历史，记录华清池的繁盛与衰弱。

二　研学游的主要内容设计

华清宫作为国家首批5A级景区，有6000年的温泉利用史、3000年的皇家园林建筑史及"西安事变"爱国主义教育基地、研学内容设计以"感受大唐文化，体验红色教育"为主题，在寓教于乐中为孩子们展示华清宫丰富多彩的文化知识，既有理论，又有实践，紧紧抓住孩子们的兴趣特点，吸引孩子参与热情。

1.唐代服饰课。组织学生穿上唐代服装，让他们进行时装展示，一方面让学生学习唐代服饰基本构成，另一方面让学生展示自己，提升自信。

2.唐代音乐课。向学生讲解唐代时期梨园文化及唐代乐器相关历史知识，特别开设了唐玄宗最爱的羯鼓课。向学生发放改良版羯鼓，进行现场羯鼓表演培训教育，活动结束时，学生们进行集体表演。

3.唐代建筑课。由专业老师为学生们讲解唐代建筑斗拱。同时，将学生们3人为一组，随后发放一套唐代建筑拼图，通过竞赛的形式，让学生们在拼图过程中学习唐代建筑构造，以兴趣学习唐代建筑知识。

4. 唐代诗词课。（1）朗诵《长恨歌》。在飞霜殿南侧台阶上，由扮演白居易的工作人员领读，学生们共同朗诵白居易长诗《长恨歌》，以诗词之美学习唐代诗词知识。（2）唐诗会。将学生们组织成3至4组，开展唐诗词、唐代知识、华清宫历史知识等抢答赛，让学生们在竞技中，学到知识，领会团队合作精神。

5. 唐代书法课。景区内设有中国著名书法家沈鹏、刘自椟、卫俊秀、刘炳森等撰写的华清宫诗词，景区刻石成碑，成为欣赏中国书法艺术胜地。碑林区域布置小课桌，每个课桌放置宣纸、毛笔及唐诗楷体集，由老师带领学生们练习书法，学习唐诗风韵，领会大唐风采。

6. 唐代文物唐三彩（鉴赏课）。作为盛唐时期的第二都城，华清宫遗址出土了大量唐代文物，其中两个三彩鸱吻更为国家二级文物。通过唐三彩仿制品讲解，不仅能够向学生讲解唐三彩的烧制过程，以及使用等级，同时还能向学生讲解盛唐时期的长安城以及华清宫相关历史典故。而三彩鸱吻的介绍，则可向学生讲解唐代建筑特色。

7. 华清宫文物仿制课。（1）唐代瓦当拓片制作。在太子苑内布置小课桌，每个课桌上放置唐代瓦当及拓片制作工具，2个学生为一组，由老师按步骤教习学生拓片制作方法，在制作过程中，向学生讲解唐代瓦当知识以及华清宫出土瓦当文物。（2）唐代侍女泥塑制作。布置小课桌，每个课桌上放置唐仕女模具及陶土，由老师带领学生进行唐侍女的塑模。在制作过程中，向学生讲解唐代侍女陶器的相关文化。

8. 爱国主义教育课。（1）朗诵《少年中国说》。组织学生在景区飞霜殿南侧台阶上集体朗诵《少年中国说》，让学生们在朗诵过程中，明白自己肩负的责任，建立起积极进取的信心，为祖国繁荣富强不断努力。（2）观看景区沉浸式西安事变演出《12.12》。让学生们融入《12.12》西安事变演出中，当一名为国家统一而奋起的爱国学生，在演出中感受西安事变的风云变幻。（3）《西安事变》情景剧演艺课。根据西安事变发生过程，设置杨虎城、张学良、蒋介石、刘桂五以及参与将士等角色。通过现场表演等才艺展示，由学生们推选主要角色演员，剩余学生扮演请愿学生、战士等角色。排练完成后，邀请学生在瑶光阁广场或按歌台为游客进行情景剧表演，在展示的过程中，进一步提升学生们自信心。

三　实践

一个好的研学游产品设计，必须要经过市场的检验并认可。华清宫景区研学产品自推出以来，不断受到市场的爱戴，也再实践中不断发展完善。

《西安日报》报道，2014 年 4 月 15 日，西安市大明宫小学三、四年级研学旅游活动走进华清宫骊山，了解盛唐文化，弘扬民族精神。

人民网报道，2016 年 4 月 7 日，西安交通大学第一附属小学南校区近 300 名学生在老师的带领下，参观了国家首批 5A 级旅游景区——华清宫，开展"华清宫唐朝之旅"研学旅行。

人民网报道，2016 年 4 月 19 日，来自西安东三爻小学近 300 名师生到华清宫景区，开展了研学旅行实践活动。

2018 年 6 月 20 日，象山中学开展"走进华清宫感悟秦唐厚重文化，重温西安事变历史激发爱国主义情怀"研学活动。

2021 年 4 月 2 日，西安市临潼区委宣传部、华清小学，共同举办纪念英烈专场活动。100 余名小学生在华清宫景区开展了"传承红色基因　争做新时代好少年""百年征程"爱国主义教育课堂活动。

现在，华清宫景区还是西安交通大学、西安外国学院、西安科技大学、西安工程大学等大学的爱国主义教学基地。

研学游是学生深入实际，学习中华民族优秀历史文化，革命红色文化，加强实践教育的生动课堂，既是时代责任，历史重托，也是旅游业发展的新途径。旅游的过程既是观赏景观的过程，也是学习历史、增长知识、陶冶情操和提高修养的过程。青少年是祖国的未来，民族的希望，承担着中华民族伟大复兴的历史重任。他们的思想道德、知识视野，直接关系到中华民族的整体素质，关系到国家的前途命运。是开展素质教育、爱国主义教育、革命传统教育，弘扬民族精神的重要途径。

浅谈博物馆研学旅行的新形式

——以晋祠博物馆为例

高旭珍　姚远（太原市文物研究院　太原市晋祠博物馆）

进入公共博物馆时代以来，经历了从展藏混一，到展藏分离，再到分众化利用的发展历程，博物馆不再只是展示物件，或灌输物件相关知识，而是开始注重博物馆之于观众的意义构建。在这一社会化的过程中，博物馆展现了其主动服务社会的热情和意识，而且发挥出充实和改善民众生活品质，构建人性、文明和公正社会的独特功能，由此成为素质教育的重要基地和实现场所。加之，近年来人们成长性需求的攀升、博物馆数量激增、媒体节目的催热、博物馆的免费开放等主客观原因，博物馆引起了社会普遍关注，成为研学旅行的热门打卡地，博物馆自身纷纷开始组织带有研学旅行性质的教育活动[1]。

一　研学旅行的概念

自古以来，"行"与"学"的重要关系一直备受瞩目，荀子认为"学至于行之而止矣"。近年来，国家高度重视博物馆青少年教育工作，出台了一系列政策措施，推进中小学生利用博物馆开展学习，促进博物馆资源与课堂教学、综合实践活动有机结合。在政策推动、社会需求的多方作用下，博物馆研学旅行异常火爆，"研学旅行"一词成为素质教育的有力推手和旅游转型的全新方式。赵薇认为博物馆研学是指在博物馆专职教育人员的指导下，学生自主地运用研究性学习方式获得和应用知识，发现和提出问题，探究和解决问题的博物馆学习活动[2]。教亚波则对"博物馆研学"概念做出了另一种解释，指出"博物馆研学是以博物馆为主线，通过博物馆的资源将教育内容以真实、立体

---

［1］ 周婧景、郭川慧《博物馆"研学旅行"定义及其理解》，《博物院》2020年第5期。

［2］ 赵薇《新形势下博物馆文化考察类活动刍议——以唐山博物馆"文化之旅"活动为例》，《传承与创新——地方性博物馆变革与发展学术研讨会论文集》，2018年。

的方式呈现给学生，让学生更好地在实践或是体验中了解掌握相关知识，博物馆研学是课题的载体或是延伸，它的互动性、博物性、学术性以及真实性特征使其成了当代青少年研学的重要方式"[1]。可见博物馆研学旅行具备以下五方面要素：主管部门是教育部，但需要联合文化和旅游部等相关部委；组织方是学校、博物馆或社会机构；参与主体为中小学生；实施地点是在博物馆场所；依托资源是博物馆资源，包括展览、教育活动、藏品、空间、人员、出版物、数字资源等博物馆独特资源。

二　挖掘馆藏资源，开设研学课程

现在博物馆教育中传递给观众的文化信息越来越丰富，这种传播不再是对观众的单向传递，而应该是双向交流和互动影响。博物馆研学课程目前主要是由博物馆单方根据博物馆性质、文物资源情况、当地文化特色来开发设置，将馆藏资源以研学课程的方式密切联系起来[2]。研学课程针对青少年补充并扩展学校课程知识，突破现有展陈，与传统文化教育、德育及知识学习相结合，寓教于乐，增强趣味性参与，发挥博物馆"第二课堂"的作用。

晋祠博物馆结合馆藏资源和景区特色，开设了"制作瓦当拓片　感受古建之美"课程，通过滴水瓦当拓片制作活动让青少年们对中国古建筑中的瓦当有了深刻认识，了解了瓦当的作用和其中蕴含的历史文化。开设了"体验活字印刷　感受汉字之美"课程，青少年们亲身体验古老造字的精湛技艺，近距离接触到古老科技的魅力，感受中华传统文化的独特魅力。还包括《碑刻的起源及演变》《等级与装饰：古建筑中的门楼》《三晋遗风：晋祠的历史》《走进古祠，脂袭年华——我们一起穿越吧》、组合斗拱模型等课程。此外，我们还开展非物质文化遗产专场研学活动，邀请非遗传承人面向青少年开展面塑和葫芦雕刻体验，让青少年零距离接触中华传统文化。

通过研学课程，有助于青少年在实践中提升交流能力、增长历史知识、感受传播历史文化的乐趣，以提高青少年的历史文化底蕴，增强青少年综合素质与文化自信。同时，有利于发挥我馆社会教育的平台作用，促使公众在认知传统、学习历史中，传承中华民族优秀文化，陶铸社会主义文化自信。

---

[1]　教亚波《试论当前博物馆与研学旅行的有效结合》，《文物鉴定与鉴赏》，2019 年。
[2]　李琪、蔡静野《研学旅行：博物馆教育的新课题》，《文博学刊》2020 年第 4 期。

三　加强专题教育，开展研学活动

教育意义的功能是新时期现代博物馆产生之后才衍生出来的，因为旧时期博物馆并不具有公开性，起不到对公众的教育作用。而现代具有公共性质的博物馆，是面向广大公众开放的，具备社会作用，文化教育功能逐步显现。增强博物馆教育功能，以促进学生学习为中心，增强博物馆学习的趣味性、互动性和体验性。提升博物馆研学活动质量，充分利用各类博物馆资源与传统节日、传统文化结合的活动，组织开展爱国主义、革命传统等专题教育活动。

晋祠博物馆在国际博物馆日举办"建党百年，红动太原，文物赋彩——书声琅琅　诵读经典"主题教育活动，来自太原市十所小学近300名师生代表为现场观众带来了精彩的诵读表演。诵读者精神饱满、声情并茂，悦耳的童声诵读，精彩的诗词歌赋，深深感染着在场的每一位观众，在领略经典文化经久不衰魅力的同时，追忆红色经典，传承爱国情怀。举行"游晋祠、读历史、跟党走"世界读书日专题教育活动，通过阅读学习，激发大众了解山西文化、了解晋祠文化，学"四史"、忆初心，争做时代新人，为祖国建功立业。举办"国风向党——晋祠国风文化节"，包括国风游园、国风礼仪、国风雅集、国风摄影大赛等系列活动，为游客打造沉浸式的国风文化体验，弘扬优秀的中华传统文化。此外，还举办了"中华瑰宝　人间胜境——晋祠社会教育系列活动"，开展了"游山西·读历史·看晋祠""激活城市记忆　延续历史文脉"系列活动，传播了中华优秀传统文化。

通过研学活动，挖掘藏品背后的故事与建党百年历史，激发青少年了解山西文化、了解晋祠文化、感受党史文化，与文物进行对话，汲取百年党史力量，赓续中华优秀传统文化，赋彩锦绣太原城，为实现中华民族伟大复兴的中国梦贡献力量。

四　拓宽宣传渠道，推出研学展览

研学展览即将展览本身作为教育活动的开展与展示途径。这样不仅能够激发教育活动对受众的多种思考，也丰富了博物馆展览的层次性和立体性。秉持"展览本身就是教育"的理念，将社教活动融入展中配合展览。通过参观体验，让青少年立体地理解博物馆的历史文化，同时从探究式发问角度进行引导，并将受众群体的思考反馈于展览中，放大博物馆教育的双向影响。

晋祠博物馆展览"走出去"与"走进来"交相辉映，线上线下并重发展。在晋祠景区数字化展示项目的基础上，开展了《晋祠虚拟世界探索之旅》项目，推出了 VR 穿越之旅、建筑体感互动和《古韵晋祠·三晋明珠》3D 弧幕电影；推出"云游晋祠"系列多个线上展览，山西省文物局网站收录 14 个线上专题展览，国家文物局网站收录 3 个线上专题展览；推出了"晋祠——中国祠庙园林之典范"、"清风雅韵——晋祠博物馆藏折扇扇面巡展"、"唐风华彩——晋祠博物馆藏唐代名碑拓片展"等展览，围绕晋祠文物相关历史文化，融合了数字多媒体展示、晋文化系列讲座、文创产品展示等多元表达形式，深度阐释文物背后蕴涵的文化价值。此外，晋祠博物馆还选取有代表性的古代建筑，以此为依据设计学习参观路线，通过参观、体验、实践共同构筑博物馆古建研学项目，全面保障了青少年的参与感、体验感。

良好的博物馆研学旅行需要将参与者的思维创新开拓通过不同的形式开发，而研学体系的构建能够将博物馆教育进行多维度、多层次、多领域融合的设计，也有利于打造博物馆有厚度、有温度、有广度的社会文化品牌。当前，文旅融合大势下，博物馆是"以文促旅、以旅彰文"的重要场所，期待在研学旅行的脉络下奏出"能融尽融、宜融则融"的美妙旋律。

文旅融合背景下"景区型"博物馆研学旅行探索

——以太原市太山博物馆为例

胡小芳（太原市太山博物馆）

一　文旅融合背景下的"景区型"博物馆

博物馆核心内涵是由历史文化遗产和生活场景所承载的文化记忆，保存了人类的历史记忆，发挥着文化传播的功能。景区是以旅游及其相关活动为主要功能或主要功能之一的区域场所，能够满足游客参观游览、休闲度假、康乐健身等旅游需求。将博物馆与景区相结合是博物馆建设在新形势下的突破和创新，不仅丰富了博物馆的展示内涵和活动空间，又能用景区的普及性加强博物馆的社会服务。形成"景区"与"博物馆"优势互补的有机结合，以求最佳的社会服务效果[1]。

二　研学旅行

研学旅行是一种通过集体旅行开展体验式研究与学习的一种教育模式，是教育与旅游活动的融合创新，逐渐成为教育教学活动中的重要部分[2]。它继承和发展了我国传统游学、"读万卷书，行万里路"的教育理念和人文精神，成为素质教育的新内容和新方式。2013 年 2 月国务院办公厅发布《国民旅游休闲纲要（2013-2020 年）》，提出"逐步推行中小学生研学旅行"的设想。2017 年 9 月，教育部发布《中小学综合实践活动课程指导纲要》，包括研学旅行在内的综合实践活动是国家义务教育和普通高中课程方案规定的必修课程，与学科课程并列设置。开展研学旅行为学生学习打开新的模式，也为

［1］　陈宁骏《找准定位打造景区型博物馆》，《艺术百家》2015 年 S2 期。

［2］　赵丹红、周晓梅《研学旅行模式下的长白山旅游发展创新路径探析》，《长春师范大学学报》2021 年第 4 期。

研学地的创新发展提供新的思路。实地讲解、现场体验、思维与实际结合使记忆更深刻，教学场地更灵活。

三　太原市太山博物馆

2013 年 3 月太原市太山博物馆被国务院公布为第七批全国重点文物保护单位。馆内保留有（明）大殿、（明）观音堂、（唐）石碑、（唐）华严经幢、（唐）佛塔遗址及（唐）五重棺椁等珍贵遗存。2020 年 10 月由太原市太山文物保管所更名为太原市太山博物馆。

2007 年太原市太山博物馆被太原市人民政府评为"爱国主义教育基地"。在充分解读国家相关政策的基础上整合资源优势，搭建平台，以馆内文物为核心，唐代历史文化为基础，结合"琴棋书画，诗酒茶花"等传统文化开展教育活动。成立太山书院、太山画院、太山琴院等组织。

四　文旅融合下博物馆研学旅行开展情况

文旅融合的大背景下，博物馆顺应时代的大浪，不仅仅是局限于馆舍之内，而是趁势而上，用文旅融合的思维进行供给侧改革，创新研学新思路，建立博物馆研学旅行教育模式[1]。太原市太山博物馆因地制宜将文物置身于文化遗产地之中，用历史和时代双重文化元素讲述太山故事。用文化集聚人气，用旅游熏陶气质，构筑博物馆和景区之间的横向联系，实现博物馆和景区间的优势互补。太山博物馆先后与花塔小学、晋源区实验小学、太原市聋哑学校、太原 64 中等学校加强交流合作，向学生们普及中国古建筑、传统文化，既加强了文化自信，也促进了研学旅行课程的开发，推动了研学旅游市场的发展。

（一）观光凝视式研学

博物馆研学旅行是教育、文博、旅游领域改革热点的交叉区，也是博物馆由收藏展览向知识传播与文化教育中心转变标志之一。研学旅行加速了博物馆文旅融合特殊价值的实现，博物馆藏品、遗迹为研学提供了素材。随着参观者对博物馆的要求提高，为实

---

[1]　孙友德、涂强《文旅融合背景下博物馆开展研学旅行教育刍议》，《文物鉴定与鉴赏》2020 年 13 期。

现研学旅行教育目的，太原市太山博物馆利用旅游学中"凝视"理论，在唐佛塔遗址展厅、观音堂的展馆设计、展厅布展等方面下功夫，营造学习环境及场地，让参观者不自觉地在文物遗址和古建筑前驻足观看，思维穿越时空，将自身知识结构、认知、历史文化、周边情景等相互碰撞、交融，加深对文物历史的理解和掌握，提升自我认知能力。

（二）互动参与式研学

研学本身就是一种体验教育，历史文物类博物馆最能代表一个地区的文化精华，景区型博物馆既为大众提供了研学内容，也为研学提供了互动参与的场地。太山博物馆利用景区优势，充分将太山范围内的唐代文化、晋阳文化、宗教文化和动植物等资源整合，将历史故事、休闲活动融于自然景观，打造多条太山特色研学路线，使得传统文化在学生体验中得到传承。目前，"太山茶会""花朝汉服节""公益读书会"等特色研学旅行课程深受大众欢迎，学生在博物馆互动参与的过程中，置身于一系列真实场景中，强烈地感受到历史记忆冲击，进入到旅游沉浸体验状态，注意力高度集中，行动与意识相融合，从而产生了良好的教育效果。

（三）思考探究式研学

博物馆研学旅行本身具有文化属性，也是一种不断思考、探索新知识的过程。[1] 太山博物馆通过创设一定的情境体验、感官体验活动，在体验过程中去发现问题，然后提出各种假设，通过团队合作学习的方式去开展各种形式的探究活动。进而在过程中培养和提高学生的综合分析能力、信息素养、解决问题的能力、语言表达能力、批判性思考能力等。

五 博物馆开展研学旅行的难点

（一）研学旅行相关设施条件不够完善

各类条件设施是研学旅行开展的基础，完善的条件设施不仅维护了研学旅行团队的安全，还为研学旅行的创新打好基础。太原市太山博物馆位于太原市西南风峪沟北岸，交通相对不便，可达性较低，对于研学团队而言性价比不高，对开展研学旅行产生了负

---

[1]《文旅融合服务模式创新研究》，《四川戏剧》2021年第4期。

面影响。同时各类设施的研学特性不够强，阻碍了研学旅行活动的进一步推动。

（二）博物馆研学旅行市场机制不健全

博物馆与教育是公益性的，旅行是商业性的，这就呈现出文旅融合中博物馆研学旅行的矛盾性[1]。太山博物馆也是大浪中的一分子，在责任划分、利益分配、风险控制等方面尚没有建立健全的合作机制，盲目地进行研学旅行普及，会导致政府财政压力增加，也会扼杀研学旅行相关利益者的权益。制约了文旅融合背景下博物馆研学旅行的可持续发展。

（三）专业人才不足

随着博物馆对教育功能的重视，博物馆教育人员的数量和素质有了很大的提升。但是大多是文博专业的人才，面对研学旅行需求，符合要求的人员数量仍然捉襟见肘[2]。其中太山博物馆相关工作人员不足 10 人，无法满足博物馆特色的研学旅行供给体系，人才的缺乏已经严重制约了博物馆更加深入地开展研学旅行教育。

（四）未充分体现"景区型"博物馆的优势与特色

"景区型"博物馆在注重室内精品展览的同时，也注重场景复原再现、室外氛围的营造，是室内精品展览与室外氛围体验的结合体。太原市太山博物馆除了太山美术馆、太山书院等场馆与各类文物陈列之外，还具备有幽美的室外环境。但现有的研学旅行项目单一，仅以室内研学为主，馆内历史文化相对简单，博物馆内部研学旅行发展的意识未能跟上博物馆文旅融合的整体发展，导致研学旅行项目开展相对被动，未能充分体现太原市太山博物馆作为"景区型"博物馆的优势。

六　太原市太山博物馆开展研学旅行发展策略

（一）依托研学旅行的开展改善相关设施

博物馆研发研学旅行教育产品应明确自身作为供应方的定位，依托研学旅行的

---

［1］　袁一帆《文旅融合背景下的博物馆研学旅行发展思考》，《地理教学》2021 年第 1 期。
［2］　孙友德、涂强《文旅融合背景下博物馆开展研学旅行教育刍议》，《文物鉴定与鉴赏》2020 年第 1 期。

需求，改善相关设施条件。改善相关设施条件时应考虑研学旅行开展的需要，为后续研学旅行的推进与创新打好基础。改善交通的同时，规划好合理的研学旅行路线。修缮场馆时，增加研学旅行的内容。建设相关设施时，为研学旅行的发展留好空间。

（二）建立健全机制体制

研学旅游的兴起和发展，需要相关领域和部门的配合和支持。太山博物馆应依据国家旅游主管部门和旅游行政机构出台相关的政策和法规，规范行业流程，建立操作性强的研学旅游评价体系，明确各方职责和要求，保障研学旅游市场健康有序发展。通过研学活动借助社会的力量推广博物馆文化，提高博物馆资源在研学旅行教育中的利用效率，实现博物馆教育功能的最大化。

（三）培养专业研学导师队伍

在文旅融合的背景下，应严格按照研学旅游服务标准执行，培养专业研学导师队伍，确保研学旅行的安全开展和研学质量，培养内容主要以"课本理论知识＋研学基地体验式课程"相结合。建立研学导师资格认证制度，推动研学旅行规范化发展[1]。建立激励机制，吸引更多的人才从事博物馆研学旅行教育工作。

（四）利用资源优势打造特色研学项目

根据研学旅行特色，对太山进行深入开发与研究。让学生、学校和博物馆一同参与，以学生为主体，根据他们的兴趣点，挖掘太山历史资源、文物资源、展览资源、活动资源，研发适合于"太原市太山博物馆"的学习单、任务单和学校的研学手册和研学笔记。形成包含淡旺季、服务全学段、吸引力强、丰富优质的研学旅行系列产品。在文旅融合背景下找准定位，尊重客观，扬长避短，讲求精，讲求专，讲求特，以内容和特色取胜。

---

［1］ 李胜桥、李凡、李滨《新时代研学旅行的运营模式与优化发展路径 ——以云南省为例》,《资源开发与市场》2020 年第 2 期。

七　结语

　　研学旅游是集教育、旅游和文化为一体的旅游发展模式，其发展直接关系到全民质的提升，具有重要的现实意义。旅游在文化的熏陶中得以丰富，文化在旅游的认识中得以传承，研学旅行则是文旅融合发展的新亮点。山西省内的研学旅行模式是太原市太山博物馆发展的坚实基础，博物馆将在文旅融合的助力下，实现文物、文化、教育以及旅游的全面发展。

参考文献

[1] 陈宁骏《找准定位打造景区型博物馆》，《艺术百家》2015 年 S2 期。

[2] 赵丹红、周晓梅《研学旅行模式下的长白山旅游发展创新路径探析》，《长春师范大学学报》2021 年第 4 期。

[3] 孙友德、涂强《文旅融合背景下博物馆开展研学旅行教育刍议》，《文物鉴定与鉴赏》2020 年第 13 期。

[4]《文旅融合服务模式创新研究》，《四川戏剧》2021 年第 4 期。

[5] 袁一帆《文旅融合背景下的博物馆研学旅行发展思考》，《地理教学》2021 年第 1 期。

[6] 孙友德、涂强《文旅融合背景下博物馆开展研学旅行教育刍议》，《文物鉴定与鉴赏》2020 年第 1 期。

[7] 李胜桥、李凡、李滨《新时代研学旅行的运营模式与优化发展路径——以云南省为例》，《资源开发与市场》2020 年第 2 期。

关于白鹿洞书院中小学研学旅行的思考

杨德胜（庐山白鹿洞书院管理所）

中国四大书院之首的白鹿洞书院肇基于唐，办"庐山国学"于南唐，定名于北宋，弘大于南宋朱熹之复兴，绵延薪传元、明、清，享有"天下书院之首，海内书院第一"之美誉。尤其是朱熹制定的《白鹿洞书院揭示》灼灼在人耳目，对培养和塑造人们积极向上的价值观有着巨大的助推作用，被后世奉为"圭臬"。千百年来，文人雅士、名硕鸿儒、莘莘学子接踵而至，来此研学旅行。

作为有着丰富历史遗存与巨大影响的社会文化教育机构，白鹿洞书院文化旅游价值引起了各界的高度重视。近年来，国家有关文化旅游、研学政策密集出台，白鹿洞书院文化旅游事业面临一个全新的发展时期，把握白鹿洞书院独一无二的文化特质，将更有力地推动以白鹿洞书院文化为主题的旅游事业的发展。

一　白鹿洞书院中小学研学旅行开展情况

为深入学习贯彻习近平总书记系列重要讲话精神，落实立德树人根本任务，帮助中小学生了解国情、热爱祖国、开阔眼界、增长知识，着力提高其社会责任感、创新精神和实践能力，促进学生德智体美劳全面发展，白鹿洞书院不断加强管理建设，面貌焕然一新。于2018年10月申报并获批"全国中小学生研学实践教育基地"（教育部办公厅关于公布2018年全国中小学生研学实践教育基地、营地名单的通知，教基厅函〔2018〕84号文），白鹿洞书院成为以中华优秀传统文化为特色的中小学研学实践教育基地及全国知名的研学旅行基地。三年来，接待全国各地中小学研学团队百余批次，约50000人。

为做好白鹿洞书院研学工作，我们始终秉持四大原则：一是教育性原则，结合学生身心特点、接受能力和实际需要，注重知识性、科学性和趣味性。二是实践性原则，因地制宜，呈现白鹿洞书院特色，拓展学生视野、丰富知识、亲近自然、参与体验。三是安全性原则，坚持安全第一，明确"谁组织，谁负责"的安全保障责任，确保学生安全。四是公益性原则，不落下任何一个贫困家庭孩子，对贫困家庭学生减免费用。

为做好白鹿洞书院研学工作，我们深入挖掘和阐发中华优秀传统文化中讲仁爱、重民本、守诚信、崇正义、尚和合、求大同的时代价值，使之转化为中小学生价值观教育的丰富营养。我们为中小学生量身定制了以下课程：一是正衣冠（古代书生服）。通过穿戴、整理好衣服，明白尊重老师、孝顺父母。知道父子有亲、长幼有序、朋友有信。二是蒙学礼仪。包括点朱砂、描红写人字、开笔礼等，适用于低年级学生研学。教习学生端正身心、胸怀大志，赋予了对学生成长的祝福。三是祭学礼仪。传承古代白鹿洞书院规制，祭祀孔子及历代先贤。祭学活动融合开班、尊师等活动，教学生研习中国礼仪，加强文化自信，深受广大研学者喜爱。四是拓片制作。这是一项古老的传统技艺，使用宣纸和墨汁，将碑文上的文字或图案，清晰地拷贝出来的一种技能。学生在打拓片的同时，可以观摩白鹿洞书院历代碑记，欣赏中国文化美感。五是诗文吟诵。诵读内容主要有《白鹿洞书院揭示》《鹿鸣》《爱莲说》《少年中国说》《弟子规》等。在老师的带领下，大声诵读。六是射箭。射箭是古代六艺之一，射箭讲究谦和、礼让、庄重，提倡"反求诸己"，寓德于射、寓礼于射、寓教于射的人文实践。此外，白鹿洞书院还开设了学田、采茶等社会实践课程。

二　白鹿洞书院中小学研学旅行的创新价值

2017 年江西省教育厅、省旅发委等 11 个部门联合发布《关于推进全省中小学生研学旅行的实施意见》，2018 年 10 月，白鹿洞书院获批为国家级研学旅行基地，给白鹿洞书院文旅工作带来了新的契机。

一是门票优惠政策。秉承公益性原则，逐步降低研学学生群体景区门票价格。

二是研学基地建设不断完善。在不破坏原有生态和不违反文物保护法规的前提下，积极开辟新地带，满足大批量研学需求。目前可同批次容纳 1000 余学生开展研学体验活动。

三是参与度不断提高。成立白鹿洞书院文化产业发展中心，开发文化旅游项目，组织、承办研学活动，制作《研学手册》，规范研学课程。并从售票、车辆管控、卫生保洁、文物保护、研学讲解、安全管控等方面，安排景区工作人员，专人专管。

四是研学满意度不断上升。从单纯的参观书院，演变到具有丰富的研学课程体验服务和专业的课程讲解；从单日研学行程规划，丰富到一日、两日及更长时间的行程规划；学生到书院参加研学真正地做到了边游边学，快乐体验，丰富知识的效果。

五是研学制度不断完善。白鹿洞书院积极贯彻执行庐山管理局要求，并配合研学主管部门规范研学旅行。多次召开研学旅行专题会，与专家学者、科研院校、资深教研人员、社会公益人士等共同研究研学旅行策略，不断完善书院研学旅行制度。

六是积极联合专业机构。积极引进精品研学课程，深化打造专业的研学团队，提高学生的研学体验感和安全性。

白鹿洞书院除了开展中小学研学旅行，还举办学术会议、师资培训、单位团建等高端教育活动，例如"白鹿讲坛""中华优秀传统文化系列公益讲座"等。这些教育旅行活动在院内接待能力不足的情况下，使用增调车辆驳运的形式，形成山海会酒店、海龙山庄、白鹿洞书院的闭环合作。

文化是旅游的灵魂，是实现旅游事业持续发展的动力与源泉。白鹿洞书院历史悠久，其旅游创新价值主要体现在：更好地实现研学旅游价值、休闲旅游价值、会议旅游价值等。对国内旅游者而言，白鹿洞书院的市场价值主要体现在人文教育和文化复兴上，唤醒国人对传统文化的关注；对国外游客而言，白鹿洞书院的影响主要包括中华儒家文化圈的国家及对中国传统文化有浓厚兴趣的游客。在符合各项管理规定的前提下，如果在核心保护区两三百米外开展研学基地设施建设与商业区域建设，引进更多的市场机制，将有利于更好地开发白鹿洞书院文旅创新价值，对白鹿洞书院现有基础工作是个良好的补充。

三　进一步推进白鹿洞书院研学旅行的策略与建议

在遵守文物保护十六字方针的前提下，正确处理好资源与市场的关系，一直是我们探求的目标。如何将丰富的白鹿洞书院文化资源转化成具有吸引力与竞争力的旅游市场，是业界与研究界关注的焦点。由于资源的稀缺与不可再生性，白鹿洞书院文化旅游的开发首先应建立在对书院历史遗存的有效保护基础上，避免过度开发与毁坏性的开发。但是在核心建筑、文物区域以外，应该尽力引进市场化合作，实现保护与发展的双驱并行。

一，丰富旅游内容，增加山水游娱、射箭、古乐、舞龙、茶道等，以延长旅游路线和时间，改变以往只看建筑的旅游模式。

二，在现有回流山区域增加小型商业区，允许建构基础设施，作为白鹿洞书院文创产品市场。将商店迁往该区域，并将原商店区域恢复为停车场。

三，公开引进社会资本将工艺美术厂区域改建为旅行宾馆，让游客来白鹿洞书院能住下来，激发消费潜力。在现有条件的情况下，应恢复春风楼、延宾馆的文物设施功能，将该区域改为茶道、书法、古琴、汉服的教育体验区域。

四，举行公益礼圣殿祭学礼仪，引导游客参与，让游客得到白鹿洞书院旅游的超值体验感。

五，恢复白鹿洞书院学术建制、组建一流的团队开展线上线下讲学。

六，集约周边村庄闲置住宅，开发民宿，建设生态文化基地，形成"吃住行游购娱"一体化的文化产业链，整合与白鹿洞书院相关的旅游资源，开发白鹿洞书院文化旅游商品街、茶馆、中医推拿、采茶制茶等项目，逐步开发建设文旅综合体。

七，沿贯道溪修建游步道，让来院游客沿贯道溪游步道欣赏白鹿洞书院从宋代至清代文人墨客留下的近六十方摩崖石刻，沿贯道溪修建游步道途中恢复自洁亭、钓台亭等古书院原有建筑。同时打造卓尔湖周边环境，可延伸的游客体验欣赏区，丰富文化内容。

八，建设白鹿洞书院研学基地和国家教育基地，改善白鹿洞书院的基础设施建设，提高接待能力，为未来白鹿洞书院的发展打下坚实的基础。